"十三五"国家重点出版物出版规划项目

南水北调中线一期工程文物保护项目
湖北省考古发掘报告
第6号

沙洋塌冢楚墓

湖北省文物局
湖北省南水北调管理局
编著

科学出版社
北京

内 容 简 介

沙洋塌冢一号墓是黄歇村东周墓群中较小的一座，是继江陵天星观、荆门包山、左冢及严仓楚墓之后，在楚故都纪南城城东长湖南北两岸发掘的又一座较为重要的楚国贵族墓。该墓为土坑竖穴木椁墓，葬具为一椁二棺，出土各类器物1000余件。主墓西侧陪葬车马坑一座，坑内葬车五乘。通过对沙洋塌冢一号墓的发掘，我们进一步了解了黄歇村墓群的年代与文化内涵，即战国中晚期楚墓，对丰富楚墓的年代学序列和深入研究楚文化具有重要的考古学价值。

本书可供考古学、历史学研究者，以及大专院校相关专业师生和考古爱好者阅读、参考。

图书在版编目（CIP）数据

沙洋塌冢楚墓 / 湖北省文物局，湖北省南水北调管理局编著. —北京：科学出版社，2017. 2

（南水北调中线一期工程文物保护项目. 湖北省考古发掘报告；第6号）

“十三五”国家重点出版物出版规划项目

ISBN 978-7-03-052041-8

Ⅰ. ①沙… Ⅱ. ①湖…②湖… Ⅲ. ①战国墓–发掘报告–湖北 Ⅳ. ①K878. 85

中国版本图书馆CIP数据核字（2017）第047127号

责任编辑：王光明 / 责任校对：彭 涛

责任印制：肖 兴 / 封面设计：陈 敬

科学出版社 出版

北京东黄城根北街16号

邮政编码：100717

http://www.sciencep.com

中国科学院印刷厂 印刷

科学出版社发行 各地新华书店经销

*

2017年 2 月第 一 版 开本：889 × 1194 1/16

2017年 2 月第一次印刷 印张：16 1/2 插页：60

字数：691 000

定价：328.00元

"13th Five-Year Plan" National Key Publications Publishing and Planning Project

Reports on the Cultural Relics Conservation
in the South-to-North Water Diversion Project
Hubei Vol.6

The Tazhong Chu Tomb in Shayang County, Hubei Pvovince

Cultural Heritage Bureau of Hubei Province
Hubei Provincial Management Bureau South-to-North Water Transfer

Science Press
Beijing

南水北调中线一期工程文物保护项目

湖北省考古发掘报告第6号

《沙洋塌冢楚墓》

主　编

黄文新

副主编

瞿　磊　周　伟

项目承担单位

湖北省文物考古研究所

目　录

上篇　发　掘

下篇　研　究

插图目录

插表目录

彩版目录

图版目录

上篇　发　　掘

第一章　概　　述

第一节　地 理 位 置

塌冢楚墓，隶属荆门市沙洋县后港镇黄歇村十组。塌冢是一座带封土的中小型墓，编号为一号墓。该墓位于黄歇村东周墓群南部一条南北走向的自然岗地中部，岗地东、南两面为长湖，北临灌溉渠，西南距严仓墓群约14千米，北距黄歇冢约1千米，西北距后港镇约6千米，东北距沙洋县城约25千米。封土中心地理坐标为东经112°26′33″、北纬30°29′50″，海拔40米（图一）。

第二节　沙洋县历史沿革

沙洋县位于湖北省中部，地处汉江下游右岸，居江汉平原与鄂西北山区结合部，东临汉江，与钟祥、天门隔江相望；西濒漳水，与当阳毗邻；南与荆州、潜江交界；北靠荆山余脉，与掇刀区接壤。沙洋县处荆山余脉向江汉平原的过渡地带，河流纵横、湖泊众多，自古以来是适合人类栖息的区域，又是楚文化的发祥地之一。悠久的历史孕育了灿烂的文化，经过历次文物普查，沙洋县共发现有封土堆古墓葬1200余座，古遗址58处，古建筑10处。其中包括纪山楚墓群、马家垸遗址、城河遗址3处全国重点文物保护单位，十里铺古墓群、黄歇村墓群、后港金山墓群、荆家城遗址、岳飞城遗址、沙洋“五七干校”旧址6处省级文物保护单位和198处市、县级文物保护单位。

沙洋县历史悠久，从境内发现的大溪文化、屈家岭文化、龙山文化等遗存分析，六千年前就有人类在此繁衍生息。《尚书·禹贡》把中国分为九州，沙洋属荆州领域。商朝分封武丁后裔于汉水西岸建权国，权城在马良镇西。周王室封姬姓宗室于汉江之间，周公承王命，封其弟季载于冉建郙国（冉亦作郙或那），地域在拾回桥镇境内。当时，沙洋东北部为权国，西部为郙国。后均被楚国所灭，沙洋全境都为楚地。春秋时期，楚武王克权，在权国故地马良创建了中国历史上最早的县级政权——权县。

公元前278年，秦将白起拔郢。秦国占领郢都（现荆州市纪南城）后，设南郡，沙洋县境属南郡。西汉时在荆门西境设编县，沙洋县境属编县。三国时期，沙洋境内先后为曹魏、东吴和蜀汉属地。东晋时属荆州南郡，隆安五年（401年）在编县旧城设长林县。

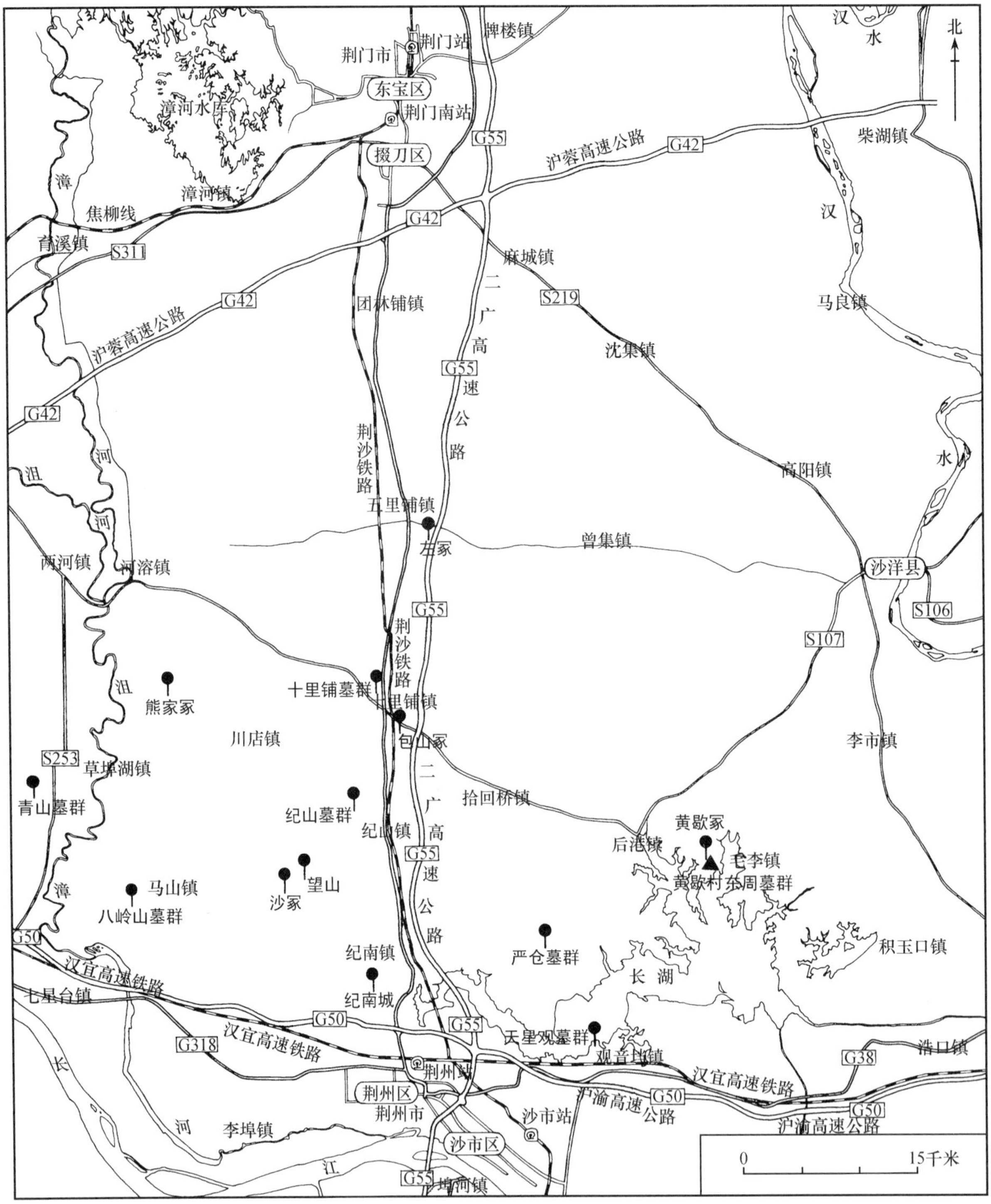

图一　楚国高级贵族墓地分布图

隋开皇十一年（591年），废长林县入长宁县。开皇十八年（598年），改长宁为长林。唐贞观八年（634年），尉迟恭任荆州总管，在汉津口旁的琼台山修建城堡，取名沙洋堡，沙洋之名始此。沙洋属长林县管辖。五代沙洋地域为荆南国高氏所据。

北宋开宝五年（972年），在长林县复置荆门军，属荆湖北路，领长林、当阳二县，属江陵府。南宋绍兴十四年（1144年），废当阳县入长林县。两年后，恢复当阳县。沙洋为长林属地。明洪武九年（1376年），降荆门州为荆门县，废长林县入荆门县，属荆州府。洪武十三年（1380年）夏，升荆门县为荆门州。嘉庆十年（1531年），荆门州隶属承天府。清顺治三年（1646年），改承天府为安陆府，荆门州属安陆府。乾隆五十六年（1791年），升荆门州为荆门直隶州，沙洋境内属荆门州直辖。

民国元年（1912年），荆门降州为县，沙洋境内属荆门县管辖。1928～1938年，民国湖北省政府将沙洋列为县市单位，与汉口、沙市、宜昌、樊城、老河口、新堤、武穴并列为湖北省八大重要市镇。1948年，中国人民解放军解放沙洋。1949年初建立沙洋市，9月撤销后仍归荆门县管辖。

中华人民共和国成立后，1960年3月，经国务院批准成立沙洋市。1961年7月，撤市复镇，仍归属荆门县管辖。1985年5月，成立沙洋区。1998年12月，撤区成立沙洋县至今，仍属荆门市管辖。

第三节 墓地概况

沙洋县属于丘陵的边缘地带，为大巴山山脉的荆山余脉，南与江汉平原接壤，地势自北向南倾斜。境内的五里铺、十里铺、纪山、后港等乡镇境内有大量楚国高级贵族墓地，南与楚都纪南城毗邻，因此成为楚国较为集中的大中型墓葬区。1987年在十里铺发掘了包山楚墓群，墓主为“卲𬀩”①。1993年在纪山镇郭店一号墓中出土著名的郭店楚简②，共有竹简804枚，其中有字简730枚，共计13000多个汉字。1994年纪山镇郭家岗楚墓出土保存完好的“战国女尸”③，被国家文物局鉴定为“稀世国宝”。1999年在五里铺发掘了左冢楚墓④。2009年在沙洋县后港镇发掘了严仓楚墓，墓主为“大司马悼滑”⑤。

沙洋县纪山、十里铺、五里铺、后港和荆州市荆州区的八岭山、川店、观音垱一带，迄今地面上仍保留有众多高大的封土堆，这些封土堆有覆斗状和圆丘状两种，属于楚王墓陵园或高级贵族墓地。这些墓地以楚都纪南城为中心，构成了楚国高等级墓群。从调查和发掘的资料来看，其年代大多数为战国中晚期。黄歇村东周墓群就是其中的一处（彩版一；图版一，1）。

黄歇村东周墓群所在岗地为南北走向，且较宽阔，岗地中间较为平坦，边缘地带向东、南、西三面倾斜，塌冢一号墓即位于此，属于楚都纪南城城东长湖北岸的湖汊区（图版一，2）。根据2008年第三次全国文物普查的资料显示，岗地中部自北向南排列三座大中型封土

① 湖北省荆沙铁路考古队：《包山楚墓》，文物出版社，1991年，第276页。

② 湖北省荆门市博物馆：《荆门郭店一号楚墓》，《文物》1997年第7期，第35页。

③ 荆门市博物馆资料。

④ 湖北省文物考古研究所等：《荆门左冢楚墓》，文物出版社，2006年。

⑤ 湖北省文物考古研究所：《荆门严仓楚墓》，待刊。

堆。北部两座封土南北并列，相距约50米，南侧一座较大，封土直径80、高12米，周长200米，当地称之为“黄歇冢”，该村也因此而得名。2004年10月，黄歇冢被湖北省人民政府公布为省级文物保护单位。北侧一座封土较小，当地称之为“叫花子台”，1989年文物普查时发现的封土已被挖平。南部一座“封土”距黄歇冢约1000米（图版二，2），封土堆直径26、高5米，当地称之为“塌冢”，即本次发掘的一号墓（图二；彩版二，1；图版二，1）。

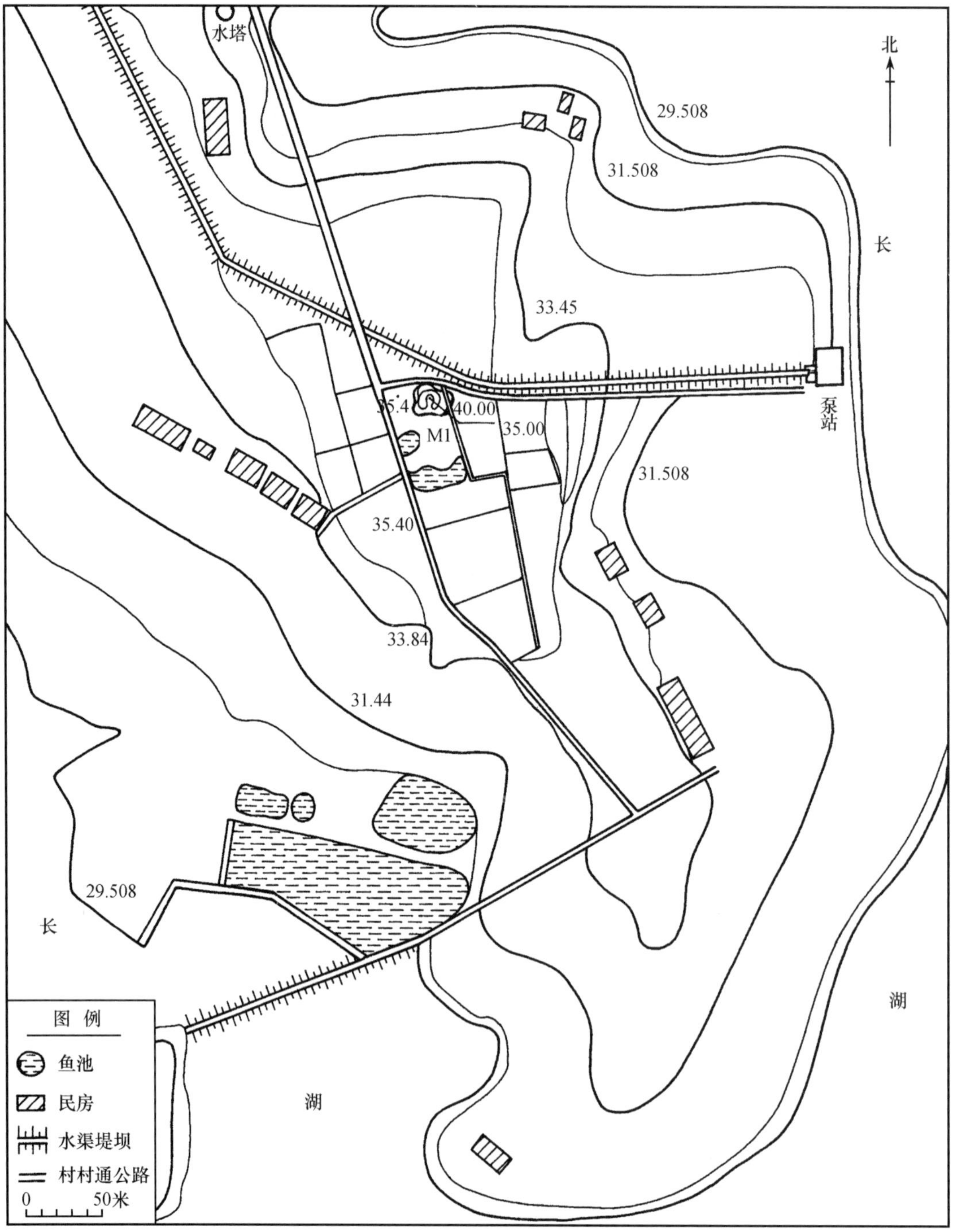

图二　塌冢地形与一号墓位置图

史料记载，春申君（公元前320～前238年）嬴姓，黄氏，名歇。楚考烈王元年，以黄歇为相，封为春申君，赐淮北地12县，后改封于江东。黄歇相楚二十五年，有食客三千，与齐孟尝君、赵平原君、魏信陵君齐名，史称战国四君子。据《荆门州志》记载："春申君墓在州东南140里，名黄歇冢，当晴空时，西山烟丝缕缕如云，后有楚人祭祀台。"

不过关于黄歇墓的地望问题学术界争论不休，湖北、江苏、安徽、河南、重庆、湖南都与其颇有关联。而《史记》中并无记载，在地方文献和族谱中又说法不一。除了荆门市的黄歇墓冢外，还有另外五种说法：第一种是葬在都城附近。在他被杀的寿春（安徽寿县），有一座封土长90、宽80、高10米的黄歇墓；相邻的安徽淮南也建有"春申君陵园"。第二种是葬在他的封邑。在江苏江阴，至今仍有春申君的墓庐，且是全国重点文物保护单位；在苏州真山，也据说有他的墓。第三种是葬于古黔中郡（今湖南常德一带）。主要见于当地的黄姓族谱所载。第四种是葬于黄国故城遗址内。1930年吉鸿昌将军驻军潢川时，特地立下"楚春申君之墓"石碑。第五种是春申君死后，尸首分离，他的忠勇门客朱英等人，将他的尸首偷走，潜送"江夏县黄鹤乡仁义村"予以安葬。黄歇墓如此之多，可能与史料记载不清、家族的迁徙和后人的缅怀有关。

第四节 发掘经过

2010年冬，南水北调引江济汉工程文物保护工作启动，为了配合工程建设，经上级主管部门批准，湖北省文物考古研究所负责对该墓进行抢救性发掘。

塌冢一号楚墓是继包山、左冢、严仓楚墓之后在荆门市沙洋县发掘的又一处较为重要的楚国贵族墓葬。我们在发掘前拟定了详细的发掘方案、现场保护整体规划、安全保卫实施方案与管理措施、突发事件应急预案、公众考古暂行办法等。在发掘中，我们严格遵守《田野考古工作规程》，注重墓葬周边环境与埋祀现象。

为了解墓地布局与埋祀现象，2010年元月，宜昌市博物馆负责对该墓地进行了全面勘探，勘探以封土为中心向四周延伸，孔距为2.5米×2.5米，部分地方采用加梅花点的方式进行密探，勘探面积约40000平方米，探明甲字形墓葬一座，编号为一号墓（图版三，1、2）。

塌冢一号墓的发掘是在湖北省文化厅、湖北省文物局的领导下组织实施的，整个工作得到了湖北省文物局南水北调办、湖北省博物馆、湖北省文物考古研究所、荆门市人民政府、荆门市文体新局、荆门市文物局、荆门市博物馆、荆门市文物考古研究所、沙洋县人民政府、沙洋县文化体育和广播电影电视局、沙洋县后港镇委、黄歇村村委会等各级领导，以及湖北省博物馆保卫科、沙洋武警支队等单位的大力支持。

田野发掘工作自2010年11月9日开始，至12月24日结束，历时44天。

本次发掘由湖北省文物考古研究所研究馆员黄文新任领队，参加发掘的人员有（按姓氏笔画为序）：万贤才、方中秋、李治明、杨磊、张清云、陈立新、周文银、郝勤建、黄文进、黄文娟、黄玉洪、黄春国、曾桂莲等（彩版六，2）。

塌冢一号墓的发掘，采用探方的方式进行。为了解封土结构，探方以墓葬方向为轴线，以封土为中心十字形布20米×20米探方共4个，探方方向357°，探方编号由西向东，从北向南顺序编号，分别为T1～T4。为了全面揭露车马坑和墓道，并全面了解墓地遗迹情况，因此，向西扩10米，向东扩13米。本次计划发掘面积2000平方米，布方面积2520平方米，实际发掘面积为2400平方米。在发掘探方的同时，为了解墓葬与车马坑是否存在叠压关系，以一号墓为纵轴线，开探沟一条，未发现主墓与车马坑有叠压关系。

墓地内地层堆积较单一，仅2层堆积（图版四，1）。第1层：现代地表。浅灰土，土质松散。20世纪70年代在封土上建有一座砖窑，80年代废弃。厚15～115厘米。现代窑、宋墓及战国时期车马坑开口此层下。第2层：现代堆积。黑褐色夹灰土。厚15～115厘米。分布在T1东南部、T2、T4西北部及T3东北部，即一号墓封土西部，该层为20世纪60年代建窑时加高所形成。盗洞和一号墓封土开口于此层下（图版三，3）。

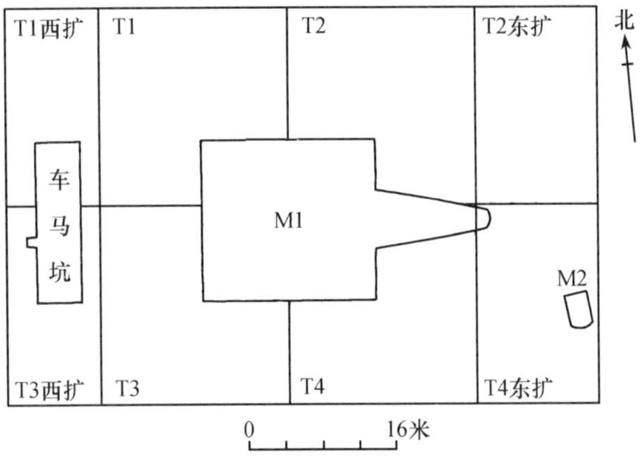

图三　塌冢墓地探方与遗迹分布图

盗洞位于封土中东部，当探方发掘结束墓口全部暴露出来后，盗洞仍然存在（图版四，2、3）。11月26日，在墓坑西侧勘探发现车马陪葬坑一座，随之进行扩方。在本次发掘的区域内，清理出战国墓葬和车马陪葬坑各一座，宋墓一座（另文发表），未发现其他祭祀遗迹（图三；彩版二，2；图版五）。

清理工作首先从车马坑开始，11月26日确定车马坑坑口，根据以往经验，车马坑坑底会保留有车马痕迹，这些痕迹经受不住日晒雨淋。为了保护好车马痕迹，保证清理工作顺利进行，11月27日，我们在车马坑坑口搭建了遮阳棚（图版六，1、2）。在清理的同时，为了让清理人员掌握坑内车子的分布情况及车子结构，人手印发一份车马坑的相关资料，以了解车子构造情况，做到心中先有车，便于清理工作的顺利进行。

清理的过程中，严格控制每层的厚度，上部每层控制在20厘米，下部则控制在3～5厘米，逐层向下清理，时刻关注土质土色的变化，每挖一块土都必须仔细观察，一旦发现铜构件、灰色痕迹、漆皮或骨骼等痕迹，立即停止取土，寻找车马痕迹的规律，由远而近逐渐缩小范围，采用局部与整体下降相结合的方法进行清理。首先用手铲清理出车马痕迹的大致轮廓，待整乘车基本清理出来后，对局部再用竹签、毛刷等工具进行精细清理（图版六，3；图版七，1、2）。清理工作坚持从实际出发，该快就快，该慢则慢，在确保文物安全的情况下，尽可能地将车子部件和马骨充分暴露出来。清理过程中，注重对车马痕迹的保护，为了防止车马痕迹干裂，保持车马痕迹的湿度，对暂时不清理的车马痕迹用塑料薄膜覆盖。根据车马坑的规模分析，该坑应陪葬有5辆车，因此安排5个人各负责一辆车的清理工作，1号车由黄玉洪负责，2号车由李治明负责，3号车由黄春国负责，4号车由张清云负责，5号车由万贤才负责，参加清理的人员还有周文银、黄文娟、曾桂莲等。为了确保三大记录资料的科学性，要求工作人员做好每天的发掘记录，将当天所发现的遗迹现象绘在发掘日记本上，并随时进行拍照、摄像，全方位收集相关信息，确保三大记录资料的完整性（图版七，3；图版八，1、2）。车马坑中出土的遗物，按车子配件由南向北进行编号（即CHK1：1-1）。为了确保文物安全，车马坑工棚内24小时安排工作人员值班。12月6日，车马坑清理结束，坑内共埋葬5辆车（彩版二六；图版七七）。

在清理车马坑的同时，墓坑内填土清理工作一并开展（图版九，1、2），为了保护墓坑台阶，用塑料薄膜进行了全覆盖（图版九，3）。12月5日见椁盖板，并对其进行了全面清理（图版一〇，1、2）。发现盗洞进入椁室（图版一一，1）。在做绘图资料的同时，及时对椁盖板上的竹席进行保湿保护（图版一〇，3）。12月7日，用热气球进行航拍（图版一一，2、3）。同时沙洋武警中队进驻工地，对工地进行24小时守护（图版一二，1、2）。12月8日，取椁盖板，为了确保椁板的完整性，本次采用人工的方式，将椁板抬到地面（图版一二，3、4），并对椁板进行了清洗（图版一三，1），在南墙板上发现刻划符号与烙印文字（图版一三，2、3；图版一四）。为了资料的完整，对椁室进行绘图和拍照（图版一五，1、2）。12月9日，清理椁室器物（图版一五，3；图版一六，1）。12月11日，在头箱发现一枚竹简和木櫜内竹签（图版一六，2、3），我们对出土文物进行了细致的包装（图版一七，1、2）。12月12日开棺，发现棺内有炭化物丝织品（图版一七，3）。由于现场条件有限，加之雨雪天，为了更好地保护好文物，将内棺整体提取，运往荆门市博物馆进行室内清理，并将椁内所有泥土运到室内进行了淘洗。清理过程中，遭遇雨雪天气，为了工作顺利进行，我们在墓坑上用塑料布搭起简易的防雨棚（图版一八，2、3）。12月10日，湖北省荆楚考古监理公司李劲、赵耀、周国平（特邀）到现场进行考古监理（图版一八，1）。发掘期间，我们分时段对公众开放（图版一九，3）。12月13日，将出土文物安全押运到荆门市博物馆内存放。12月24日，田野发掘工作全面结束，并安全撤离发掘现场。

同时在发掘过程中，湖北省文物局副局长黎朝斌、省文物局文物处处长、南水北调文物保护办公室主任王风竹、湖北省文物考古研究所所长包东波、书记黄勤、副所长孟华平；荆门市副市长柯昌军、市文物局局长翟信斌、副局长郑海峰、市博物馆馆长龙永芳；沙洋县副县长刘玲宁等领导先后亲临考古发掘现场视察和指导工作，慰问考古队员（彩版三～彩版六；图版一九，1、2）。在此，向所有参加沙洋塌冢一号墓考古勘探、发掘、保卫、保管、后勤、整理的单位和工作人员，以及对文物保护工作中给予支持的各级领导、专家学者致以诚挚的谢意。

第五节　资料整理与报告编写

一、资料整理

资料整理工作由黄文新负责。整理分两个阶段。

第一阶段始于2011年2月20日，至5月底结束（6月份因南水北调文物保护项目——武当山柳树沟墓群的发掘而暂停）。参加的人员有（按姓氏笔画为序）：万贤才、凡国栋、杨磊、张清云、陈子繁、周蜜、周文银、郝勤建、黄文进、黄文娟、曾桂莲等。本阶段首先清理内棺丝织品，由于严重炭化，无法进行提取（图版二〇，1）。同时对竹简进行了清洗与保护（图版二〇，2、3），随后对椁内淤泥进行了淘洗，并对所有文物进行清洗与保护。整理期间，国家文物局局长单霁翔、湖北省文化厅副厅长、文物局局长沈海宁等领导到塌冢一号墓整理间视察工作（彩版三，1）。

第二阶段始于2012年2月13日，至9月30日结束。参加的人员有（按姓氏笔画为序）：万贤才、凡国栋、杨磊、肖寿祥、张清云、陈子繁、罗运兵、周蜜、周文银、郝勤建、黄文娟、黄玉洪、曾桂莲等。

整理过程中发现漆木器标签容易腐烂，我们采用塑封的方式将标签进行了保护，使标签得以长时间保存。塌冢一号墓出土了一床卷折竹席，由于竹席较大不便收藏，我们采用塑料管将竹席与薄膜一起卷成筒，使竹席得到更好的展开与收藏（图版二一，1、2），整理期间，及时对竹简和人骨架进行摄影（图版二一，3、4）。

本阶段整理的主要工作是漆木器拼对、器物绘图、制卡、摄影以及动植物遗存鉴定。底图由黄玉洪、杨磊、万贤才、周文银绘制，线图由李天智描成，彩图由黄玉洪绘制，田野发掘过程中的照片由黄文新拍摄，器物摄影由郝勤建完成，器物写字、制表与统计由肖寿祥完成，陶器修复、铜器纹饰拓片、文物保养由黄文娟、曾桂莲完成。整理过程中，将多学科合作研究融入本报告的整理中，我们邀请不同的专家对相关文物标本进行了检测，果核鉴定由中国社会科学院考古研究所赵志军研究员、唐丽雅博士完成，植物纤维与木质鉴定由中国社会科学院考古研究所王树芝研究员完成，竹简、漆字及烙印文字的释读由湖北省文物考古研究所凡国栋博士完成，人骨鉴定由湖北省文物考古研究所周蜜博士完成，动物骨骼鉴定由湖北省文物考古研究所罗运兵博士完成，漆瑟复原由湖北省博物馆张翔完成，瑟弦鉴定、丝麻织物保护与脱水由湖北省文物考古研究所陈子繁完成。黄文新完成制卡工作，并对全部资料进行了校对统计。

二、报告编写

2012年10月，进入报告编写阶段。本报告分上下篇，上篇为发掘部分，下篇为研究部分，真正做到了考古发掘与科学研究同步开展。

我们将全面系统地发表塌冢一号墓的考古发掘资料，极少数器物资料未介绍，器形完全相同而未举例的，则以表格的形式附于器物描述内，使人们更多地了解当时楚人的生活方式与生活习惯，较全面反映古代等级制度与丧葬习俗。

以往墓葬中出土的动植物遗骸作为鉴定报告收录于附录中。随着考古学不断完善，多学科进入到考古学领域，体质人类学、动物考古和植物考古也成为考古发掘和研究中不可或缺的组成部分。动物遗骸和植物果核也是丧葬行为中一个重要的组成部分，其重要性等同于其他随葬品。在丧葬行为中，动物骨骼往往是作为牺牲，被装在铜鼎或其他容器之中，植物果实则装在陶罐中（如包山楚墓[①]中的陶罐内装盛有梅、植物等），这些动物骨骼、植物果实等都与丧葬祭祀和防腐有关。因此，本报告将零散的动物遗骸和植物果核遗存单独作为一个类别，放在出土遗物之后叙述，在随葬器物中按类别进行介绍。

本报告在编写过程中，由于南水北调工程、大遗址保护工作的进行，期间对鹤峰容美土司爵府遗址、宜昌万福垴遗址的发掘，武当山柳树沟墓群、郧县上庄遗址的整理，以及武汉市盘龙城遗址、沙洋纪山楚墓群大薛家洼墓地、枝江青山墓群谢家冢墓地等的勘探，使本报告多次被搁置而无法一次完成。2014年在郧县大寺遗址的整理过程中，利用闲暇时间才得以完成。

塌冢一号楚墓属于中小型墓，虽然被盗扰，仍然出土了千余件器物，可辨器形和质地都非常清楚，与其他楚墓所出土的器物类别基本相似，用途大多明确。在报告的叙述中，器物按质地分类描述，如铜器、陶器、铁器、银器、漆木器、竹器、丝麻皮草器、玉石器、其他、竹简、动物遗骸、植物遗骸12大类分别叙述。然后每大类再按用途分别介绍，如礼器、乐器、兵器、车马器、生活用器、工具、装饰用器、丧葬用器、其他。对具有复合质地的器物，按其主要功能归入相应的用途分类中描述。如带有木柲的戈、矛等归入铜器中的兵器类，木质或角质马镳则归入铜器与铁器的车马器中叙述。

报告中的器物号沿用田野发掘时的原编号，在室内整理时稍有调整，对少数器物进行了合号或补编，器物号有所增加。器物编号按椁室的三个室分别进行编号，即头箱代号为“T”，边箱代号为“B”，棺饰则以“GS”为代号，内棺代号为“NG”。另外，盗洞和填土中出土的遗物，则在编号前加“DD”和“K”。器物原则上是一件一号，对一号多件的器物则采用亚号处理，如酒具盒、竹笥和竹简亦先按一件给一个号，然后再按其内装盛器物的数量再给亚号。外棺上的攀钉（WG：**）和内棺东挡板外的玉璧则按棺饰（GS：**）进行编号。动物骨骼和植物果核一类一个号不计件数，按种类再给亚号。

器物的统计，原则上是一器作为一件，一号多件的按件计算，如车马器中的銿、节约、泡形饰，装饰品中的串珠、璜，丧葬用品中的骨贝等。除盗洞、填土内出土的遗物及动物骨骼和植物果核外的所有遗物都进行了器物统计。对于一器多号的器物一般都制有表格，附于叙述器物正文之后，供读者比较参考。

在整理期间，我们尽可能地将整理与研究同步进行，充分体现考古报告整理的新理念，

① 湖北省荆沙铁路考古队：《包山楚墓》，文物出版社，1991年，第197页。

提高考古报告的学术价值。根据文物的出土情况，将多学科合作研究融入考古报告的整理中，先后设立了古文字学、音乐考古学、体质人类学、动物考古学、植物考古学、丝麻织品与漆木器保护等学科的课题，对烙印文字、丝绸、瑟弦、漆俑、棺饰璧、玉佩饰、马车、人骨、动物骨骼、植物果核及植物纤维等方面开展综合分析研究，并完成了《塌冢一号墓出土植物遗存研究》、《塌冢一号墓出土纤维状遗存分析》、《塌冢一号墓出土俑的木材分析》、《塌冢一号墓椁板烙印文字考释》、《塌冢一号墓出土丝绸分析》、《塌冢一号墓瑟弦的保护研究》、《塌冢漆瑟——先秦瑟的成熟之作》、《塌冢一号墓人骨研究》、《塌冢一号墓动物骨骼初探》、《试论塌冢一号墓漆俑》、《浅论塌冢一号墓内棺头挡板悬挂玉璧的含义》、《试论塌冢一号墓出土的玉佩饰》、《塌冢车马坑马车复原与研究》13篇论文。报告实现了整理与研究同步进行的新理念，也是一种新的尝试，并达到了预期效果。

第二章　墓葬形制

第一节　封土、墓坑、填土、盗洞

一、封　　土

封土东北部分被现代人为取土破坏，封土平面呈不规则椭圆形，截面呈半圆形，覆盖着墓坑及墓道的大部分地方，残存底径东西长29.2、南北宽18.4米，封土顶部至墓口的相对高度为5.2米（图四，1；彩版二，1；图版二，1）。

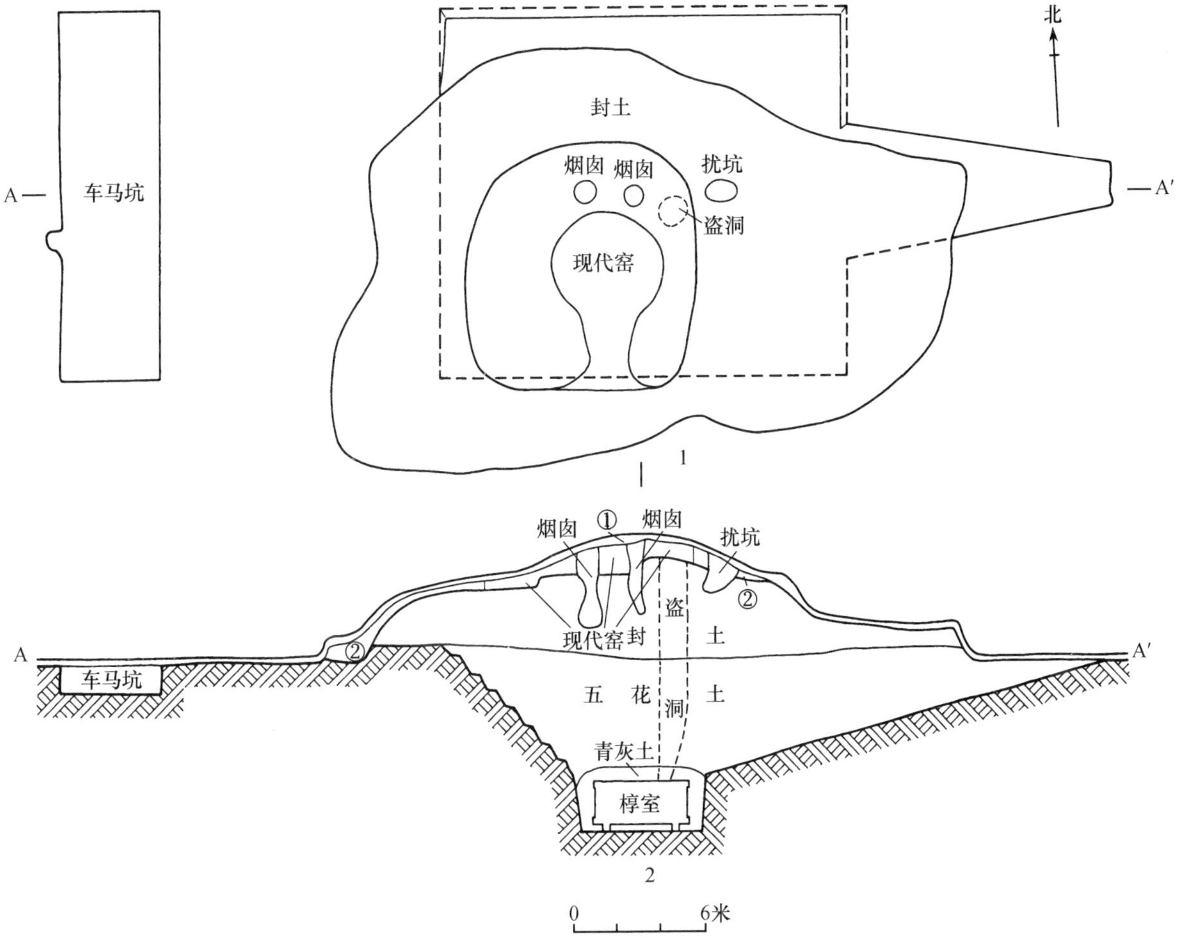

图四　一号墓与车马坑平、剖面图
1. 平面图　2. 剖面图

封土堆积分四层，大致呈水平状堆积，填土呈块状，纯净无包含物，封土未经夯打。

第1层：灰土，厚0.3～1.1米，含有细沙，土质较软，纯净，无包含物，见有许多植物根茎。

第2层：灰黑土，厚0.5～1.2米，夹白斑块，土质较硬，无包含物。

第3层：灰褐土，厚0.55～1.3米，夹锈斑点，土质较硬，无包含物。

第4层：褐灰土，厚1.01～1.3米，夹少量锈斑，土质较硬，无包含物（图四，2；图版四，1）。

二、墓　　坑

墓坑平面呈“甲”字形。方向93°。坑口东西长18.6、南北宽16.2米，墓口距地表深0.15～1.15米。墓坑四壁自上而下共设有七级台阶，置于生土上。台阶逐级内收，形制规整，四周的每一级台阶大致在一个水平面上。每一级台阶的高度不尽相同。其中第一级台阶距墓口深0.5米，台面宽0.45米。第二级台阶距墓口深1.5米，宽0.45米。第三级台阶距墓口深2.3米，台面宽0.42米。第四级台阶距墓口深3.1米，台面宽0.32米。第五级台阶距墓口深3.8米，台面宽0.48米。第六级台阶距墓口深4.1米，台面宽0.35米。第七级台阶距墓口深5.2米，台面宽0.42米。七级台阶之下部分墓坑呈长方形，至墓底深3.3米。墓底东西长5.5、南北宽3.95米，墓口至墓底深8.3米（图五；图版八，3）。

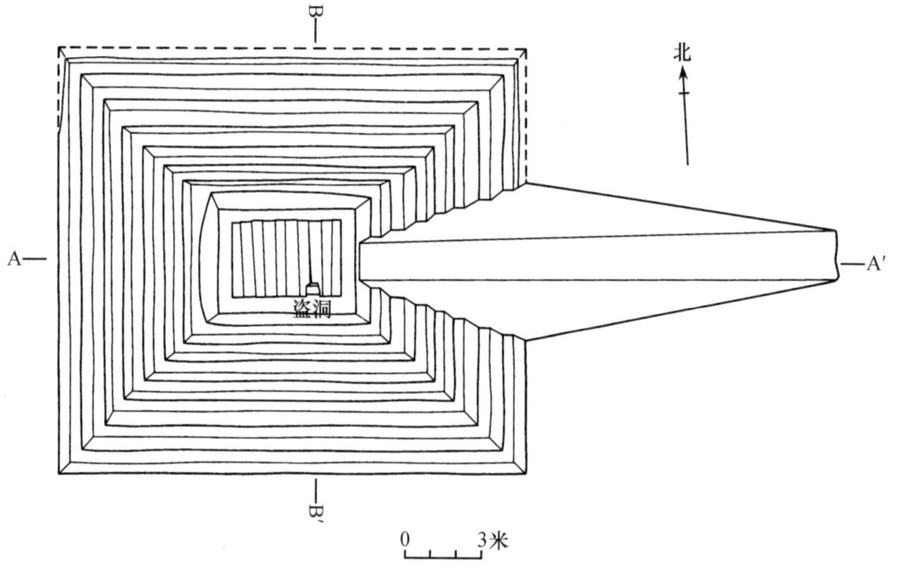

图五　一号墓墓坑平面图

墓道位于墓坑东端正中。平面为东窄西宽的梯形，略偏于墓坑中轴线，方向91°。长12.2米，西端口宽5.9米，底宽1.65米，东端口宽1.9米。墓道呈斜坡状，坡长19.4米，坡度15°。墓道口距墓道底深5.5米，墓道底距墓底深2.55米。墓道壁较斜，口大底小，壁面平整光滑（图六）。

墓坑与墓道壁以及台阶面基本上比较平整光滑，少数地方留有锸痕，如在西部第二级台阶斜面上有用锸加工墓壁留下一道一道的痕迹，宽7～7.5厘米，由于握锸者每次用力不等，其深浅不尽相同，大致在10～15厘米（图版二二，1）。

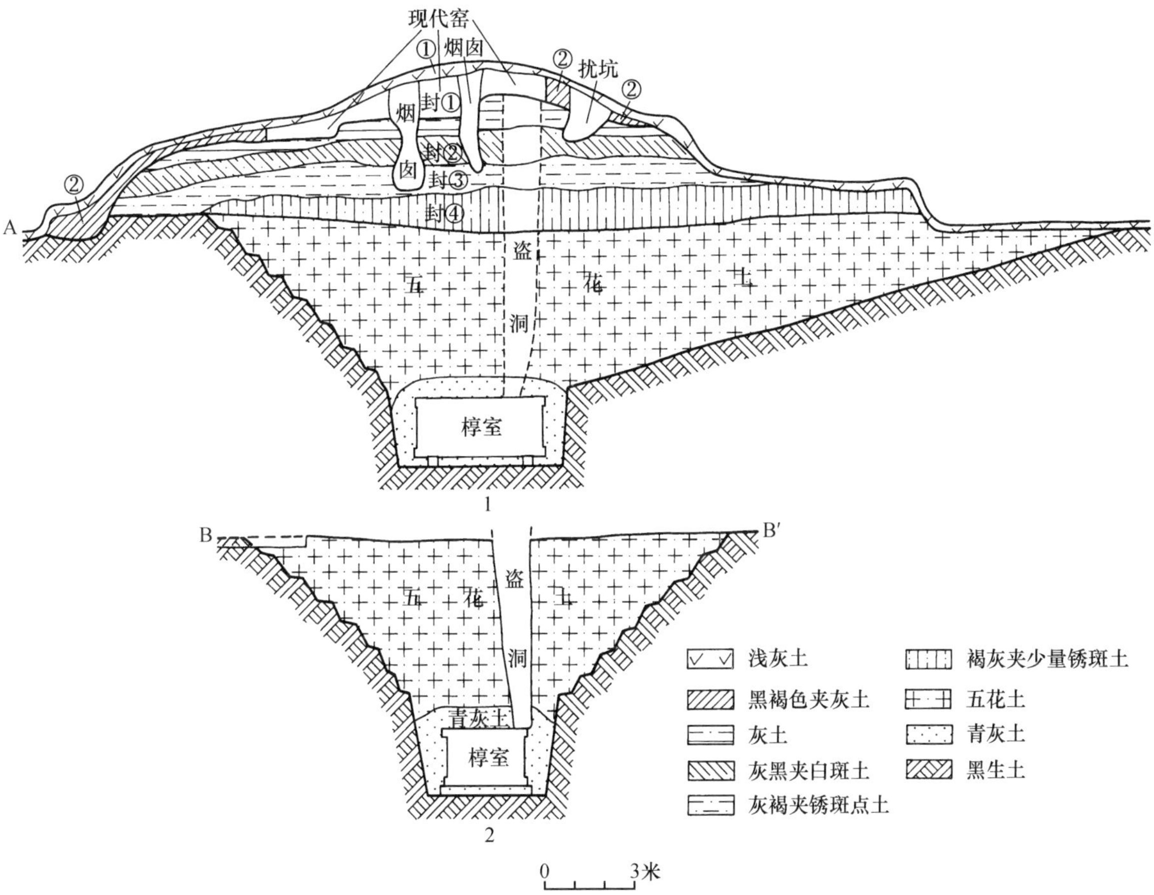

图六　一号墓墓坑剖面图

1. 纵剖面图　2. 横剖面图

三、填　　土

墓坑与墓道内填土基本相同，为黑褐色五花土，夹黄、灰白斑点。土质较硬，可能经过夯筑，但在发掘过程中未发现夯层和夯窝。在接近椁盖板及椁室时，土质土色发生变化，为青灰土，黏性大。在略低于椁室四周的填土上有一台面，其上有一层木屑，厚0.4～2厘米。根据这种现象分析，这些木屑应是当时建造棺椁时砍下来的。

发掘过程中，在第二级台阶东北角的台阶内侧，发现有三件玉圭形器（图版二二，3），其用意不详。在墓坑中部近椁盖板的地方，放置两套陶礼器，器形有陶鼎2件、陶壶1件、陶敦2件。这些遗物放置在填土中，可能与祭祀有关。在第六级台阶的西北角发现草绳编织的网兜（图版二二，2），应为运土的工具。在墓坑北壁近椁盖板的地方，东西向放置一根木棍（图版二三，1），其用途不详。

填土中出土遗物9件，主要有陶、玉、木器和草网兜等。

陶鼎　2件。K∶5，耳、足残缺。泥质褐胎黑皮陶，轮制。子母口，深腹较直，圜底。腹部饰二周凹弦纹。口径18.6、残高14.2厘米（图七，2；图版二三，2）。K∶6，仅存口沿。复原口径18.6、残高14.2厘米（图七，3）。

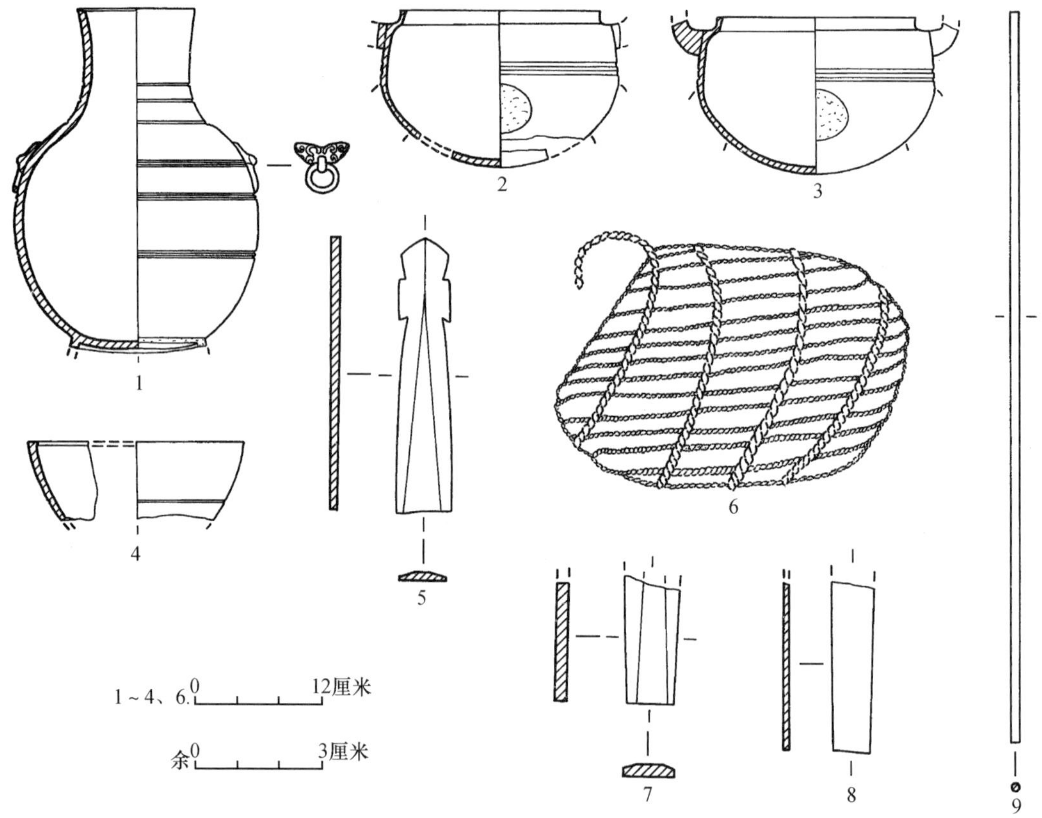

图七　填土出土器物

1. 陶壶（K∶4）　2、3. 陶鼎（K∶5、K∶6）　4. 陶敦（K∶7）　5、7、8. 玉圭形器（K∶1、K∶3、K∶2）
6. 草网兜（K∶8）　9. 木棍（K∶10）

陶敦　1件。K∶7，仅存口沿。泥质褐胎黑皮陶，轮制。平口，圆腹。复原口径20.4、残高7.2 厘米（图七，4）。

陶壶　1件。K∶4，残。泥质褐胎黑皮陶，轮制。平口，束颈，圆鼓腹下垂，圜底，圈足残。颈、腹部饰四组凹弦纹，每组二周，肩部饰对称铺首衔环。口径11、腹径23、残高31.2厘米（图七，1；图版二三，3）。

玉圭形器　3件。均出自第七级北台阶上。K∶1，残。浅绿色。长条形，片状，圭形首，下侧外边有方形外凸，上部截面扁棱形，下部扁长方形。残长6.2、宽1.1～1.2、厚0.25厘米（图七，5；图版二三，4）。K∶3，残。墨绿色。长条形，片状。一端残缺。残长3.9、宽1.1～1、厚0.2～0.3厘米（图七，7）。K∶2，残。浅绿色。长条形，片状，两端均残。残长3.9、宽0.9～1、厚0.15厘米（图七，8；图版二三，5）。

木棍　1件。出自台阶下的墓坑北壁边，距椁盖板0.6米。K∶10，腐烂仅见漆皮。残长67、直径0.8厘米（图七，9）。

草网兜　1件。出自第六级台阶西北角，仅见腐烂痕迹。K∶8，黄色，由两股草绳绞结。经线间距1.2～2厘米，经线粗0.8厘米；纬线间距3.5厘米，纬线粗0.4厘米。纬线从经线中穿过，呈纵横交织法编织，网兜四周结构不明。这类网兜在荆门包山二号墓[①]的填土中较多见。网兜暴露部分长33、宽21厘米（图七，6）。

四、盗 洞

位于T4的西北角，开口第2层下。盗洞自封土顶部垂直状打在头箱与边箱之间的椁墙板上。洞口直径1.4米，洞底直径0.5米，深12.2米。盗洞打在第3块和第4块椁盖板的南端，将头箱与边箱之间的隔梁切断（图版二五，1）。由于打在椁室南墙板上，而无法进入椁室，再将墙板砍成斜边，才得以进入椁室头箱，并将青铜礼器盗走或砸碎，目前还残留铜鼎口沿、铁足。清理盗洞时出土有火烧痕迹的漆器残片和铜镞等墓内遗物，并发现一块被盗墓贼砍断的椁室分板残块（图版二四，1）。由于在盗洞内未发现有年代特征的遗物，被盗年代难以判断，但从地层堆积与盗洞内填土分析，该墓的被盗年代应属于早期被盗。

从盗洞中出土的遗物分析，可分为两类，一类为盗墓者遗留的遗物，另一类为墓内的遗物。这里仅叙述盗墓者遗物，墓内遗物在第三章随葬器物中介绍。

木棍　2件。DD：1，利用自然树枝砍成，应为盗墓工具。弧形，两端均有砍痕。长37.8、直径6.3厘米（图八，1；图版二四，2）。DD：4，残。为一截自然树枝，未见加工痕迹，截面圆锥形。残长23.2、直径1.5～2.7厘米（图八，2）。

木弓形器　1件。DD：5，利用自然树枝砍制而成，残留有树皮。一端砍有一凹槽，弧顶，斜边，平底。长17厘米（图八，3）。

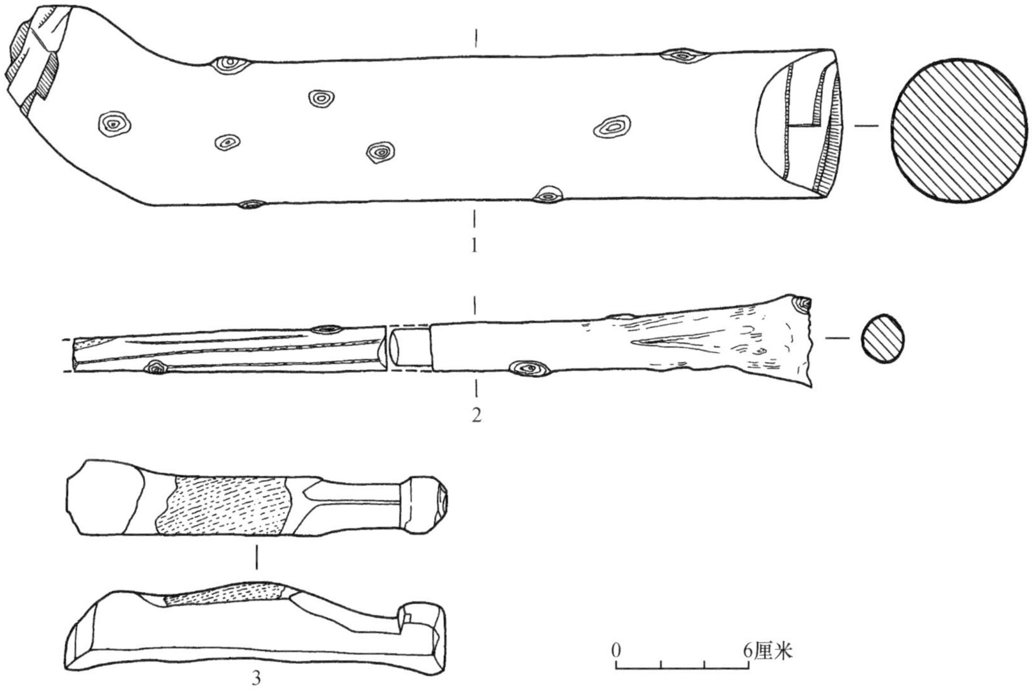

图八　盗洞出土盗墓工具

1、2. 木棍（DD：1、DD：4）　3. 木弓形器（DD：5）

① 湖北省荆沙铁路考古队：《包山楚墓》，文物出版社，1991年，第49页。

第二节　葬　　具

葬具皆为木质，由一椁二棺组成，分三室（图版二五，2），置于墓坑中部，方向91°。椁墙板、挡板由方木上下垒砌。椁室中部用隔梁隔开，其下设隔板。椁盖板平铺于椁室之上。椁底板呈东西向平列于墓底，其下有两根方形垫木。棺则皆为木板榫卯结合，各部位的结合方式一般采用平列扣接半肩凸榫错缝、燕尾榫、暗榫和锁榫等方法结合。

一、椁

由于该墓地处江汉平原边缘地带，地下水位较高，加之青灰土密封，虽然被盗，椁板仍然保存较好。为了更进一步了解椁室结构，我们绘制了椁室结构透视图（图九）。

椁室东西长4.3、南北宽2.8、高2.16米。分别由盖板、分板、墙板、挡板、头箱横梁隔板、边箱纵梁隔板、底板和垫木组成（图一〇）。

椁盖板上铺有5床人字纹竹席，并延伸至椁盖板四周的台面上，低于椁盖板25厘米。中间一床竹席铺于最上层，保存也较为完整，长2.66、宽2.26米。从竹席的叠压情况观察，其铺席

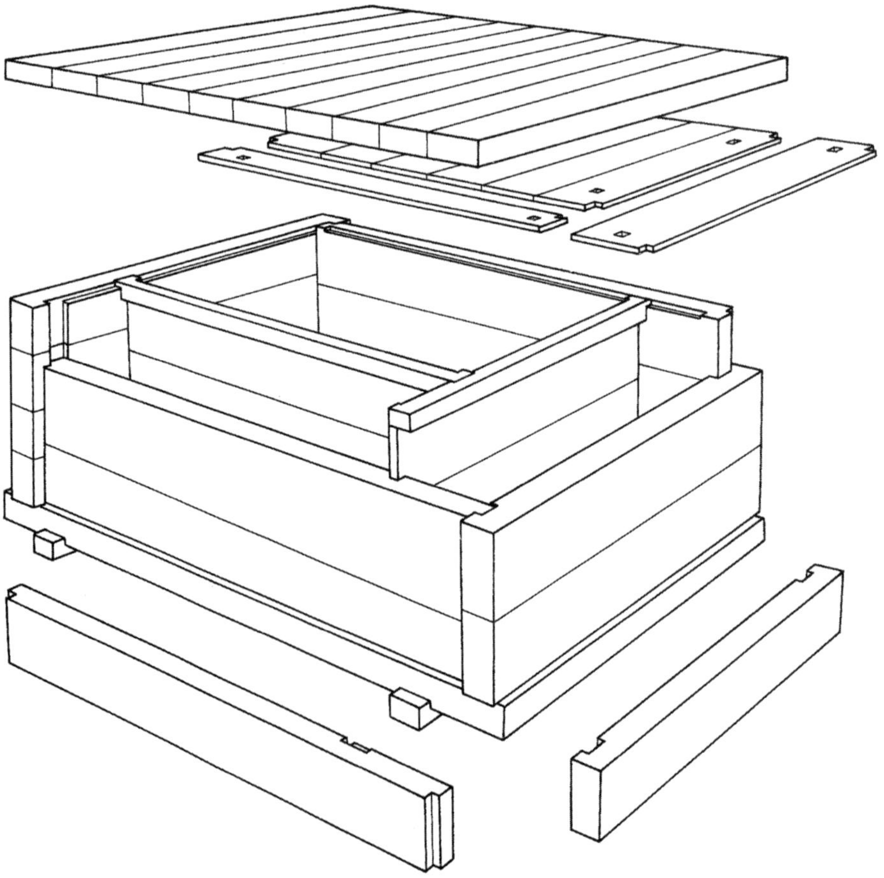

图九　椁室结构示意图

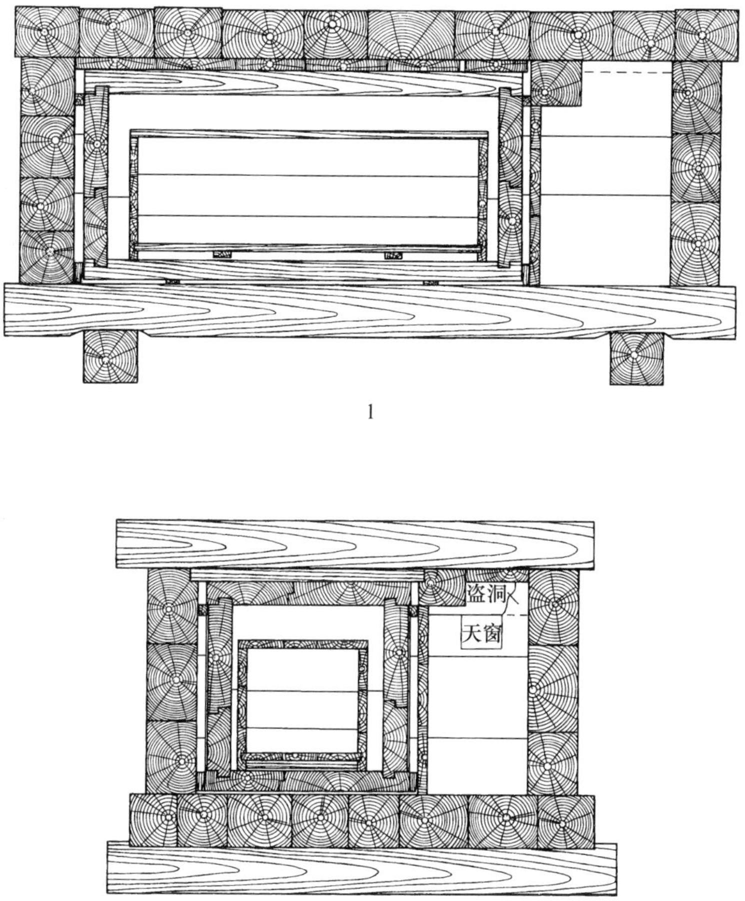

1

2

0 60厘米

图一〇 椁室纵、横剖面图

1. 纵剖面图 2. 横剖面图

顺序为：西南部→西北部→东南部→东北部，最后在4床竹席的交汇处加铺一床，即椁室的中部（图一一；图版二五，3、4）。第七、八块椁盖板南端被盗墓贼砍缺，形成盗洞。椁盖板上的盗洞东西长0.52、南北宽0.46米。

椁盖板：共10块。方形木，采用平列方式呈南北向平铺于椁室之上，其铺设先后顺序不明。东西长4.16、南北宽2.87、厚0.27～0.29米。由西向东顺序编号：第一块南北长2.78、东西宽0.32～0.46、厚0.29米；第二块南北长2.79、东西宽0.42～0.46、厚0.28米；第三块南北长2.84、东西宽0.37～0.44、厚0.29米；第四块南北长2.82、东西宽0.46～0.5、厚0.29米；第五块南北长2.84、东西宽0.38～0.39、厚0.28米；第六块南北长2.84、东西宽0.5～0.52、厚0.28米；第七块南北长2.83、东西宽0.44～0.48、厚0.28米；第八块南北长2.8、东西宽0.44～0.52、厚0.27米；第九块南北长2.82、东西宽0.34～0.43、厚0.28米；第十块南北长2.83、东西宽0.26～0.29、厚0.29米（图一二）。

分板：按室平铺于头箱（东室）、边箱（南室）、棺室（北室）顶部。厚度均为7厘米。头箱分板位于椁室东部，出土时已塌陷。为一块长方形木板，南北长2.08、东西宽0.54米。呈

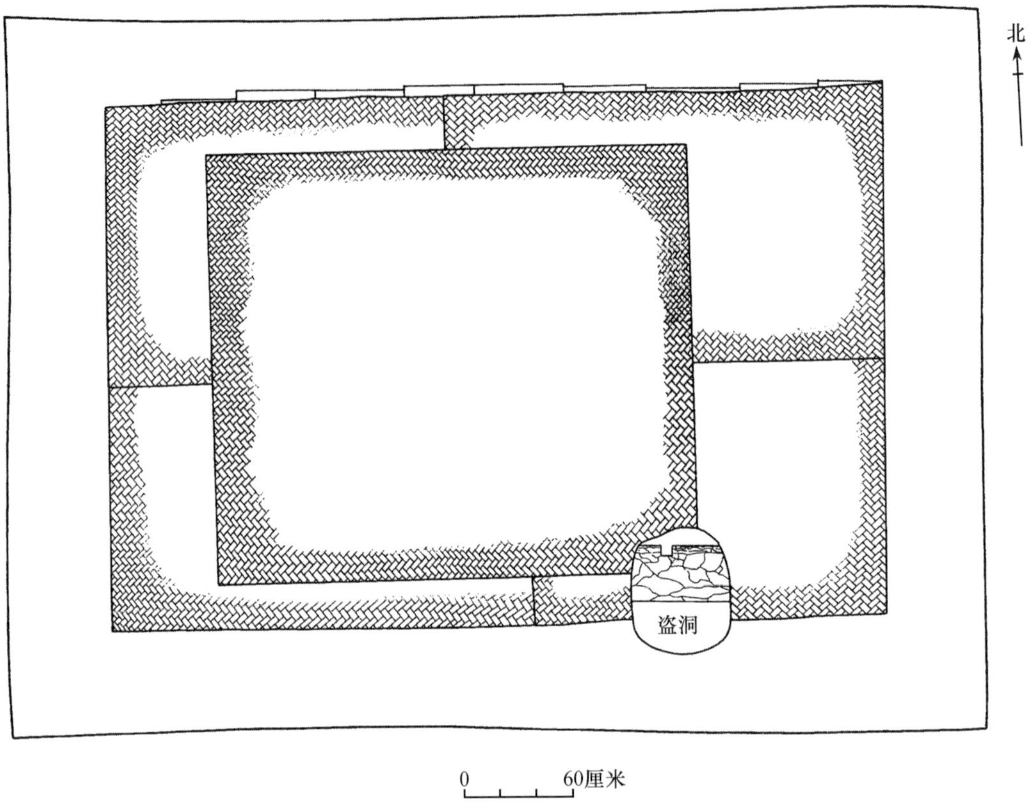

图一一　椁盖板上铺设竹席情况

图一二　椁盖板分布情况

南北向平铺，南北两端西侧外凸，外凸部分与椁室墙板的“L”形边槽扣合。为便于安装，在头箱分板的南北两端（距南端点12厘米，东墙板29厘米；距北端点12厘米，东墙板27厘米）各凿有一方形透孔。孔长4、宽3厘米，两孔间距1.78米。分板位于椁室西南部，由一整块长方形木板构成。东西长2.76、南北宽0.39米。呈东西向平铺，东西两端南侧外凸，外凸部分与椁室西墙板和头箱隔梁上的“L”形边槽扣合。为便于安装，在边箱分板的东西两端（距东端点12厘米，南端点12厘米；距西墙板16厘米，距南隔板17厘米）各凿有一方形透孔。孔长4、宽2厘米，两孔间距2.42米。分板的东南角被盗墓贼砍缺（图版二五，2）。棺室分板位于椁室西北大部。共6块，东西长2.69、南北宽1.4米。自西向东宽依次为：0.48、0.46、0.42、0.48、0.46、0.4米。分板呈南北向平铺，第一块和第六块分板的两端外侧设半肩套榫，两端与椁室北墙板和棺室与边箱隔梁上的“L”形边槽扣合。为便于安装，在第六块分板的南北两端（距南端点8厘米，东隔板22厘米；距北端点16厘米，东隔梁22厘米）各凿有一方形透孔。孔长3、宽3厘米，两孔间距1.1米。依凿此二孔可以推知，棺室分板是自西向东依次铺盖，最后放置第六块有透孔的分板（图一三）。

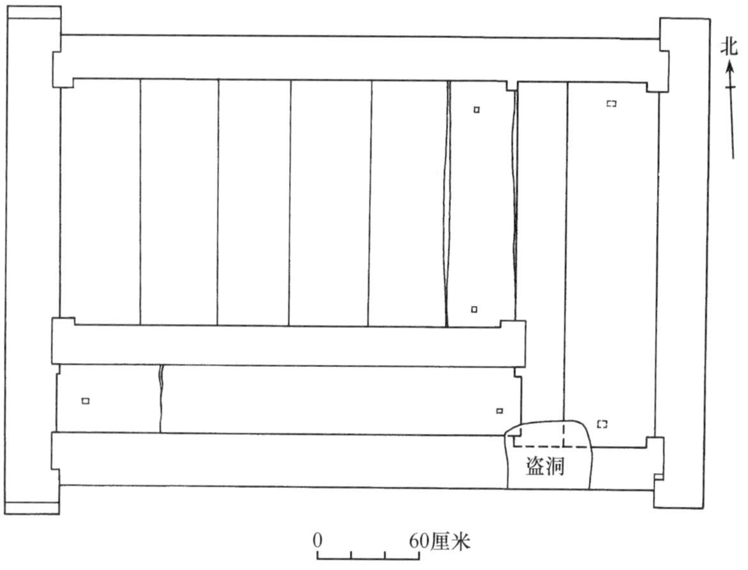

图一三　椁室分布情况

墙板：共6块，分南墙板和北墙板。每边由3块组成，呈东西向上下侧立于南北两侧的椁底板上。

南墙板长3.66、宽0.3、通高1.3米。自上向下宽依次为0.44、0.5、0.36米。墙板两端内侧分别凿有21厘米×6厘米的榫头，半肩套榫插入东、西挡板的凹槽内。最上一层墙板内侧，距东端11厘米凿有一道长49、宽7、深7厘米的“L”形边槽，以容纳头箱分板。紧贴分板槽向西凿一长30、宽7、深26厘米的方槽，以容纳头箱横梁，在浅槽下方西侧凿有宽0.6、深0.5、高104厘米（含南墙板第一、二、三层深至椁底板）的竖向凹槽，以容纳头箱3块隔板。另外在南墙板第一层中部，距墙板顶部29厘米，距东端70厘米，分别凿有3个长3、宽3、深8厘米的方形榫眼，自东向西间距为0.88、1.27米。据以往发掘的楚墓资料来看，此榫眼应为悬挂随葬品之用

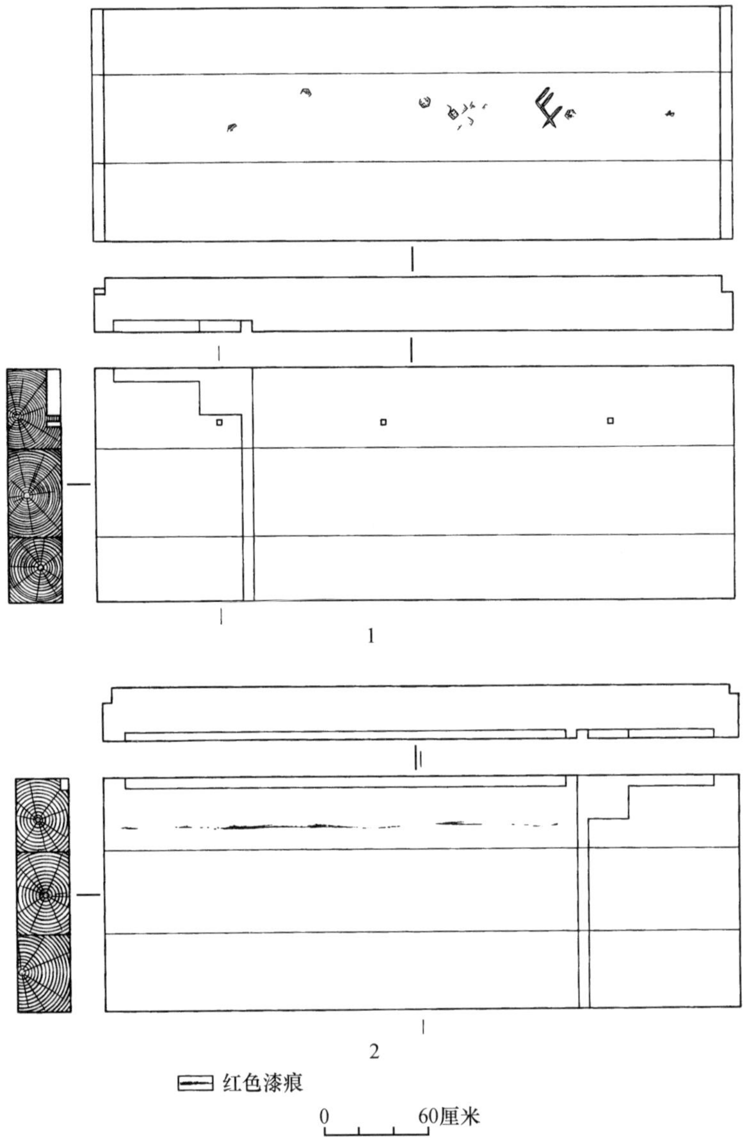

图一四　椁墙板平、侧视、剖面图
1. 南墙板　2. 北墙板

途。边箱清理时未见相应的木桩或悬挂之物，当时下葬时是否安装木桩或有悬挂之物，难以确定（图一四，1）。

在第二块南墙板外侧西部刻有一“𠃊”符号（图一四，1；图版一三，3）。中部有8个分布较零乱的方形和六边形烙印印戳。正方形印戳长约为4.5厘米，烙印有4个字，经释为“木择於公”。在墙板上还均匀地分布5个六棱形印戳，印戳边长2.5厘米。烙印内有2个字，经释为“既正”。字为阴文，有明显的烙印痕迹。这些烙印印戳与江陵望山二号墓[①]外棺上烙印的文字性质基本相同，应为王室掌管棺椁等级和用材的部门之印（图版一四）。

北墙板长3.68、宽0.3、通高1.3米。自上而下宽依次为0.42、0.46、0.42米。北墙板正好

① 湖北省文物考古研究所：《江陵望山沙冢楚墓》，文物出版社，1996年，第117页。

与南墙板相反，也是两端分别凿有21厘米×6厘米的榫头。为半肩套榫于东、西挡板的相应位置。最上一层内侧距东端14厘米凿有一道长50、宽5、深7厘米“L”形边槽，以容纳头箱分板。紧贴分板槽向西凿一长30、宽5、深26厘米的方槽，以容纳头箱横梁，在方槽下方西侧再凿长6、宽5、高104厘米（含北墙板第一、二、三层至椁底板）的竖向凹槽，以容纳头箱的3块隔板。在最上一层距西端13厘米内侧凿有一道长254、宽5、深7厘米的“L”形边槽，以容纳棺室分板（图一四，2）。

挡板：共7块。分东挡板和西挡板，其中东挡板3块，西挡板4块。呈南北向侧立于椁底板之上。

东挡板共3块。长2.8、宽0.3、通高1.3米。自上而下宽依次为0.42、0.4、0.48米。在距东挡板北端18厘米，南端16厘米内侧各凿有一道宽24、深6厘米深至椁底板的竖向凹槽，南北墙板两端分别插入相对凹槽内（图一五，1）。

西挡板共4块。长2.8～2.94、宽0.32、通高1.3米。西挡板的第一层挡板两端长于其他3块挡板13厘米。在南端凿有宽27、长6厘米的半肩榫头，北端凿有宽27、长7厘米的半肩榫头，南

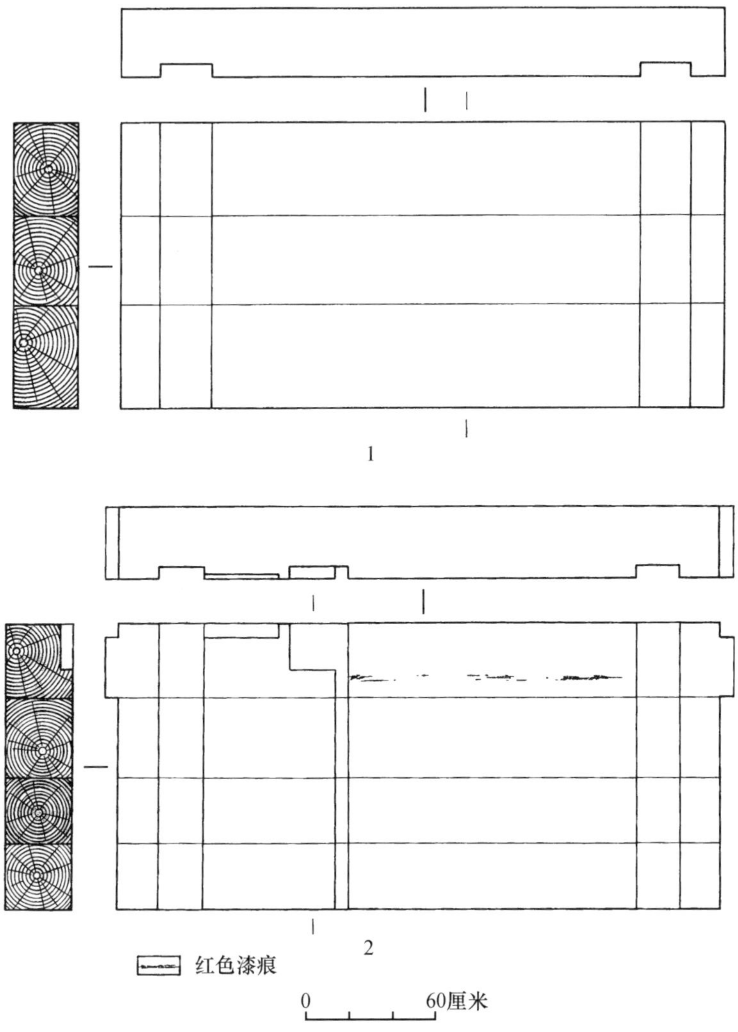

图一五　椁挡板平、侧视、剖面图
1. 东挡板　2. 西挡板

北两端的半肩榫头用途不明。自上而下宽依次为0.34、0.37、0.29、0.3米。在第一层的内侧距南端25厘米，距北端26厘米，第二、三、四层距南北两端各19厘米处，凿有一道宽21、深6厘米，深至椁底板的竖向凹槽，南北墙板分别插入相对的凹槽内。另外在第一层南部紧贴竖向凹槽北边内侧凿有一道长34、宽2、深7厘米的“L”形边槽，以容纳边箱分板。向北间隔5厘米，凿一长27、宽6、深21厘米的方槽，以容纳边箱与棺之间的隔梁，其下面第一层距西挡板南端1.06米，第二、三、四层距西挡板南端1米的内侧又凿长6、宽6、通高109厘米，深至椁底板的竖向凹槽，以容纳边箱的隔板（图一五，2）。

隔梁隔板：由头箱横隔梁、隔板及边箱纵隔梁、隔板组成。

头箱隔梁、隔板共由4块组成，呈南北向侧立于底板之上。长2.1、通高1.3米。第一块为头箱与棺室和边箱之间的隔梁，宽0.26、厚0.3米。距南端7厘米的内侧凿有一道长33、宽5、深7厘米的“L”形边槽，以容纳边箱分板。向北间隔5厘米，凿一长28、宽7、深21厘米的方槽，以容纳边箱与棺室之间的隔梁。隔梁之下设有3块隔板，自上而下宽依次为0.26、0.38、0.4米，均厚6厘米。南北两端分别套榫插入椁室南北墙板相应的凹槽内。在第一块隔梁方槽下方靠棺一侧，及3块隔板相对应的位置改凿长6、宽3、通高109厘米，深至椁底板的竖向凹槽，以容纳边箱与棺室之间的隔板。另在第一层距南墙板内侧16厘米处设有一个南北长20、高24厘米的天窗，使头箱与边箱相通（图一六，1）。

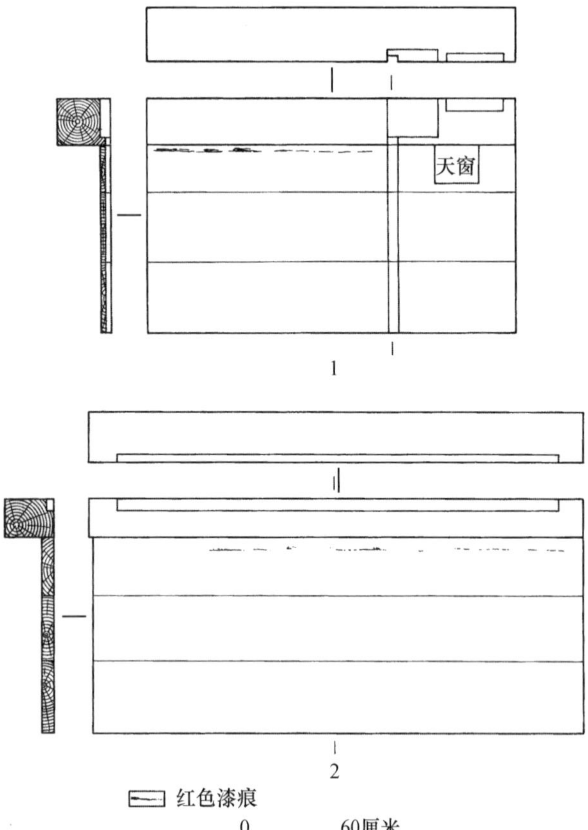

图一六　椁隔板平、侧视、剖面图
1. 头箱隔板　2. 边箱隔板

边箱隔梁、隔板共由4块组成，呈东西向侧立于底板之上。长2.82、通高1.3米。第一块为边箱与棺之间的隔梁，宽21、厚28厘米。隔梁靠棺一侧凿有长252、宽4、深7厘米的“L”形边槽，以容纳棺室分板。隔梁之下设有3块隔板，自上而下宽依次为0.31、0.36、0.4米，均厚6厘米。边箱隔梁和隔板的东西两端分别插入椁室西挡板与头箱横梁及隔板相应的凹槽内（图一六，2）。

底板：底板共由8块方木组成，皆呈东西向平铺于墓底的垫木之上。长4.36、宽2.77、厚0.3米。由北向南宽依次为0.29、0.3、0.38、0.33、0.31、0.49、0.49、0.34米。底板下设2根横垫木。底板与垫木接触处砍有斜边浅槽，以置垫木。底板的平铺先后顺序不清（图一七）。

垫木：由2根方木组成，长3.04、宽0.32、厚0.3米，呈南北向横置于椁底板东西两头。西垫木距底板西端0.46米，东垫木距地底东端0.44米，两者间距2.82米（图一七）。

另外，椁室距顶部约20厘米处，有一周不规则的红漆痕迹，略高于外棺墙板和挡板，与外棺口部和棺内的红漆相同，而且外棺盖上也有零星的不规则红漆印迹，根据红漆痕迹推测，这道红漆应是外棺髹漆时无意刷到椁墙板上的，可能是因红漆未干，才抹到外棺盖上。从这一现象分析，说明外棺是在现场拼装的。

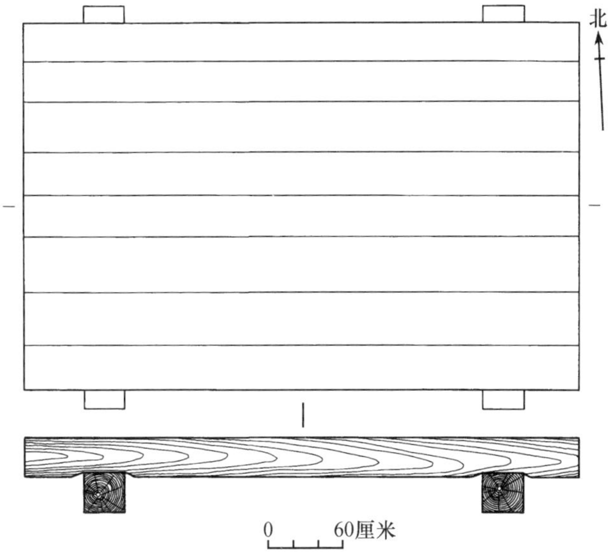

图一七　椁底板平、剖视图

整个椁室经墙板和挡板的榫卯套合，其平面呈“Ⅱ”形，中间再经头箱隔梁隔板和边箱隔梁隔板的榫卯套合，将椁室分隔成大小不等、朝向不同、互不相通的头箱、边箱和棺室（图一八）。

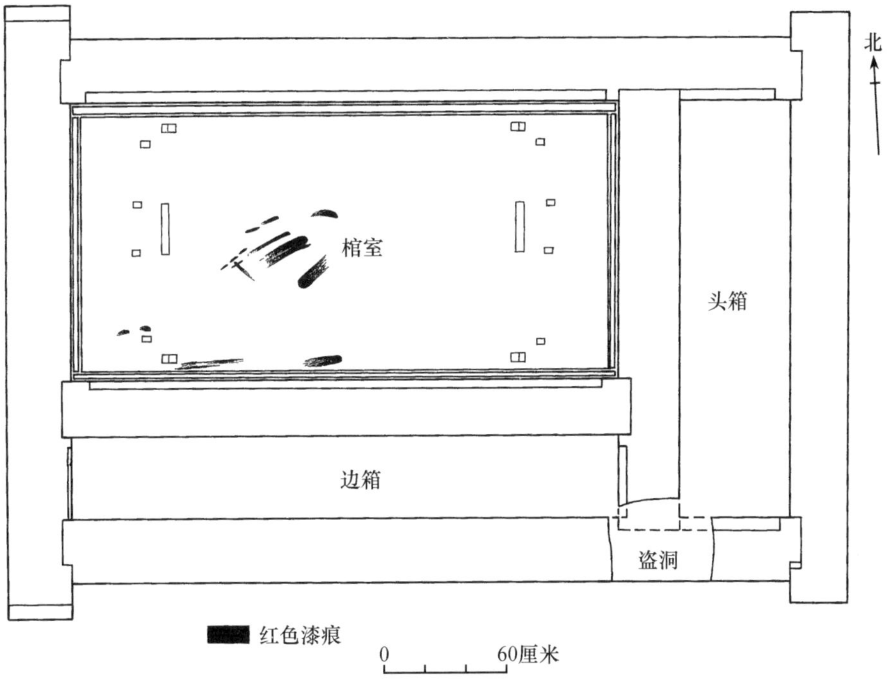

图一八　椁室分布图

另外，棺室与外棺之间有少许缝隙，为了防止棺木晃动，缝隙上下各设有12根卡木条，上下各6根。卡木条呈长条形，横截面呈梯形。上层两端2根卡在两侧木条的内侧。木条长120、宽5、厚6厘米，北侧东边一根长165、宽6、厚6厘米，西边一根长102、宽6、厚6厘米。南侧东边一根长152、宽6、厚6厘米，西边一根长116、宽6、厚6厘米。下层木条与上层木条基本相似，仅厚于上层木条5厘米（图一九）。

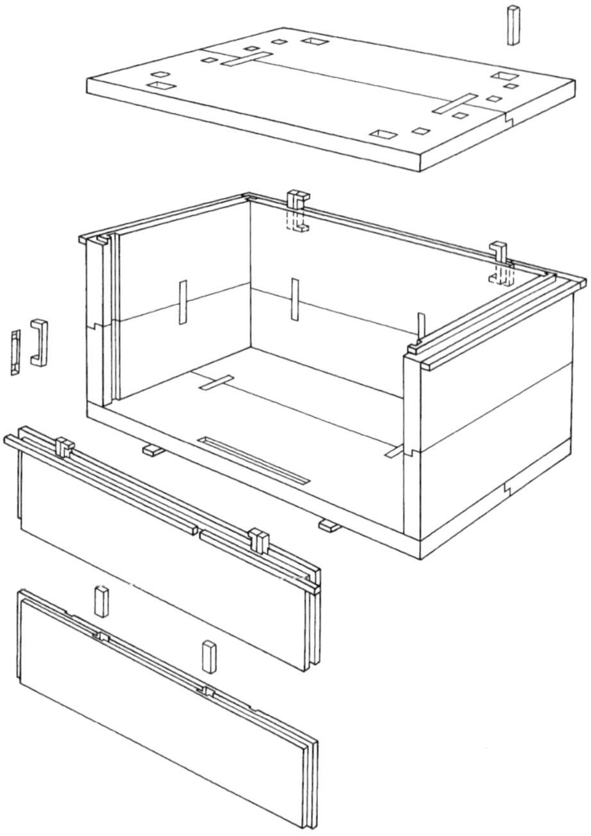

图一九　外棺结构示意图

二、棺

棺居于椁室西北大部的棺室内。棺室内置双层木质棺，即外棺和内棺，皆呈东西向放置。出土时双层木棺保存较好，结构清楚，分叙如下：

（一）外棺

为平底方棺，由12块木板及2根垫木榫卯构成。内体通髹红漆，外体通髹黑漆。长2.6、宽1.22、高1.24米。由盖板、墙板、挡板、底板和垫木组成（图一九）。分述如下：

盖板：由2块木板拼接而成。北侧一块宽0.54米，南侧一块宽0.68米。采用半肩榫错缝衔接，距盖板两端41厘米处各凿有2个左右并列的半透方孔，“⊓”形铜攀钉扣入其内固定。铜攀钉的形制相同，二者间距1.7米，铜攀钉两侧盖板与墙板之间再凿一竖向长方形孔，将铜攀钉上下纵向置入孔内，攀钉钩朝内侧，外侧则塞有长条形木楔，将攀钉推向内侧，防止攀钉脱出，以固定棺盖板与墙板。木楔与攀钉等长，宽3厘米。棺盖板底面内侧凿一周宽7、深4厘米的凹卯，与棺墙板相同宽深度的半肩凸榫形成套合。

另外在外棺盖上还有8个5厘米×2厘米长方形半透榫眼，榫眼内卡有木楔，木楔南北两侧卡有丝麻织物痕迹，据此推测，由于外棺与棺室之间缝隙很小，为了便于棺盖的安放而采取的一种悬吊方法（图二〇，1）。这种方式与长沙子弹库战国木椁墓[①]外棺盖上的皮提手功能相同。

墙板：共4块。长2.4、厚0.14米（图二〇，4）。分南北两块，每边各两块，呈东西向侧垒于外棺底板之上，自上而下宽依次为0.59、0.4米。两块之间为半肩榫错缝衔接，中缝有两根木榫插入两块木板中形成暗榫，木楔长16、宽4、厚2厘米，间距1.72米。中缝两端内侧各用一铅锡攀钉加固，间距1.92米。墙板的子母口内侧均凿有一竖向长4、宽7厘米的半肩榫，形成子口，与外棺东西挡板相同竖向的凹槽套合。墙板底部正中内侧凿有一半肩凸榫，长94、宽7、高4厘米，凸榫与底板相同长宽厚度的凹卯套合，挡板上部，即棺口部，凿有一道长240、宽7、高4厘米半肩凸榫形成子口，与外棺盖板相套合。

挡板：共4块。长1.22、厚0.14米（图二〇，3）。分东西两边，每边各两块，呈南北向侧垒于外棺底板之上。自上向下宽依次为0.59、0.4米，两块之间为半肩榫错缝衔接。中缝有两根

① 湖南省博物馆：《长沙子弹库战国木椁墓》，《文物》1974年第2期，第37页。

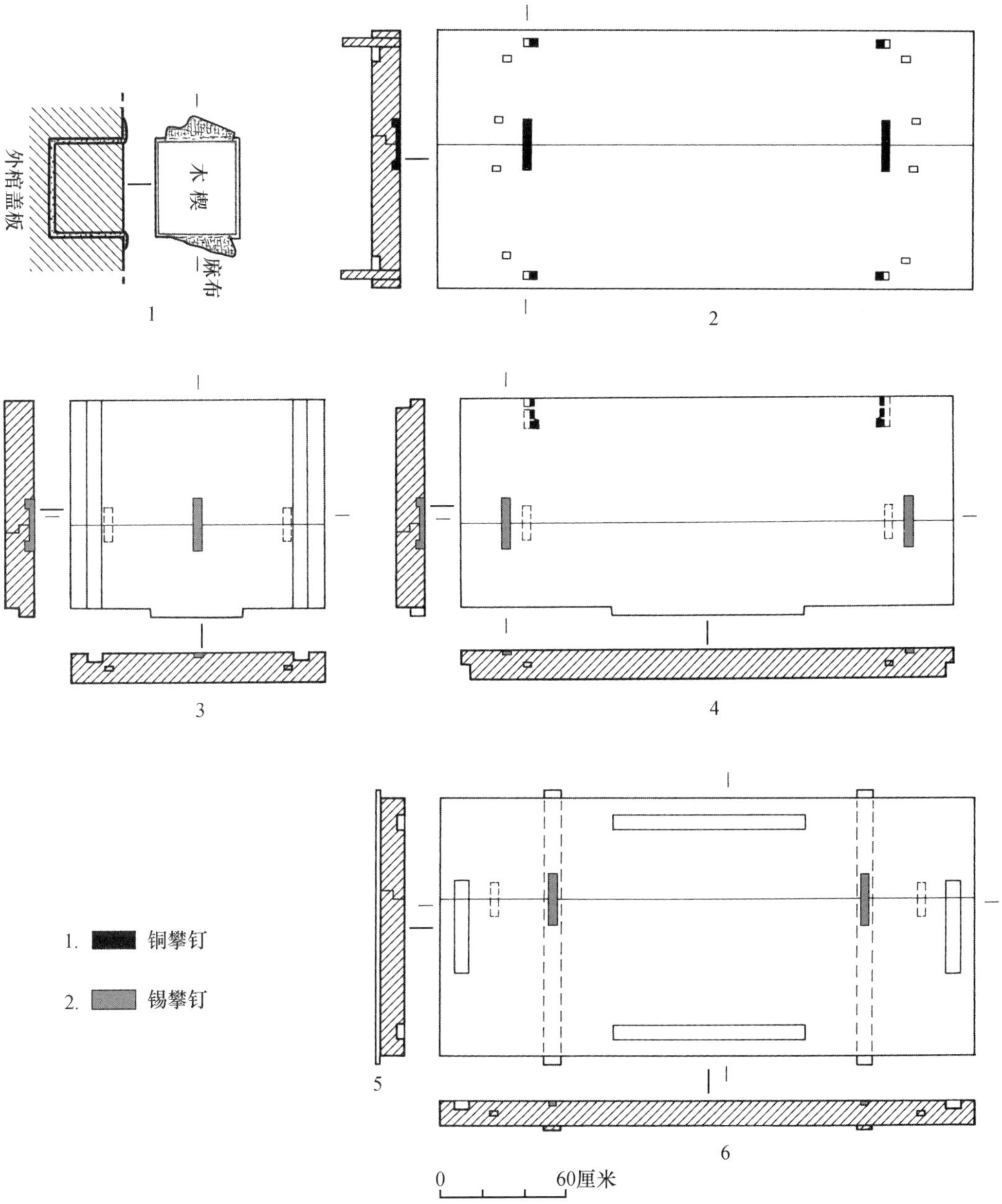

图二〇 外棺平、侧视、剖面图

1. 棺盖卡绳痕迹 2. 棺盖板与铜攀钉 3. 棺挡板 4. 棺墙板 5. 棺底板 6. 垫木

木榫插入两块木板中形成暗榫，木楔长16、宽4、厚2厘米，间距0.82米。挡板中缝内侧用锡攀钉上下加固。挡板底部正中内有一半肩状凸榫，长44、宽7、高4厘米，凸榫与底板相同长宽厚的凹卯套合。每块挡板距两端8厘米，均凿有宽7、深4厘米的一道竖向凹槽，与外棺南北墙板竖向半肩凸榫形成子母口套合。

底板：共2块。长2.6、宽1.22、厚0.12米（图二〇，5）。由北向南宽依次为0.48、0.74米，厚0.12米。两块之间由半肩榫错缝衔接，中缝有两根木榫插入两块木板中形成暗榫，木楔长16、宽4、厚2厘米，间距2.04米。中缝两端各用一铅锡攀钉加固，间距1.48米。底部四周正中均凿有与墙板、挡板长宽深完全相同的凹卯，与墙板、挡板凸榫套合。

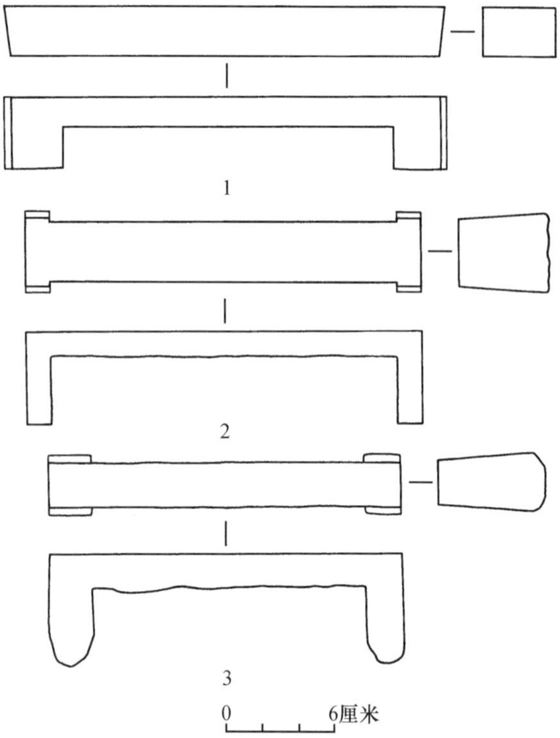

图二一　外棺铜、锡攀钉

1、2. 铜攀钉（WG：1、WG：7）　3. 锡攀钉（WG：8）

垫木：共2根。呈南北向置于外棺底板之下的两端，垫木长130、宽8、厚2厘米，间距1.44米（图二〇，6）。

外棺墙、挡、底板上的攀钉均为锡攀钉，锡攀钉是现浇到棺板上的。首先将要设置锡攀钉的位置凿一“]”形凹槽，然后将溶化的锡水灌入凹槽即可固定，因此，锡攀钉不是太规整（图二一，3）。

铜攀钉　共6件。出自外棺盖板，形制、大小基本相同。平面长条形，侧面呈“凹”形，截面长方形。WG：1，长23.6～24.2、宽2.6、高3.9厘米（图二一，1；图版二四，3）。WG：7，长21.8、宽3.3、高5厘米（图二一，2）。

锡攀钉　8件。出自外棺墙板、挡板和底板内侧，除挡板为一件外，其余为2件。形制相同，规格稍有区别。平面长条形，侧面呈“凹”形，截面长方形。WG：8，长19.4、宽2.4、高6厘米（图二一，3；图版二四，4）。

（二）内棺

内棺为平底方棺，长方盒状。内通体髹红漆，外通体髹黑漆。长2.12、宽0.78、高0.76米。由盖板、墙板、挡板、底板与垫木组成（图二二）。分述如下：

盖板：长2.12、宽0.73、厚0.05米（图二三，1）。由3块长方形木板榫卯而成，从北到南宽依次为0.28、0.2、0.3米。木板之间均有3根暗楔榫穿插于二板之间。木楔长16、宽4、厚2厘米。榫与榫中间的间距为0.84米。为了防止绳索滑动，在盖板顶部四边系绳子的边沿，凿有10个长10、宽2、深2厘米的长方形斜面凹槽，绳子纳入其中。

墙板：共6块，南北各3块。呈东西向侧立于内棺底板上，形制相同，长2.12、高0.7、厚0.05米（图二三，3）。墙板由3块长方形木板构成，自上而下宽依次为0.22、0.24、0.24米。木板与木板

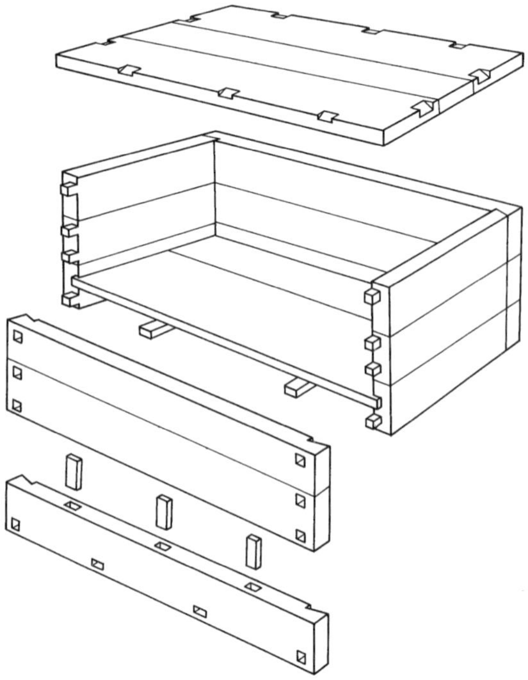

图二二　内棺结构示意图

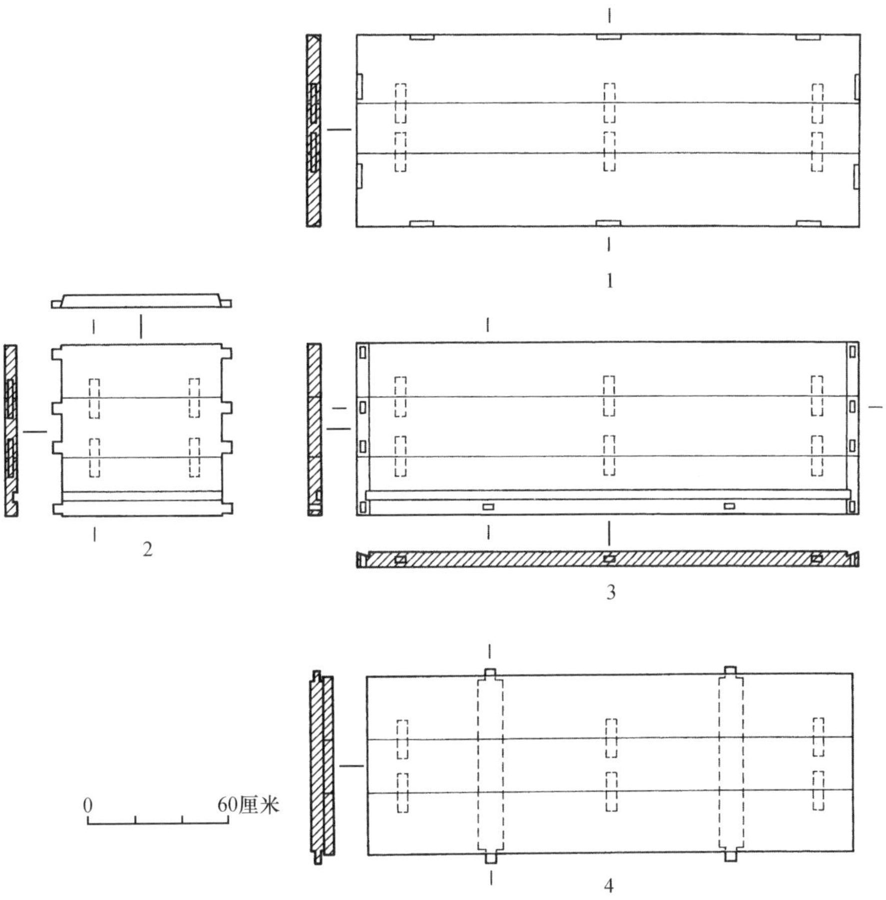

图二三　内棺平、侧视、剖面图
1. 棺盖板　2. 棺挡板　3. 棺墙板　4. 棺底板

之间由3根暗木榫穿插于木板之间，起连接作用。楔长16、宽4、厚2厘米，楔与楔间距为0.84米。在墙板两端凿有宽5、深2厘米的燕尾浅槽。两端距板边2厘米浅燕尾槽内凿有4个长方形透穿卯眼，以容纳挡板的凸榫。卯眼长4、宽2厘米，间距自上而下依次为0.18、0.12、0.21米。第一个卯眼处在第一块木板上，第二与第三个卯眼处于第二块木板上，第四个卯眼处于第三块木板上。另外在底层距墙板底边6厘米处横凿一条长206、宽4、深2厘米的凹槽，用以容纳内棺底板的两侧边。又在距墙板底边2厘米，距两端53厘米处凿有2个透穿卯眼，其长4、宽4厘米，卯眼间距0.98米，以容纳垫木半肩凸榫插入墙板内。

挡板：共6块，东西各3块。呈南北向侧立于底板的两端，形制相同，长0.68、高0.7、厚0.05米。挡板由3块木板构成，自上而下宽依次为0.22、0.24、0.24米（图二三，2）。木板与木板之间均有2根暗木榫穿插于两板之间，起连接作用。木楔长16、宽4、厚2厘米，间距38厘米。在底层距墙板底边6厘米处横凿一条宽4、深2厘米的凹槽，以容纳内棺底板。另外在挡板的南北两侧边自上而下各凿有4个半肩凸榫，以插入两墙板相对应的卯眼中。

底板：由3块长方形木板制成，底板上有密集的加工痕迹。长2.06、宽0.76、厚0.04米。自北向南宽依次为0.24、0.22、0.27、厚0.04米（图二三，4）。板与板之间均有3根暗木榫穿插于相应的二板之中，起连接作用。榫长16、宽4、厚2厘米，间距84厘米。内棺底板的四周分别插入内棺墙板与挡板的凹槽内套合。

垫木：有2根。呈南北向置于内棺底部。长0.7、宽0.1、厚0.05米，间距为0.92米（图二三，4）。垫木两端的半肩凸榫插入内棺南北墙板卯眼内。

棺外还用草绳捆绑，棺盖顶部四边有10个缺口，其中两端各2个，侧边各3个，均呈对称分布（图二四）。捆绑时先捆绑两侧3道，每道3根，再捆绑两端2道，每道4根，每根双股，为了防止绳子左右移动，在纵横交汇处用单根草绳采用背压方式进行固定（图二四，3），现存草绳已严重炭化变黑。为了防止草绳折断，在内棺两侧，将棕叶卷成筒状（图二四，2），垫在内棺盖两侧与草绳之间，然后再用小木楔绷紧，两侧的木楔由头向足部楔入，中间的由足向头部楔入，形成3道9个固楔（图二四，2；图版二八，2）。《墨子校注·节葬下》[①]载："葬会稽之山，衣衾三领，桐棺三寸，葛以缄之，绞之不合……"《礼记·檀弓上》[②]也有："棺束缩二衡三，衽每束一。"记载的捆绑情况与此墓相似。荆门包山[③]、江陵望山沙冢[④]、九店东周墓[⑤]、雨台山楚墓[⑥]等大、中、小型楚墓中较常见的有三横二纵和三横无纵的捆绑方式，还有

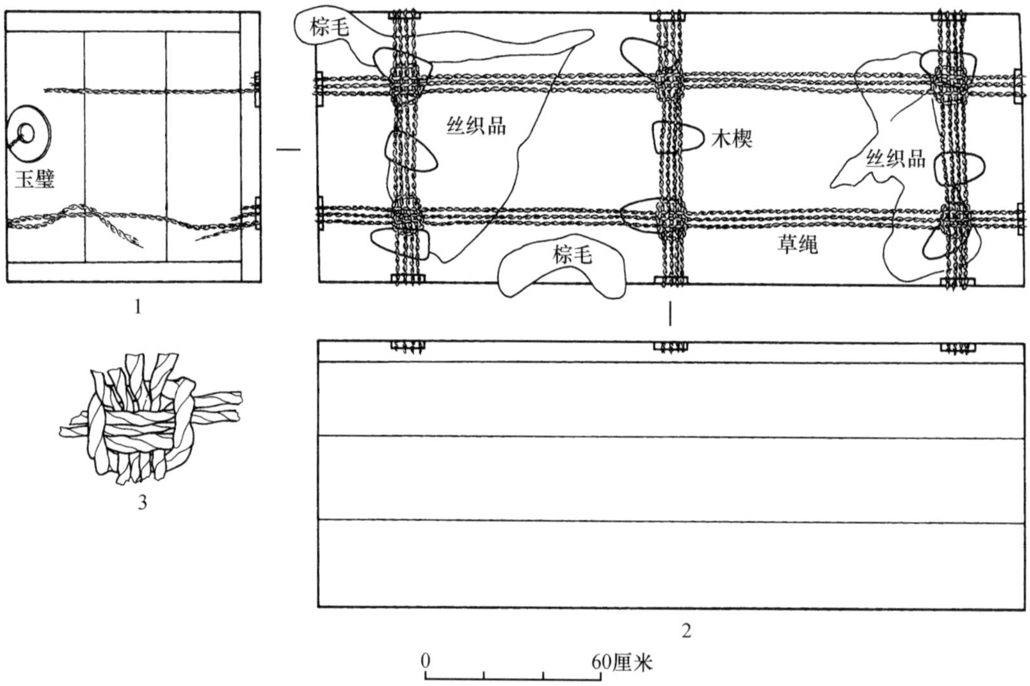

图二四　内棺捆绑方式与棺外饰璧位置图

1. 内棺外东端玉璧（GS：1）　2. 内棺捆绑方式　3. 绳打结法

① 吴毓江撰、孙启治点校：《墨子校注·节葬下》上册，中华书局，2006年，第262页。

② 孙希旦撰、沈啸寰、王星贤点校：《礼记集解·檀弓上》上册，中华书局，1989年，第235页。

③ 湖北省荆沙铁路考古队：《包山楚墓》，文物出版社，1991年，第17、61、317页等。

④ 湖北省文物考古研究所：《江陵望山沙冢楚墓》，文物出版社，1996年，第11、13、171、197页等。

⑤ 湖北省文物考古研究所：《江陵九店东周墓》，科学出版社，1995年，第65、67、81、84、113、115页等。

⑥ 湖北省荆州地区博物馆：《江陵雨台山楚墓》，文物出版社，1984年，第31页。

七横三纵、三横一纵、三横无纵的方式捆绑，这些方式可能与年代、等级和习俗有关，总体来说，这种捆绑方式应是楚国丧葬中捆棺的一种习俗。

内棺棺盖上残存一层丝织物，目前严重炭化，其类型与形状不明。在东挡板外侧与外棺之间发现一件玉璧，应该是内棺挡板外的悬挂饰棺之物。从玉璧出土的情况来看，可能是悬挂玉璧的组带腐烂后落到外棺与内棺之间的外棺底板上，立靠在内棺挡板上（图二四，1；图版二八，5）。这一现象与已发掘的荆门包山二号墓①、左冢一号墓②、江陵望山三号墓③相同，与江陵马山一号墓④棺东端的棺饰（由黄色纱束串联的一支琉璃管和一颗琉璃珠组成）相类似。黄凤春先生在《试论包山2号楚墓饰棺连璧制度》⑤一文中认为是古代“棺饰连璧制度”。从已发表的楚墓资料来看，无论是方棺还是弧棺，两端均无大小之分。从入殓的先后顺序分析，尸体入殓应是在家中完成，也就是说，尸体入殓是在家里将内棺封存捆绑好，待挖好墓坑，组装好椁室，然后才将内棺运到墓地下葬的。《左传·隐公元年》⑥载：“天子七月而葬，同轨毕至；诸侯五月，同盟至；大夫三月，同位至；士逾月，外婚至。”自死到下葬时间的长短是按级别来定的，天子死后过七个月下葬；大夫死后三个月下葬；士死后一个月下葬。如此长的殡殓时间，加之长途搬运，而棺又无大小头之分，可能会导致不知墓主人的头在哪一端，无法以头东向或南向的葬俗来下葬，因此，为了防止这种事情的发生，在内棺盖上的胸部摆放和挡板外侧头端悬挂玉璧、环或串饰，来标明墓主人的头向。另外，塌冢一号棺室西、北侧的椁墙板上有一道不规则的红漆痕迹，距椁墙板顶部约20厘米，略高于外棺墙板和挡板，与外棺口部等高，这道红漆与外棺内的红漆相同，而且外棺盖上也有零星的不规则红漆印迹，根据红漆痕迹推测，这道红漆应是外棺涂漆时无意刷到椁墙板上的，可能是因红漆未干，才抹到外棺盖上。从这两种现象分析不难看出，外棺是在现场拼装并涂红漆的，而内棺外端的玉璧是在家里悬挂以示头向的。

在内棺盖上还发现较多的花椒和当归（图版二八，2），可能是用来防腐或防虫的。

棺饰璧 1件。GS：1，出自内棺外的东挡板处。绿色，玉质较差，有黑点、斑块、裂缝等瑕疵。璧面一面平直，一面一侧斜面。两面饰谷纹，谷纹外侧饰两道浅凹弦纹。直径14、好径5.6、肉宽4.2、肉厚0.4厘米（图二五；图版二八，5；图版六八，1）。

---

① 湖北省荆沙铁路考古队：《包山楚墓》，文物出版社，1991年，第68页。

② 湖北省文物考古研究所等：《荆门左冢楚墓》，文物出版社，2006年，第32页。

③ 湖北省文物考古研究所：《江陵望山沙冢楚墓》，文物出版社，1996年，第199页。

④ 湖北省荆州地区博物馆：《江陵马山一号楚墓》，文物出版社，1985年，第8页。

⑤ 黄凤春：《试论包山2号楚墓饰棺连璧制度》，《考古》2001年第11期，第60页。

⑥ 杨伯峻：《春秋左传注》第一册，中华书局，1995年，第16页。

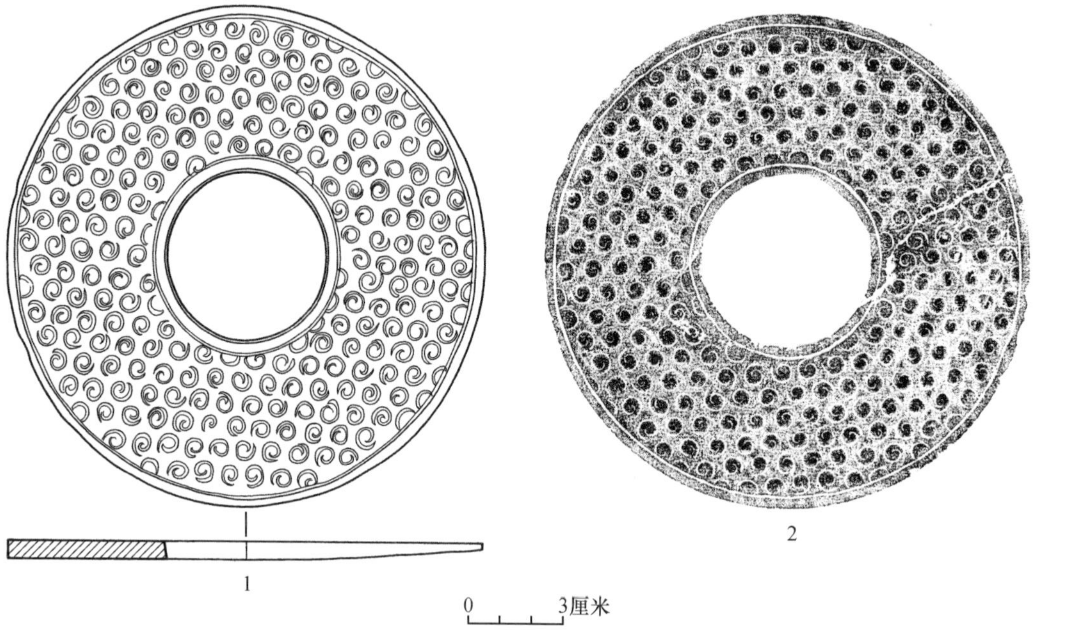

图二五　棺饰璧
1. 玉璧（GS∶1）　2. 纹饰拓片

第三节　人骨架与葬式

一、人　骨　架

该墓内棺保存较好，有少量腐蚀物，人骨架保存情况良好，骨架略向左偏移，但未脱离主轴线。墓主人的软组织已腐蚀殆尽，颅骨偏于右侧，下颌骨偏离左下方，颅骨左侧顶部残留少量毛发（图版二九，2）。骨架整体保存完好，骨骼表面呈黑褐色。有颅骨、下颌骨、颈椎、胸椎、腰椎、胸骨、骶骨、左右侧肩胛骨、锁骨、肋骨、肱骨、尺骨、桡骨、手骨、髋骨、股骨、髌骨、胫骨、腓骨和足骨等。经湖北省文物考古研究所体质人类学周蜜博士鉴定，墓主人为男性，身高162.6厘米，死亡年龄为30～35岁。属于亚洲蒙古人种。墓主人生前曾患有牙周病、龋齿、根尖脓肿等口腔疾病以及比较严重的骨性关节炎。

二、葬　　式

根据人骨架的分布情况，墓主人头东足西，颅骨略偏于右侧，四肢呈平行状。从骨架分布的情况看，应为仰身直肢葬（彩版一六，5；图版二九）。

第三章　随葬器物分布

发掘时椁室内有一椁积水，水较清，其上漂浮一层类似油的物质，部分漆木器有漂浮移动现象，已不是下葬时的原位，如漆俑的头在边箱，身在头箱，而头箱内还有铜车马器和丧葬用品，但边箱大部分器物仍处于原位。由于头箱被盗，扰动较为严重，边箱与棺室未被盗扰，保存情况尚好。由于盗洞在头箱与边箱的交界处，头箱南部和边箱的东部堆积大量泥土。

随葬器物共计1014件。其中头箱103件，边箱881件，棺室30件（图二六、图二七；表一）。

其中铜器131件，占12.92%，重约11146克；陶器8件，占0.79%；铁器18件，占1.78%；银器284件，占28.01%，重约3613克；漆木器84件，占8.28%；竹器62件，占6.11%；骨器386件，占38.07%；玉石器28件，占2.76%，重约2341克；丝麻织品7件，占0.69%；皮革3件，占0.30%；草编3件，占0.30%。另有填土中出土9件，盗洞中出土7件，动植物标本2号若干件，未在统计数中。

按器类可分为礼器26件，占2.56%；乐器1件，占0.10%；生活用器119件，占11.74%；兵器23件，占2.27%；车马器411件，占40.53%；工具3件，占0.30%；装饰用器418件，41.22%；丧葬用器13件，占1.28%。另有动物遗骸（T：15）黄牛、狗、野兔、猪獾、狗獾5种；植物遗骸（T：28）花椒、当归、柿、梅、菱、樟科以及棕榈叶7种。

头箱主要随葬礼器和装盛器等（还有少量车马器及丧葬用品）。边箱主要放置乐器、生活用器、兵器、车马器、装饰用器以及丧葬用器。棺室有棺饰璧，棺内主要是衣服、鞋，以及佩戴的一组玉佩饰等随身物品。现将各室随葬器物的出土情况分别叙述如下：

头箱　头箱盗扰严重，器物放置无一定的规律。仅残存几件铜礼器附件和漆、木、竹等质地的生活用器，还出有动物骨骼和植物果核。上层散存一些漆木器，主要有漆木豆、酒具盒、耳杯、几案和一些漆器附件等；下层南端可见铜鼎铁足和鼎口沿、陶壶等残片，以及小件铜器，如铜匕、勺、车马器等，还出土少量竹简（图版二六）。

头箱器物明显被盗墓者翻扰过，而且不见完整的铜礼器，鼎被砸碎，仅存口沿和铁足。所出车马器应属边箱之物，可能是盗墓者从头箱与边箱隔板上的天窗拖到头箱或自已漂浮过来的。

从目前出土的铜器、漆木器、竹器等分析，头箱主要随葬大件铜礼器、陶器及漆木器、竹器等。

边箱　边箱器物大多数还在原位，由于头箱与边箱之间的隔板仅打穿一个小洞，盗墓者未能进入边箱，被盗扰的可能性很小，盗墓者有可能从天窗将部分文物拿到头箱，或由水漂浮到头箱内。边箱随葬品分层放置。质地主要有铜、漆木、皮革、玉和竹等。上层多数为竹木兵器杆、乐器、生活用器，下层则以车马器、生活用器、兵器为主。据现已出土的随葬品看，边箱

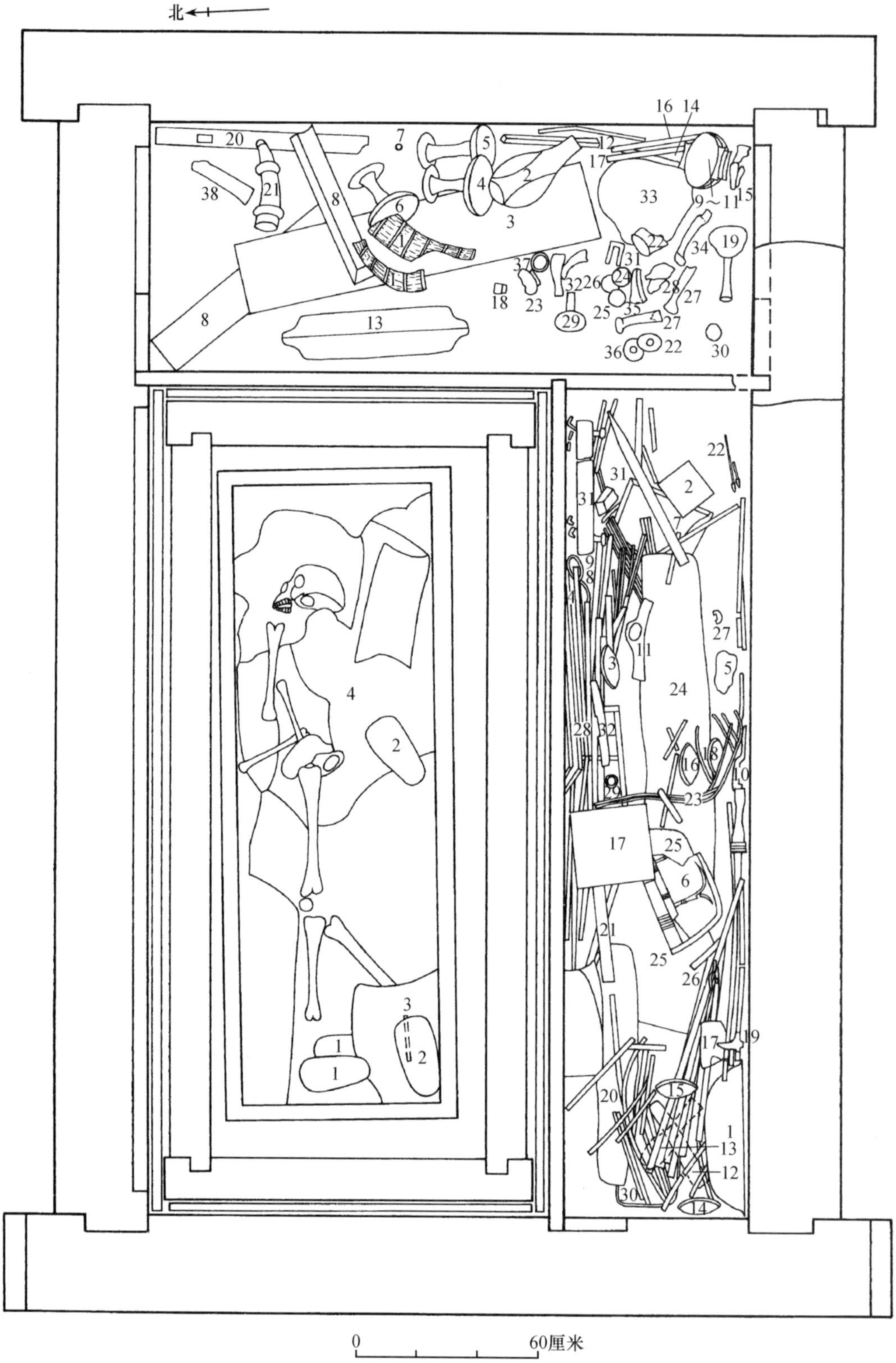

图二六　第一层器物分布图

头箱（T）：1. 草席　2. 漆俑　3. 漆案　4～6. 漆豆　7. 骨觿　8. 木剑盒　9～11. A型漆耳杯　12. 漆棜　13. B型漆酒具盒　14、16、17. 木棍　15. 动物遗骸　18. 竹盒　19. 铜匕　20. E型木器　21. 漆角状器　22、36. 陶壶　23. Ba型漆耳杯　24～26、30. 铜泡形饰　27、32. 铜鼎铁足　28. 植物遗骸　29. 木豆　31. 铜鼎耳　33. B型竹笥　34. 铜盉铁足　35. 铜鼎口沿　37. Ab型铜环　38. 木俑

边箱（B）：1. 漆盆　2. B型木矢箙　3、8、9. B型木櫜　4. 铜矛　5. 皮车饰　6. 竹扇　7. 皮车壁袋　10. 漆盾　11. 漆圆盒　12、13. 木俑　14、15. Aa型木櫜　16、18. Ab型木櫜　17. A型漆矢箙　19. 铜戈　20. 草席　21. 漆伞　22. A型铜镞　23. 木车耳　24. 竹荐席　25. B型竹笥　26. 铜带钩　27. A型木器　28、29. 竹编车器　30. Ad型竹笥　31. 漆瑟　32. 木车构件

内棺（NG）：1、2. 麻鞋底　3. 竹棒　4. 丝织品

图二七　第二层器物分布图

头箱（T）：39、40. 铜勺　41. A型漆酒具盒　42. 铜匕　43、52～55. 漆豆　44、57、58. A型漆耳杯　45、48. 铜泡形饰　46. 木剑鞘　47. 草绳　49、51、65. Ba型漆耳杯　50. 铜镜　56. 木几　59. 皮车壁袋框　60. 铜鼎耳　61. 漆奁　62. 木豆　63. 木梳　64. 木篦　66. Aa型竹笥　67. 木俑　68. 铜削刀　69. 竹筒　70. Ab型竹笥　71. 错金银带钩　72. 长方形漆盒　73. 铁刻刀　74. 木几脚　75. 铜铺首衔环

边箱（B）：33、49. B型竹笥　34、35. 铜衔骨镳　36、42. 铜三连环　37、53. 椭圆形银节约　38. Aa型铜车軎　39. B型铜镞　40. 铜盆　41. 铜箕　43、76. Aa型铜环　44. 铁斧　45、46. 铜戈　47. 玉带钩　48. A型铜镞　50. 漆枕　51. Ac型竹笥　52、60、61、66. Ab型铜环　54. Aa型银鐏　55. Ab型银鐏　56. Ba型银鐏　57. Bc型银鐏　58. Bb型银鐏　59. A、B型铜镞　62、65. B型铜环　63、64、77. Ac型铜环　67. 骨贝　68. 银圆片饰　69. 铜铺首衔环　70、73. 漆伞　71、79. 木弓　72. 木车耳　74、90. B型木器　75. 竹扇　78. 骨鞢　80. 竹弓　81. 竹棍　82. 竹筒　83. 木片　84. 竹签　85. 漆俑发髻　86. 木冠　87、88. 木车构件　89、92. 木车壁袋边框　91. D型木器　93. 木套筒形器　94. C型木器

内棺饰（GS）：1. 棺饰玉璧

内棺（NG）：5～7、10、13. A型玉璧　8. B型双龙玉璜　9. A型双龙玉璜　11、12. A型玉璜　14、15. B型玉璜　16、17、19. A型玉环　18. B型玉环　20. 卵石　21. 银棒　22. 错金铁带钩　23. 玉琀

原主要随葬兵器、乐器以及日常起居用品和供出行的车马器等（图版二七）。

椁室　椁室器物主要位于内棺。棺盖上发现有一层丝织品，已严重炭化呈黑色，无法看清其结构。内棺盖上有大量花椒、当归以及呈卷筒状的棕叶，散落于内棺盖边缘或压于横向捆绑的绳子下面（图版二八，2）。花椒、当归应是从棺内漂浮出来的。棕叶主要位于内棺盖两侧边上，其中有一段被捆棺草绳所压，根据棕叶所处的位置分析推测，可能是防止捆棺草绳因棺棱角折断，而起铺垫隔离作用的。在内棺东端挡板外立置一块玉璧（图二四，1；图版二八，5），应为内棺上悬挂的饰物，可能因悬挂的绦带腐烂后落到外棺底板上。棺内发现尚未完全腐烂的丝织品炭化物以及腐泥（图版二八，3），可以推断，尸体下葬时曾用衣衾包裹和捆扎过，腐泥呈折叠状，厚约4厘米。骨架附近还随葬有较多的玉器，而且个体较大（图版二九，1）。除头部3件基本保持原位外，其余稍向左偏移（可能是因椁室进水棺上浮向左侧倾斜所致）。特别是墓主人头部的3块玉璧，颅骨后面玉璧一块，两侧各一块（图版二九，3）。颈部有2件玉璜，左胸骨下有2块玉璧（图版三〇，1），左下肢骨有2件玉璜（图版三〇，2），左脚趾骨有2件玉璜和4件玉环（图版三〇，3），以及炭化严重的丝织品和保存完好编织精美的麻鞋底（图版二八，3、4）。在膝关节之间还出土一件卵石，腰部出有一件错金铁带钩。根据出土位置推测复原出玉器佩挂的排列方式为左右两组，从上到下分别有双龙璜、璧、璜、璜、环、环。

表一　一号墓出土器物登记表

室别	质地	用途	器名	数量	器号
头箱	铜器	礼器	鼎	7	T：35（口）、31、60（耳）、27_2、32_2（足）
			盉	1	T：34（足）
			匕	2	T：19、42
			勺	2	T：39、40
	陶器		壶	2	T：22、36（盖）
	漆木器		案	1	T：3（半边）
			棜	1	T：12
			豆	8	T：4～6、43、52～55
		兵器	剑盒	1	T：8
			剑鞘	1	T：46
	铜器	车马器	泡形饰	10	T：24～26、30、45_5、48
			Ab型环	1	T：37
	皮革		车壁袋框	1	T：59
	铜器	生活用器	铺首衔环	3	T：75
			镜	1	T：50
	银器		错金带钩	1	T：71

续表

室别	质地	用途	器名	数量	器号
头箱	漆木器	生活用器	A型酒具盒	1	T：41（下半部）
			B型酒具盒	1	T：13（内装6件Bb型耳杯）
			A型耳杯	6	T：9、10、11、44、57、58
			Ba型耳杯	4	T：23、49、51、65
			Bb型耳杯	6	T：13-1～6（装于T：13内）
			奁	1	T：61
			长方形盒	1	T：72
			俑	1	T：2
	木器		几	2	T：56、74（脚）
			篦	1	T：64
			梳	1	T：63
			角状器	1	T：21
			棍	3	T：14、16、17
			E型木器	1	T：20
	竹器		盒	1	T：18
			Aa型笥	1	T：66
			Ab型笥	1	T：70
			B型笥	1	T：33
			简	17	T：69_{17}
	骨器		鞢	1	T：7
	草编		席	1	T：1
			绳	1	T：47
头箱	铜器	工具	削刀	1	T：68
	铁器		刻刀	1	T：73
	木器	丧葬用器	豆	2	T：62、29
			俑	2	T：38、67
	骨骼	祭祀品	动物遗骸		T：15（不计件数）
			植物遗骸		T：28（不计件数）
边箱	铜器	礼器	盆	1	B：40
			箕	1	B：41
	漆木器	乐器	瑟	1	B：31
	铜器	兵器	戈	3	B：19、45、46
			矛	1	B：4
			A型镞	8	B：22_2、48_2、59-2、3、4、6
			B型镞	3	B：39、59-1、5

续表

室别	质地	用途	器名	数量	器号
边箱	漆木器	兵器	A型矢箙	1	B：17
			B型矢箙	1	B：2
			弓	2	B：71、79
	竹器		弓	1	B：80
	皮革		盾	1	B：10
	铜器	生活用器	衔环	1	B：69
			带钩	1	B：26
	玉器		带钩	1	B：47
	漆木器		盆	1	B：1
			圆盒	1	B：11（仅存残盖）
			俑发髻	1	B：85（仅存发髻）
			木冠	1	B：86
			A型木器	1	B：27
			B型木器	2	B：74、90
			C型木器	1	B：94
			D型木器	1	B：91
			木片	2	B：83
			枕	1	B：50
	竹器		扇	2	B：6、75
			荐席	1	B：24
			Ac型笥	1	B：51
			Ad型笥	1	B：30
			B型笥	3	B：25、33、49
			筒	2	B：82
			棍	4	B：81-1、2、3、4
			签	20	B：84
	草编		席	1	B：20
	骨器		韘	1	B：78
	铜器	车马器	Aa型軎	2	B：38-1、2
			Ab型軎	2	B：49-2
			Ac型軎	3	B：33-15、49-1、3
			B型軎	2	B：33-1a、1b
			错银衡帽	2	B：49-4
			错银轭帽	2	B：49-5
			A型柱帽	2	B：49-6
			B型柱帽	2	B：49-7
			铜衔铜镳	6	B：33-7、14

续表

室别	质地	用途	器名	数量	器号
边箱	铜器	车马器	铜衔骨镳	6	B：34、35
			铜衔角镳	3	B：33-10
			铜衔木镳	4	B：33-8、12
			三连环	4	B：36、42、49-13、14
			Aa型环	2	B：43、76
			Ab型环	7	B：49-11、49-12、52、60_{2}、61、66
			Ac型环	4	B：63、64、77_{2}
			B型环	2	B：62、65
			C型环	1	B：49-10
			方形节约	12	B：33-3_{8}、49-15_{4}
			泡形饰	1	B：49-22
			A型带扣	2	B：49-23
			B型带扣	3	B：33-11
			凤首带扣	1	B：49-24
			龙首带扣	1	B：49-25
	铁器		铁衔木镳	15	B：33-9_{3}、49-8_{3}、9_{3}、21_{3}、27_{3}
	银器		椭圆形节约	24	B：33-2_{8}、37_{4}、49-16_{8}、53_{4}
			Aa型鍮	24	B：49-17_{21}、54_{3}
			Ab型鍮	63	B：55_{26}、49-18_{37}
			Ba型鍮	21	B：33-4_{4}、49-28_{2}、56_{15}
			Bb型鍮	56	B：33-5_{20}、49-20_{5}、58_{31}
			Bc型鍮	24	B：33-6_{7}、49-19_{6}、57_{11}
			圆片饰	70	B：68
	木器	车马器	车耳	2	B：23、72
			伞	3	B：21、70、73
			车壁袋	1	B：7
			车壁袋框	2	B：89、92
			车构件	6	B：32_{2}、87_{2}、88_{2}
			马镳	2	B：33-13、49-26
			Aa型櫜	2	B：14、15
			Ab型櫜	2	B：16、18
			B型櫜	3	B：3、8、9
			套筒形器	1	B：93
	竹器		竹编车器	3	B：28_{2}、29
	皮革		车饰	1	B：5

续表

室别	质地	用途	器名	数量	器号
边箱	玉器	装饰用器	B型璧	2	B：25-8、9
			龙形佩饰	2	B：25-1、2
	铜器		A型璜	2	B：25-4、5
			B型璜	4	B：25-3
	骨器		串珠	316	B：25-6
	陶器		管	6	B：25-7
	石器		圭形器	1	B：25-10
	铁器	工具	斧	1	B：44
	木器	丧葬用器	剑	1	B：25-11
			俑	2	B：12、13
	骨器		贝	68	B：67
棺室	丝织品	生活用器	丝织品	1	NG：4
	麻织品		鞋底	4	NG：1、2
	竹器		棒	1	NG：3
	石器		卵石	1	NG：20
	银器		棒	1	NG：21
	铁器		错金带钩	1	NG：22
	玉器	装饰用器	A型璧	5	NG：5、6、7、10、13
			A型双龙璜	1	NG：9
			B型双龙璜	1	NG：8
			A型璜	2	NG：11、12
			B型璜	2	NG：14、15
			A型环	3	NG：16、17、19
			B型环	1	NG：18
		丧葬用器	A型璧	1	SG：1
			琀	5	NG：23

说明：器号下角的数字表示件数，未注明者为1件。

第四章　随葬器物

此墓属于中型墓葬，由于被盗，铜礼器基本缺失，但出土器物仍较为丰富。共1014件。根据质地可分为铜器、陶器、铁器、银器、漆木器、竹器、丝麻皮草制品、玉石器、竹简及动植物遗骸十大类，按用途又可分为礼器、乐器、兵器、车马器、生活用器、工具、装饰用器、丧葬用器八小类。现先按类再依用途分述如下：

第一节　铜　　器

共125件。主要出自头箱，少数出自边箱。按器类可分为礼器、兵器、车马器（内含木镳）、生活用器、工具五类。现分述如下：

一、礼　　器

共14件。铜礼器主要出自头箱，少量出自边箱。由于该墓早期被盗，大多数铜礼器仅存部分残件。器形有鼎、盉、勺、匕、盆、箕等。

鼎　盗墓者将其打碎，现残存鼎口沿、耳和铁足。从碎残部件看，该墓随葬的铜鼎应为铁足。

鼎口沿　1件。T：35，薄胎，绿色。子母口内敛，弧腹，腹以下残缺。口径20、残高3.8厘米（图二八，1）。

鼎耳　2件。T：31，耳根与器身相接处可见分铸法留下的包铸痕迹，耳内可见范芯泥。黄色，长形方耳略撇。耳高6.2、宽4.4厘米（图二八，2；图版三二，1）。T：60，方耳，略撇。耳高7.3、宽4.5厘米（图二八，3）。

鼎足　4件（属2件个体）。铁质。从膝部特征看，应为不同形制的2个个体。二范合铸，足底部有浇口，未经打磨。深褐色。兽面蹄形足外撇，截面呈六菱形。膝部纹饰较简陋，饰左右对称式卷云纹。T：32，蹄足较大。残高17.8厘米（图二八，4）。T：27，蹄足稍小。残高15.2厘米（图二八，5；图版三二，2）。

盉足　1件。铜盉身被盗，仅存铁足。二范合铸，未经打磨。T：34，深褐色。兽面蹄形足外撇，截面呈六菱形。膝部饰兽面纹。残高16.7厘米（图二八，6；图版三二，3）。

盆　1件。B：40，出土时套于漆盆（B：1）内。黄绿色。宽折沿，沿面微隆，上腹直壁，折腹，圜底较平。素面。器壁光洁，底外壁有大量烟炱，应为实用器。根据底部大量烟炱分析，该盆应该是炊器——锅。口径52、通高12.2厘米（图二九，1；彩版七，1；图版三一，1）。

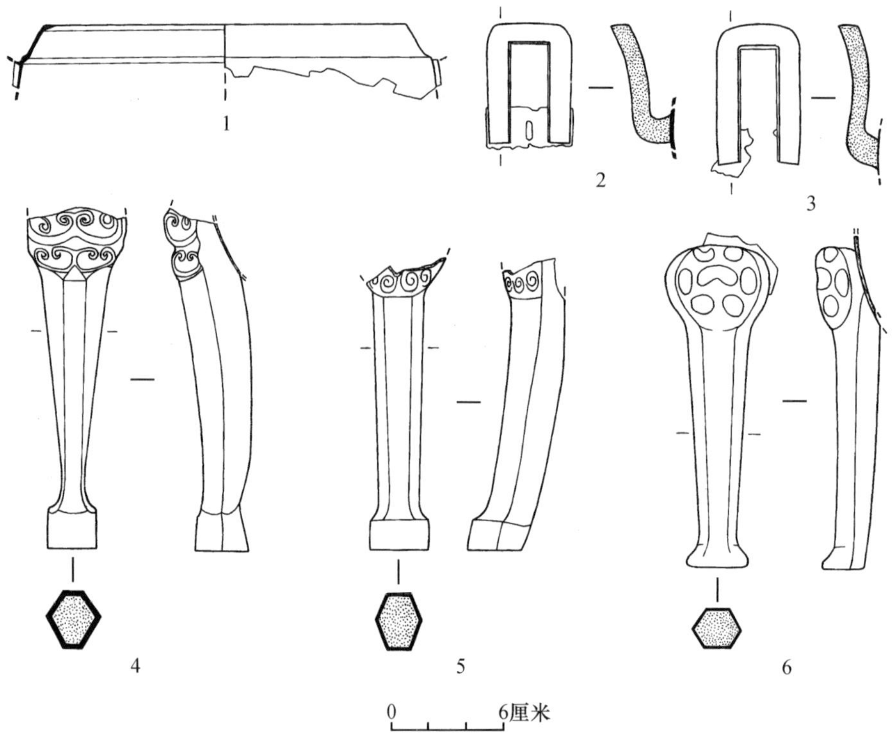

图二八　铜礼器——鼎、盉

1. 铜鼎口沿（T：35）　2、3. 铜鼎耳（T：31、T：60）　4、5. 铁鼎足（T：32、T：27）　6. 铁盉足（T：34）

箕　1件。B：41，黄色。大敞口，两端略侈，口微弧，平底，后壁呈圆弧形，上端中部有一榫卯铸接环钮，钮内套一环，环截面呈扁圆形，环钮与器身通过榫卯结构相连，内壁榫头呈圆饼状。长29.2、口宽29.6、高18厘米（图二九，2；彩版七，2；图版三一，2）。

匕　2件。形制相同。T：19，深绿色。模铸，有打磨痕迹。器似锅铲，较浅，圜底，弧刃两侧外侈，背壁中间呈尖状突起，短銎呈多棱形，銎内有残木柄。素面。通高15.4、宽12.8、銎长11.2厘米（图二九，3）。T：42，黄色。通高14.8、宽12.2、銎长10厘米（图二九，4；彩版八，1；图版三二，4）。

勺　2件。形制相同。T：39，黄色。勺身作杯状，直口微敛，深腹，圜底。口沿上附一卷筒状直长柄，柄中空，两端各铆接一凸箍，末端铆接一鼻钮衔环。柄身饰四组凸点，每组四周，每周四个。勺口径7.4、通高42.8厘米（图二九，5；图版三一，3）。T：40，柄末端有一周扁状凸箍，直径1.1厘米。勺口径7.3、通高42.8厘米（图二九，6；彩版八，2；图版三一，4）。

二、兵　　器

共15件。主要出自边箱。器形有戈、矛、镞等。

戈　3件。柲均残。B：19，戈铜质，柲木质，鐏骨质。戈援较短，微上扬，有脊，胡较长，胡下方角。栏侧有三个长方形穿，内较宽，中部有一长条形穿。出土时附有柲，柲光素，戈鐏骨质，上部截面呈扁圆形，下部八棱形，上部有一凸棱，其上饰三道瓦棱，鐏口有一对称

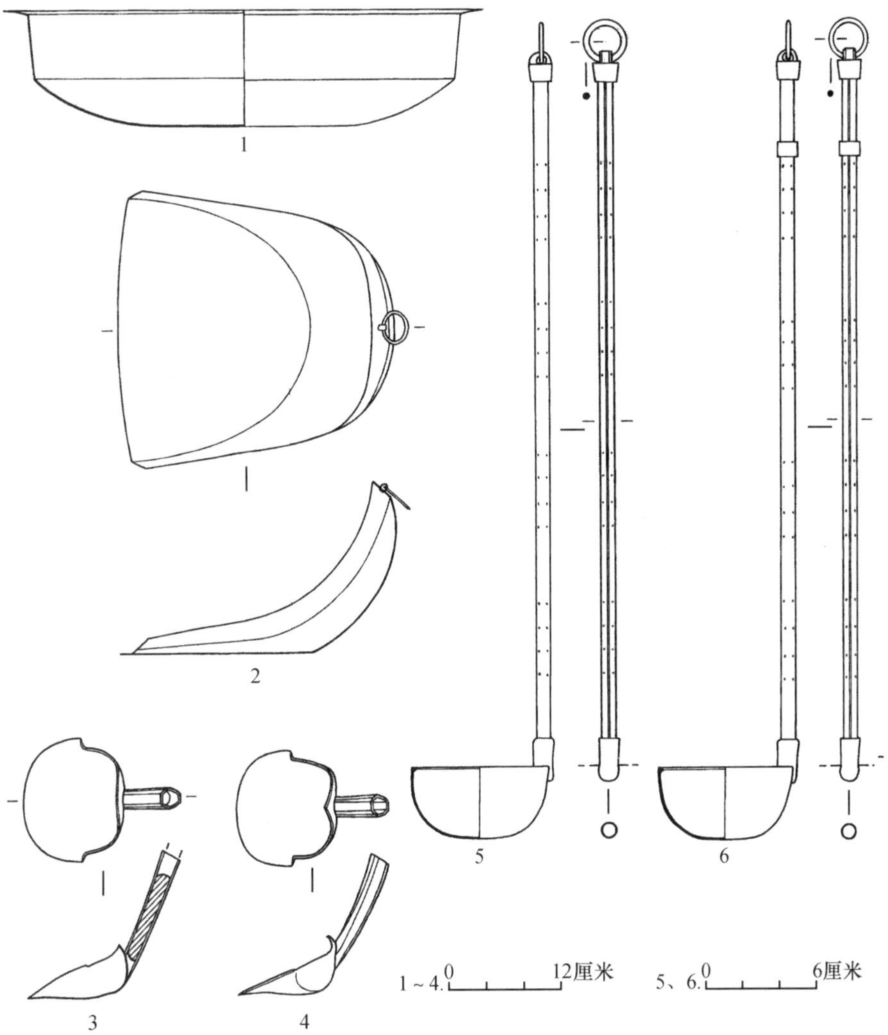

图二九　铜礼器——盆、箕、匕、勺

1. 盆（B：40）　2. 箕（B：41）　3、4. 匕（T：19、T：42）　5、6. 勺（T：39、T：40）

透穿小圆孔，孔内有骨钉，以固定柲。鐏长32.2厘米。通长123.2厘米（图三〇，1；图三一，4；图版三三，1；图版三四，1）。B：45，戈援较长，微上扬，有脊，胡较短，胡下方角。栏侧有三个长方形穿，内较长，中部有一长条形穿。柲光素，戈鐏骨质，为上下两节，中间用竹钉暗榫固定，上部截面呈扁圆形，下部截面八棱形，上部有一凸棱，其上饰三道瓦棱，鐏口有一对称透穿小圆孔，孔内有骨钉，以固定柲。鐏长24.4厘米。戈援、胡、栏部套鞘，鞘由两薄木片做成戈形，现仅存半边，表面髹黑漆。通长117.2厘米（图三〇，2；图三一，1、2；彩版九，2；图版三二，5；图版三四，2）。B：46，戈铜质，积木、积竹柲。戈援较长，微上扬，有脊棱，胡较短，胡下方角。栏侧有三个长方形穿，内较宽，中部有一长条形穿。出土时附柲，柲髹黑漆，截面扁圆形。内后部饰上下对称勾连云纹。残长80厘米（图三〇，3；图三一，3；彩版九，1；图版三三，2；图版三四，3）。

矛　1件。B：4，矛铜质，柲木质。矛棱脊凸起，骹圆形，柲截面呈圆形，前端微外鼓。矛头长12厘米，柲外表髹黑漆。通长208.8厘米（图三〇，4、5；图版三五，1、2）。

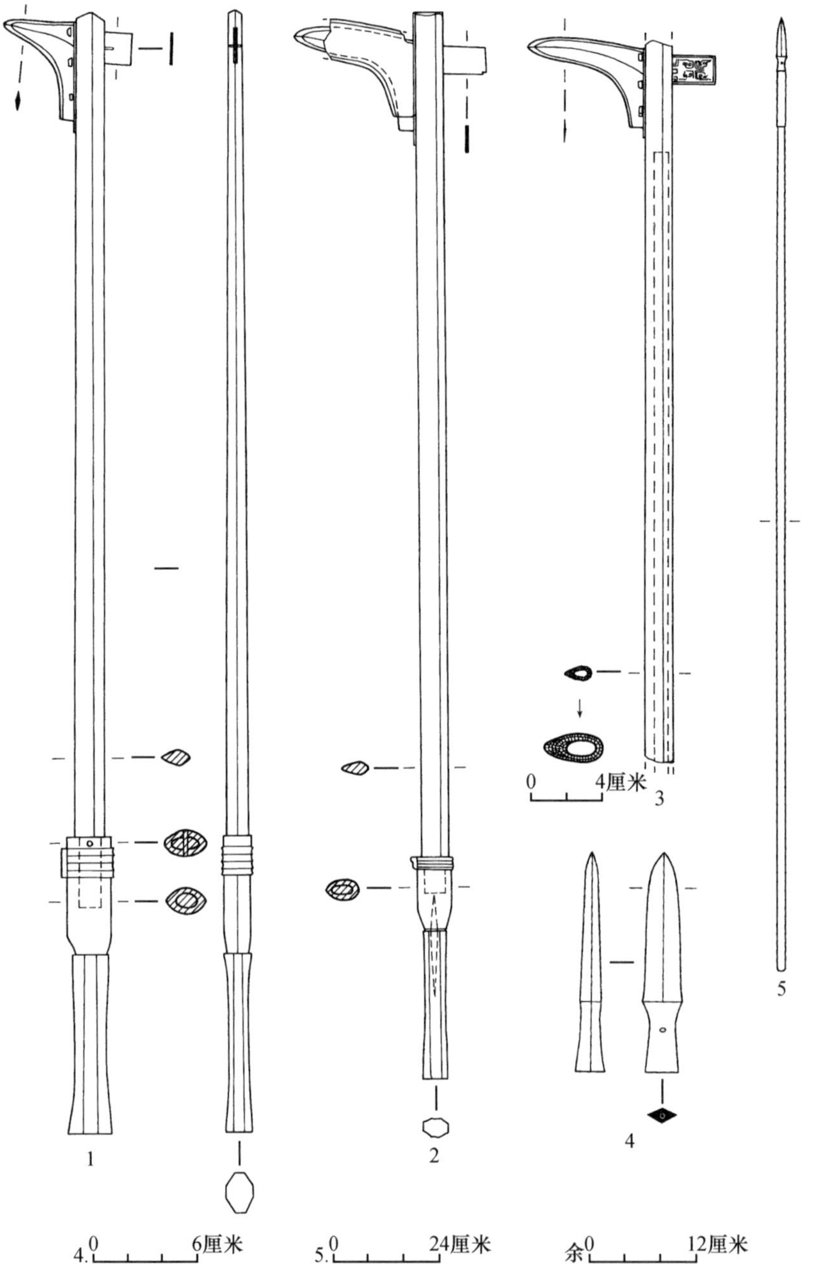

图三〇　铜兵器——戈、矛

1～3. 戈（B：19、B：45、B：46）　4、5. 矛（B：4）

镞　11件。大部分竹质镞杆无存，少数保存部分竹杆。分二型。

A型　8件。三棱形。B：59-6，前铤截面呈三角形，长4.1厘米，后铤截面呈圆形，短翼。残长30.5厘米（图三二，1）。B：22，前铤截面呈三角形，后铤较短，截面呈圆形。镞头长3.5、残长13.2厘米（图三二，2）。B：59-3，无翼。镞头长4、残长12.2厘米（图三二，3）。DD：3-1，残长10.5厘米（图三二，4）。B：48，镞头长4.3、残长15.7厘米（图三二，5；图版三五，3）。

B型　3件。扁菱形，双翼。B：59-5，两刃斜直相交成锋，前铤截面呈扁菱形，后铤截面

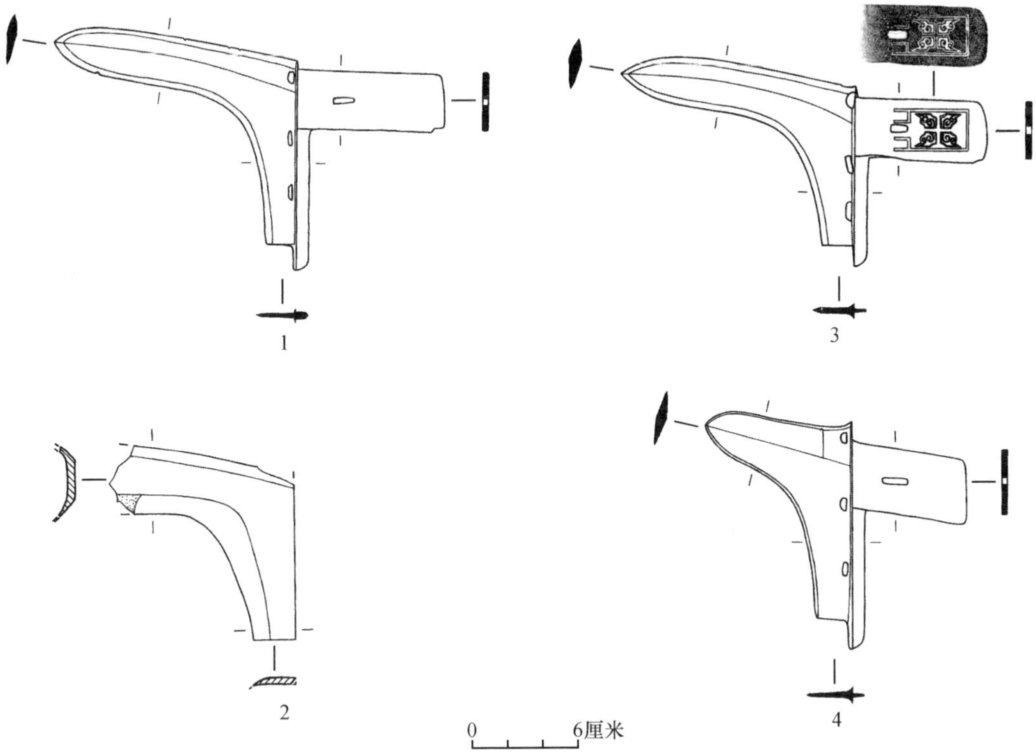

图三一　铜兵器——戈

1、3、4. 戈（B∶45、B∶46、B∶19）　2. 戈鞘（B∶45）

呈圆形。镞头长3.7、宽1.3、残长24.4厘米（图三二，6）。B∶59-1，镞尖锋，有中脊，截面呈扁菱形，两刃微弧，前聚成锋。镞头长3.7、宽1.2、残长32.4厘米（图三二，7）。B∶39，镞头长3.9、铤长22、通长25.9厘米（图版三五，4）。

三、车　马　器

共89件（含骨镳4件、角镳2件、木镳1件）。主要出自边箱的33、49号竹笥内，少数散落在头箱与边箱中。绝大多数器物为单体器物，少部分器物与木质器物配套使用，如马衔马镳。器形有车軎、衡帽、轭帽、马衔马镳、三连环、环、泡形饰、方形节约、龙首带扣、凤首带扣、环形带扣等。

车軎　9件。从车軎形制观察，应为五对10件（表二），与车马坑中所出五辆车相匹配。分为二型。

A型　7件。圆筒形軎。可分三亚型。

Aa型　2件。軎身错银（彩版一〇，1；图版三六，1）。B∶38-1，制作精细，器表打磨光滑，軎、辖有磨损痕迹，为实用器。黄色。圆筒身，饰一凸箍，末端平。近首处有对称长方形穿，内插倒立伏虎辖。辖两端有方形穿，辖长6.6、宽1.6、厚0.5厘米。通身错银饰纹。末端为三分卷云纹，身饰二方连续勾连云纹（图三三，2）。末端径3.4、首端径6、高8.2厘米（图三三，1）。B∶38-2与B∶38-1形制、规格相同。末端径3.4、首端径6、高8.2厘米。辖长6.6、

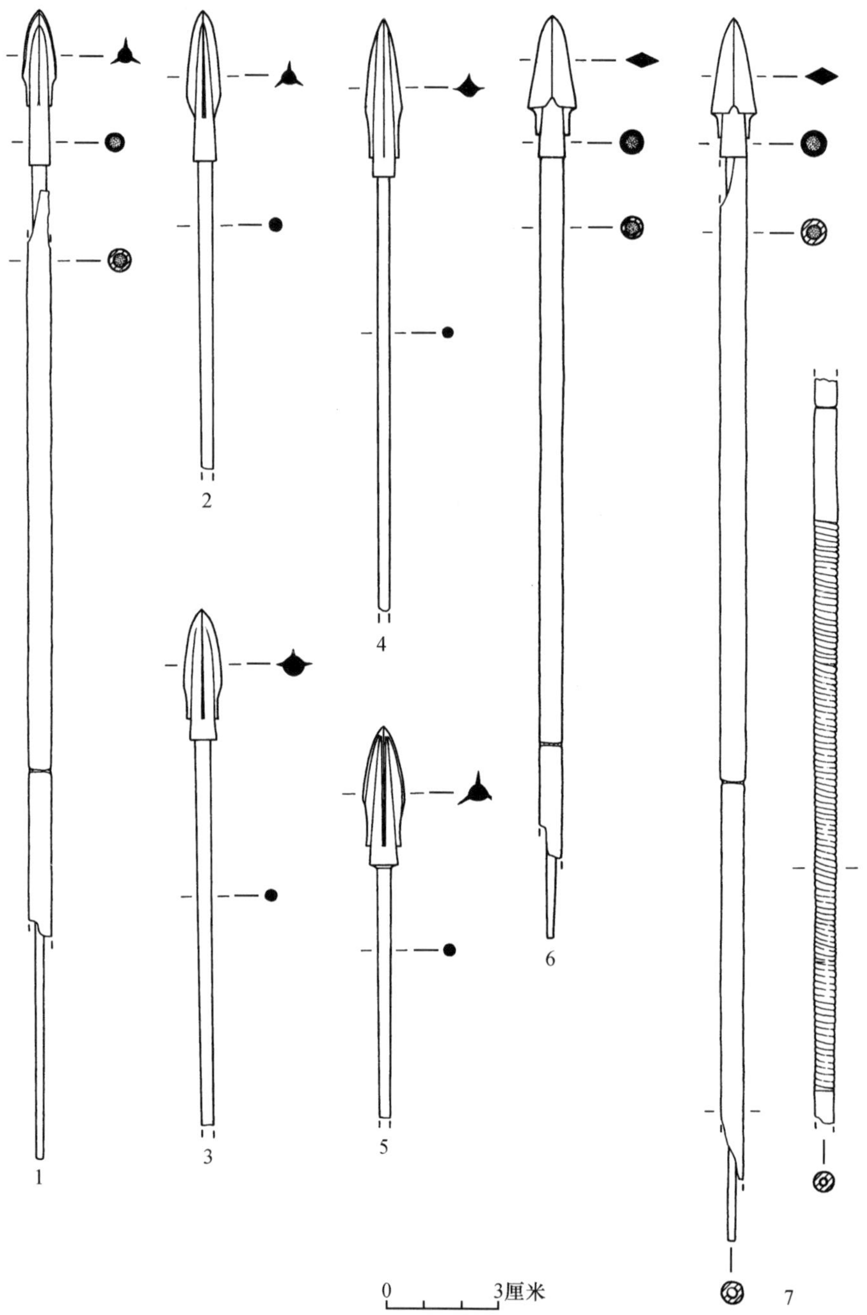

图三二　铜兵器——镞
1～5. A型（T：59-6、B：22、B：59-3、DD：3-1、B：48）　6、7. B型（B：59-5、B：59-1）

宽1.6、厚0.5厘米（图三三，3）。

Ab型　2件。绹纹軎（图版三六，2）。B：49-2a，軎、辖上有磨损痕迹，应为实用品。表面光洁。末端有一大圆孔，孔径2.8厘米。近末端有一扁状箍，首端外折，折沿与箍之间有对称长方形穿。穿长2.1、宽0.9厘米。穿内插羊面纹辖，辖长5.7、宽1.6、厚0.5厘米。軎身饰三组二方连续绹纹、勾连云纹，首端饰三角形云纹。末端径3.1、首端径6.1、通高7.3厘米（图三四，1）。B：49-2b，除虎面辖不同外，軎与B：49-2a基本相同，穿长方形，长2.1、宽0.9厘

表二　一号墓铜车軎登记表

器名		器号	首端径	末端径	辖孔		辖首端	辖穿	辖			通高
			外	外	长	宽	形状	形状	长	宽	厚	
Aa型軎	云纹错银	B：38-1	6	3.4	1.7	0.7	伏兽	长方形	6.6	1.6	0.5	8.2
		B：38-2	6	3.4	1.7	0.7	伏兽	长方形	6.6	1.6	0.5	8.2
Ab型軎	绹纹軎	B：49-2a	6.1	3.1	2.1	0.9	伏兽	圆形	5.7	1.6	0.5	7.3
		B：49-2b	6.1	3.1	2.1	0.9	伏兽	椭圆形	6.7	1.1	0.5	7.3
Ac型軎	素面軎	B：49-1	5.8	3	1.9	0.9	长方形	椭圆形	6.1	1.6	0.4	7
		B：49-3	5.4	3	1.8	0.8	伏兽	梯形	7.1	1.4	0.6	6.3
		B：33-15	6	3.4	三角形	底：1.2 高：1.2	/	/	/	/	/	6.7
B型軎	八棱形	B：33-1a	5.9	3.3	三角形	底：1.2 高：1.2	/	/	/	/	/	6.8
		B：33-1b	5.8	3.2	三角形	底：1.2 高：1.2	/	/	/	/	/	6.8

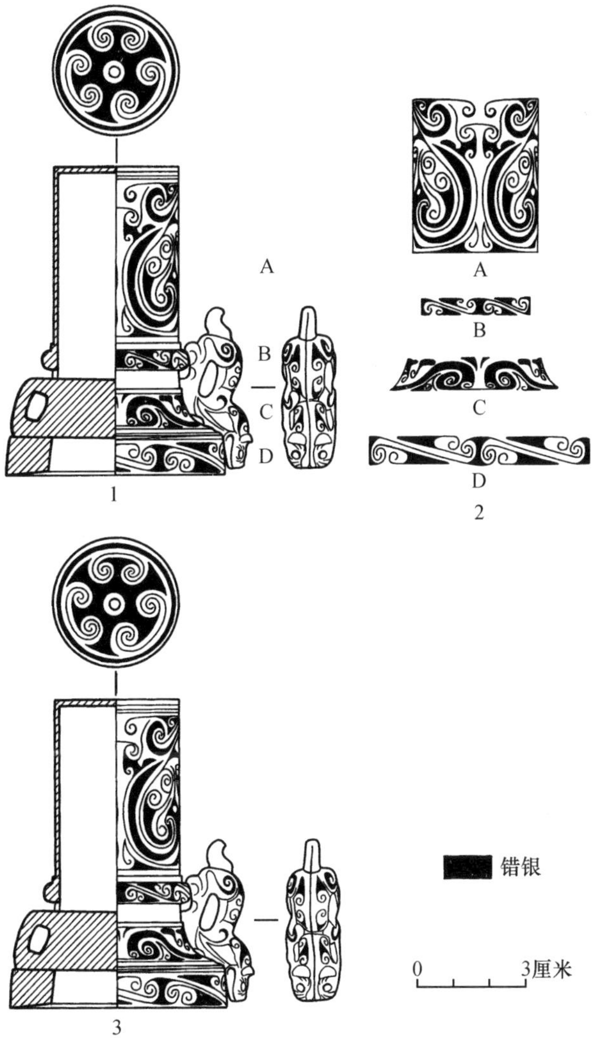

图三三　铜车马器——车軎

1、3. Aa型车軎（B：38-1、B：38-2）　2. 纹饰展开图（B：38-1）

图三四　铜车马器——车軎

1、2. Ab型（B∶49-2a、B∶49-2b）　3、4. Ac型（B∶49-3、B∶49-1）

米。辖窄长，尾端上翘，首饰虎面纹，长6.7、宽1.1、厚0.5厘米。軎身饰三组二方连续绹纹、勾连云纹，首端饰三角形云纹。末端径3.1、首端径6.1、通高7.3厘米（图三四，2）。

Ac型　3件。素面。B∶49-1，出自49号竹笥内。末端封闭，首端外折，折沿上侧饰一凸箍，折沿与箍之间有对称长方形穿，穿内插素面辖，辖长6.1、宽1.6、厚0.4厘米。素面。末端径3、首端径5.8、通高7厘米（图三四，4；图版三六，3）。B∶49-3，辖上有磨损痕迹，应为实用品。末端透穿，孔径0.6厘米。近首端有一箍，首端外折，折沿与箍之间有对称长方形穿，穿长1.8、宽0.8厘米。穿内插有倒立伏虎辖，辖长7.1、宽1.4、厚0.6厘米。末端饰二方连续勾连云纹。末端径3、首端径5.4、通高6.3厘米（图三四，3；图版三六，4）。B∶33-15，出自33号竹笥内。从器表可见范缝为二范合铸，外溢铜液未经打磨，有铸造缺陷，应为丧葬用品。末端略小于首端，首端外折，有一周凸棱，近沿处有一对称三角形辖孔，无辖。素面。末端径3.4、首端径6、通高6.7厘米（图三五，1）。

B型　2件。八棱形軎。B∶33-1，出自33号竹笥内。形制相同。为二范合铸，有许多铸造缺孔，范缝外溢铜液未经打磨，形成毛边，器壁较薄，铸造较粗糙，应为丧葬用品。黄色。軎身作八棱形，末端八棱形，边长1.3厘米，首端外折，辖孔上方有一周凸棱，近口处有一对称三角形辖孔，无辖，底长1.2、高 1.2厘米。素面。末端径3.2、首端径5.8、通高6.8厘米（图三五，2）。

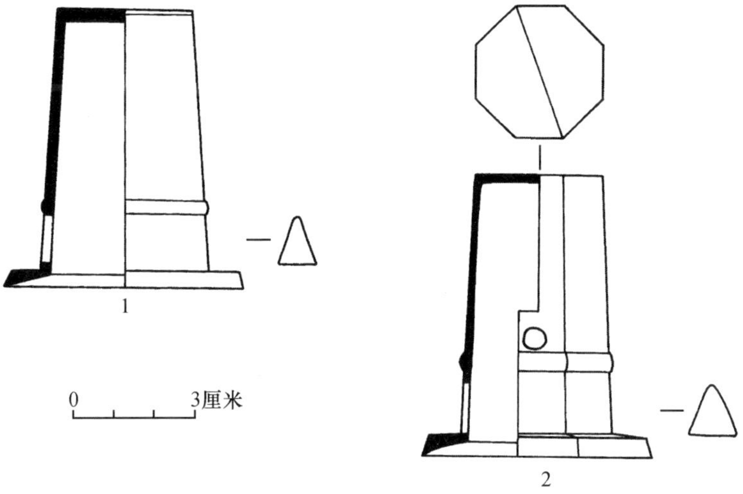

图三五　铜车马器——车軎
1. Ac型（B：33-15）　2. B型（B：33-1）

错银衡帽　2件。B：49-4，出自49号竹笥内。壶形，末端小平顶，颈部内收，下腹微鼓，首端有一圈凸棱，中空。通身错银。末端饰勾连云纹，器表饰二方连续三角形云纹。末端径2.3、首端径3.3、高7.6厘米（图三六，3；图版三六，5）。

错银轭帽　2件。形制、大小基本相同，制作精细，表面光洁。B：49-5，出自49号竹笥内。近葫芦形，末端小平顶，束颈，腹微鼓，首端有一圈凸棱，中空。通身错银，末端饰勾连云纹，器表饰二方连续三角形卷云纹（图三六，2）。末端径2.3、首端径3.3、高7.6厘米（图三六，1；图版三六，6）。

柱帽　4件。分二型。

A型　2件。出自49号竹笥内。错银。形制、大小基本相同，制作精细，表面光洁。B：49-6，黄色，通身错银，表面光洁。筒形，末端弧顶，有一圆孔，孔径1.8厘米。上部内收成束腰状，内收处有两道凸棱，似竹节，首端直口。末端顶部饰二方连续卷云纹，器表饰二方连续勾连云纹（图三六，5）。末端径3.5、首端径3.2、高6.3、壁厚0.3厘米（图三六，4；彩版一〇，2；图版三七，1）。

B型　2件。出自49号竹笥内。素面。形制、大小基本相同，制作较粗糙。B：49-7，筒形，末端内收成一小圆台，有一圆孔，孔径1.4厘米。上端呈细腰状，内收处有两道凸棱，似竹节，首端直口。素面。末端径4.1、首端径3.8、高6.3、壁厚0.3厘米（图三六，6；图版三七，2）。

马衔马镳　19件（7套，含铜镳4、骨镳4、角镳2、木镳2件）。绝大多数出自边箱的33与49号竹笥内，少数出自边箱中。大多数出土时衔镳相配，少数衔镳分离。根据其质地分为铜衔铜镳、铜衔骨镳、铜衔角镳、铜衔木镳等（表三）。由于马镳质地多样，不便于分开统计，因此，在这里统一列表（表四）。

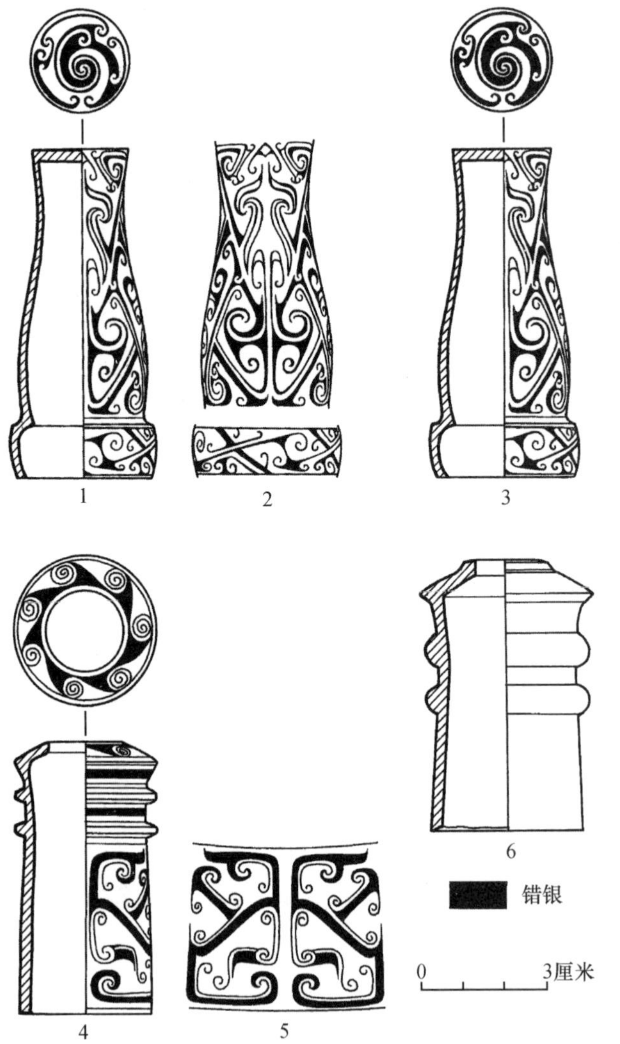

图三六　铜车马器——衡帽、轭帽、柱帽

1. 轭帽（B：49-5）　2. 轭帽纹饰展开图（B：49-5）　3. 衡帽（B：49-4）　4. A型柱帽（B：49-6）
5. A型柱帽纹饰展开图（B：49-6）　6. B型柱帽（B：49-7）

表三　一号墓马衔登记表

器号	通长	大环径	小环径	衔截面径	质料	备注
B：33-7	21	2.4～3.8	1.1～2	0.6～1.1	铜	单薄，未打磨，丧葬用器
B：33-14	22	3.8～4.6	2.2～3	1～1.2	铜	单薄，未打磨，丧葬用器
B：33-8	25.4	4.2～5.5	2.9～3.3	1～1.2	铜	磨损轻微，实用器
B：33-10	21	3.8～4.6	7.5	1.1	铜	磨损轻微，实用器
B：33-12	19	3.6～4.3	2.1	1	铜	小环磨损较甚，实用器
B：34	19.6	3.8～5.2	2.6	1.2	铜	小环磨损明显，实用器
B：35	19.3	4.4～5.3	2～4.6	2.4	铜	规整，不见磨损痕迹

表四　一号墓马镳登记表

器号	质料	通长	直径或宽	备注
B：33-7-1	铜	残10.2	1.6	丧葬用器
B：33-7-2	铜	残15.5	1.1	丧葬用器
B：33-14-1	铜	18.6	1.2	丧葬用器
B：33-14-2	铜	残10.7	1.2	丧葬用器
B：34-1	骨	24.8	1.2～1.6	一对，完整
B：34-2	骨	24.6	1.3～1.8	一对，完整
B：35-1	骨	24．5	1.5～1.7	一对，完整
B：35-2	骨	24.6	1.3～1.8	一对，残断
B：33-10-1	角	16．2	0.3～4	一对，角尖残断
B：33-10-2	角	16	0.2～3.5	一对，残断
B：33-8	木	26	0.4～2.4	单件，角尖残断
B：33-9-1	木	22.6	1～2	一对，残断
B：33-9-2	木	22.7	1.2～1.6	一对，残断
B：33-12	木	残长13	0.2～2.6	单件，残断
B：33-13	木	25.4	1.2～1.6	单件，残断
B：49-8-1	木	29	1～1.4	一对，残断
B：49-8-2	木	29.4	1.1～1.5	一对，残断
B：49-9-1	木	25.4	1.2～1.6	一对，残断
B：49-9-2	木	24.6	1.3～1.7	一对，残断
B：49-21-1	木	28.8	1.1～1.4	一对，残断
B：49-21-2	木	28.4	1.2～1.6	一对，残断
B：49-26	木	复原29.2	1～1.6	单件，残断
B：49-27-1	木	24.5	1.1～1.6	一对，残断
B：49-27-2	木	26	1.2～1.6	一对，残断

铜衔铜镳　6件（2套）。出自于边箱33号竹筒内。均为一衔二镳相配。衔、镳周边可见铸造时外溢所形成的不规则形毛边，未经打磨，铸造较粗糙，应为丧葬用品。B：33-14，衔通长22、大环短径3.8、长径4.6、小环径2.2厘米。镳铜质，作扁条形，中部铸一“8”字形穿孔，孔长1、宽0.8厘米。镳长18.6、宽1.2厘米（图三七，1；图版三七，3）。

铜衔骨镳　6件（2套，含骨镳4件）。根据形制观察，B：34与B：35为一套。B：34，衔中间相连的小环有明显磨损痕迹，应为实用器。衔作柱状索纹杆，由两节相套而成。衔长19.6、大环长径5.2、短径3.8、小环径2.6厘米。镳骨质，微弧形，截面八棱形，中部有两个长方形穿，有插榫残痕。穿长1.1、宽0.4厘米。镳长24.8、宽1.6、厚1.2～1.6厘米（图三八，1）。B：35，衔长19.5、大环径5.3、小环径2.5厘米。骨镳中部有两个长方形穿，穿长1.1、宽0.4厘米。有插榫残痕。镳长24.5、宽1.5～1.7厘米（图版三七，5）。

铜衔角镳　3件（1套，含角镳2件）。B：33-10，从形制观察，与铜衔木镳（B：33-12）应为一车两马完整的一套。衔铜质，衔作索杆状，由两节相套而成。中间两小环相套处有磨损痕迹，为实用器。衔长21、大环径3.8～4.6、小环径7.5厘米。镳角质，锥状弧形，有两个长方形孔，孔长1.8、宽0.5厘米。上端套有一扁圆形骨帽，帽长5.2、宽4、厚3.6厘米，帽上用红漆

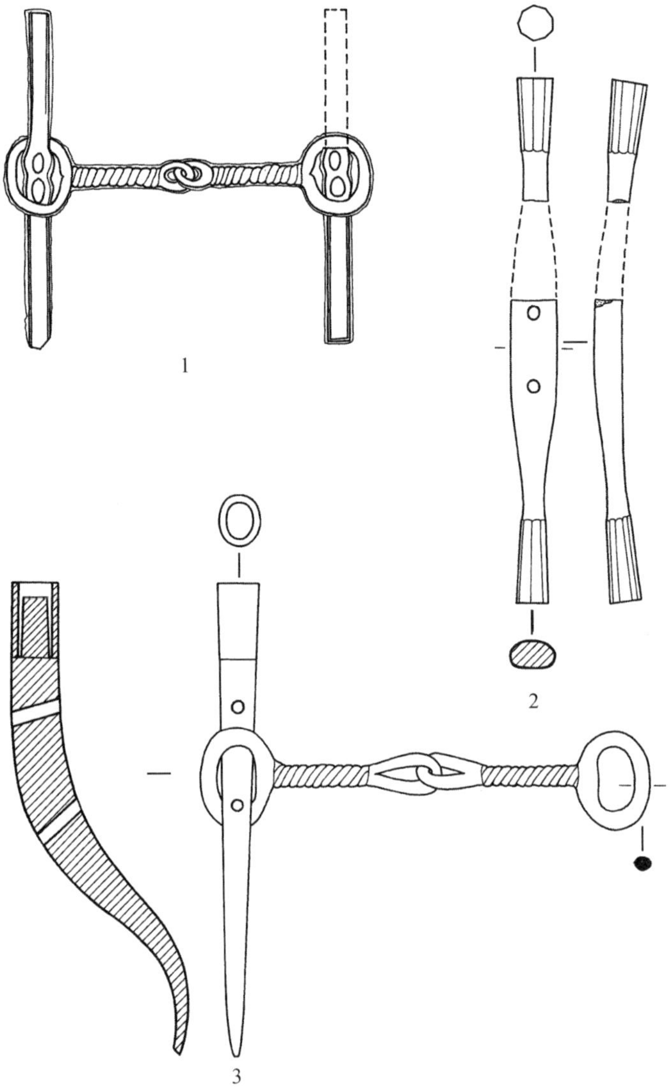

图三七　铜车马器——马衔马镳

1. 铜衔铜镳（B：33-14）　2. 木镳（B：49-26）　3. 铜衔木镳（B：33-8）

绘对称三角形卷云纹。镳长16.2、直径0.3～4厘米（图三八，2；图版三七，5）。

铜衔木镳　4件（2套，含木镳2件）。B：33-8，衔作索杆状，由两节套接而成，中间两个小环呈椭圆形，有磨损痕迹。衔长25.4、大环径4.2～5.5、小环径2.9～3.3厘米。镳木质，羊角形，截面圆锥形，上下各有一小圆孔，孔径0.8厘米，上端套一骨质帽，长4.2厘米。通身髹黑漆，素面。镳长26、径0.4～2.4厘米（图三七，3；图版三七，6）。

另有2件单体木质马镳，出自49号竹笥内。B：49-26，木质，两端呈多棱形，束腰，中间宽扁，截面椭圆形，宽2.1厘米，中部有两个圆穿，穿径0.6厘米。器表髹黑漆，素面。复原长29.2、直径1～1.6厘米（图三七，2）。

三连环　4件。完整，表面光洁。三环相套，由一小环套二大环，大小环上有明显磨损痕迹，为实用器。B：49-14，大环径9.3、截面径0.6、小环径6、截面径0.6、通长21.6厘米（图

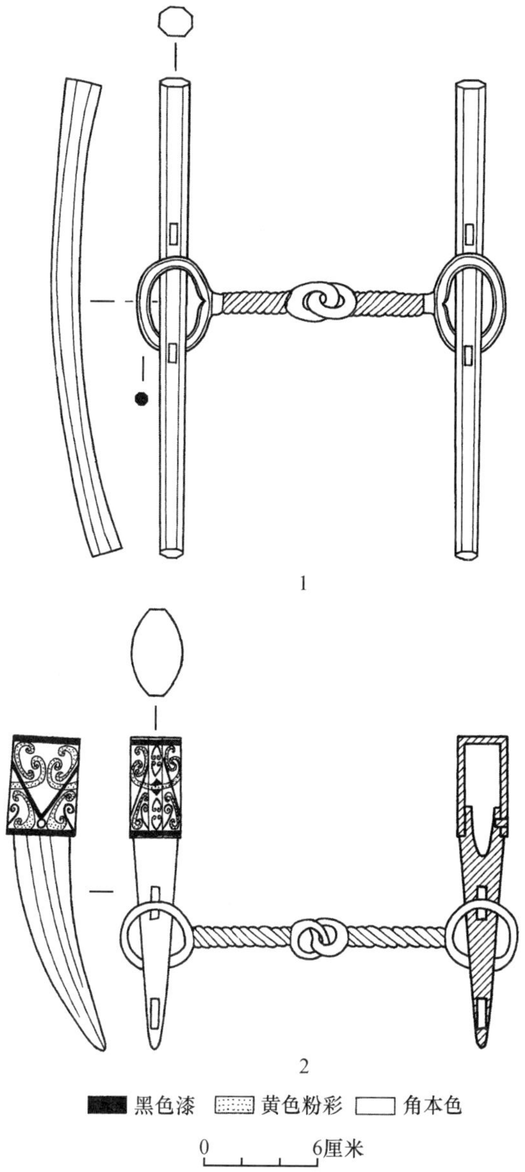

图三八　铜车马器——马衔马镳
1. 铜衔骨镳（B：34）　2. 铜衔角镳（B：33-10）

三九，1；图版三八，1）。B：36，黄色，表面光洁。由一小环套二大环，大小环上有明显的磨损痕迹，为实用器。通长16.8、大环径7.4、小环径4、截面径0.6厘米（图三九，2；图版三八，2）。B：49-13，大环径8.6、截面径0.7、小环径4.8、截面径0.6、通长19.4厘米（图版三八，3）。B：42，完整，表面光洁。由一小环套二大环，大小环上有明显磨损痕迹，为实用器。通长16.3、大环7.4、小环4.3、截面径0.5厘米（图版三八，4）。

环　17件。部分出自边箱49号竹笥内。根据形制分三型。

A型　14件。截面圆形。分三亚型。

Aa型　2件。大型。B：76，表面光洁。圆形，环截面呈扁圆形。素面。直径10.2、截面径0.6厘米（图三九，9）。B：43，直径8.7、截面径0.5厘米（图三九，10；图版三八，5）。

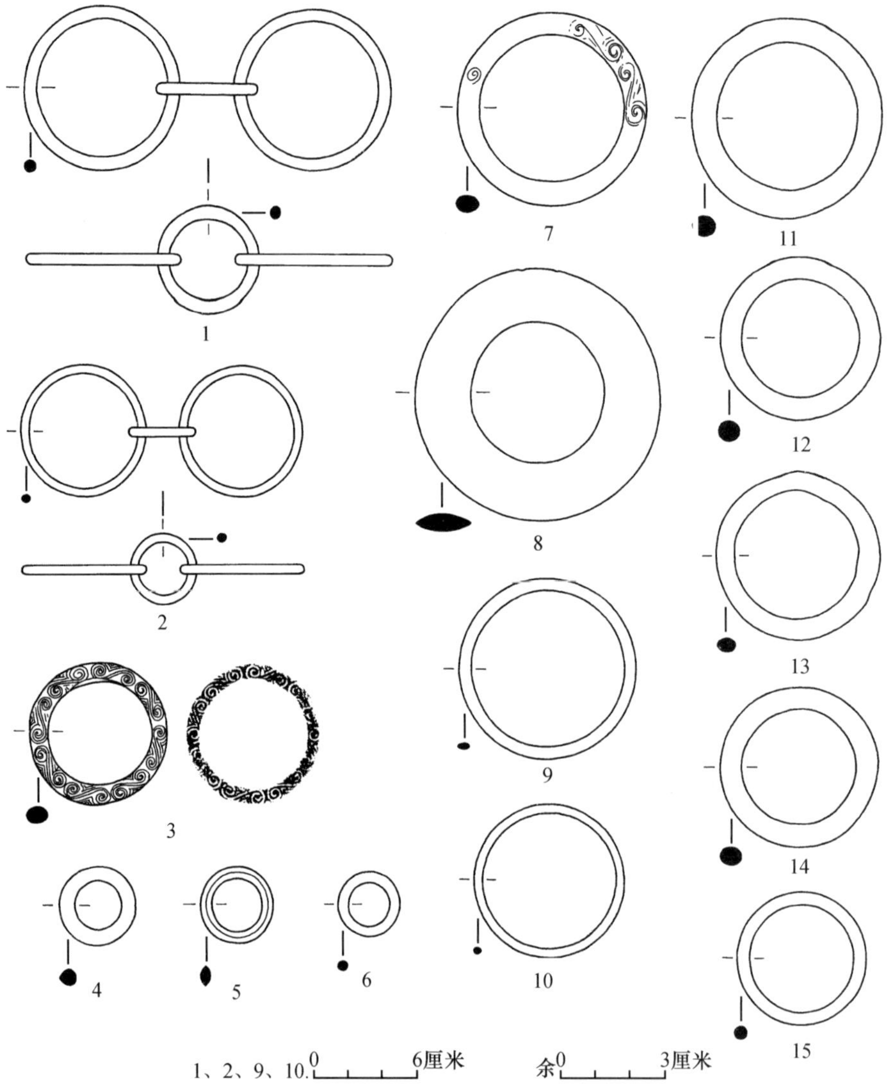

图三九　铜车马器——三连环、环

1、2. 三连环（B：49-14、B：36）　3、7. B型环（B：65、B：62）　4～6. Ac型环（B：63、B：64、B：77）　8. C型环（B：49-10）　9、10. Aa型环（B：76、B：43）　11～15. Ab型环（B：49-12、B：52、B：49-11、B：60、B：66）

Ab型　8件。中型。B：49-12，合范铸造，范缝外溢铜液所形成的毛边未经打磨。圆形环状，截面扁圆形。直径5.5、截面径0.6厘米（图三九，11）。B：52，直径4.6、截面径0.6厘米（图三九，12）。B：49-11，表面粗糙。直径4.6、截面径0.5厘米（图三九，13）。B：60，直径4.6、截面径0.6厘米（图三九，14）。B：66，直径3.6、截面径0.4厘米（图三九，15；图版三八，6）。

Ac型　4件。小型。B：63，圆形，截面呈圆形。素面。直径2.2、截面径0.45厘米（图三九，4）。B：64，直径2.1、截面径0.3厘米（图三九，5）。B：77，直径1.8、截面径0.3厘米（图三九，6）。

B型　2件。铸有纹饰，截面扁圆形。B：65，圆形，截面扁圆形。环两面铸有二方连续勾连云纹。直径4、截面径0.5～0.6厘米（图三九，3；图版三八，7）。B：62，纹饰较模糊。直径5.5、截面径0.5～0.7厘米（图三九，7）。

C型　1件。素面，截面宽扁形。B：49-10，肉较宽，圆形环状。直径7、内径3.8、环宽1.6、厚0.5厘米（图三九，8；图版三八，8）。

泡形饰　11件。主要出自头箱，少数出于边箱。形制基本相同。圆形，弧顶，内有一桥形钮。T：45，直径5.4、高1.6厘米（图四〇，1；图版三九，1）。T：48，直径5.5、高1.6厘米（图四〇，2）。T：30，直径5.5、高1.6厘米（图四〇，3）。T：24，圆形，弧壁，器内壁顶部有一环状鼻钮。直径5.5、高1.6厘米（图四〇，4）。

方形节约　12件。出自边箱33和49号竹笥内。B：49-15，形制、大小相同。模制，浇口在底边，范缝外溢铜液形成的毛边未经打磨，应为丧葬用品。方形，覆斗状，斜边，上下两面有方形孔，四边为长方梯形孔。底边长2.8、顶边1.6、高1.1厘米（图四〇，7；图版三九，2）。B：33-3，底边长2.6、顶长1.7、高1.1厘米（图四〇，8）。

龙首带扣　1件。B：49-25，出自49号竹笥内。长方形环，环长4.6、宽3厘米。截面圆形，直径0.6厘米。环上面一侧中部铸有一龙首，龙首上昂，其上浮雕鼻、嘴、耳、眼组成的

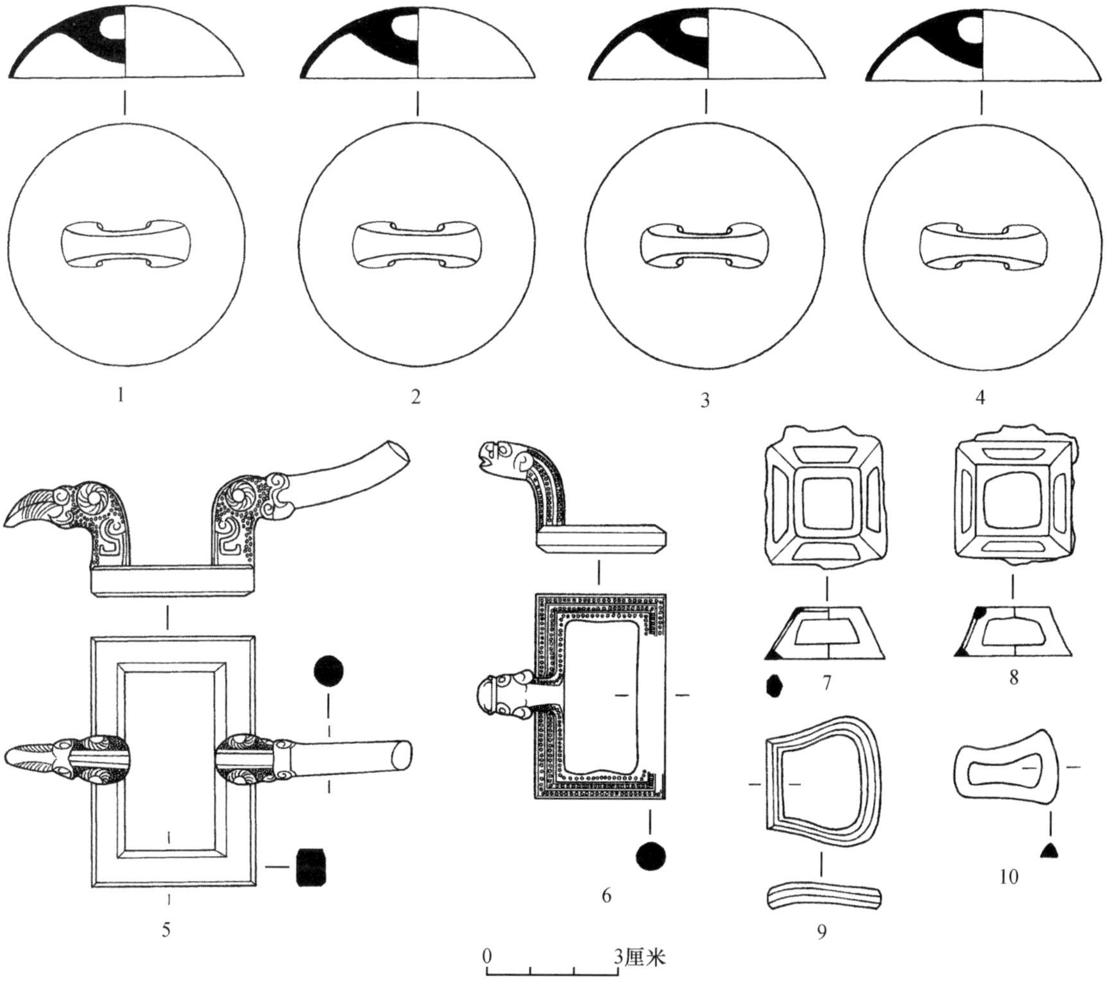

图四〇　铜车马器——泡形饰、方形节约、带扣

1～4. 泡形饰（T：45、T：48、T：30、T：24）　5. 凤首带扣（B：49-24）　6. 龙首带扣（B：49-25）
7、8. 方形节约（B：49-15、B：33-3）　9. A型带扣（B：49-23）　10. B型带扣（B：33-11）

龙面纹，颈上铸竖条状点纹。通长4.3、高2.6厘米（图四〇，6；图版三九，3）。

凤首带扣　1件。B：49-24，出自49号竹筒内。长方形环，环长5.6、宽3.7、厚0.7厘米。截面长方形，宽0.8厘米。环上面一侧正中铸一凤首，凤目圆睁，有眼凤喙为尖弧形。另一侧似象鼻状，上翘部分残缺。凤首上铸点、眼组成的凤面纹，颈上铸卷云纹。残长9.3、残高3.5厘米（图四〇，5；图版三九，4）。

带扣　5件。分二型。

A型　2件。半弧形。出自49号竹筒内。B：49-23，环截面圆形，直径0.3厘米，素面。长2.7、宽2～2.9厘米（图四〇，9；图版三九，5）。

B型　3件。等腰形。出自33号竹筒内。B：33-11，平面呈等腰形环状，一边宽一边窄，中部束腰。长2.4、宽1.1～1.6厘米（图四〇，10；图版三九，6）。

四、生 活 用 器

共6件。主要出自边箱，少数出自头箱。器形有铺首衔环、衔环、镜、带钩等。

铺首衔环　3件。形制、大小相同。T：75，模制，打磨光洁。黑色，兽衔环，铺首下有一鼻状钮，钮内套一圆环，鼻钮向内伸出。铺首长7、宽2.5、环径5.8、截面径0.5、通长7.3厘米（图四一，1）。

衔环　1件。B：69，范缝外溢铜液毛边未经打磨，应为丧葬用品。灰绿色。鼻钮，钮内套一环。钮高2.3、环径3.4、通高5.8厘米（图四一，2）。

镜　1件。T：50，镜面光洁。素面，背中央有一小环状鼻钮。直径8.4厘米（图四一，3；图版三九，7）。

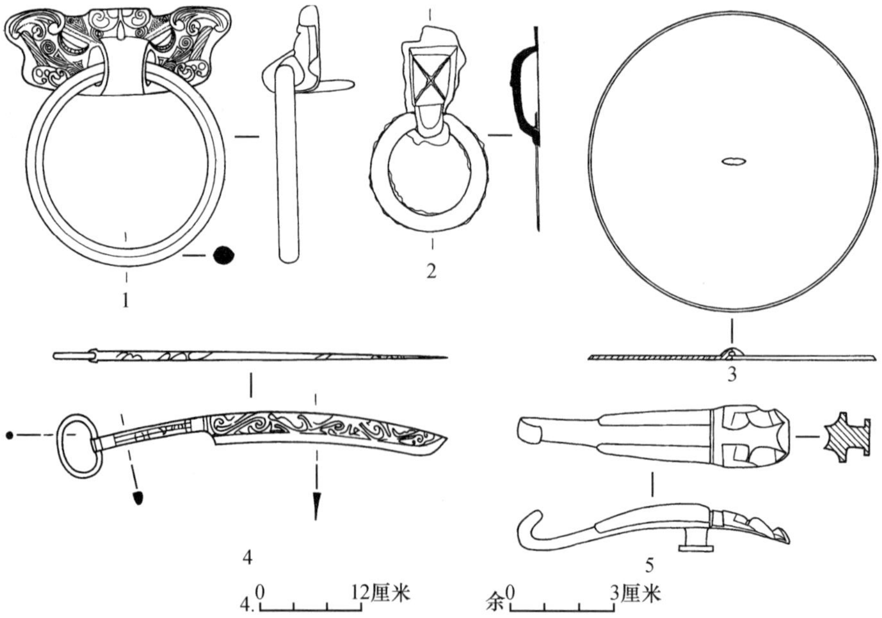

图四一　铜生活用器、工具——铺首衔环、衔环、镜、带钩；削刀

1. 铺首衔环（T：75）　2. 衔环（B：69）　3. 镜（T：50）　4. 削刀（T：68）　5. 带钩（B：26）

带钩 1件。B∶26，钩首向内弯曲，呈“S”状，无纹。钩身后部较宽，呈琵琶形，微弧，中部有三道瓦棱，尾部浮雕龙首，龙首杏眼微突，两耳后伏，长鼻，呈椭圆形。长7.8、宽1.7、高1.3厘米（图四一，5；图版三九，8）。

五、工 具

共1件。仅见削刀。

削刀 1件。T∶68，黄色，有黑斑。厚弧背，凹弧形双面刃，柄截面近三角形，柄末端铸接椭圆形环，刀身和背上阴刻线状二方连续勾连云纹。通长23、环首长径3.4、短径2.6厘米（图四一，4；图版三七，7）。

第二节 陶 器

陶器2件，仅见陶壶和壶盖，均为礼器。

壶 1件。残。T∶22，泥质灰陶，轮制。侈口，束颈，鼓腹，假圈足平底，盖子口，顶微弧，中心有一圆形捉手。盖径9、捉手径2.6厘米。腹饰三组凹弦纹，每组二周。口径8.8、底径10.8、复原腹径15、复原通高23.4厘米（图四二，1）。

壶盖 1件。T∶36，泥质灰胎黑皮陶，轮制，盖面有旋痕。盖子口，顶微弧，中央有一圆形纽。素面。盖径8.6、捉手径2.4、高2.6厘米（图四二，2）。

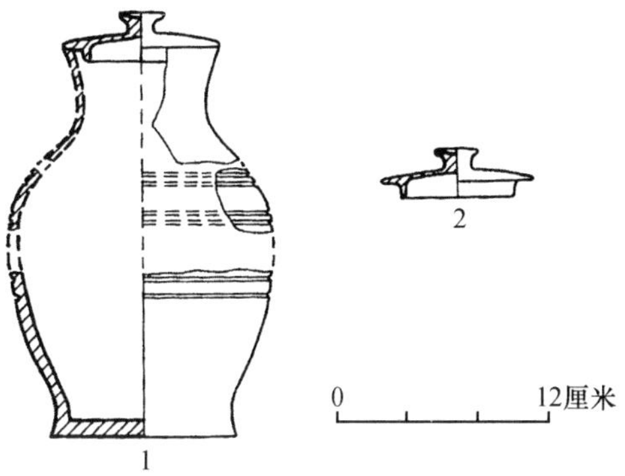

图四二 陶礼器——壶
1. 壶（T∶22） 2. 壶盖（T∶36）

第三节 铁 器

共18件，分为车马器、生活用器、工具三类。

一、车 马 器

共15件。出自边箱33、49号竹笥内。

铁衔木镳 15件（5套，含木镳10件）。B∶49-27，衔环与镳杆上有明显的磨损痕迹，应为实用器。衔由一根铁丝拧成索杆状，两节相套而成，大环近圆角方形。长20.6、大环径4、小环径2.1厘米。镳木质，微弧形，截面圆柱形，中间较粗，截面为扁圆形，宽1.8厘米，中部有两个穿，穿长1.4、宽0.4厘米，通身髹黑漆。镳长25.4、直径1.1～1.6厘米（图四三，1；图版四〇，1）。B：33-9，衔长18、大环宽3.7、小环径1.6厘米。镳木质。呈长条形，略弧，横截面长方形，中部有两个长方形孔，孔长2、宽0.6厘米。两端套骨帽，帽长4.4厘米。骨髹黑漆，在黑底漆上用红漆绘对称三角形卷云纹、三角纹。镳长22.6、直径1～2厘米（图四四，1）。B：49-8，衔长21、大环径4.4、小环径1.8厘米。镳穿长1.1、宽0.5厘米。通身髹黑漆，两端髹红漆。镳长29、直径1～1.4厘米（图四三，2；图版四〇，2）。B：49-9，衔长20.4、大环径4.2、小环径2.1厘米。镳上有两穿，长1.6、宽0.4厘米。通身髹黑漆。镳长25.4、直径1.2～1.6厘米（图四四，2；图版四〇，3）。B：49-21，衔长21.1、大环径4.6、小环径2.1厘米。镳穿长2.3、宽0.4厘米。镳通身髹黑漆，两端涂红漆。镳长28.8、直径1.1～1.4厘米（图版四〇，4）。

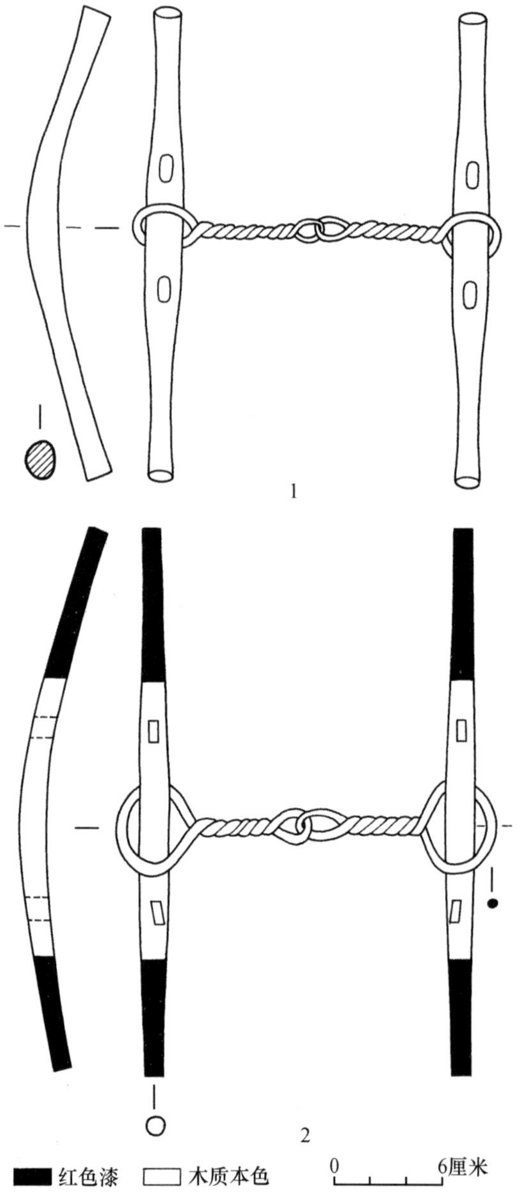

图四三　铁车马器——马衔马镳

1、2. 铁衔木镳（B：49-27、B：49-8）

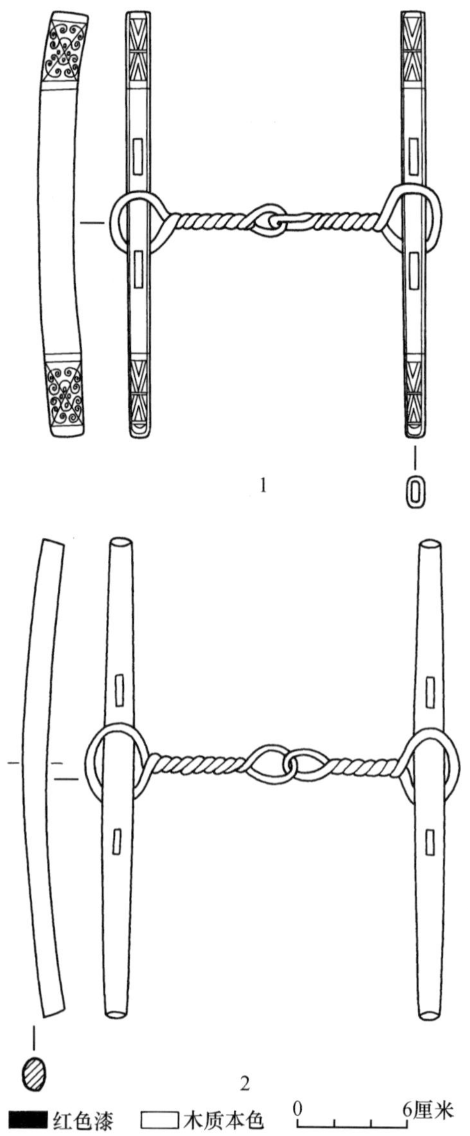

图四四　铁车马器——马衔马镳

1、2. 铁衔木镳（B：33-9、B：49-9）

二、生活用器

仅见错金带钩1件。

错金带钩　1件。NG：22，出自人骨架盆骨左侧。铁质，呈颗粒状，可能为陨石铁。模铸，铆钮上有十字形浇口痕迹，制作较精细。半圆形腹，较宽，腹与颈分界明显，钩为圆柱体，似象鼻形，钩首作反向的龙首形，腹背有圆形铆钉状钮。钩面错金，大部分已脱落。饰卷云纹、三角形云纹。长6.9、腹宽4.2、腹厚0.9、通高1.6厘米（图四五，2；彩版一〇，3；图版四〇，5）。

三、工　具

共2件。器形有斧、刻刀等。

斧　1件。B：44，铁斧、木柄。斧身靴形，单面斜弧刃，扁六棱形銎，近銎处有一凸棱。銎长5、宽2.6厘米。銎上竖安斧柄，长22、宽4.4、厚0～2.3厘米，柄上部设长方形榫头，榫头长5.8、宽3.2、厚1～1.4厘米。下部呈尖状，与斧銎榫卯，斧面有一对穿孔，用楔固定。柄上部横安手柄，长60.4、宽3.8、厚1.4～2厘米。手柄前端粗，截面近方形，后端略细，截面扁圆形。斧长10.6、刃宽9厘米。通高23.6厘米（图四五，1；图版四〇，6）。

刻刀　1件。T：73，由铁刻刀与木柄捆绑而成。长条形，尖弧刃，刀身外壁隆起，内壁圆弧内凹，木柄与刀身凹面相接，短于刀尖4.1厘米。木柄上髹黑漆，从刀身上可看见有三处用丝线捆缚的痕迹。长23.2、宽1.4、通厚0.9厘米（图四五，3）。

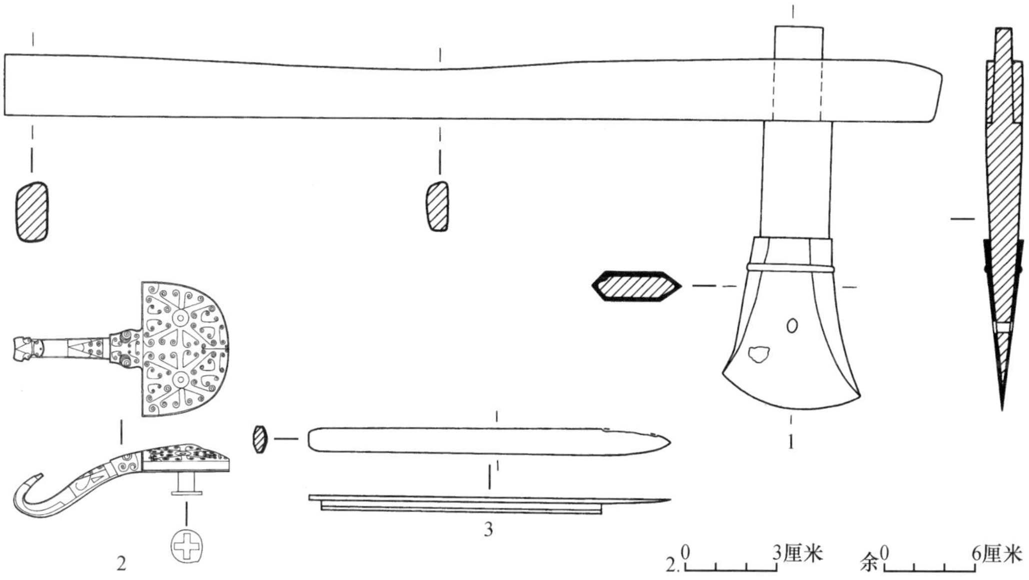

图四五　铁生活用器、工具——错金带钩；斧、刻刀

1. 斧（B：44）　2. 错金带钩（NG：22）　3. 刻刀（T：73）

第四节　银　器

共284件。主要出自边箱，少数出自头箱。按类分为车马器、生活用器等。

一、车　马　器

共282件。器形有椭圆形节约、䡅、圆片饰等。

椭圆形节约　24件。出土于边箱与头箱。形制相同。B：49-16，椭圆形，顶微弧，斜直边，中空。斜边上有十字形对穿孔四个，孔方形。顶部浮雕蟠螭纹、云纹，龙纹为双龙相蟠。长径4.7、短径3.8、通高1.8厘米（图四七，3；图版四一，1）。B：33-2，斜边上的四孔内有丝带炭化痕迹，呈十字交叉状，应是穿连节约与䡅的。长径4.5、短径3.7、高1.7厘米（图四七，4）。B：37，长径4.5、短径3.7、高1.7厘米（图四七，5）。

䡅　188件。根据器形分二型。

A型　87件。圆筒形，一侧折平。可分二亚型。

Aa型　24件。长筒形。B：54，长筒形，管状。素面。长6.2、直径0.8～1厘米（图四六，10）。B：49-17，长6.1、直径0.9～1厘米（图四六，11；图版四一，2）。

Ab型　63件。短筒形。B：55，形制、大小相同。短筒形，管状。素面。长3、直径0.9厘米（图四六，12）。B：49-18，长2.9、直径0.9～1厘米（图四六，13）。

B型　101件。扁筒形。根据穿的分布情况，可分三亚型。

Ba型　21件。无穿。形制、大小相同。B：56，扁筒形，较短，背面平直，无穿，正面微弧，上饰两道瓦棱，素面。长2.5、宽1.4、高0.9厘米（图四六，1）。B：49-28，长2.4、宽1.4、高0.9厘米（图四六，2）。B：33-4，长2.5、宽1.4、高0.9厘米（图四六，3）。

Bb型　56件。一穿。形制、大小相同。B：58，灰黑色。扁筒形，背面平直，有一长方形穿，穿长1.8、宽0.6厘米。正面有两道瓦棱，素面。长3.2、宽1.5、高0.9厘米（图四六，4；图版四一，3）。B：33-5，穿长1.4、宽0.6厘米。素面。长3.2、宽1.5、高0.9厘米（图四六，5）。B：49-20，穿长1.8、宽0.6厘米。素面。长3.2、宽1.5、高0.9厘米（图四六，6）。

Bc型　24件。二穿。形制、大小相同，灰黑色。B：49-19，长条形，横截面扁筒形，背面平直，有两个长方形穿，穿分别长2.2、宽0.5厘米和长1.9、宽0.5厘米。素面。长6.6、宽1.5、高1厘米（图四六，7）。B：33-6，穿分别长2.1、宽0.5厘米和长2.2、宽0.5厘米。长6.6、宽1.5、高0.9厘米（图四六，8）。B：57，穿分别长2.3、宽0.5厘米和长2.1、宽0.5厘米。长6.6、宽1.5、高1厘米（图四六，9；图版四一，4）。

圆片饰　70件。B：68，形制、大小基本相同。部分银片有氧化孔或残缺。圆形，薄片状。圆片用剪刀剪成不规则圆形，中部有两个对称的圆孔，孔径0.08厘米。出土时与皮革相附，即圆银片两孔用丝线与皮革缝合在一起，应为皮革上的装饰品，皮革腐烂后，仅存银片饰。直径3.2～3.5厘米（图四七，6～8；图版四一，5）。

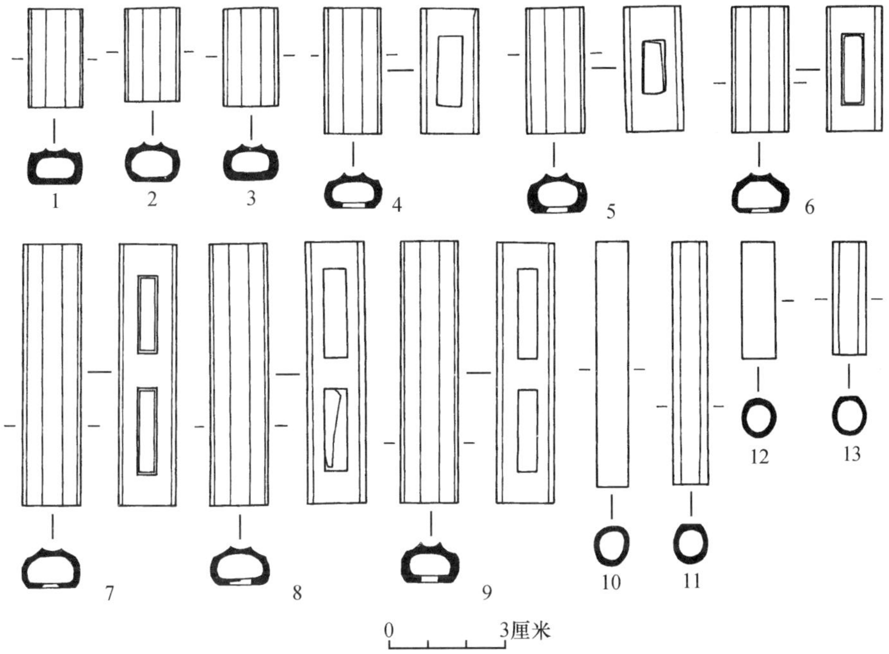

图四六 银车马器——𨱔

1～3. Ba型（B：56、B：49-28、B：33-4） 4～6. Bb型（B：58、B：33-5、B：49-20） 7～9. Bc型（B：49-19、B：33-6、B：57） 10、11. Aa型（B：54、B：49-17） 12、13. Ab型（B：55、B：49-18）

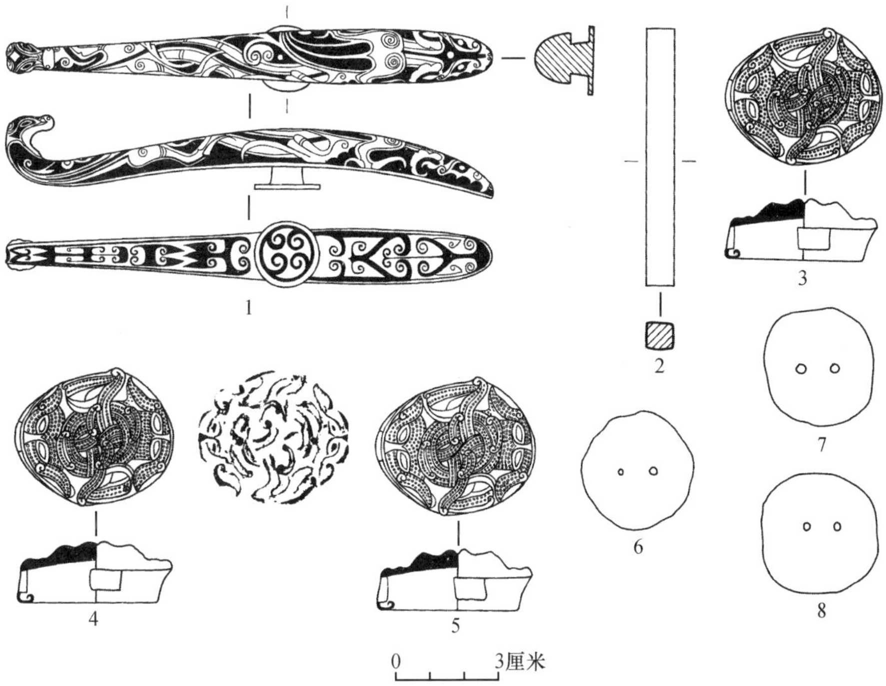

图四七 银车马器、生活用器——椭圆形节约、圆片饰；错金带钩、棒

1. 错金带钩（T：71） 2. 棒（NG：21） 3～5. 椭圆形节约（B：49-16、B：33-2、B：37） 6～8. 圆片饰（B：68）

二、生活用器

共2件。出自头箱和棺内。器形有错金带钩、棒等。

错金带钩　1件。T：71，错金。表面光洁，极为精美。钩首作长颈龙首，呈“S”状，龙首回望，钩身微弧，较宽，尾呈琵琶状。钩背有一圆形凸钮。通身错金，钩首错龙眼、鼻及卷云纹，钩身错流线纹、波浪纹及卷云纹，尾部错兽面纹，钩背错左右对称连云纹、二方连续三角形勾连云纹，钮上错四分卷云纹。长14.1、宽1.6、高1.7厘米（图四七，1；彩版一〇，4；图版四一，6、7）。

棒　1件。出自内棺左膝外侧。NG：21，已氧化。长条形，截面方形。长7.2、宽0.7厘米（图四七，2）。

第五节　漆木器

共84件，分别出自头箱和边箱中。这些漆木器多为实用器，少数为明器。按用途可分为礼器、乐器、兵器、车马器、生活用器、丧葬用器六大类。礼器有案、梡、豆等；乐器有瑟；兵器有矢箙、剑盒、剑鞘、弓等；车马器有伞、车耳、櫜、车饰件等；生活用器有盆、圆盒、长方形盒、酒具盒、耳杯、几、枕、奁、梳、篦、角状器、俑，以及木器、木棍、木片等；丧葬用器有木豆、木剑、木俑等。

一、漆器制法与纹饰

塌冢一号墓出土的漆木器大多数保存完好，少数残损。绝大多数为木胎，少数为竹、木胎合制，部分器物有铜质附件，如案两侧的铜足，枕档上的骨条等。

经观察分析，这些漆木器的制作工艺有斫制、挖制、雕刻及卷制四种。斫制是将木块采用砍、凿、削等方法进行加工，如案、几、枕等。挖制是对某些器物的器内进行加工，器内经挖制而成，如豆、剑盒、猪形酒具盒（A型）、角状器等。雕刻是将木块按照器物的外形雕刻而成，如木櫜、猪形酒具盒（A型）、漆俑等。卷制是将薄木板卷成筒状，然后将器底或盖顶扣嵌，如漆奁。器物构件间结合法有榫卯、粘接、扣嵌、绳索固定等几种。榫卯法即榫头与榫眼的结合，使用这种结合方法的有豆、案、几、枕等。使用粘接法的主要是器物的附件，粘接剂为漆。扣嵌法用于卷制器物底和盖的接合，如奁。绳索固定法是在相接的部位穿孔或凿浅槽用绳捆缚固定，如车壁袋、枕、角状器等。

漆器的器表绝大多数髹黑漆，器内涂红漆，少数器内外皆黑漆，部分器物绘有纹饰。纹饰有两种绘制方法：一种是在黑底漆上用红色和赫色漆绘纹样，另一种是在黑底漆上以黄彩绘纹样。这两种方法或单用或同时施于一件器物上，如漆案、豆、矢箙、耳杯、酒具盒等。

花纹图案大致可以归纳为动物纹、自然景物纹、植物纹、几何纹四类。动物纹主要有龙头纹（图四八，7）、龙爪纹（图四八，9）、一龙三凤相攀纹（图四八，11）、单凤纹（图四八，1）、双凤纹（图四八，2）、凤翅纹（图版四八，3）、变形凤纹（图四八，4～6）等；自然景物纹主要取材于云和水的变化，有云纹（图四八，14）、变形云纹（图四八，8、15）、三角形云纹（图四八，10、12、13、24）、涡纹（图四八，21、22）等；植物纹较为简单，主要取材于树木花草之形，有树木、山林纹（图四八，16、17）等；几何纹有菱形纹（图四八，18、19）、点纹（图四八，20、23）等。

图四八　漆木器纹饰

1. 单凤纹　2. 双凤纹　3. 凤翅纹　4～6. 变形凤纹　7. 龙头纹　8、15. 变形云纹　9. 龙爪纹　10、12、13、24. 三角形云纹　11. 一龙戏三凤纹　14. 云纹　16、17. 树木、山林纹　18、19. 菱形纹　20、23. 点纹　21、22. 涡纹

这些纹样图案线条勾勒交错，流畅清晰，绘制精细，纹样讲究对称，一般是以主要纹样为中心，向两侧或四周连续，然后再用其他纹样加以点缀，形成完美的图案。

刻划符号与文字较少，主要刻于器物底部。如部分漆豆的喇叭座内凹上刻三横一竖的符号（图五二、图五三；图版四四，2；图版四五，2、4），刻划符号是先刻在木胎上再髹漆的。A、B型耳杯的底部用红漆书写有文字，这些文字是在器物髹漆后书写上去的，笔划轻重不一（彩版一二，2、3；图版五二～图版五五）。

二、器　　类

按用途可分为礼器、乐器、兵器、车马器、生活用器、丧葬用器六大类。

（一）礼器

共10件。均出自头箱。器形有案、棜、豆等。

案　1件。T：3，被盗破坏仅存半边。由案面、4个铜足和4个铜包镶组成。长方形，周边略高，底平。案面板由两块木块榫卯而成，距案两端11.5厘米处有一方形榫，榫长21、宽0.6厘米，四角镶曲尺形铜包角，两端呈燕尾形。案底距两端10.3厘米各有一道宽4.5、高0.3厘米的矮凸棱，凸棱两端各凿有一方形透穿卯眼，与铜足木榫榫卯，4个铜足蹄形，高7.1厘米。全器以黑漆为地，案面周边用红漆、黄彩绘二方连续勾连云纹，案面在黑底漆上用红漆均匀绘三排涡纹，每排6个，共18个。通长114.8、宽56.8、通高10.8厘米（图四九；彩版一一，1；彩版二〇；图版四二，1、2）。

棜　1件。T：12，门形。由面板、边框扣嵌和竹签暗榫而成。长方形。中间为一块厚0.9厘米的面板，四周安有边框。两侧挡框凿成凹槽形，凹槽宽0.9、深1.5厘米，面板纳入其中，挡框长33.2、宽3.3、厚1.6厘米。上下边框为长条形，横截面梯形，下边框两端超出挡框1厘米，长61、宽3.3、厚1.5～1.8厘米。上边框长度与挡框平齐，侧边两头各钻有三个小圆孔，孔内残存有竹签，长59、宽3.3、厚1.3～1.6厘米。上下边框内侧与面板之间各有两个小圆孔，用竹签与面板暗榫固定。边框内侧不等距钻有若干小圆孔，左侧46孔，右侧51孔，上侧69孔，下侧64孔。器表通身涂黑漆，边框在黑底漆上用红彩绘二方连续几何纹，侧边涂红彩。长59～61、宽40厘米（图五〇；彩版二一；图版四二，4）。《礼记·玉藻》："大夫侧尊用棜，士侧尊用禁。"[①]郑玄注"棜，斯禁也，无足，人似于棜，是以言棜。"又《仪礼·特牲馈食礼》："棜在其南，南顺，实兽于其上，东首。"[②]郑玄注："棜之制如今大木轝矣，上有四周，下无足。"又："壶、棜、禁饭馔于东序，南顺，覆两壶焉。"[③]由文献记载可知，

① （汉）郑玄注、（唐）孔颖达正义：《礼记正义·玉藻》，《十三经注疏》，中华书局影印本，1980年，第1476页。

② （汉）郑玄注、（唐）贾公彦疏：《仪礼注疏·特性馈食礼》，《十三经注疏》，中华书局影印本，1980年，第1180页。

③ （汉）郑玄注、（唐）贾公彦疏：《仪礼注疏·特性馈食礼》，《十三经注疏》，中华书局影印本，1980年，第1192页。

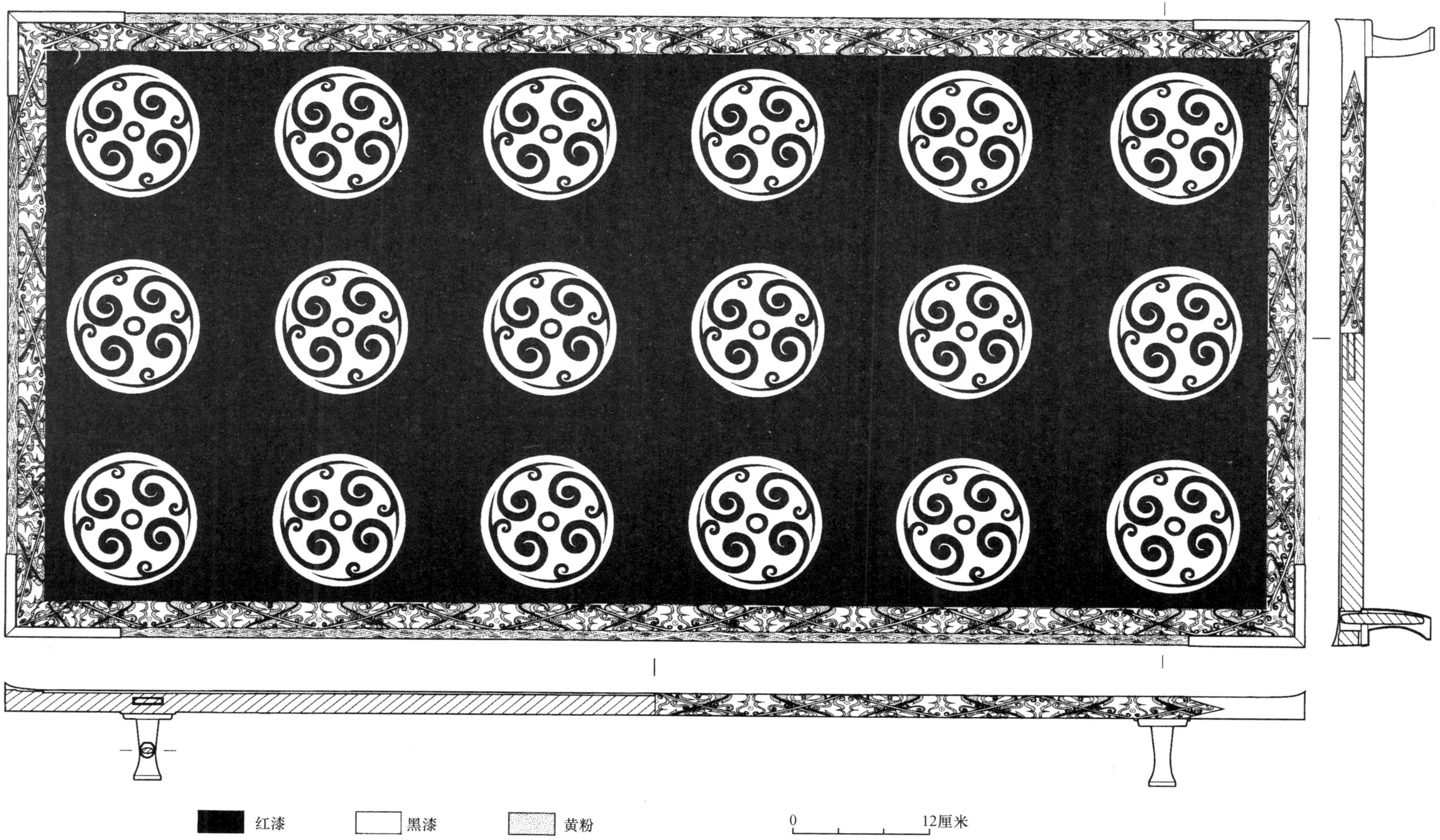

图四九　漆木礼器——案（T：3）

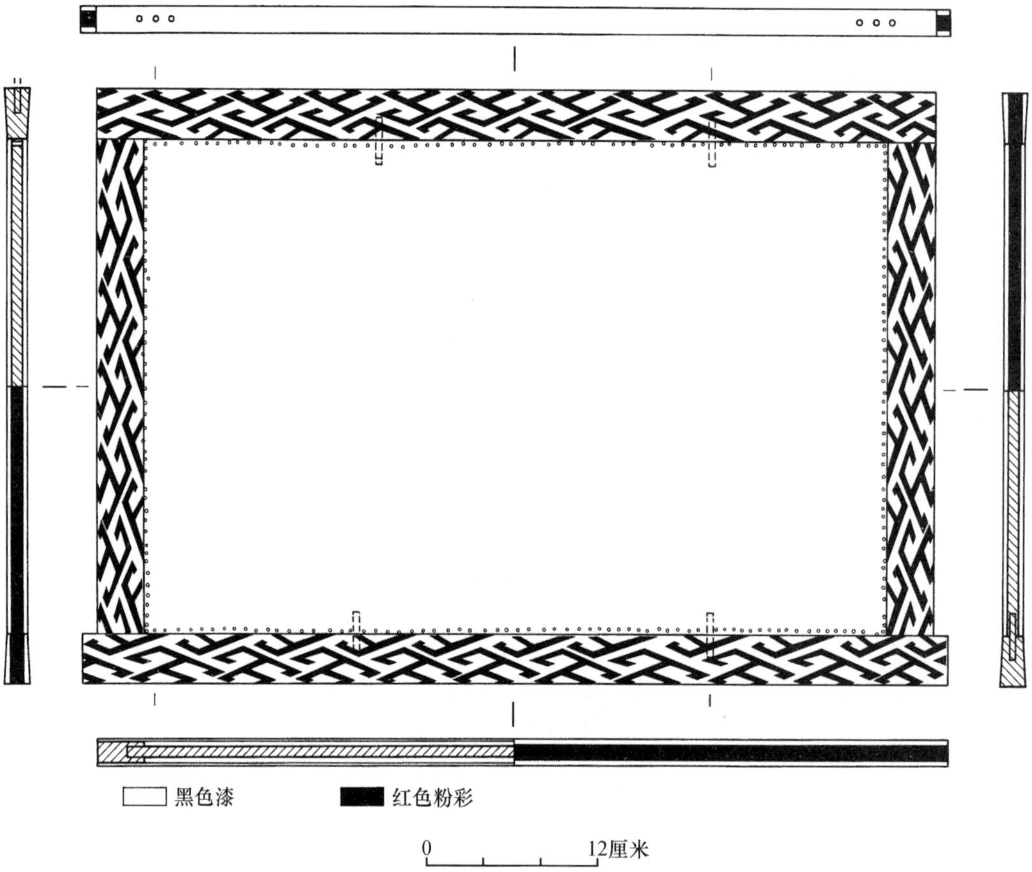

图五〇　漆木礼器——棜（T：12）

棜、禁都是承酒尊之器，从出土情况看，此件当是棜而不是禁。这件棜的制作较为粗糙，应是专供殉葬用的明器。

豆　8件。均出自头箱中，保存完好（彩版一一，3；图版四三），镟凿制，由豆盘、柄和喇叭座榫卯结合。其形制、规格、纹饰基本相同（表五）。浅盘，直壁，高柄，喇叭形座。柄上部较粗，截面呈八棱形，下部略细，截面呈圆形。柄中部有一周竹节状凸棱，两端方形榫头与盘、座榫卯。座底微凹。盘内、座凹内髹红漆，器表髹黑漆，并用红色和赭色漆及黄粉彩绘变形夔龙纹、几何纹、卷云纹和点纹（图五一）。T：4，盘略深。座底刻有四横一竖的“丰”符号。盘径17、座径13.2、通高24.3厘米（图五二，1；图版四四，1、2）。T：43，盘略浅。座底刻有四横一竖的“丰”符号。盘径17、座径13.4、通高24.1厘米（图五二，2；图版四四，3、4）。T：52，座底刻有四横一竖的“丰”符号。盘径17、座径13、通高24.2厘米（图五三，1、2；彩版二二；图版四五，1、2）。T：5，盘径16.8、座径13.2、通高24.2厘米（图五四，1、2；彩版二三；图版四五，3）。T：54，盘径16.9、座径13.2、通高24.3厘米（图五五，1）。T：55，盘径16.8、座径13.2、通高24.2厘米（图五五，2）。T：6，盘径16.9、座径13.2、通高24.2厘米（图版四五，4）。

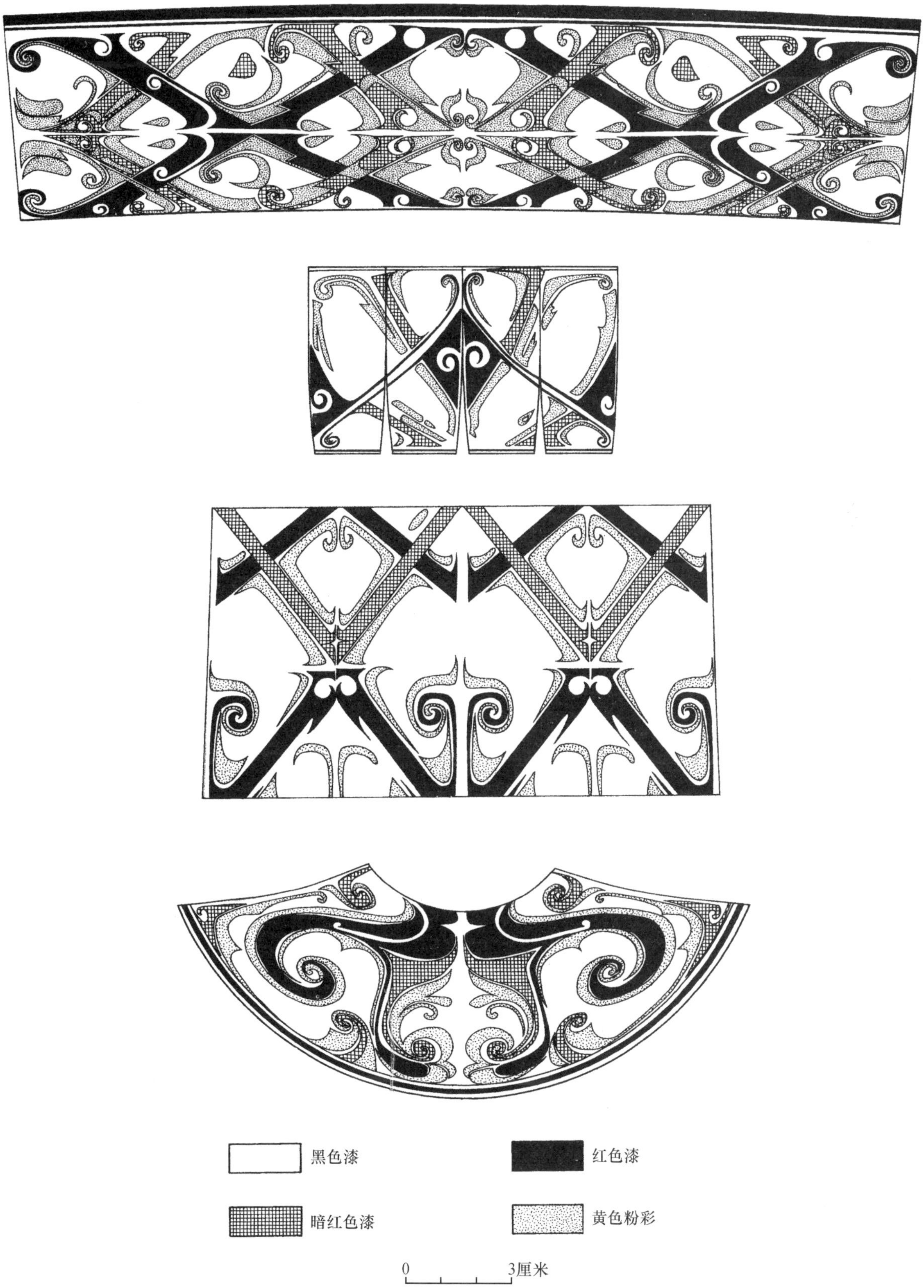

图五一 漆木礼器——豆纹饰展示图

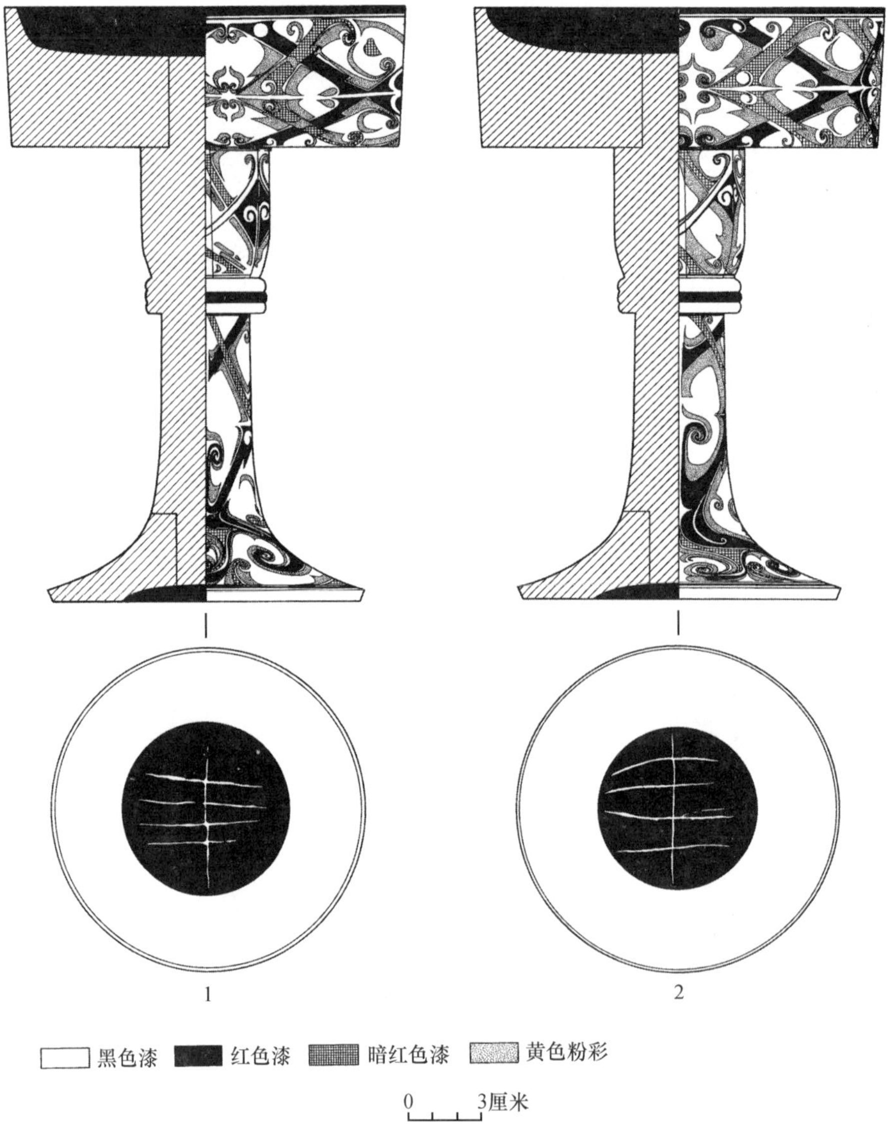

图五二　漆木礼器——豆

1. T∶4　2. T∶43

表五　一号墓漆豆登记表

器号	盘径	座径	通高	备注
T∶4	17	13.2	24.3	底部凹坑内刻三横一竖“丰”符号
T∶5	16.8	13.2	24.2	
T∶6	16.9	13.2	24.2	
T∶43	17	13.4	24.1	底部凹坑内刻三横一竖“丰”符号
T∶52	17	13	24.2	底部凹坑内刻三横一竖“丰”符号
T∶53	17	13.2	24.2	
T∶54	16.9	13.2	24.3	
T∶55	16.8	13.2	24.2	

图五三　漆木礼器——豆（T：52）

1. 豆　2. 豆纹饰全图

（二）乐器

仅漆瑟1件。

瑟　1件。B：31，立于边箱东北侧（图版二七，1），呈长方盒形，由面板、底板和首部挡板组成。面板为一整木雕凿而成，微弧，中间厚1.5、两侧厚2厘米。首端有一条首岳山，尾端有三条尾岳山。首岳山和尾岳山是先凿凹槽，然后嵌入略高于面板的弧形木条。首岳山与尾岳山的外侧各有25个弦孔，其中内外岳山各9孔，中岳山7孔。尾岳山外侧等距离排列四个系弦的木枘，木枘顶为圆形，其上浮雕涡纹和六瓣柿蒂纹。弦枘柱为方形，下部砍成楔形，嵌入面板相应的卯眼中，上部中棱削边，便于系弦，其上残留有弦（图版二七，3）。首端挡板长条形，嵌入瑟腔内，为了便于黏接，在弧顶上刻划棱形网格。底部有两个圆形穿孔，与底板穿

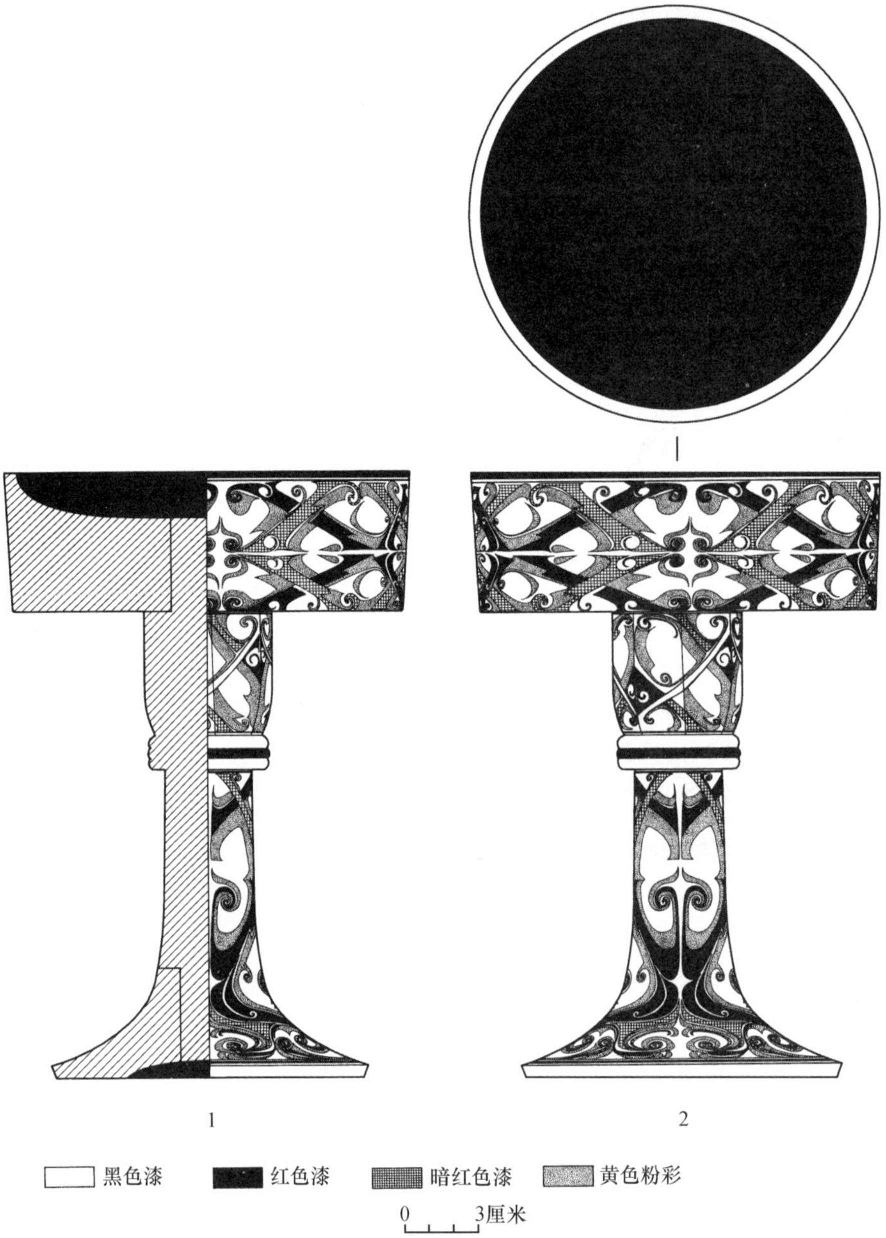

图五四　漆木礼器——豆（T：5）
1. 豆　2. 豆纹饰全图

孔相对，用签暗榫连接。挡板长40.4、高3.8～5.3、厚2.6厘米。首端方形直角，尾端弧形，底板两端正中各有一越，首越长方形圆角。长6.12、宽3.48厘米。外侧有一弧形凹缺。尾越呈半弧形，长6.12、宽4.2厘米。尾越外侧嵌一过弦板，中部有三个弧形凹。过弦板长13.8、宽3、厚1.7厘米。首尾岳山外侧和过弦板上皆有丝弦压痕（图版四六，2），应为实用器。全器首尾两端髹黑漆，首岳一端髹漆宽10.1厘米，尾岳一端髹漆宽7厘米，隐间部分光素。长102、宽42.6、高12.4厘米（图五六；图版四六，1）。

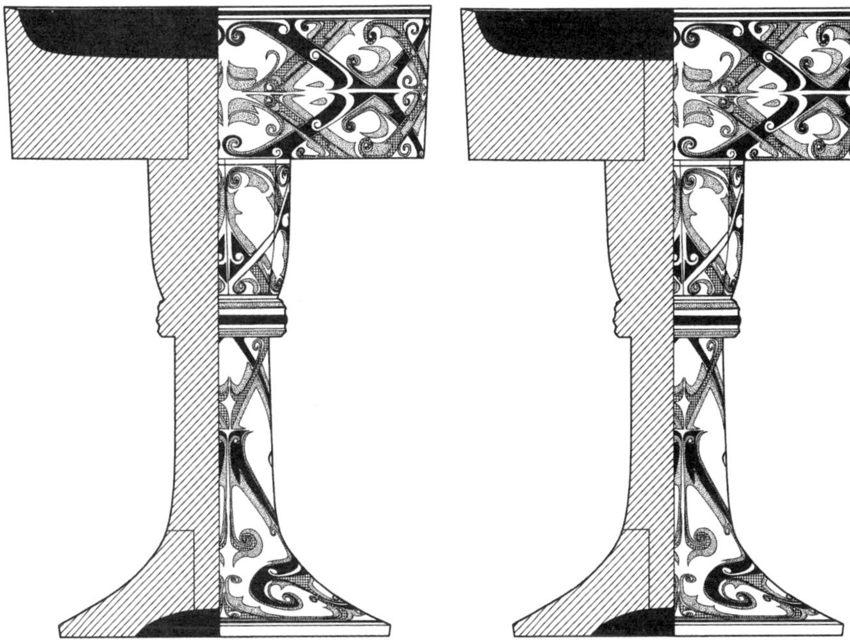

图五五 漆木礼器——豆

1. T：54 2. T：55

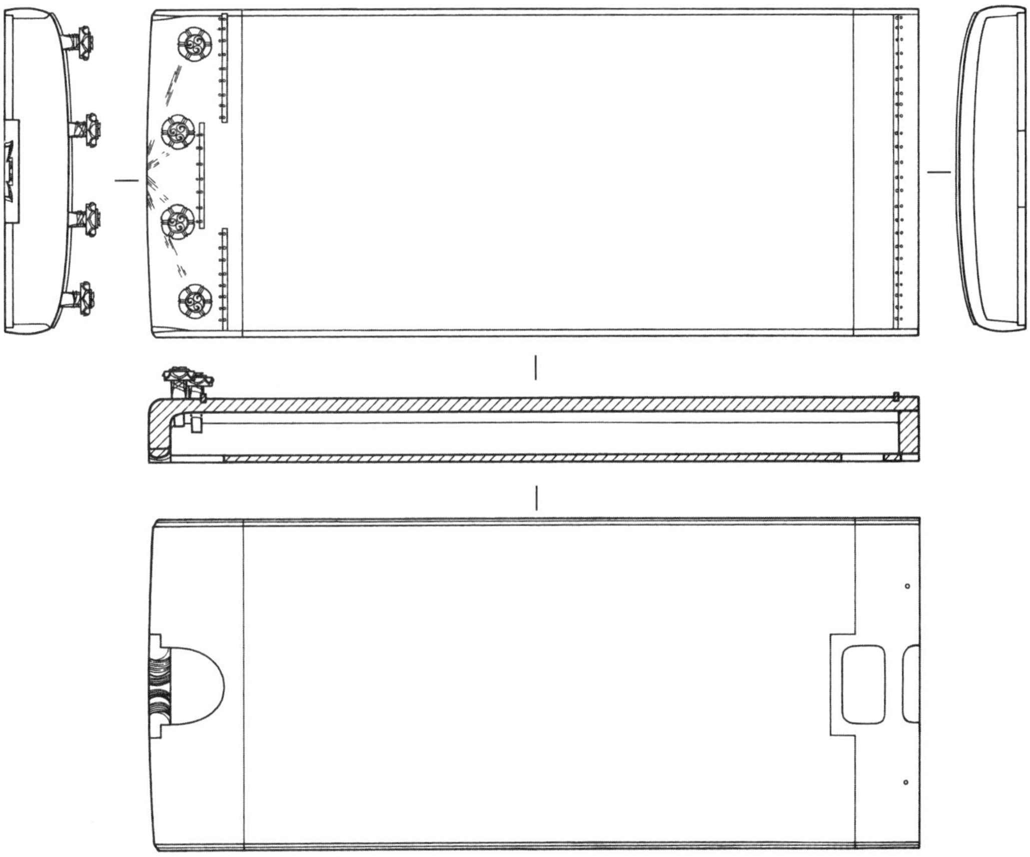

图五六 漆木乐器——瑟（B：31）

弦柱　16件，属于瑟的组成部分。大小不一，部分残缺不全，素色，顶端有弦凹，底部呈弧三角形或弧形（图版四六，3）。根据其形制分二型。

A型　14件。三角形。分二亚型。

Aa型　9件。折边。B：31-1，素色。三角形，顶端有弦凹，底部有弧形凹。长3.4、高2.5、底厚1.1厘米（图五七，1）。B：31-4，长3、高2.1、底厚1.1厘米（图五七，2）。B：31-12，长2.1、高1.6、底厚0.7厘米（图五七，3）。

Ab型　4件。弧边。B：31-2，长3.3、高2.4、底厚0.95厘米（图五七，4）。B：31-3，长3、高2.1、底厚0.65厘米（图五七，5）。B：31-8，长2.2、高1.4、底厚0.9厘米（图五七，6）。B：31-7，长2.4、高1.6、底厚0.8厘米（图五七，7）。

B型　2件。横三角形。B：31-14，顶端有弦凹，底部有弧形凹。残长4.3、残高1.5、底厚1.4厘米（图五七，8）。B：31-13，残长3.3、残高1.25、底厚1.4厘米（图五七，9）。

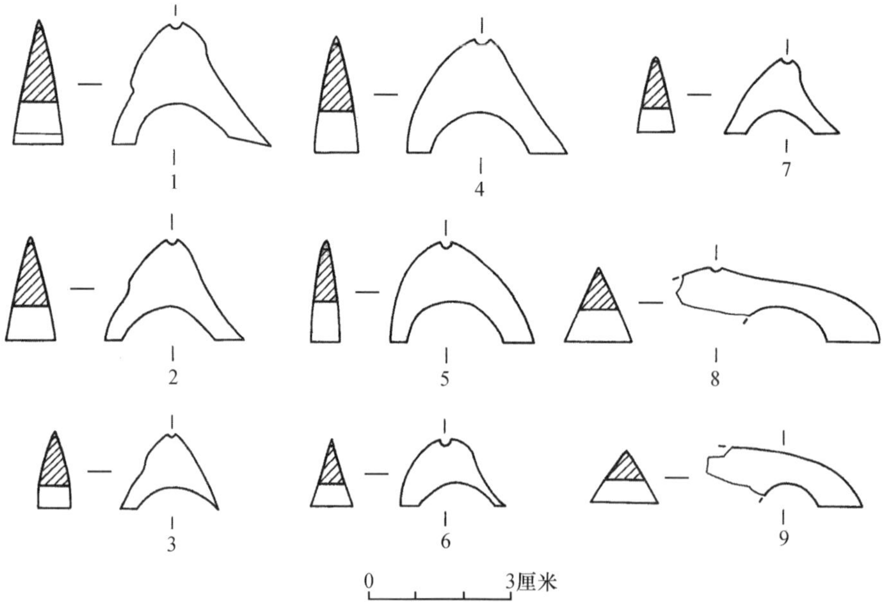

图五七　漆木乐器——弦柱

1～3. Aa型（B：31-1、B：31-4、B：31-12）　4～7. Ab型（B：31-2、B：31-3、B：31-8、B：31-7）
8、9. B型（B：31-14、B：31-13）

（三）兵器

共6件。均出自边箱。器形有矢箙、剑盒、剑鞘、弓等。

矢箙　2件。分二型。

A型　1件。彩绘。B：17，由箙座、前后壁板及左右挡板组成。箙座及前后壁板木质，左右挡板竹质。矢箙呈倒梯形。可分上下两部分：上部由前后壁板及左右挡板组成框形，口呈凹形。前壁板较窄，横于箙口以下20.6厘米处，其主要作用应是挡住箭杆滑脱。长26.3、宽3.8厘米。后壁板较长，为上宽下窄的倒梯形，与左右挡板顶部平齐。长20.6、宽26～28.3、厚0.6厘米。下部由箙座、前后壁板及左右挡板组成，呈扁盒形，中空，镞插入其中。箙座长方形圆

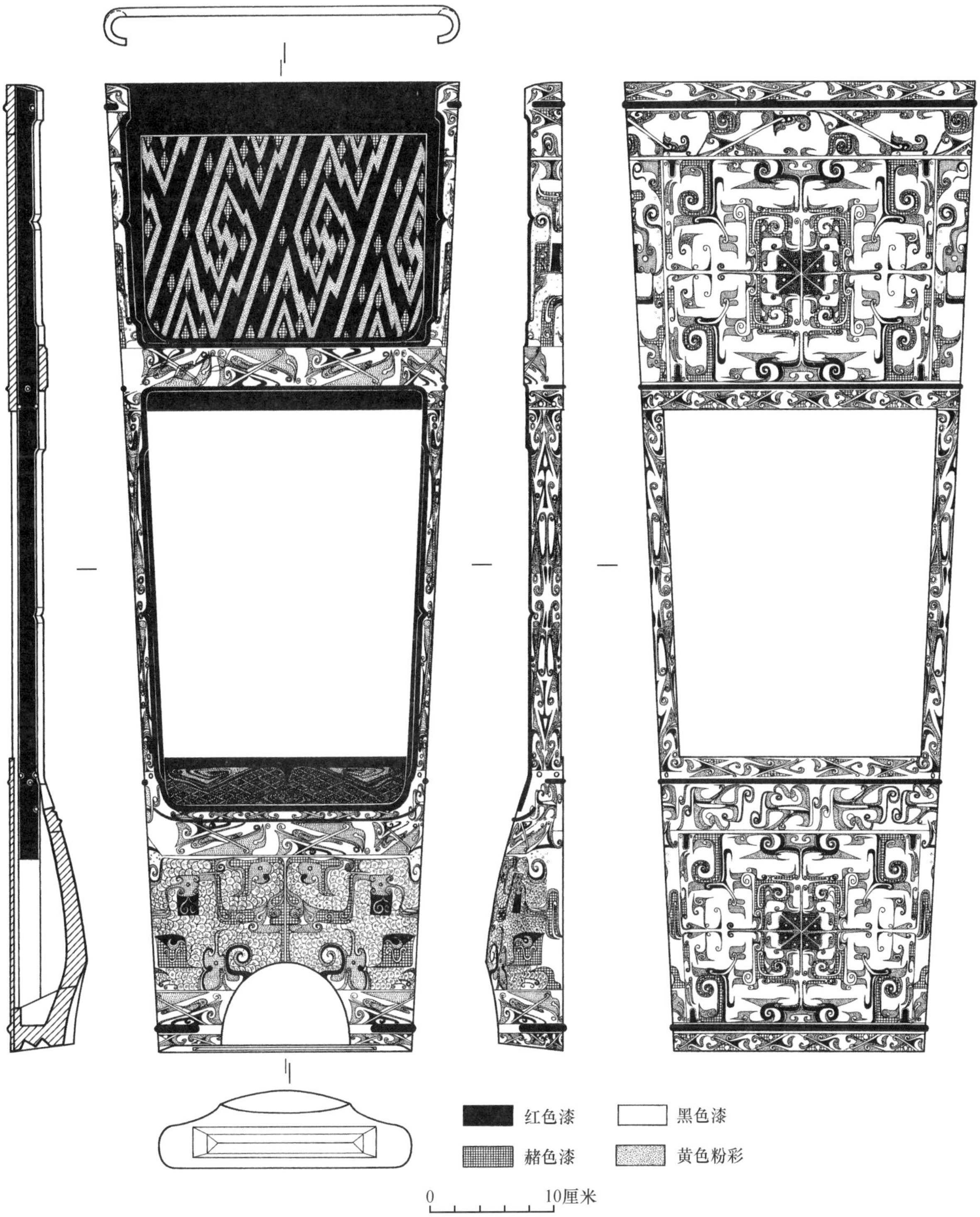

图五八　漆木兵器——A型矢箙（B：17）

角，外侧微弧，内侧平直，内侧凿有凹槽，凹槽长18.3、宽2～2.6、深2～2.5厘米。底面凿成“山”字形槽，两端呈半圆形，中部有一方形凸榫，与左右挡板下端的方形榫相扣。口呈凹弧形，前壁板短，外侧弧面，下端和箙座正中凿有一半圆形内凹，口部加有一块凹弧形沿板。后壁板长，平口，直面。前后壁板两侧均凿有“L”形凹槽。左右挡板为整段竹筒劈成两半，截面为半圆形，口部平边，侧边与前后壁板连接处为斜面，前后壁板“L”形边槽与左右挡板相扣接，用生漆黏接。矢箙中部无前后壁板。前后壁板上下两端各铺有一层宽5～6厘米的麻布，麻布从前后壁板外侧缠绕到左右挡板上，用生漆黏接，然后在距前后壁板边缘1.5厘米处用丝绳（或皮筋）以前后壁板外侧缠绕半周，丝绳（或皮筋）两头分别穿入左右挡板的圆孔内固定。通体髹黑漆，在黑地漆上用红、赭色漆及黄彩饰纹。面板饰左右对称的三凤相蟠纹与云纹，挡板、侧边板上绘三角形卷云纹，口内侧（背壁板内侧）在黑底漆上用红漆及黄彩绘左右对称菱形纹，下部绘三角形云纹和由点纹组成网状三角形云纹。背面的上下板中部绘四分变形凤鸟纹，四周绘变形凤鸟纹，左右侧绘云纹，上下绘三角形卷云纹。通长76.6、宽21.3～28.3、厚3～6.3厘米（图五八；彩版二四；图版四七，1、2）。从矢箙结构分析推测，箭应是从矢箙中部的缺口中取出，先将箭向上送至一定高度，再将箭向下抽出即可。

B型　1件。素面。B：2，残。由箙座、前后壁板及左右挡板组成。箙座及前后壁板木质，左右挡板竹质。矢箙呈倒梯形。可分上下两部分：上部仅发现后壁板及一侧挡板，口呈凹形。长23、宽3.2厘米。下部由箙座、前后壁板及左右挡板组成，呈扁盒形，中空，镞插入其中。箙座长方形圆角，外侧平直，内上侧凿有三角形凹槽。座长17.6、宽3.2、厚1厘米。左右挡板为整段竹筒劈成两半，截面为半圆形，口部平边，与前后壁板连接处为斜边，前后壁板斜边与左右挡板相扣接，用生漆黏接。前后壁板上下各铺有一层宽5～6厘米的麻布，麻布从前后壁板外侧缠绕到左右挡板上，用生漆黏接，然后在距前后壁板边缘1.5厘米处用丝绳以前后壁板外侧缠绕半周，丝绳两头分别穿入左右挡板的圆孔内固定。通体髹黑漆，素面。通长71.2、宽17.6～23厘米（图五九）。由于该矢箙挡板甚残，

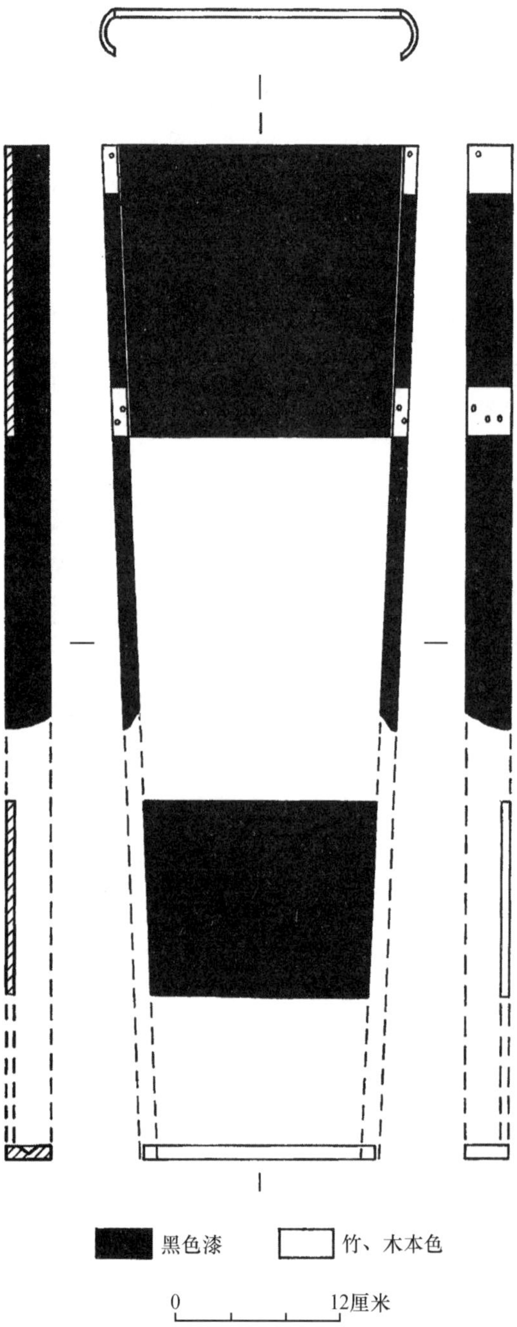

图五九　漆木兵器——B型矢箙（B：2）

上部不见横隔板条，与彩绘矢箙的结构有所不同，其形制与包山二号墓[①]和左冢一号墓[②]中的矢箙相似。

剑盒　1件。T：8，由盖和器身扣合而成。整器呈长方形，器身由一块整木挖凿而成。直口，直壁，平底，子母口上承盖，盖顶隆起，中央有一长条形凹槽，内嵌凸形纽已脱落。盒身与盖的中部在大小方格内浮雕涡纹。长74、宽9.6、残高11.6厘米（图六〇，1；图版四六，4）。

剑鞘　1件。T：46，现存半边，因干燥收缩稍有变形。长条形，鞘口端稍宽，截面为菱形，末端略窄，截面扁圆形。通身光素，鞘口涂红彩。长21、宽1.7厘米（图六〇，2）。

木弓　2件。B：71，长条形，截面外弧形。由三块木片组成，即左右各一块，中部外侧内凹，凹槽内另加一块，现已脱落。两端侧边内收，两端各有一个透穿的小圆孔，两端外侧各凿一缺口，缺口与穿以系弦。通身髹黑漆。素面。复原长126.4、宽3.2、厚1.6厘米（图六〇，3）。B：79，通身髹黑漆。素面。通长126.4、宽3.2、厚1.6厘米（图六〇，4）。

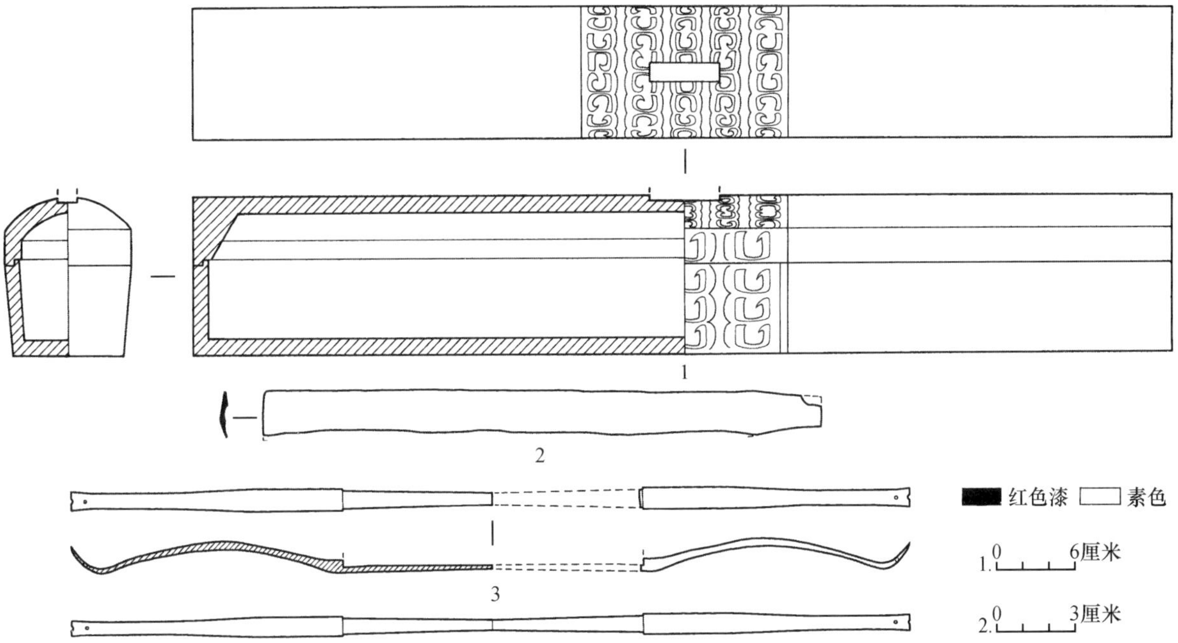

图六〇　漆木兵器——剑盒、剑鞘、弓

1. 剑盒（T：8）　2. 剑鞘（T：46）　3、4. 木弓（B：71、B：79）

① 湖北省荆沙铁路考古队：《荆门包山楚墓》，文物出版社，1991年，第212页。

② 湖北省文物考古研究所等：《荆门左冢楚墓》，文物出版社，2006年，第91页。

（四）车马器

共18件。器形有伞、车耳、櫜、车构件等。

伞　3件。均出自边箱，成束状放置，未发现伞面痕迹。伞由盖斗、盖弓和柄三部分榫卯结合。B：73，盖斗圆盘形，直径14.4厘米，周边凿有20个长方形卯眼，内安插盖弓。盖弓呈斜弧形，截面椭圆形，现存盖弓19根，距盖弓顶端49.6厘米处有一直径0.3厘米的透穿小圆孔，末端安铜质盖弓帽（图六一，1）。盖弓长148.8厘米。柄圆柱形，柄长176.8、直径4.8厘米，由上下两段套接，上端圆锥形榫头与下端圆锥形卯眼套接（图六一，4）。锥形卯眼挖制掏空，为了便于掏柄内部卯孔，距口6厘米处的外壁上还凿有一长条形穿孔，孔长10.6、宽1.2厘米。接榫处上下用铜箍加固，上节铜箍上部有一道凸棱，其上有三道瓦棱，铜箍上部卯眼用麻

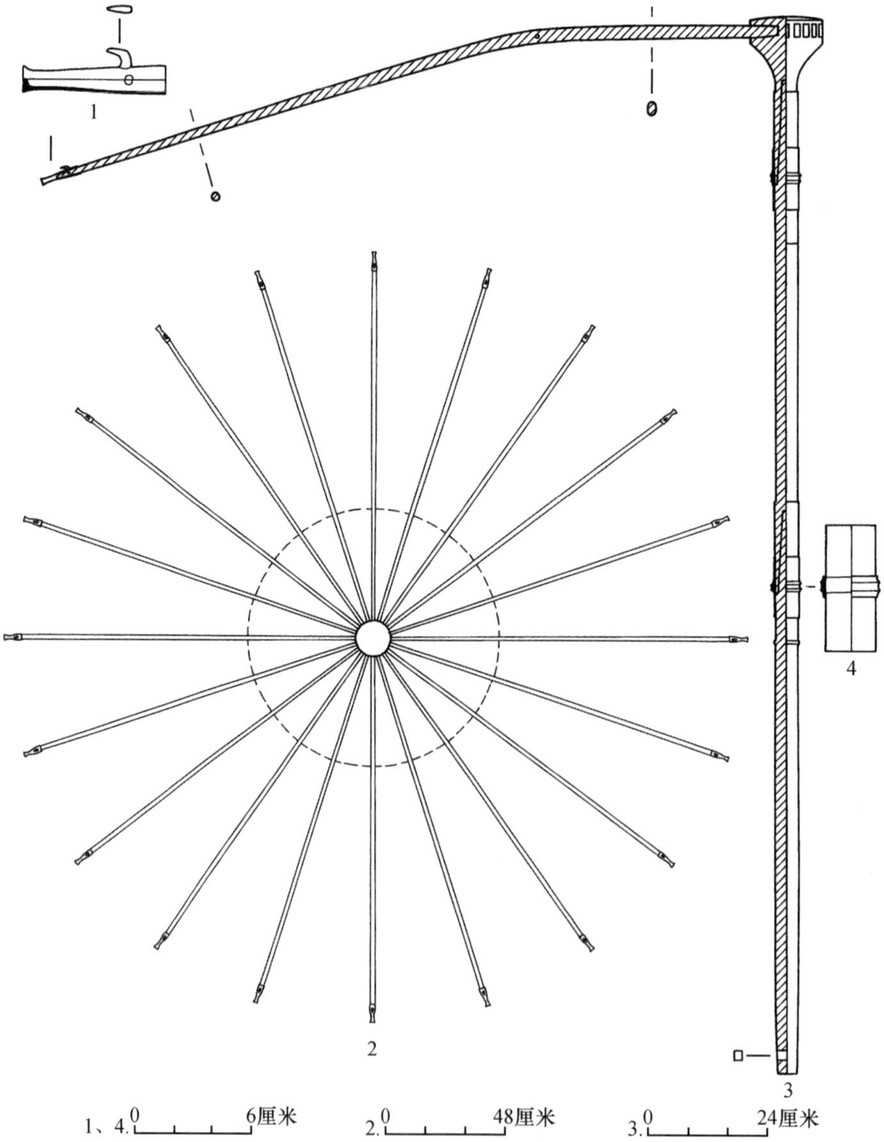

图六一　漆木车马器——伞（B：73）

1. 铜盖弓帽　2. 伞俯视图　3. 伞正剖视图　4. 铜套管

布缠绕加固，柄末端凿有一长方形透穿孔，长1.8、宽1.6厘米。通身髹黑漆。通高206.6、盖径300.8厘米（图六一；图版四八，1）。B：21，盖斗圆盘形，周边凿有二十个长方形卯眼，内安插盖弓。盖弓呈斜弧形，截面椭圆形，现存盖弓16根，距盖弓顶端35.2厘米处有一直径0.3厘米的透穿小圆孔，末端安铜质盖弓帽（图六二，2）。部分盖弓有5处修补痕迹，折损处用丝线缠绕加固，然后髹漆（图六二，6）。盖弓长110厘米。柄由上下两段圆木套接。柄圆柱形，直径4厘米，上端圆锥形榫头与上端圆锥形卯眼套接，锥形卯眼挖制掏空，为了便于掏柄内部卯孔，距口17厘米处的外壁上还凿有一长条形穿孔，孔长9、宽1～1.32厘米（图六二，5）。柄

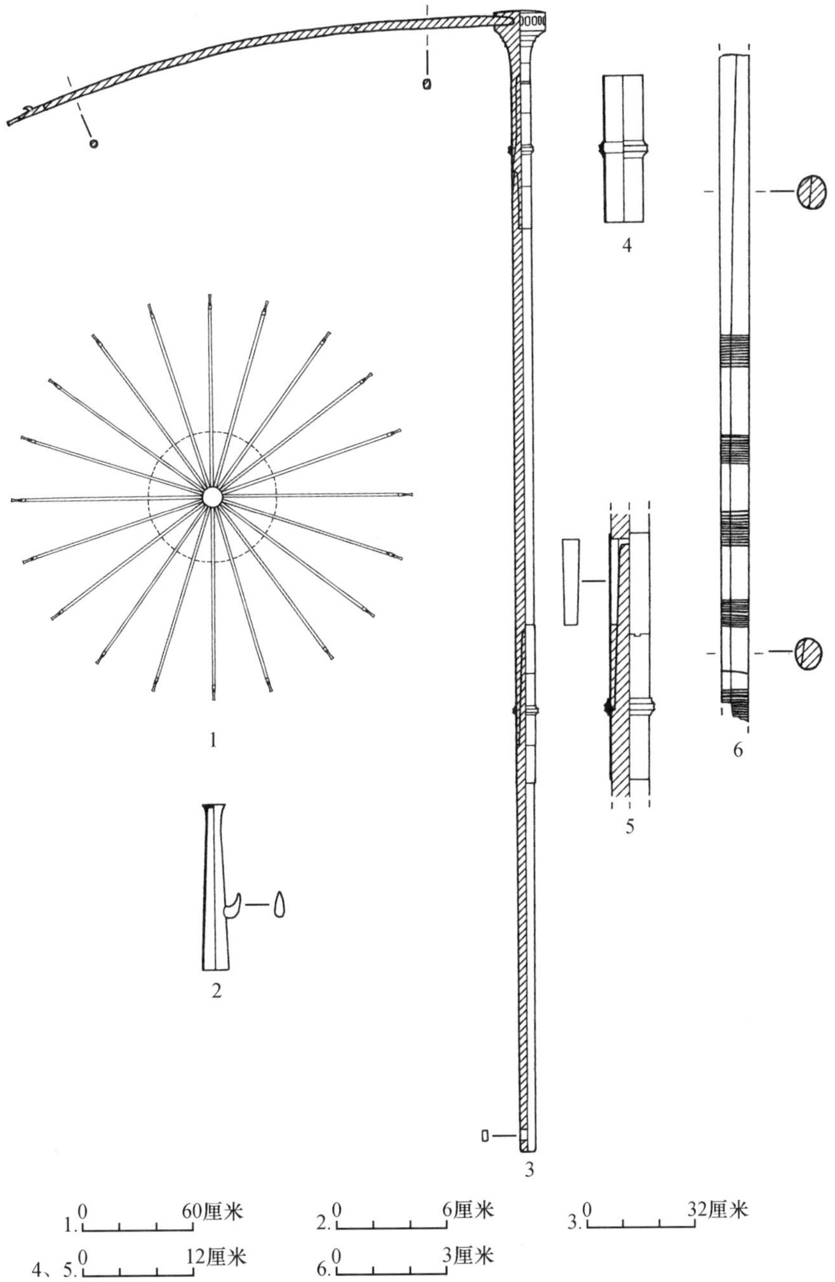

图六二　漆木车马器——伞（B：21）

1. 伞俯视图　2. 铜盖弓帽　3. 伞正剖视图　4. 上部铜套管　5. 中部铜套管　6. 盖弓加固示意图

与盖斗榫接采用凸凹形扁榫套接，接榫处上下用铜箍加固，上节铜箍上部有一道凸棱，其上有三道瓦棱，铜箍上部卯眼用麻布缠绕加固，柄末端凿有一长方形透穿孔，长2.4、宽1.2厘米。通身髹黑漆。通高244、盖径221.6厘米（图六二；图版四八，2）。

车耳　2件。出自边箱，出土时已散。B：23，平面呈半圆形（也有可能为“凹”形，因木条还原所致）。由边框、木桯和横木条榫卯、捆绑而成。边框由四段宽2、厚1.6厘米木条咬口和斜边扣合，用丝线缠绕固定，两端内侧凿有5个半透榫，中部不等距凿有17个透穿孔，孔内插木桯，木桯侧面似弓形，截面上平下弧形，上端方形榫与边框榫接，下端呈锥状弧形，应与铜壁插结合。木桯上有5 道木条压痕，与两端的5个半透榫对应，原应有5根横木条（图六三，1、3、4）。通身髹黑漆。由于车耳木条散开后变形，经过拼对其呈圆弧形，而本车马坑中并无圆形车舆，经分析，车耳因木条散开变形后还原成变形的木条状，与车耳本身的形状已不相符，经分析推测，对车耳结构进行了复原，一为半圆形。长254、宽167、高30厘米（图六三，2；图版四九，5）。二为凹字形。长190、宽94、高30厘米（图六四）。B：72，平面呈“凹”形，侧面呈喇叭状。边框由13段木条采用斜扣、交叉等方式扣接，用丝线缠绕固定（图六五，1～3、5）。截面呈长方形，宽1.5、厚1厘米。将边框煣成“凹”形，中间分布有19根木桯，两端木桯间距3厘米，中间15根木桯不等距分布。木桯侧面似弓形，截面上平下弧形，上端方形榫与边框榫眼相榫卯，下端半圆形榫头呈锥状，应与铜质壁插结合（该车耳与车马坑中的一号车车栏上的壁插完全吻合，应是该车的附件，可能因下葬时折下来放入椁室内随葬所致）。木桯上有8道横竹片，竹片煣成与边框相同，贴附在木桯上，交汇处用皮条交叉捆绑（图六五，4）。通身髹黑漆，素面。长196、宽128、高43厘米（图六五，6；图版五〇，1）。这

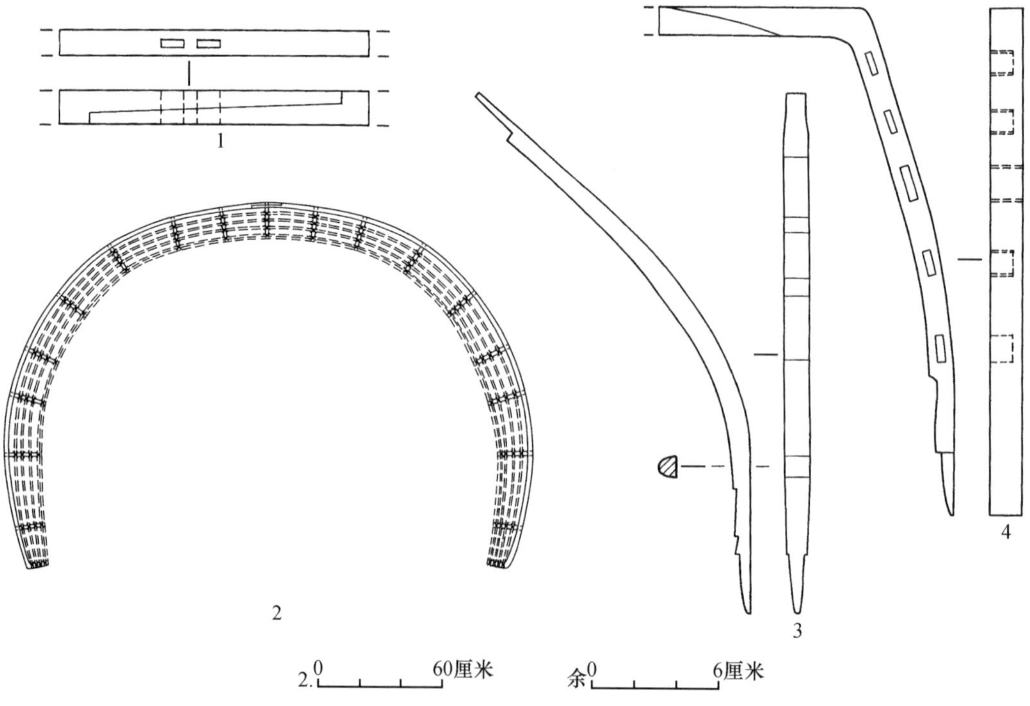

图六三　漆木车马器——车耳（B：23）

1. 车耳外框接头　2. 车耳出土情况　3. 车耳支桯　4. 车耳末端边桯

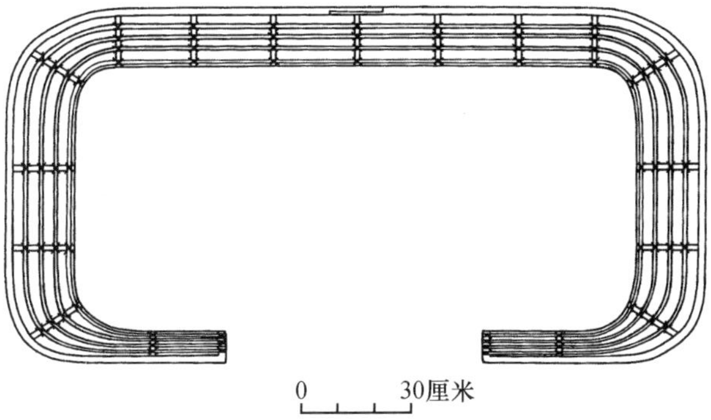

图六四 漆木车马器——车耳复原图（B：23）

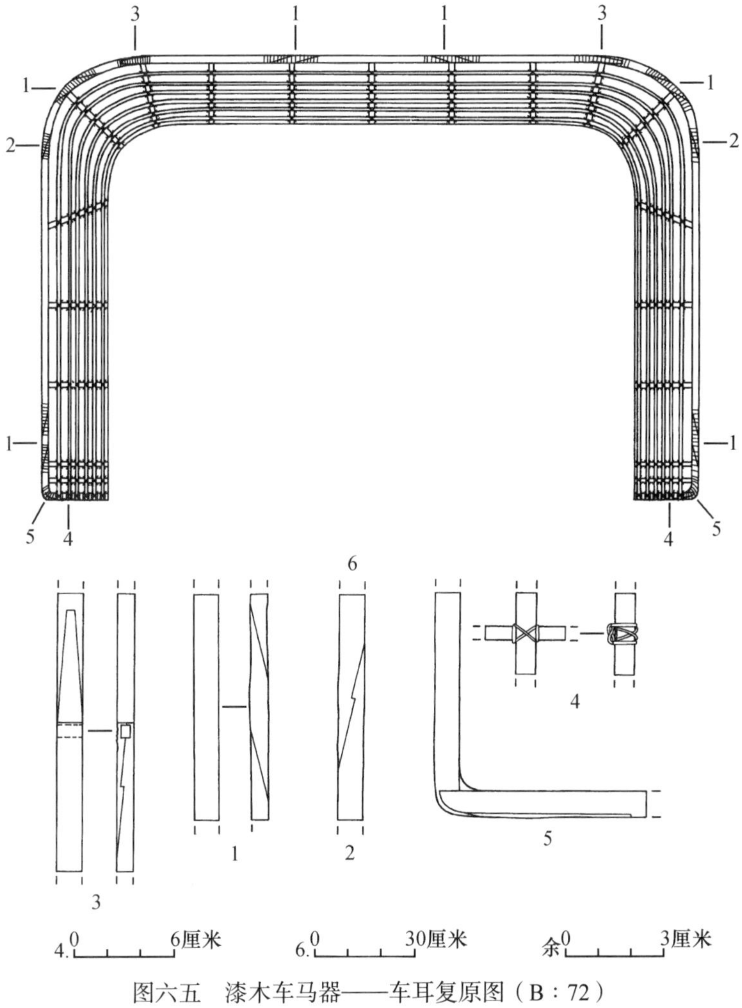

图六五 漆木车马器——车耳复原图（B：72）

1～3、5. 接合方式 4. 捆绑方式 6. 车耳

种车耳在荆门包山二号墓①、左冢一号墓②、枣阳九连墩③均有出土。

① 湖北省荆沙铁路考古队：《包山楚墓》，文物出版社，1991年，第229页。

② 湖北省文物考古研究所等：《荆门左冢楚墓》，文物出版社，2006年，第95页。

③ 湖北省文物考古研究所资料。

䡅　7件。均出自边箱，木质，斫制与挖制相结合制成。根据器形分三型（表六）。

表六　一号墓木䡅登记表

型别	器号	顶端径	底长	高	备注
Aa型	B：14	5.4	13.2	5.5	孔内残存竹签
	B：15	5.4	13.5	5.4	孔内残存竹签
Ab型	B：16	6	12.5	4.5	孔内残存竹签
	B：18	5.8	12.4	4.4	孔内残存竹签
B型	B：3		13.2	4.7	孔内竹签无存
	B：8		13.3	4.5	孔内竹签无存
	B：9		13.2	3.7	孔内残存竹签

A型　4件。靴形。分二亚型。

Aa型　2件。尖弧顶。B：14，前部尖弧顶，后部圆形平顶，其上钻有26个透穿小圆孔，孔内插竹签，外部残断，现仅存孔内部分，两侧下部各钻三个对称小圆孔。器表涂墨。顶端径5.4、底长13.2、高5.5厘米（图六六，1）。B：15，后部平顶上钻有29个透穿小圆孔。顶端径5.4、底长13.5、高5.4厘米（图六六，2；图版四八，3）。

Ab型　2件。圆弧顶。B：16，干燥收缩后稍变窄。前部尖弧顶，后部平顶圆形，其上钻有19个透穿小圆孔，孔内插竹签，外部残断，现仅存孔内部分，内空，两侧下部钻对称透穿小圆孔。器表涂墨。顶端径6、底长12.5、高4.5厘米（图六六，3；图版四八，4）。B：18，后部

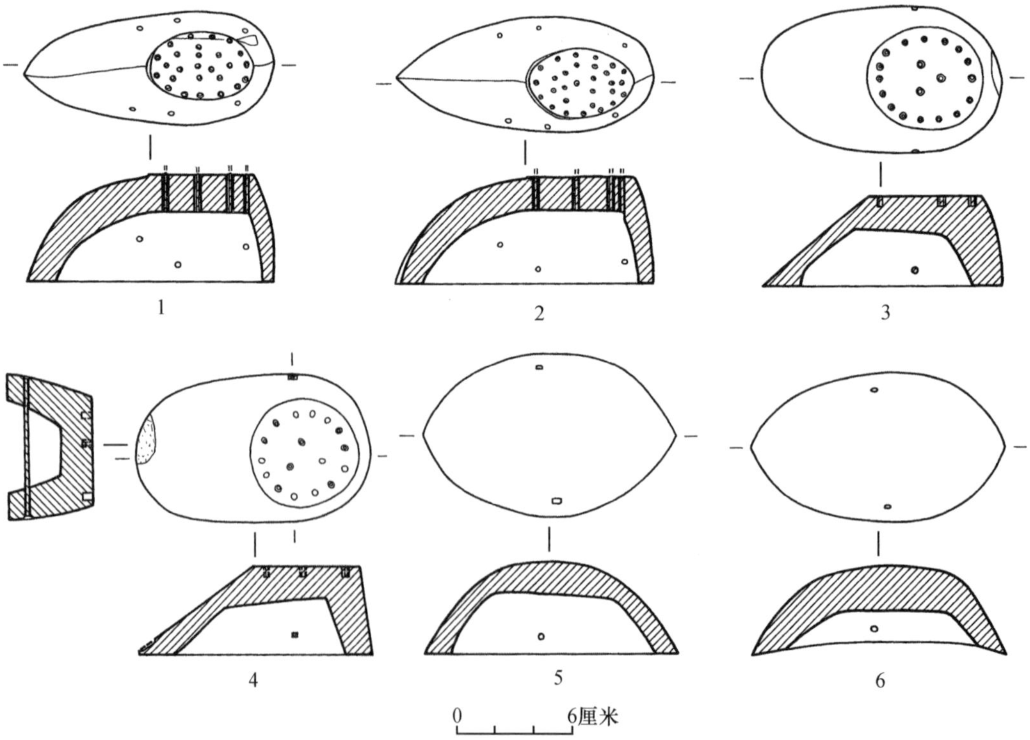

图六六　漆木车马器——䡅

1、2. Aa型（B：14、B：15）　3、4. Ab型（B：16、B：18）　5、6. B型（B：3、B：8）

平顶上钻有17个透穿小圆孔，孔内插竹签，外部残断，两侧下部钻对称透穿小方孔，孔内插竹片（图版一六，3），竹片类似簪，起固定作用。器表涂墨。顶端径5.8、底长12.4、高4.4厘米（图六六，4）。

B型　3件。蚌形。B：3，平面椭圆形，尖弧顶，内空。两侧下部钻对称透穿小圆孔。通身涂墨。长13.2、高4.7厘米（图六六，5；图版四九，1）。B：8，长13.3、高4.5厘米（图六六，6；图版四九，2）。

车构件　6件。B：87，长条形，中部略粗，四棱形弧背，两端凸起，内侧有捆扎痕迹，中间底部呈拱形内凹，底略内凹。通身涂墨。长35.6、宽2～2.3、高1.2厘米（图六七，1）。B：88，中间底部微凹。长33.4、宽2.6、高1.4厘米（图六七，2；图版四九，3）。B：32，中间底部呈拱形内凹。长31.4、宽1.7～2、高2厘米（图六七，3；图版四九，4）。

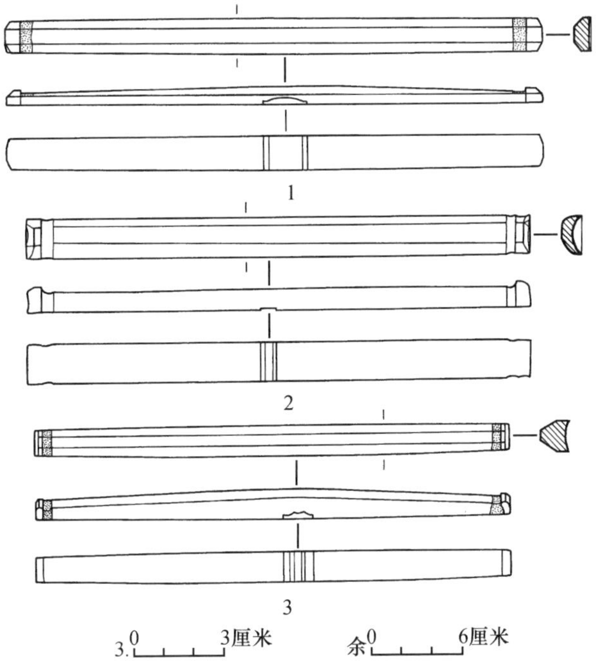

图六七　漆木车马器——车构件

1. B：87　2. B：88　3. B：32

（五）生活用器

共42件。主要出自头箱、少数出自边箱。器形有盘、圆盒、长方形盒、酒具盒、耳杯、几、枕、奁、梳、篦、角状器、漆俑等。

盆　1件。B：1，内装一铜盆。由一整块横木板镟凿而成。侈口，平沿，方唇，折腹，平底微凹。器表髹黑漆，器内髹红漆，素面。器底四周磨损严重，应为实用器。口径48、底径29.5、高10.8厘米（图六八，1；彩版一一，2；图版四二，3）。

圆盒　1件。仅存部分盖顶。B：11，镟凿和雕刻合制。顶部隆起，浮雕目纹和心形纹。通身髹黑漆，用红漆绘云纹。残长25.2厘米（图六八，2）。

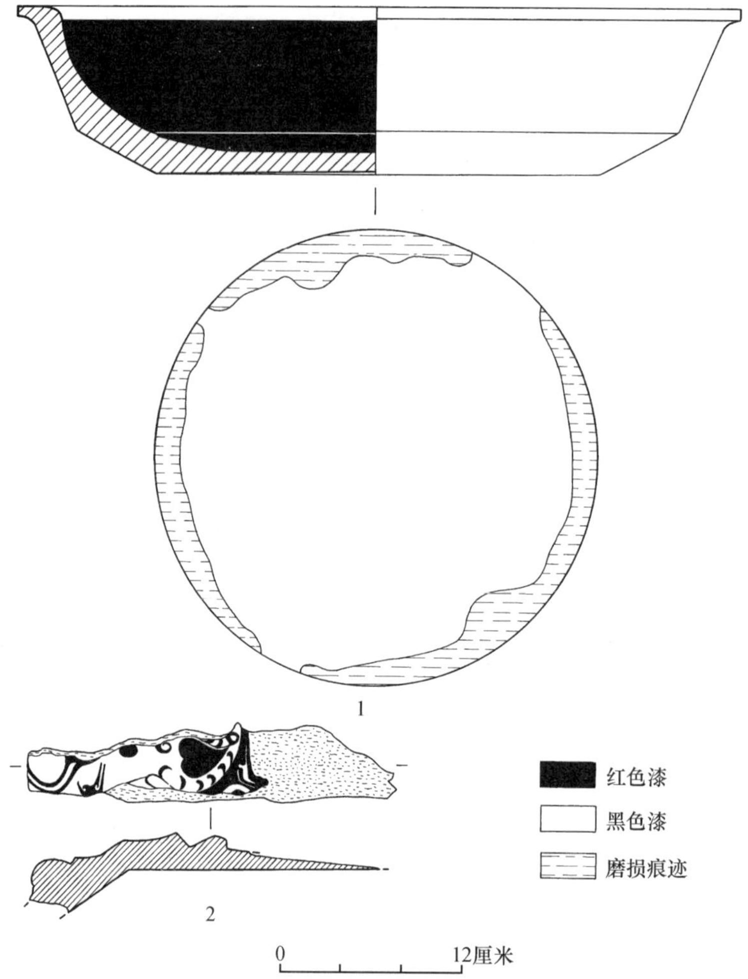

图六八　漆木生活用器——盆、圆盒
1. 盆（B：1）　2. 圆盒（B：11）

长方形盒　1件。T：72，由盖板、底板和挡板三部分黏接。底板由一块整木凿成凹形，加以盖板，挡板嵌入底板内，形成扁筒形盒。整器呈长方形，由盖、盒身套合而成，盖口一面长一面短，呈矩形，长6.8厘米。盒子母口，一面长一面短，与盖相套。盒长22.4厘米。通身髹黑漆，盒口内壁、盖内壁及口部涂红彩。通长23、宽4.2、厚1.8厘米（图六九）。该盒内装两根竹签，一端粗一端细，可能为笔杆。

酒具盒　2件。出自头箱。分二型。

A型　1件。猪形。T：41，盖被盗，现仅存器身。厚木胎，由一整木挖制、雕刻而成。整器作双首连体蹲伏状，腿部雕成螺旋状凸起。直口、深腹、圜底，四足雕成三爪。平面呈圆角长方形，两端各有一外凸握手，似猪嘴状，其上各有一方形销拴，以固定盖与器身。通身髹黑漆，用红、赭色漆和黄彩在黑漆地上绘纹。器两侧饰相背对称凤纹，凤作卷尾收翅，凤身饰凤羽纹、羽毛纹、卵点纹、勾连云纹，两凤之间饰树木花草纹及云纹。器身两侧四足的腿部，各饰龙凤纹，龙作盘旋状，凤首踞其中，尾卷于器足上，四爪前后飞舞，龙身饰凤羽纹。龙凤纹整体作腾云驾雾状。器四足的三爪用黄彩涂甲。根据腹内壁形状分析，应为矩形耳杯专用酒具盒。通长61.4、宽21.4、残高13厘米（图七〇；彩版一一，4；图版五〇，2）。

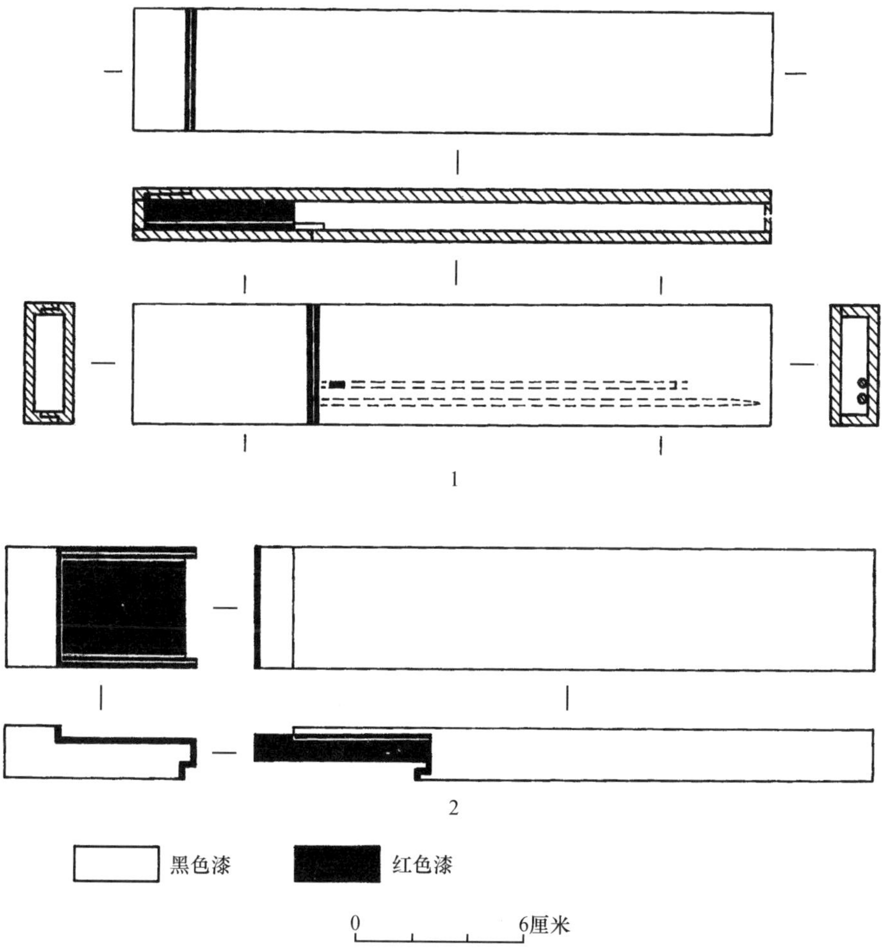

图六九 漆木生活用器——长方形盒（T：72）

1. 长方形盒 2. 长方形盒开启图

B型 1件。长方形。T：13，盖与器身分别用整木凿成。平面呈圆角长方形，两端各有一个方形凸握手。盖与器身子母口扣合，平顶，深腹，平底。盖、器身内均用两块横隔板等距离分隔成三格。器身在两侧格内再用纵隔板分隔，形成大小不等的五个格，其中一格内放置6个圆耳杯，耳杯侧身置于酒具盒内，其他格内无器物。盖内在一侧格内用纵隔板分隔，形成四格。通身髹黑漆，器内髹红漆。素面。通长55.6、宽19.6、高12.8厘米（图七一，1；彩版一二，1；图版五一）。

耳杯 16件（表七）。分二型。

A型 6件。矩形耳。均出自头箱。形制相同，大小有别，详见附表六。T：9，底部用红漆书“[illegible]”字。杯口长18.4、连耳宽15.6、通高6.8厘米（图七二，1）。T：10，底部用红漆书“[illegible]”字。杯口长18.4、连耳宽15.6、通高7.1厘米（图七二，2）。T：11，矩形耳，中部内凹，两端呈波浪状，耳上翘，椭圆形杯，弧壁，平底内凹。通身髹黑漆，耳面和口沿外侧用红漆绘菱形纹，耳侧绘左右对称涡纹。底部用红漆书“[illegible]”字。杯口长18.6、连耳宽15.5、通高7厘米（图七三，1；图版五二，1、2）。T：44，底部用红漆书“[illegible]”字。杯口长18.6、连耳宽

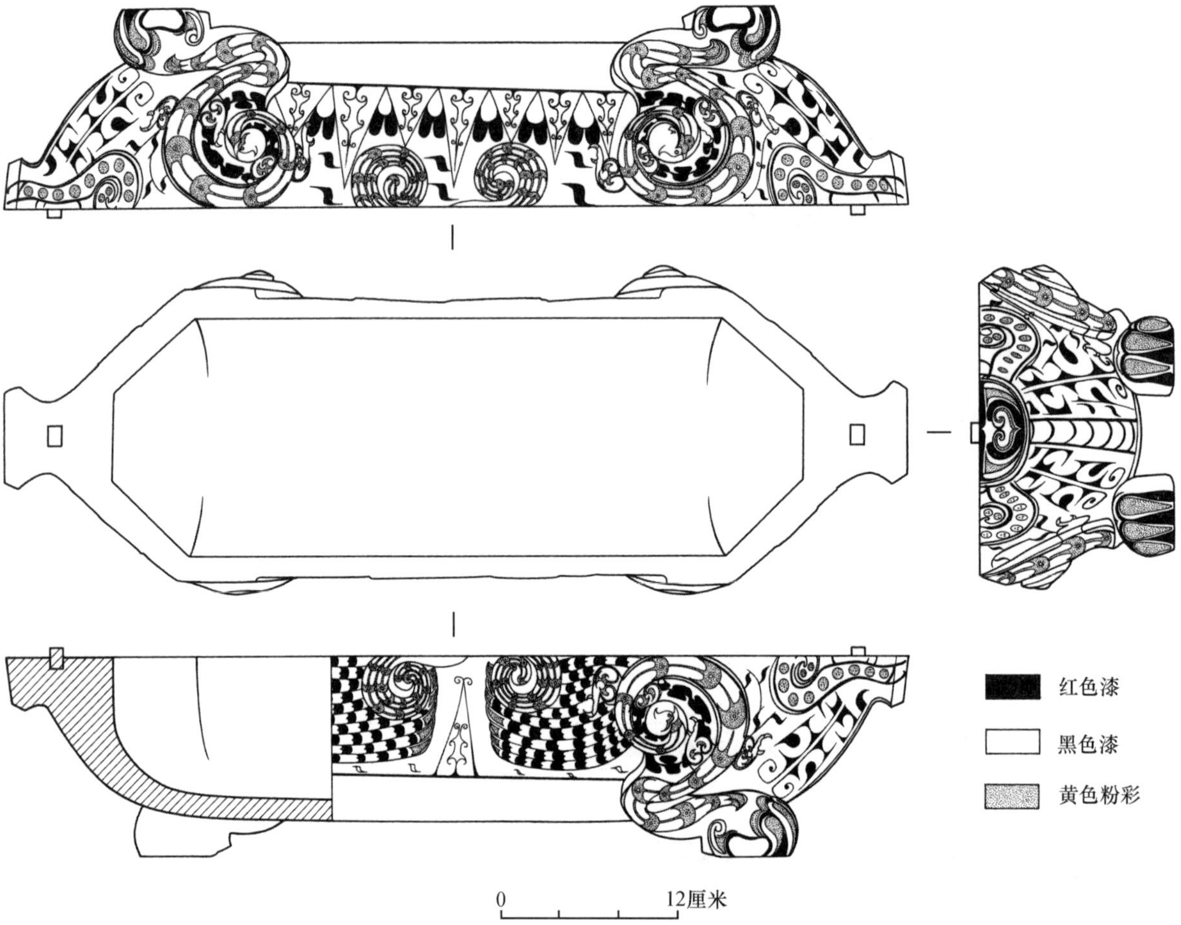

图七〇　漆木生活用器——A型漆酒具盒（T：41）

表七　一号墓漆耳杯登记表

型式	器号	口长	连耳宽	通高	备注
A型矩形耳	T：9	18.4	15.6	6.8	底椭圆形凹坑，红漆书"[illegible]"字
	T：10	18.5	10.9	6.9	底椭圆形凹坑，红漆书"[illegible]"字
	T：11	18.6	15.5	7	底椭圆形凹坑，红漆书"[illegible]"字
	T：44	18.6	15.6	7	底椭圆形凹坑，红漆书"[illegible]"字
	T：57	18.4	15.8	7.2	底椭圆形凹坑，红漆书"[illegible]"字
	T：58	18.6	15.6	7	底椭圆形凹坑，红漆书"[illegible]"字
Ba型圆弧形耳	T：23	16.2	13	4.9	底椭圆形凹坑，红漆书"[illegible]"残字
	T：49	16.6	12.2	5.5	底椭圆形凹坑，红漆书"[illegible]"字
	T：51	16.3	9.2	4.8	
	T：65	16.2	13	4.9	底椭圆形凹坑，红漆书"[illegible]"字
Bb型圆弧形耳	T：1	12.4	8.3	4.5	装于T：13号酒具盒内，底椭圆形凹坑涂红漆
	T：2	12.4	8.3	4.5	装于T：13号酒具盒内，底椭圆形凹坑涂红漆
	T：3	12.4	8.3	4.2	装于T：13号酒具盒内，底椭圆形凹坑涂红漆
	T：4	12.4	8.3	4.4	装于T：13号酒具盒内，底椭圆形凹坑涂红漆
	T：5	12.4	8.3	4.5	装于T：13号酒具盒内，底椭圆形凹坑涂红漆
	T：6	12.3	8.3	4.6	装于T：13号酒具盒内，底椭圆形凹坑涂红漆

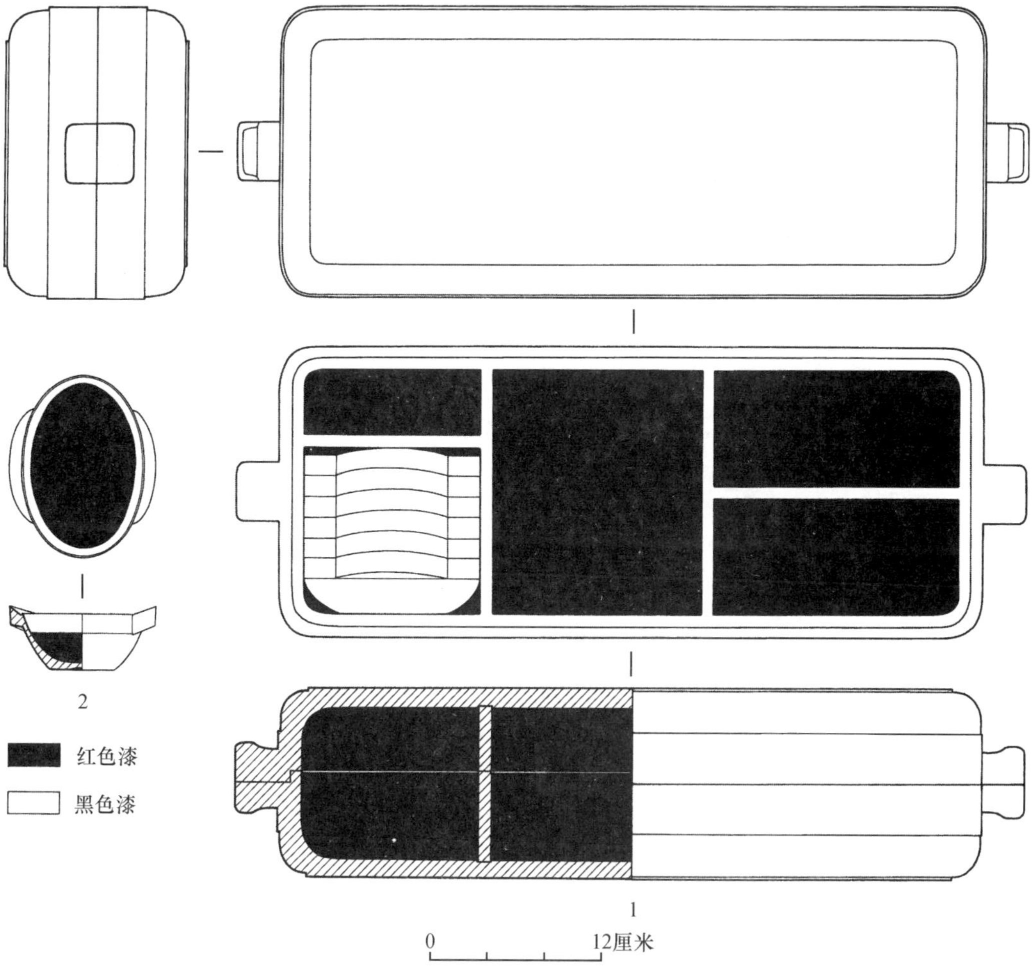

图七一 漆木生活用器——酒具盒、耳杯

1. B型酒具盒（T：13） 2. Bb型耳杯（T：13-1）

15.6、通高7厘米（图七三，2）。T：57，底部用红漆书“□”字。杯口长18.4、连耳宽15.8、通高7.2厘米（图七四，1；彩版二五；图版五三，1、2）。T：58，底部用红漆书“□”字。杯口长18.6、连耳宽15.6、通高7厘米（图七四，2；图版五四，1、2）。

B型 10件。圆弧形耳。形制相同，大小有别。根据形制变化，又分二亚型。

Ba型 4件。形体较大，胎较厚。出自头箱内。T：49，圆形耳两端上翘，椭圆形杯，弧壁，平底。通身髹黑漆。底部用红漆书“□”字。杯内残存有竹席（可能是竹筒碎片）。杯口长16.6、连耳宽12.2、高5.5厘米（图七五，1；彩版一二，3；图版五五，1、2）。T：65，底部用红漆书“□”字。杯口长16.2、连耳宽13、通高4.9厘米（图七五，2）。T：23，底部残存红漆书“□”字。复原口长16.2、连耳复原宽13、高4.9厘米（图七五，3）。T：51，底部无字。杯口长16.2、连耳宽13、通高5厘米（图七五，4）。

Bb型 6件。形体较小，胎较薄。侧装于T：13酒具盒一格内（彩版一二，1；图版五一）。形制、大小基本相同。耳微上翘，椭圆形杯，弧壁，平底，中部有一椭圆形凹坑，

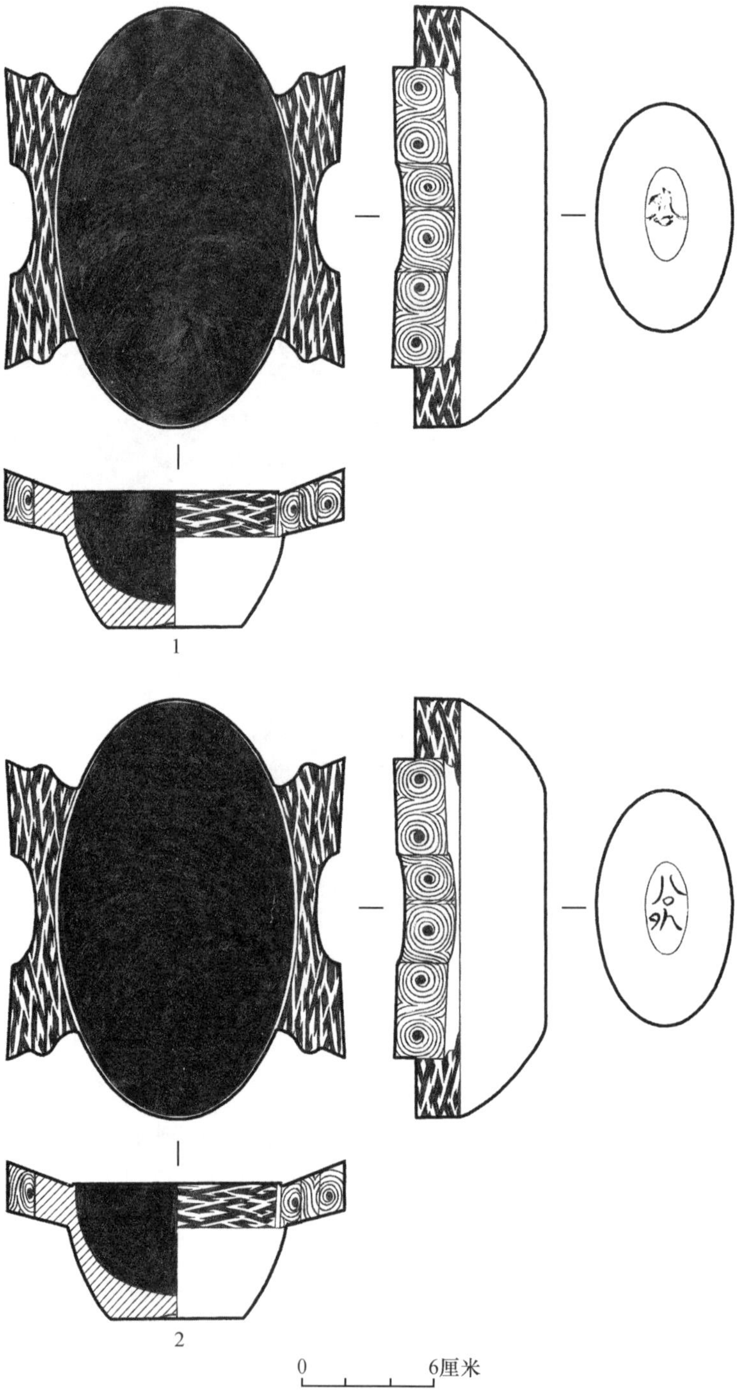

图七二　漆木生活用器——A型耳杯

1.T：9　2.T：10

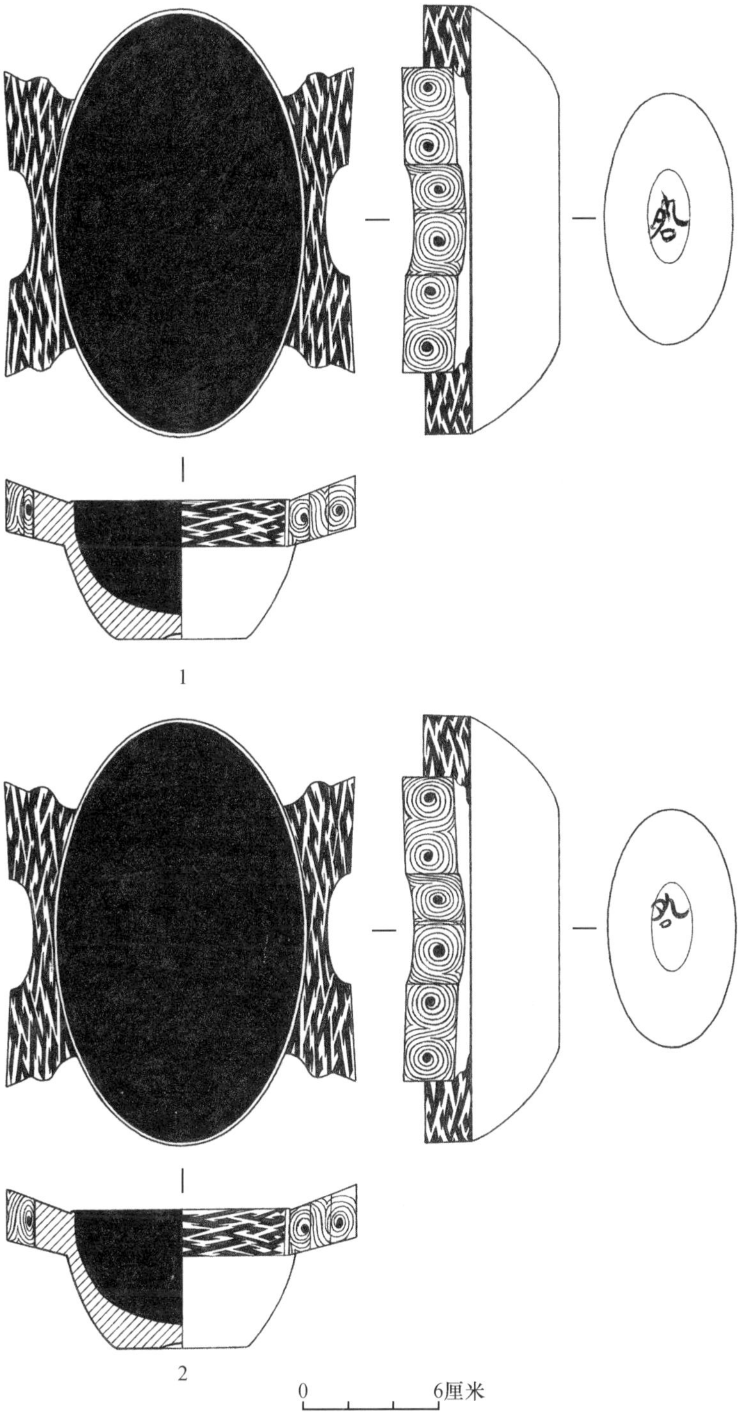

图七三　漆木生活用器——A型耳杯

1. T：11　2. T：44

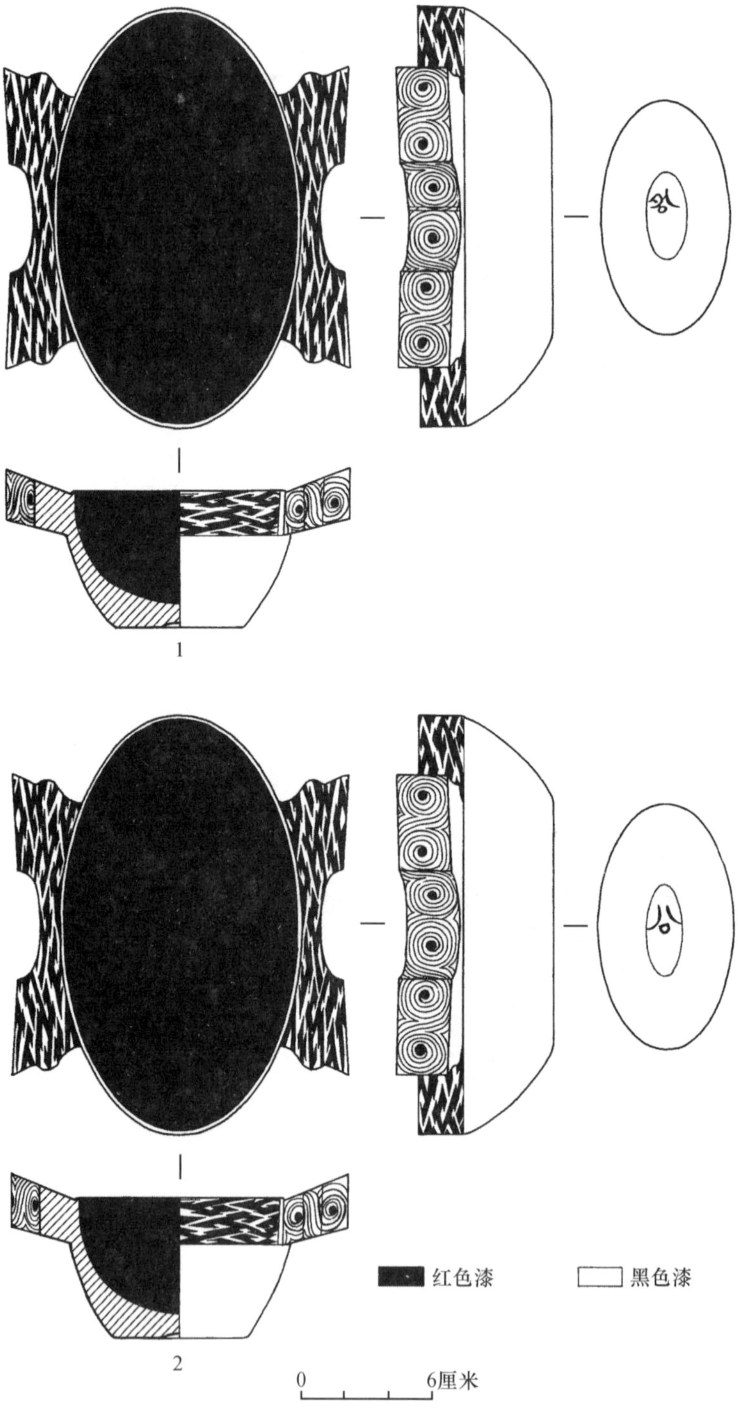

图七四　漆木生活用器——A型耳杯

1. T：57　2. T：58

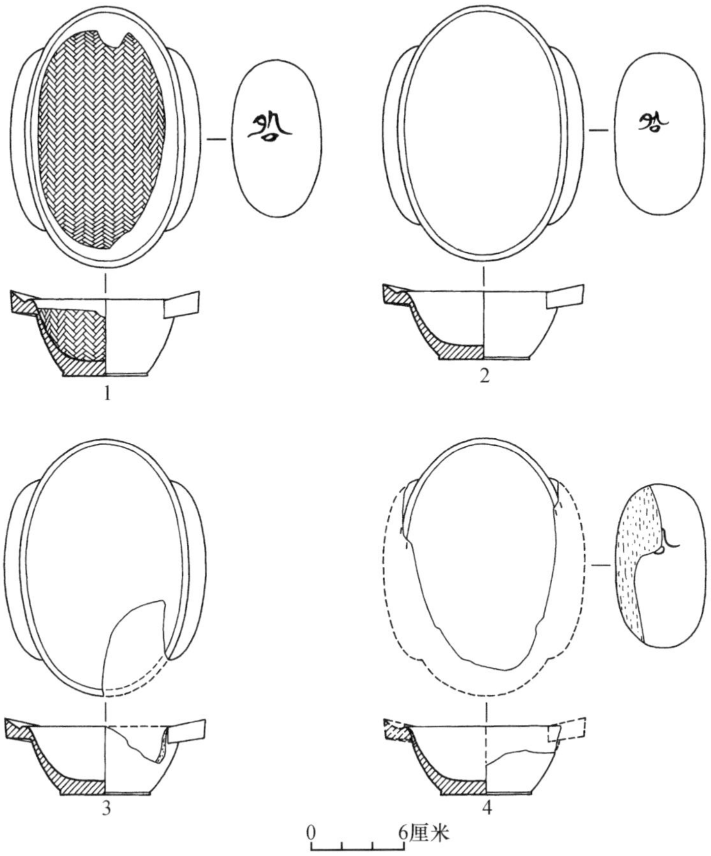

图七五　漆木生活用器——Ba型耳杯

1. T∶49　2. T∶65　3. T∶23　4. T∶51

坑内填红漆。通身髹黑漆，素面。T∶13-1，杯口长12.3、连耳宽10.3、通高4.3厘米（图七一，2）。

杯底的漆书的“□”字，可能是上从怨下从皿的异体字，古文字中有与这个相似的字，如“□”、“□”、“□”等。“公”字应读公，这些漆书文字应是指器物名。

几　2件。T∶56，木质。由面板、足桯、足座三部分榫卯而成。面板呈长条形，平面，直边，两端呈圆形，背面中部呈凸弧形突起，截面呈扁圆形，面板长83、宽11厘米。背板两头各凿五个半透榫眼，足桯截面呈扁圆形，高22厘米。足座长方形，长15.6、宽3.2、高4厘米，上部中间有三个半透榫，两侧两个为透穿榫，足桯两端的方形榫头与几面板和足座榫卯。通身髹黑漆，素面。通高30厘米（图七六，1；图版五六，3）。

几脚。T∶74，残。拱形，其上有凹形榫。通体光素。长19.6、高6.4、厚3.6厘米（图七六，2）。

枕　1件。较长，属于双人枕。枕架木质，髹黑漆，枕面竹质，光素。B∶50，长条形。由木枕架和枕面捆绑、黏接而成。枕架近“天”字形，下部为一人字形，顶部有一弧形顶，内侧两边有两根圆木桯与枕架方形透榫榫接，枕中部设有支架，枕架上端弧形，两端枕架内侧凿有宽2.5、深0.4厘米“L”形边槽，其上铺设8根竹片形成枕面，宽15.6厘米，枕面竹片两端凿

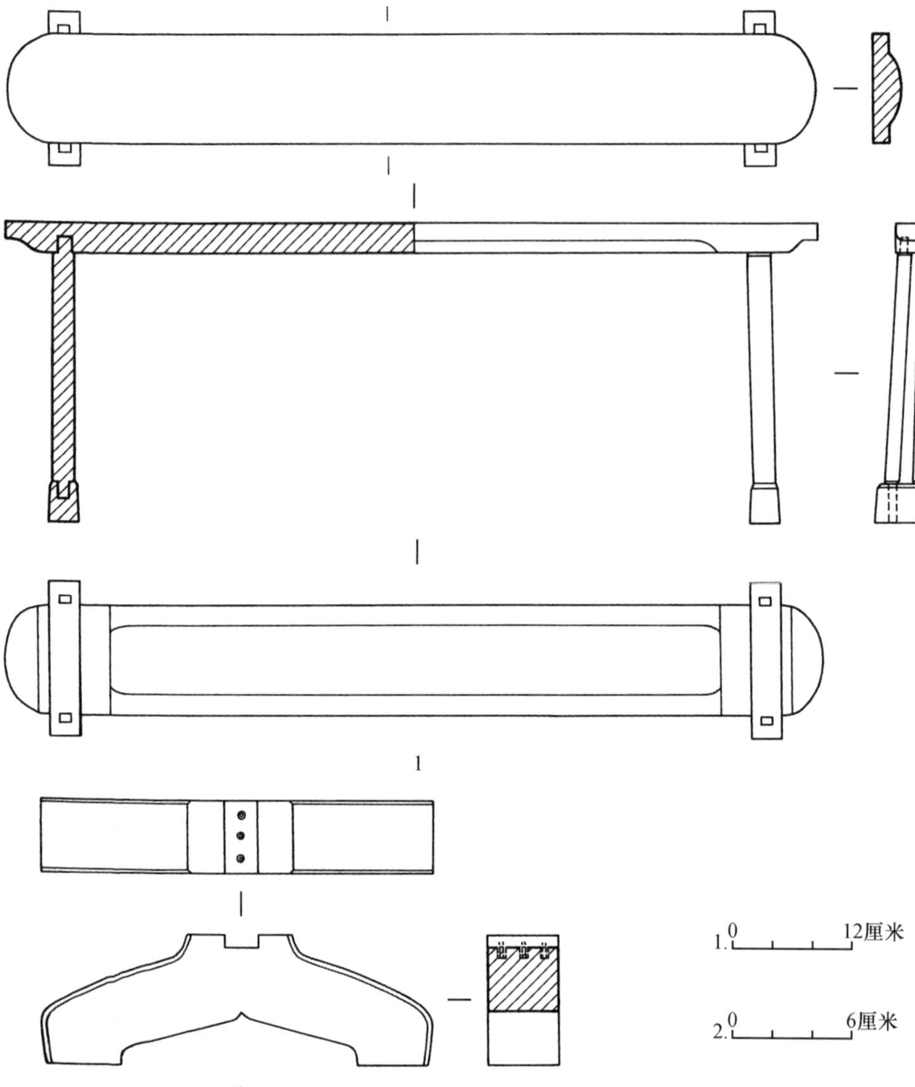

图七六　漆木生活用器——几
1. 几（T：56）　2. 几脚（T：74）

有浅槽，正中钻有透穿小圆孔，用丝绳与枕架两侧下部的两个透穿小圆孔固定。枕架外侧用宽0.3、厚0.1厘米的骨条嵌成几何形图案，骨条转折处切角对接，其下用生漆粘接。长101.6、宽17、高10.4厘米（图七七；图版五六，1、2）。

奁　1件。T：61，出土时收缩变形。身胎薄木胎，卷制；盖与底为厚木胎，斫制。圆筒形，由盖、身套合而成。盖平顶，直壁。高6厘米。器身子母口，直腹，平底。高7.4厘米。通身髹黑漆。素面。通高12.3、直径13.4厘米（图七八，1）。

梳　1件。T：63，整木挖、锯而成。弧背较厚，有三道瓦棱纹，自背至齿依次削薄，梳齿尖端平齐，纵截面呈倒三角形。齿14根。通体未髹漆。通高7.1、宽6、背厚1.5厘米（图七八，2；图版五六，4）。

篦　1件。T：64，整木挖、锯而成。弧背较厚，有三道瓦棱纹，自背至齿依次削薄，梳

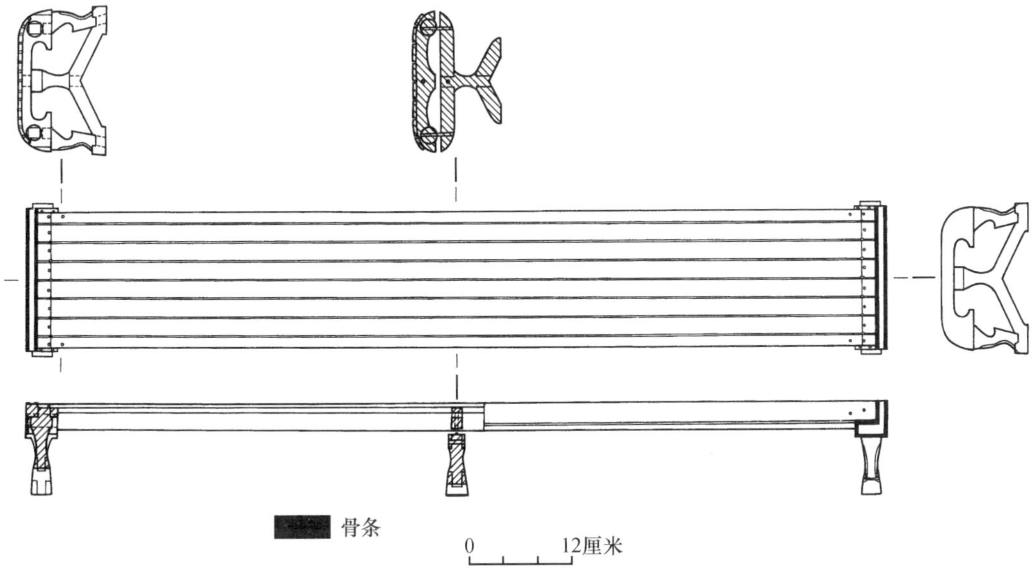

图七七 漆木生活用器——枕（B：50）

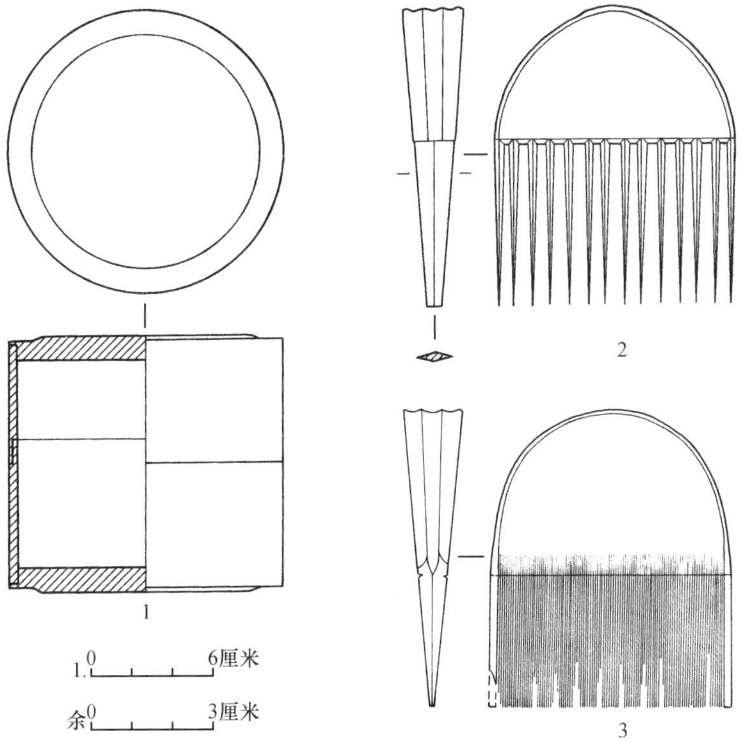

图七八 漆木生活用器——奁、梳、篦

1. 奁（T：61） 2. 梳（T：63） 3. 篦（T：64）

齿尖端平齐，纵截面呈倒三角形。齿80根。通体未髹漆。通长7.1、宽6.1、背厚1.5厘米（图七八，3；图版五六，5）。

角状器 1件。T：21，角形，中空，有二道圆弧形凸棱，凸棱与尾部口缘上有许多小木钉。挖制，由两个半圆形合成，上下两端加套一圆弧形圈，形成两道凸棱，在器表涂一层漆，用丝线通体缠绕，然后涂上一层漆，等漆干后再在凸棱和尾部口缘上钻若干小圆孔，将外平内尖的小木钉插入孔内即成（图七九，1）。通身涂黑漆，素面，小木钉上涂红彩。长29.3、首端径4、尾端径6.6、壁厚0.6厘米（图七九，2）。器内有3根两节细竹棍，其用途不明。长19.2厘米。

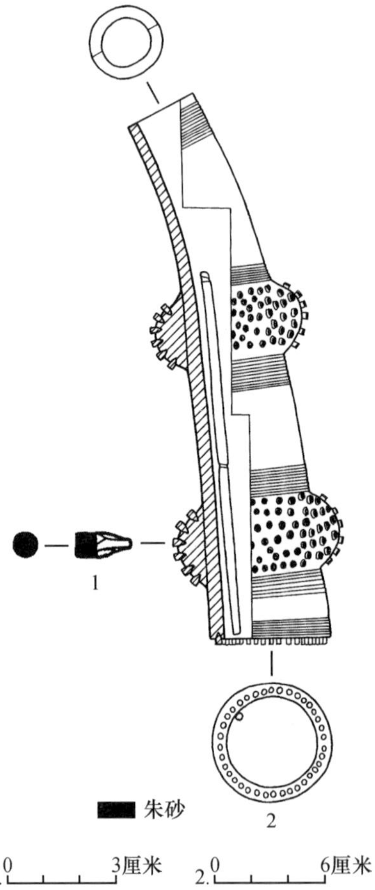

图七九　漆木生活用器——角状器（T∶21）

1. 小木钉　2. 角状器

漆俑　1件。俑身、底座出自头箱，头出自边箱。T∶2，俑由头、身和底座三部分组成。头和身用圆木雕刻，底座与双脚用横木雕成，头颈与交领榫卯接合，俑身与底座黏接。采用圆雕写实手法雕成，刀工细腻圆滑，按真人1/4的比例缩小。眼、耳、鼻、嘴、眉弓雕刻。黑漆绘眉点睛，面、颈施红彩。通身髹黑漆，衣领、袖口、衣襟及下摆在黑漆底上用红漆和黄彩绘服饰。俑头戴弧形冠（或帻），冠长8.2、高4厘米，冠面平口，两侧各有两个三角形的装饰。头发梳于脑后，长束成结，发端用绦带绾髻，绦带上用红漆绘条状纹，脑后长发下可见下垂短发，这种发髻称之为“垂髻”，与江陵马山一号墓[①]标本2号木俑基本相似。圆脸，面部丰满圆滑，弯眉，眉弓起棱较低，双目圆睁，黑漆绘瞳孔，鼻梁较宽，上端与眉弓相连，鼻尖残，鼻翼沟清晰，人中较浅，嘴唇较突起，嘴角窝明显，耳上部包于发内，下部外露，耳垂较小。斜肩宽圆，胸部丰满，两乳微隆，腰较粗，丰臀，两手插于袖中，双脚作站立状。身着交领右衽

① 湖北省荆州地区博物馆：《江陵马山一号楚墓》，文物出版社，1985年，第81页。

宽袖长袍，腰束红色宽带，脚尖露于长袍之外，脚呈圆角长方形。长7、宽1.8、高1厘米。从交领、袖口及后襟可以看出，俑身着内外衣。外衣长袍至脚面，宽袖多皱折。俑通身髹黑漆，衣领缘和袖缘用红漆绘间隔式宽带纹，在宽带纹上用黑漆绘波折纹。下裳用红漆绘七道条纹，象征由八块布缝合，襟缘和下摆缘在黑漆地上用红漆绘二方连续菱形纹。内衣下摆至膝部，双袖口较小，衣领外露部分为黑色，袖口和后襟外露部分为红色。内衣袖缘用黄彩绘间隔式宽带纹，在宽带纹之间用黄彩绘波折纹。腰带红色，带缘黑色，用黄彩绘二方连续波折纹，并填以黄彩。头高8.1、肩宽9.6、底径8.5、通高42.6厘米（图八〇，1；彩版一三；彩版一四，1、2；图版五七，2；图版五八）。

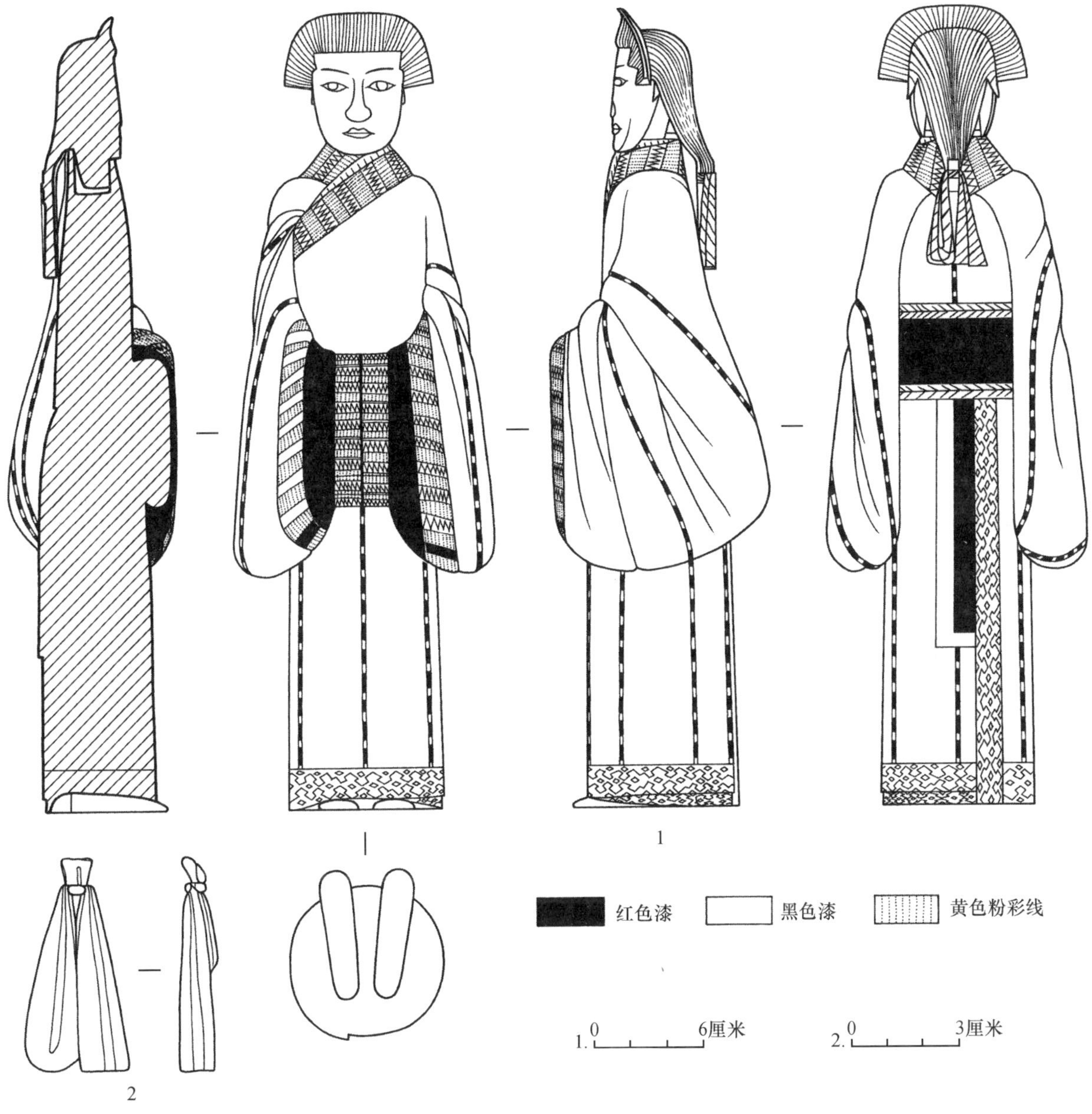

图八〇　漆木生活用器——俑

1. 俑（T：2）　2. 俑发髻（B：85）

俑昂首挺胸，面部饱满，双目炯炯有神，体态丰满，俨然是一位栩栩如生的贵妇人。根据长袍服饰分析，该袍分为上衣下裳，上衣下裳联体，直裾。上衣正身背后为左右两块，前面两块为左右衣襟，左襟较长，包至身后正中，双袖为三块。下裳为七缝八块，与江陵马山一号墓N15①出土的长袍相似，为楚国流行的长袍样式之一。

根据漆俑头冠的形状与结构分析，应是一种帻，其制作方法是将一块方巾对折成双，再将上角下折，上角超出冠口，形成第一个三角形，然后再将下角内折，形成第二个三角形。

俑发髻　1件。B：85，仅存发髻。雕刻而成，与头箱2号漆俑彩绘发髻相同。用缘带结于发端，成双带结扎，带头垂一边。通体髹黑漆，素面。残高5.7、宽2.9、厚1.1厘米（图八〇，2；图版五九，7）。

冠　1件。B：86，残，弧形。器表涂墨。残长3.9、高1.2厘米（图八一，11）。

木器　6件。分五型。

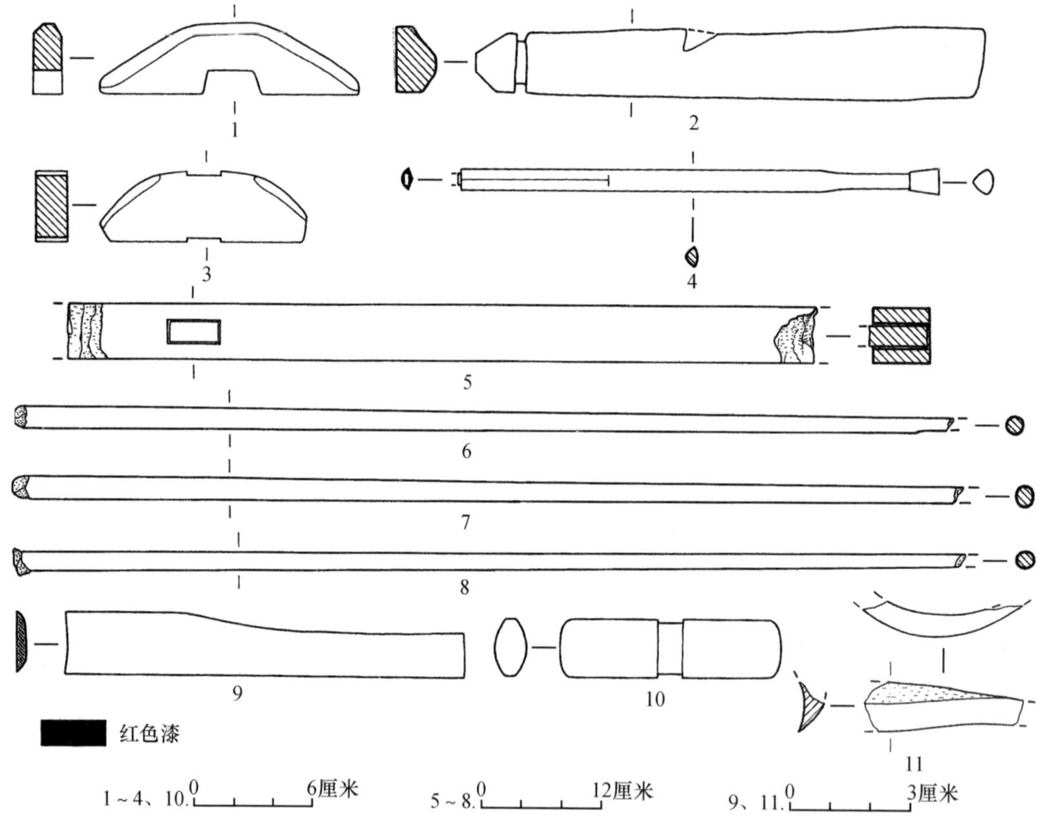

图八一　漆木生活用器——木器、木棍、木片、冠

1. A型木器（B：27）　2. C型木器（B：94）　3、10. B型木器（B：90、B：74）　4. D型木器（B：91）　5. E型木器（T：20）　6～8. 木棍（T：14、T：16、T：17）　9. 木片（B：83）　11. 冠（B：86）

① 湖北省荆州地区博物馆：《江陵马山一号楚墓》，文物出版社，1985年，第21页。

A型 1件。弓形。B：27，残。因干燥收缩，稍有变形。拱形，弧顶，平底，中部有一长方形凹缺。通身涂墨。长13、高3.4、厚1.5厘米（图八一，1；图版五九，1）。

B型 2件。工字形。砍制。B：90，半圆形，弧顶，平底，上下中部有一对称凹缺，缺长1.7、深0.2厘米。光素。长10.6、高3.4、厚1.7厘米（图八一，3；图版五九，2）。B：74，长条形，截面扁圆形，直边，中部有一周凹槽。光素。长11、宽2.8、厚1.6厘米（图八一，10；图版五九，3）。

C型 1件。圆头条形。B：94，残。斫制。长条形，弧背，一端平直，一端砍成“T”形凹槽，似龟头状。平底。通身光素。长25.3、宽2.8～3.5、厚0.8～2厘米（图八一，2；图版五九，4）。

D型 1件。圆柱足形。B：91，略残。长条形，上端截面尖弧形，有脊，下端截面圆三角形，尾端外凸。上部顶端有一扁形榫，现已残断。通身光素。顶端扁榫四周涂红彩。残长23.9厘米（图八一，4）。

E型 1件。方木形。T：20，两端残缺。长条形，截面方形，宽5.6、厚5.6厘米，一端有一长方形透穿榫眼，其内残留有榫头。通身光素。残长74.4厘米（图八一，5）。

木棍 3件。尖部均残。T：14，利用自然树枝砍成，截面圆形。通体光素。残长93.6、直径1.2～2.4厘米（图八一，6）。T：16，残长94.8、直径1.6～2.4厘米（图八一，7）。T：17，残长94.8、直径1.2～1.8厘米（图八一，8）。

木片 2件。B：83，长条形，截面长方形，一侧内收，一端有丝线捆绑痕迹。涂黑漆。残长10、宽1.1～1.5厘米（图八一，9）。

（六）丧葬用器

共7件。出自头箱和边箱。器形有木豆、剑、俑等。

木豆 2件。由盖、耳、盘、柄、座五部分组成。T：62，浅盘圆形，沿两侧嵌接对称外侈耳。盖圆形，面微弧，两侧缺口与双耳相扣，细高柄，截面圆形，两端方形榫与盘、座榫卯，喇叭座，底部方形内凹。涂墨。盘径14.2、座径8.8、连耳通宽20.6、通高23.6厘米（图八二，1；图版五九，5）。T：29，盘无存。座径8.8、残柄高18.4、复原高23.8厘米（图八二，2）。

木剑 1件。B：25-11，出自25号竹笥内。剑、鞘连体，作剑入鞘状。圆首，无格无箍，鞘菱形，由一整木雕成，鞘末有珌。通长56.8、宽3.2、鞘脊厚1.6厘米（图八二，3；图版四九，6）。

木俑 4件。出自头箱和边箱。因脱水而收缩干裂。斫制，眉、眼、鼻、嘴、耳雕刻。T：38，俑上部扁圆形，下部圆柱形，作站立状。头顶微弧，前额有发际线，墨染发，五官雕刻。瓜子脸，长眉凤眼，小嘴涂红，长颈短臂，翘臀。通高58.8厘米（图八三，1）。T：67，

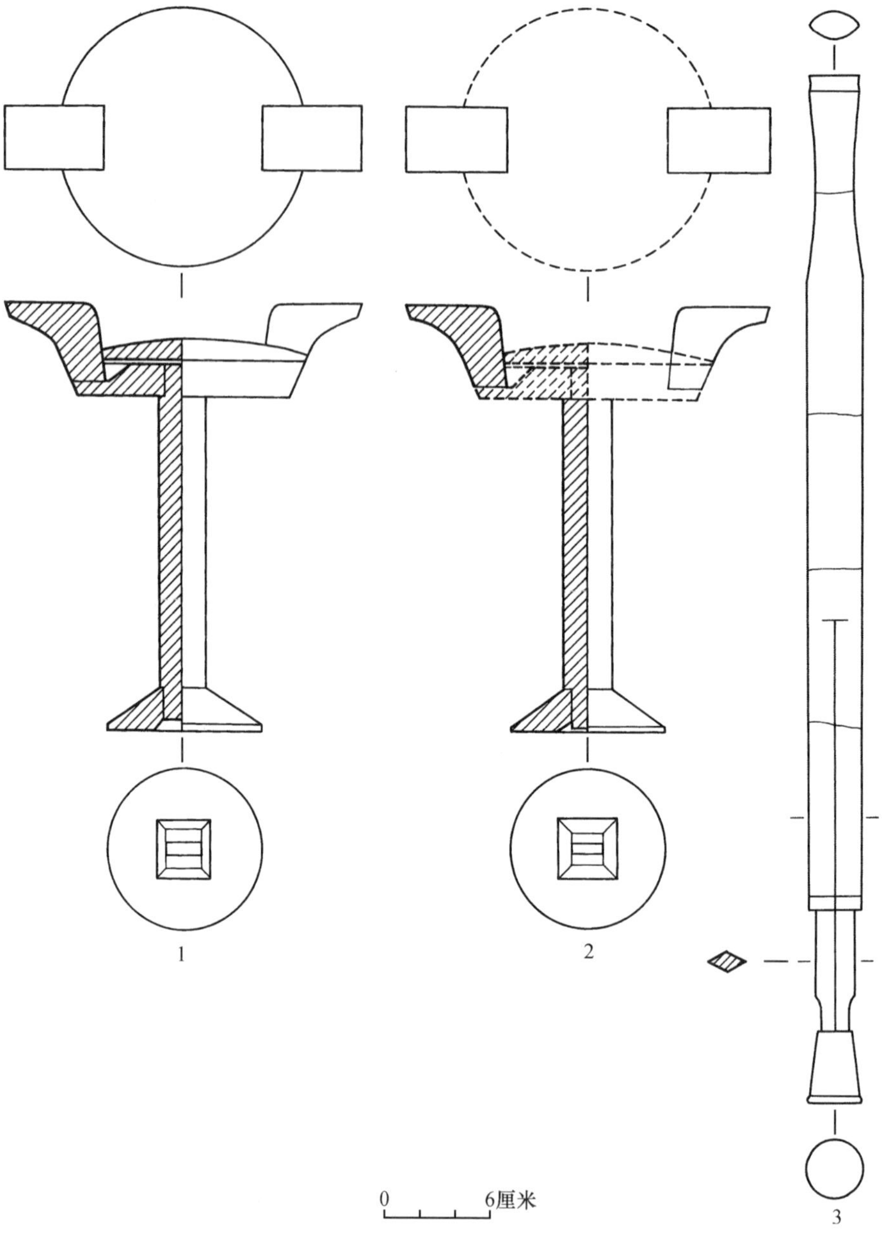

图八二　漆木丧葬用器——豆、剑
1、2. 木豆（T：62、T：29）　3. 木剑（B：25-11）

头顶微弧，前额有发际线，墨染发。瓜子脸，长眉凤眼，小嘴涂红，长颈短臂，翘臂，作站立状。通高59 .6厘米（图八三，2）。B：12，瓜子脸，长眉凤眼，小嘴涂红，长颈短臂，翘臂。通高50.8厘米（图八三，3；图版六〇，1）。B：13，头顶微弧，前额有发际线，墨染发，五官雕刻。瓜子脸，长眉凤眼，小嘴涂口红，长颈短臂，肩上有一小圆孔，翘臂，作站立状。通高50厘米（图八三，4；图版六〇，2）。

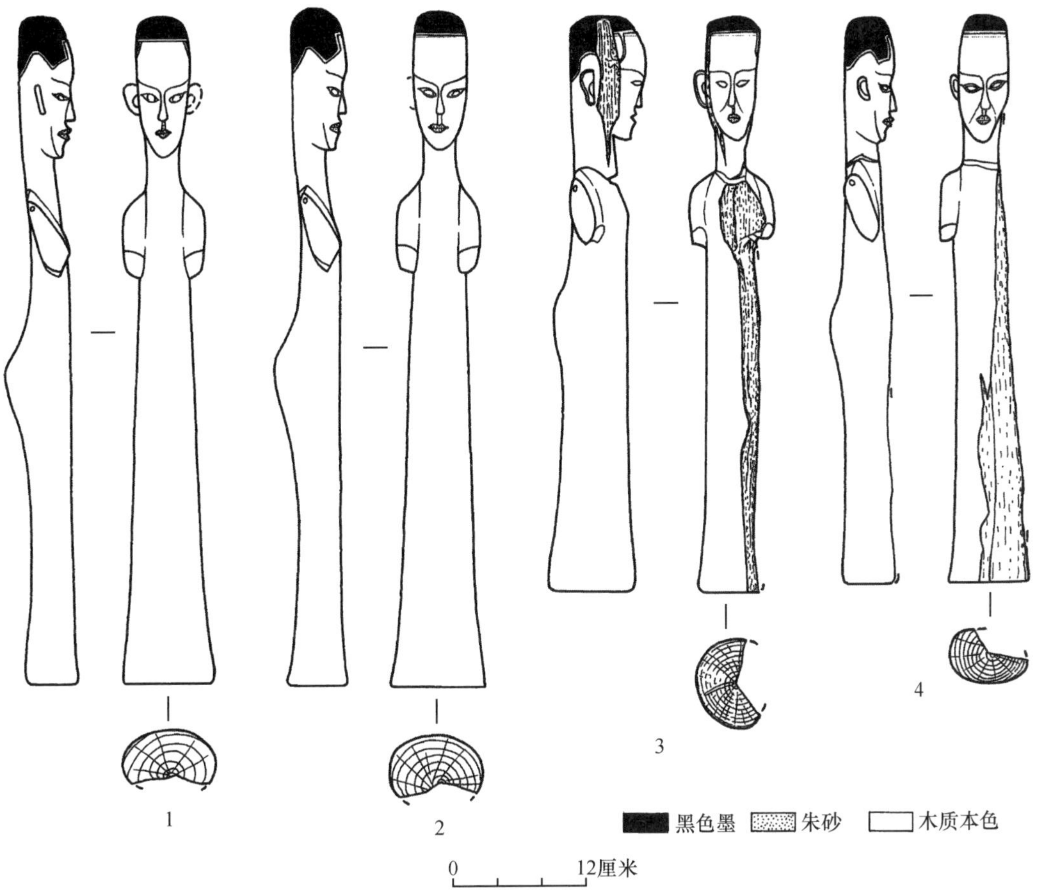

图八三　漆木丧葬用器——俑

1～4. 木俑（T∶38、T∶67、B∶12、B∶13）

第六节　竹　　器

共45件。主要出自边箱，少数出自头箱，大多数残损。按用途分为兵器、车马器、生活用器三类。

一、兵　　器

仅见弓1件。

竹弓　1件。B∶80，现仅存弓胎。长条形，截面扁形。为一根竹片制成，两端圆形，中部稍细，并有一浅凹槽。两端外侧用生漆黏有一弦套，其外侧有一凹槽，用以系弦。通身髹黑漆。复原长124.4、宽2.8、厚0.4厘米（图八四）。

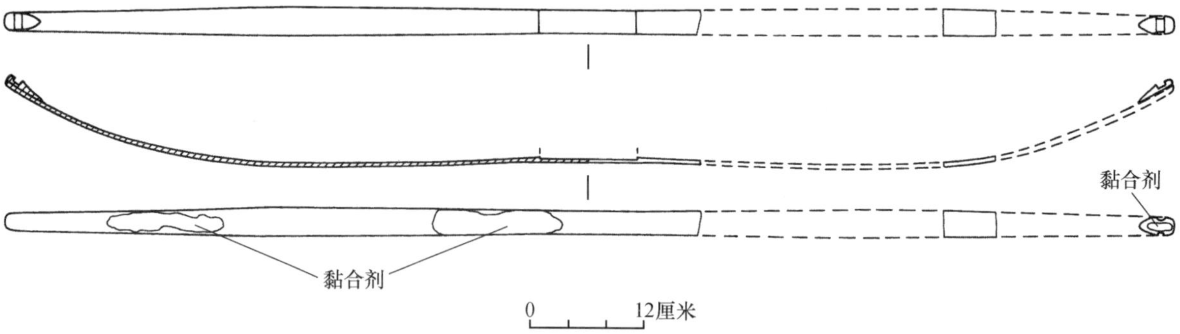

图八四　竹兵器——弓（B：80）

二、车　马　器

共3件。均为竹编车器。

竹编车器　3件。均残，形制、大小基本相同。B：28，平面为长方形，双层，外层以细篾平编人字纹，内层用宽篾编织十字纹，其外包有一层麻布。中间用三横二竖宽竹片加固，周边分别用两根竹片相夹，以细篾缠绕固定构成边框。长62.9、宽48厘米（图八五；图版六一，1）。B：29，平面为长方形，双层，外层以细篾平编人字纹，内层用宽篾编织十字纹，其外包

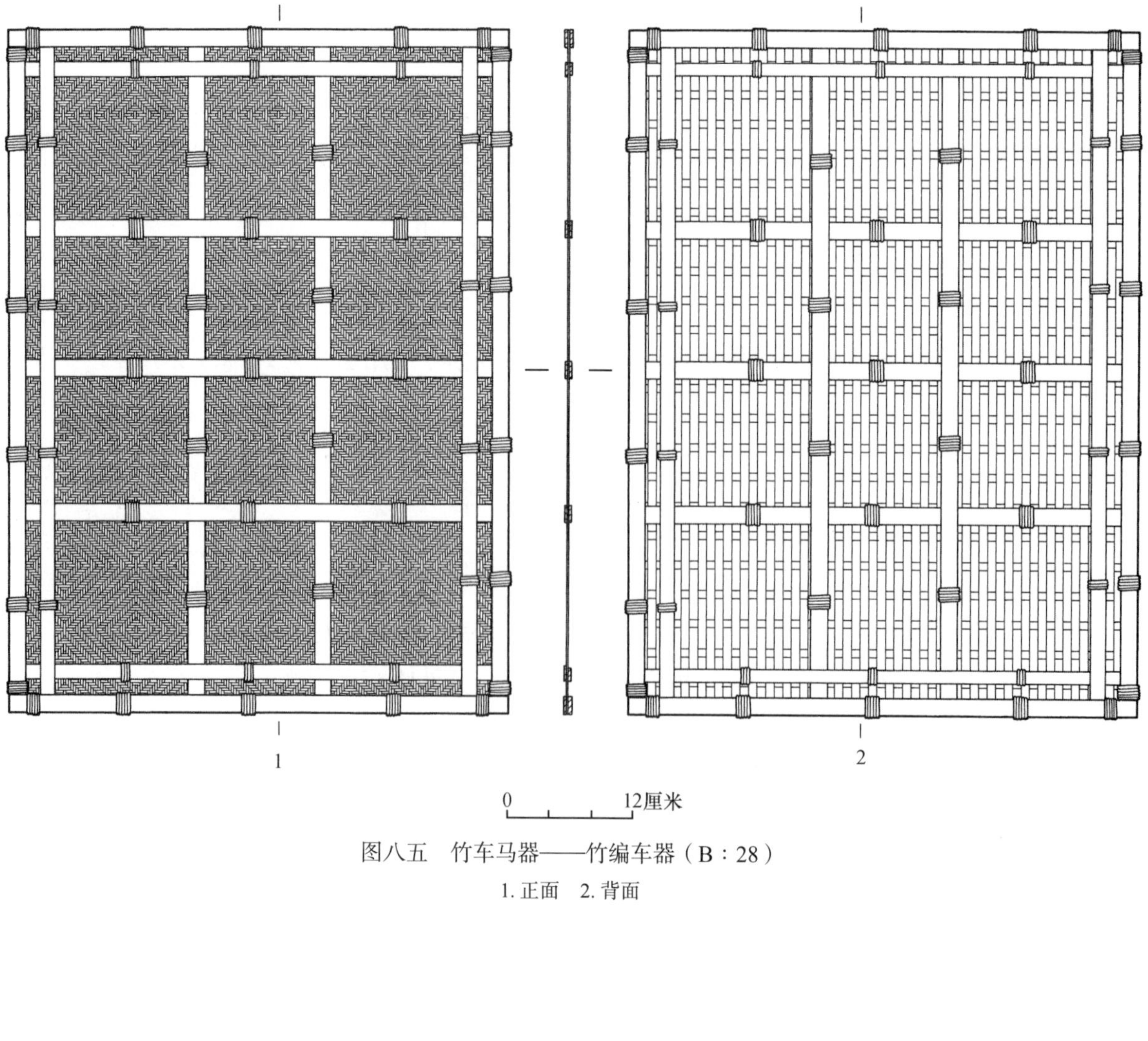

图八五　竹车马器——竹编车器（B：28）
1. 正面　2. 背面

有一层麻布，中间用三横二竖宽竹片加固，周边分别用两根竹片相夹，以细篾缠绕固定构成边框。外层两侧的宽竹片交叉处有两个小铜环，铜环双范合铸，缝外溢铜液未经打磨。环径4.5厘米，截面呈扁圆形，宽0.4厘米。残长61.4、宽33.7厘米（图八六）。

图八六 竹车马器——竹编车器（B：29）
1. 正面 2. 背面

三、生 活 用 器

共41件。主要出自边箱，少数出自头箱。器形有盒、扇、笥、席、套筒形器、筒、棒、签、棍等。

盒 1件。T：18，由盖纽、盖、器身三部分组成。整器为一节竹筒制成，利用两端竹节做盖顶和器底，盖顶安木质盖纽。纽较长，上小下大，截面呈八棱形。子母口套合部分的器盖内壁与器身外壁各挖去一半，盖与器身套合。整器呈圆形，盖顶正中有一方形穿孔，盖纽榫与盖顶方孔榫卯，以生漆黏接。子母口，直腹，矮圈足，平底。通身髹黑漆，子口外壁、盖内壁和盖纽顶部涂红彩。直径4.2、器高6、通高11厘米（图九六，1；图版六二，2）。

扇　2件。均残。B：6，扇面较大，近梯形。由双经单纬平编十字纹，人字纹锁边，近柄处有三个长方形格，上下格内双面编镂空六角形空花，中间一格与扇面相同。扇面两边各用两横两纵宽竹片相夹，横下纵上，两端压在边框之下，横竹片外端劈成两块，向上下两边弯成对称钩状。扇柄为一根竹竿制成，直径2.4厘米，上部劈成六块，夹住扇面和横竹片内端，扇面宽竹片均用细篾绞锁。扇面长54.3、宽2.26厘米，柄长132.7、直径2.3厘米（图八七，1）。B：75，扇面呈长方形。扇面长45.3、宽19.3厘米，柄长187.6、直径2.7厘米（图八七，2）。

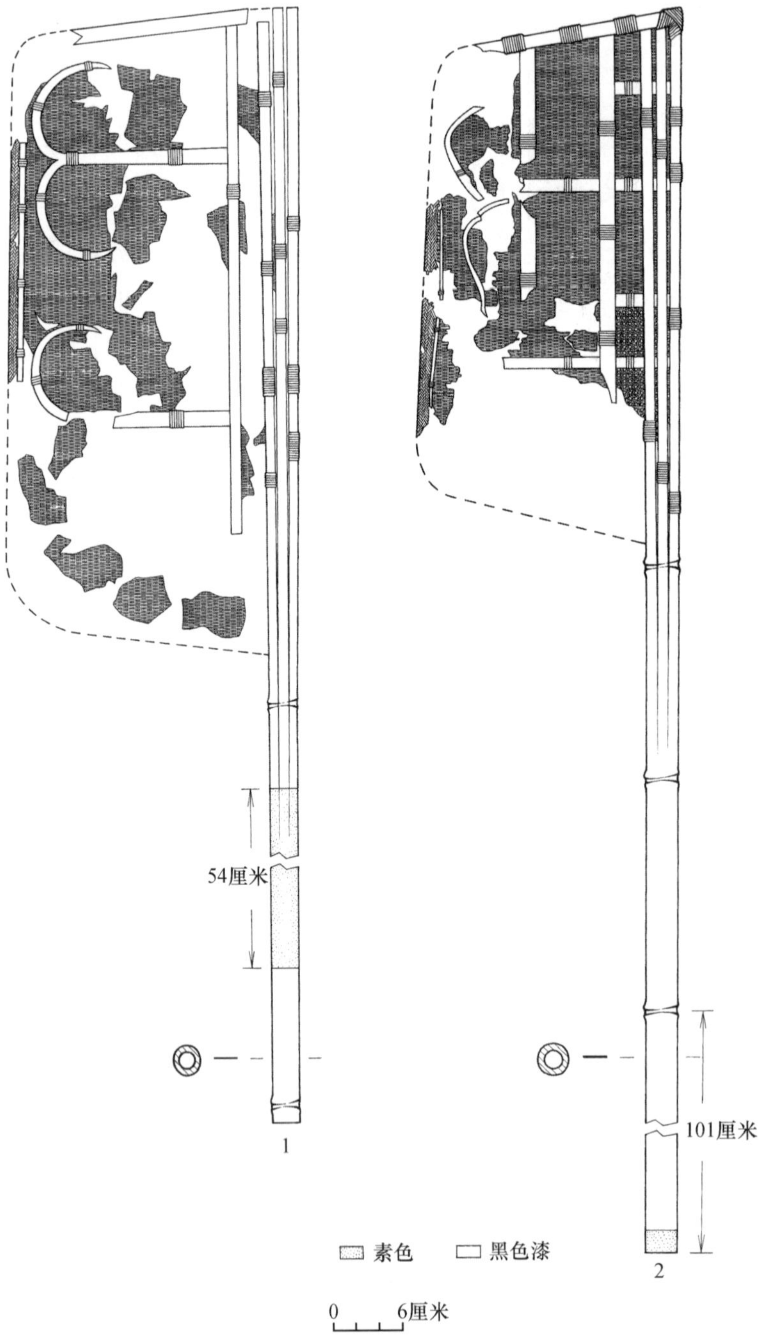

图八七　竹生活用器——扇

1. B：6　2. B：75

笥　9件。保存较差，由盖与身套合，两层篾编成，外层篾较窄，内层篾稍宽。按形状分为二型。

A型　近方形　5件。均残。分四亚型。

Aa型　1件。十字纹。T：66，仅存侧边框与一小块顶。盖用红、黑色篾编织矩纹与十字纹，边框用素篾编八角形空花。用素篾平编人字纹。复原长24.3、复原宽19.1、高4.5厘米（图八八）。

Ab型　1件。回纹与X纹。T：70，仅存边框和顶部。双层编织，外层用素篾和黑篾平编十字纹、回纹，内层篾稍宽厚，用素篾平编十字纹。口内外用宽竹片相夹，用细篾绞锁。复原长33.8、复原宽22.6厘米（图八九）。

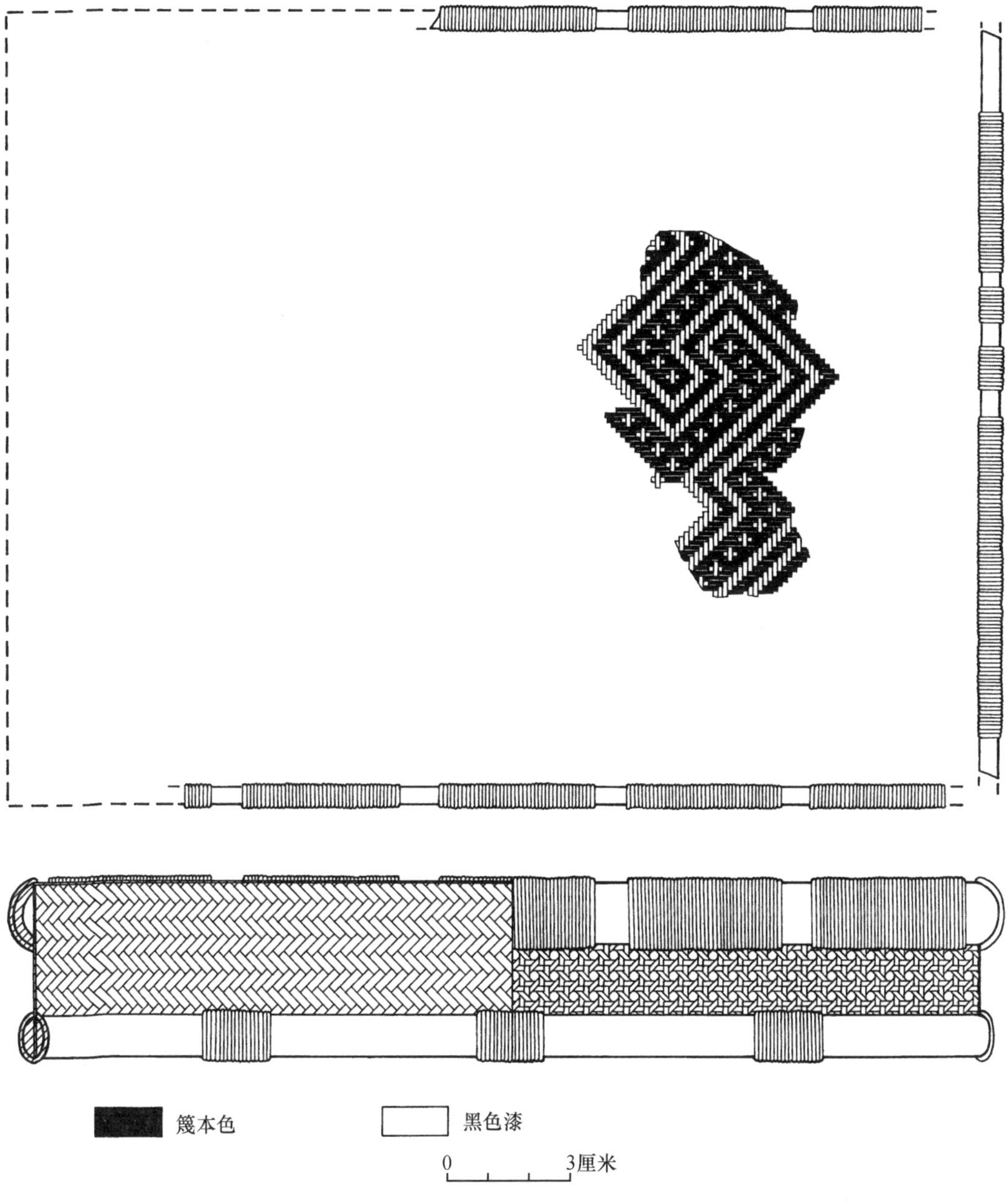

图八八　竹生活用器——Aa型笥残盖俯视与复原正剖视图（T：66）

Ac型　1件。回字纹。B：51，双层编织，外层用素篾和黑篾平编十字纹、回纹，内层篾稍宽厚，用素篾平编十字纹。口内外用宽竹片相夹，用细篾绞锁。长24.8、宽16.8、高5厘米（图九〇；图版六一，2）。

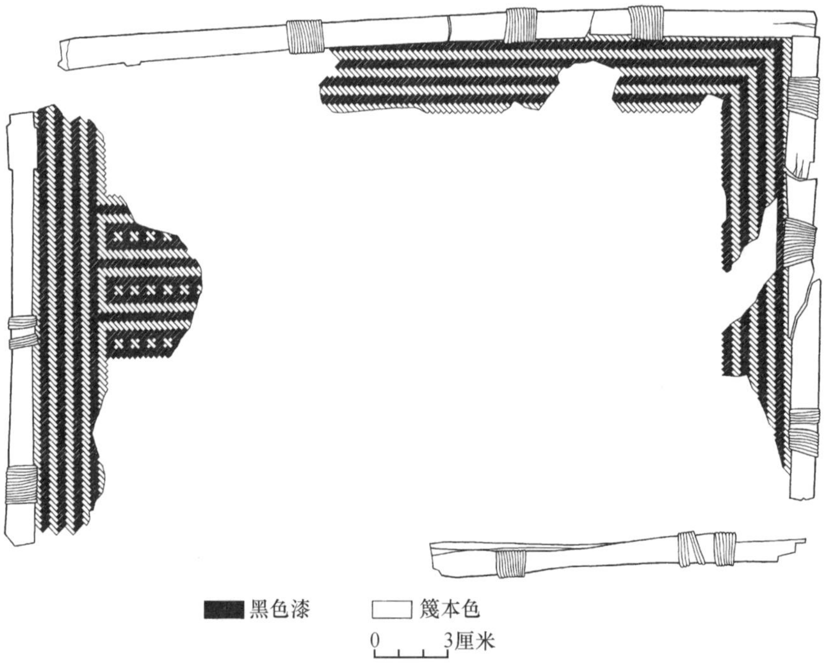

图八九　竹生活用器——Ab型笥残盖俯视图（T：70）

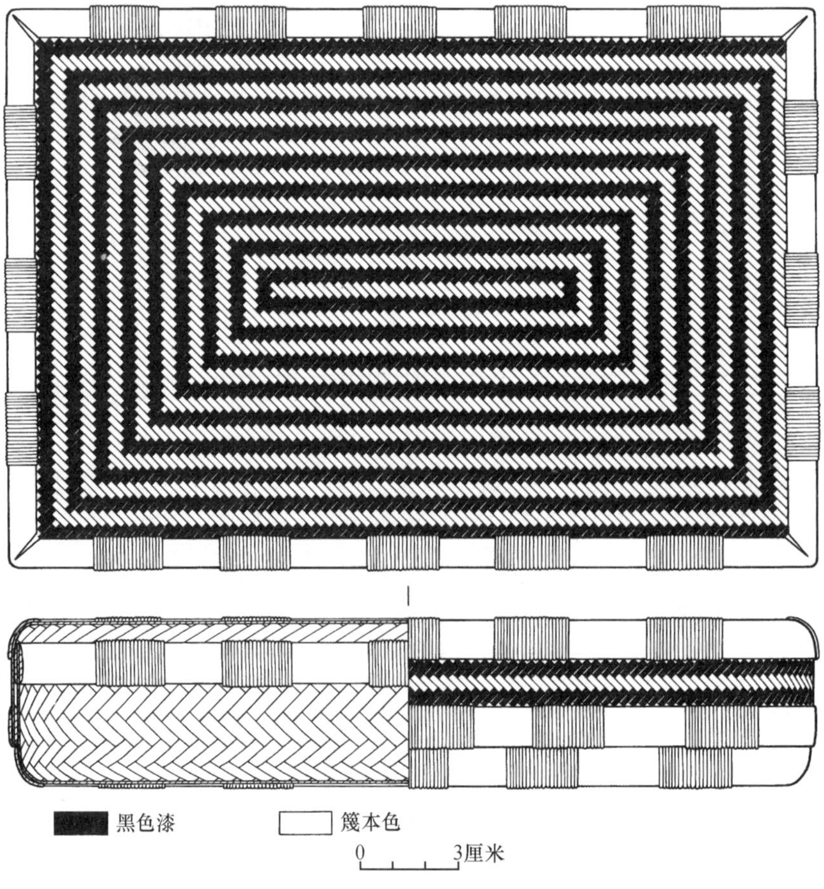

图九〇　竹生活用器——Ac型笥俯视与正剖视图（B：51）

Ad型　2件。回纹。B∶30，内装草，已炭化。盖外层用素篾和黑篾编织十字纹、回纹，盖面外侧周边转折处宽竹片加固，用细篾绞锁，口沿内外两侧用宽竹片相夹，细篾锁口。盖内与器身用素篾平编人字纹。长24.1、宽15.2、高5.6厘米（图九一）。

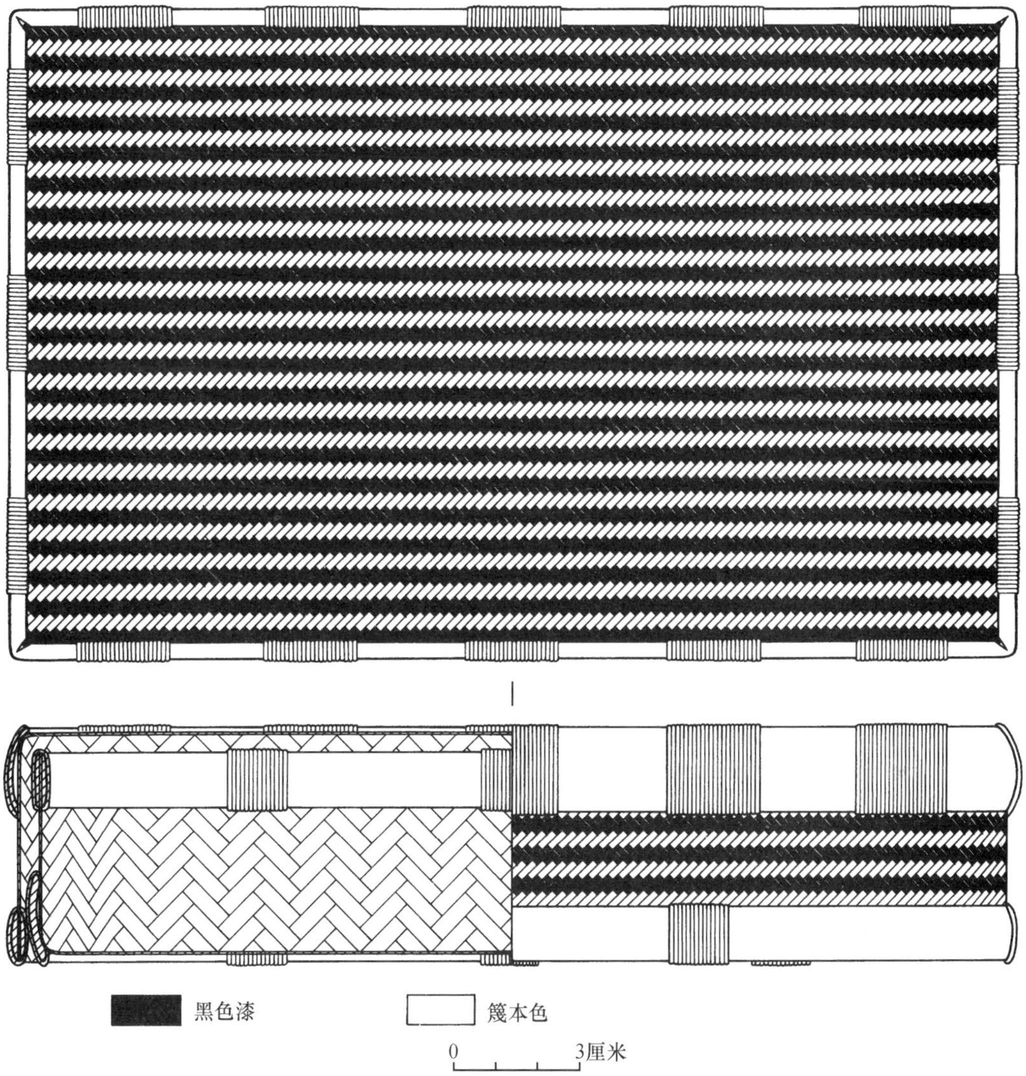

图九一　竹生活用器——Ad型笥俯视与正剖视图（B∶30）

B型　4件。长方形。B∶25，出土时收成一团，部分器物暴露出来，笥内装有334件器物，其中龙形玉佩2件、骨串珠316件、铜璜6件、陶管6件、玉璧2件、石圭形器1件、木剑1件（图九二）。盖与身均为双层，相互套合而成。笥盖、身平织人字纹，笥口与拐角处周边用双层竹片相夹，用细篾间断式缠绕形成边框。长63.6、宽30、高15.4厘米（图九三；图版六一，3）。B∶33，腐烂较严重。内装70件标本，其中铜车軎3件、衔、镳17件、方形节约8件、环形带扣3件、银椭圆形节约8件、鍚31件。从残存的篾席观察，用素篾平编人字纹。根据痕迹测得竹笥长72.4、宽23厘米（图九四）。

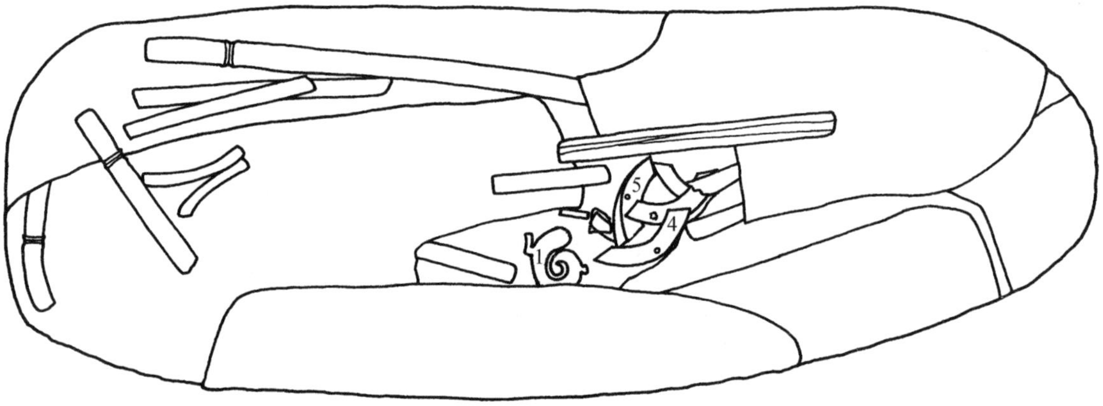

1

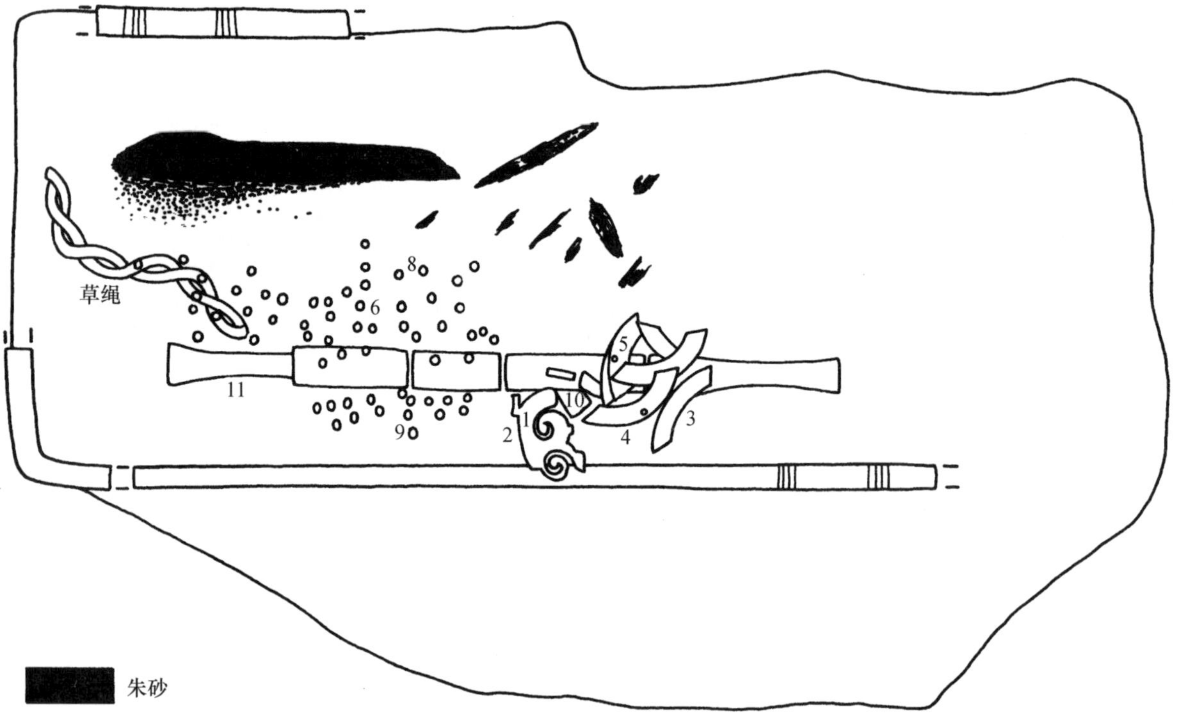

2

图九二　竹生活用器——B型笥（B：25）

1. B：25竹笥出土情况　2. 展开后情况（1、2. 龙形玉佩　3～4. 璜　6. 骨串珠　7. 陶管　8、9. 玉璧　10. 石圭形器　11. 木剑）

荐席　1件。出自边箱，卷折放置（图版二七，4）。B：24，采用三上三下的编织法织成“人”字纹，每四个人字纹之间转换成二上二下、三上四下、四上四下的编织法编织，循环使用。竹席周边用绢包裹，两头宽5厘米，两侧宽6.4厘米。卷折长158、宽20厘米。展开长204、宽158厘米（图九五；图版六二，1）。

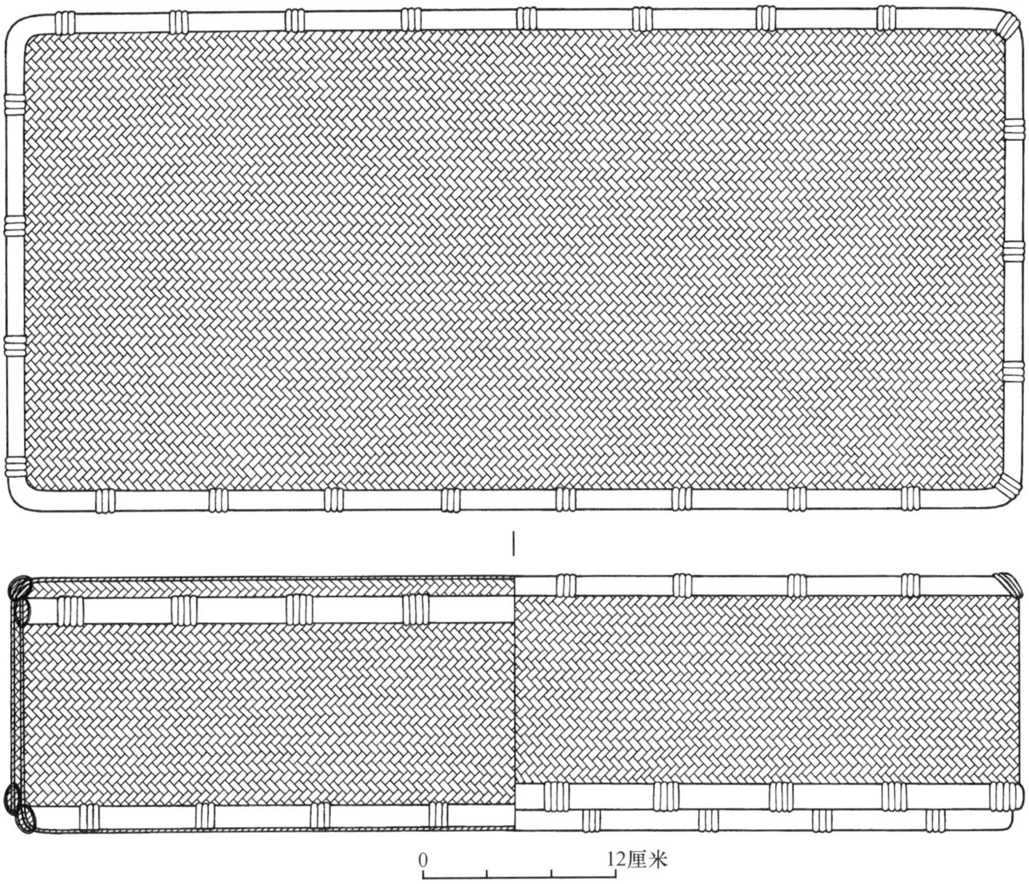

图九三 竹生活用器——B型笥俯视与正剖视图（T：25）

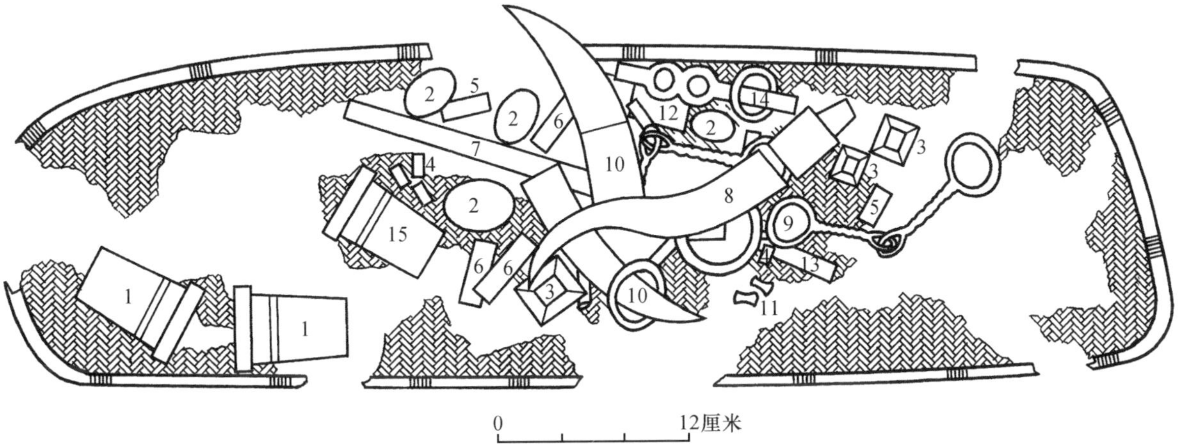

图九四 竹生活用器——B型笥出土情况（B：33）

1. B型铜车軎（B：33-1） 2. 椭圆形银节约（B：33-2） 3. 方形铜节约（B：33-3） 4. Ba型银鋂（B：33-4） 5. Bb型银鋂（B：33-5） 6. Bc型银鋂（B：33-6） 7、14. 铜衔铜镳（B：33-7、B：33-14） 8、12. 铜衔木镳（B：33-8、B：33-12） 9. 铁衔木镳（B：33-9） 10. 铜衔角镳（B：33-10） 11. B型铜带扣（B：33-11） 13. 木镳（B：33-13） 15. Ac型铜车軎（B：33-15）

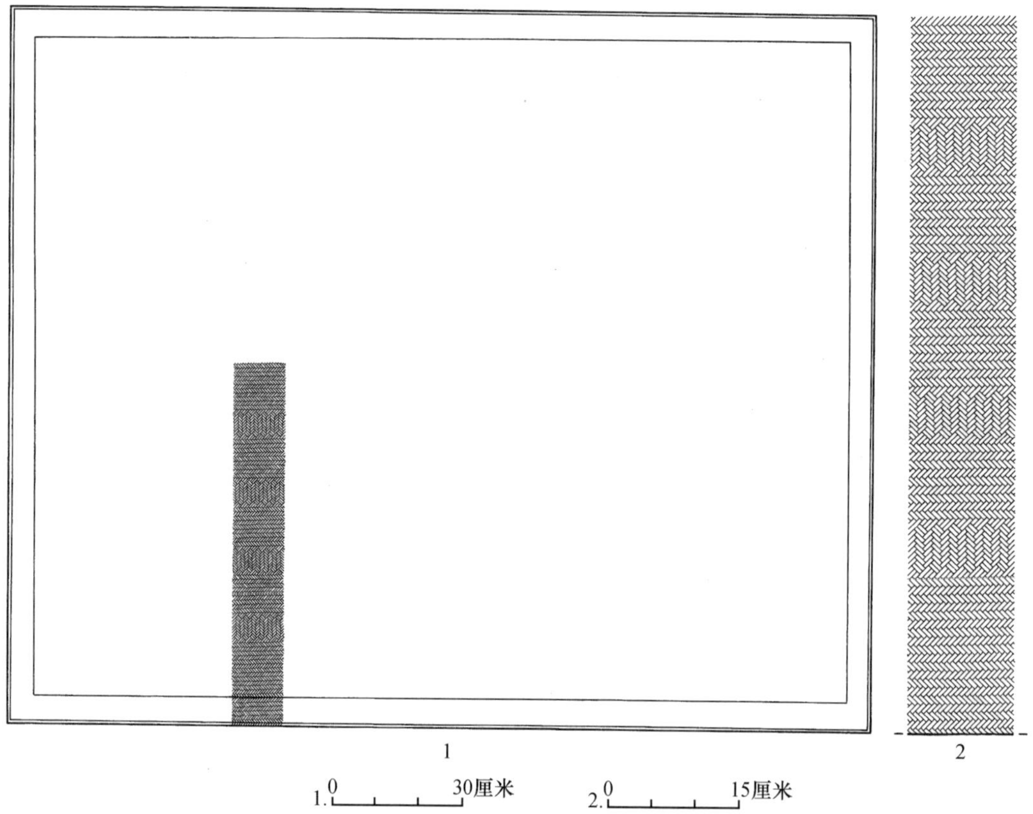

图九五　竹生活用器——荐席（B：24）
1. 荐席　2. 局面编织法

套筒形器　1件。B：93，木质，圆筒形，由上下两节套成，上端细，削边，其上套一帽，下端粗，残断。帽长2.4、径2.2～2.4厘米。通身光素。残长6.5厘米（图九六，2；图版六二，3）。

筒　2件。B：82-1，残。形制、大小相同。利用自然竹子制成，中间有一竹节，两端锯截。通身光素。长48.4、直径4厘米（图九六，3；图版六二，4）。B：82-2，长48.4、直径3.6厘米（图九六，4）。

棒　1件。NG：3，出自内棺左肋骨外侧。长条形，截面方形。残长14.4厘米（图九六，6）。

签　20件。均残断。B：84-1，长条形。一端侧边内凹。光素。未发现有类似竹签牌的墨书痕迹。残长17.9、宽1、厚0.2厘米（图九六，5）。B：84-2，残长6.3、宽1.1、厚0.2厘米（图九六，7；图版六二，5）。

棍　4件。为自然竹子，下端有刀砍痕迹。B：81-1，残长79.2、直径2厘米（图九六，8）。B：81-2，残长75.6、直径2厘米（图九六，9）。B：81-3，残长86、直径1.6厘米（图九六，10）。B：81-4，残长70、直径1.6厘米（图九六，11）。

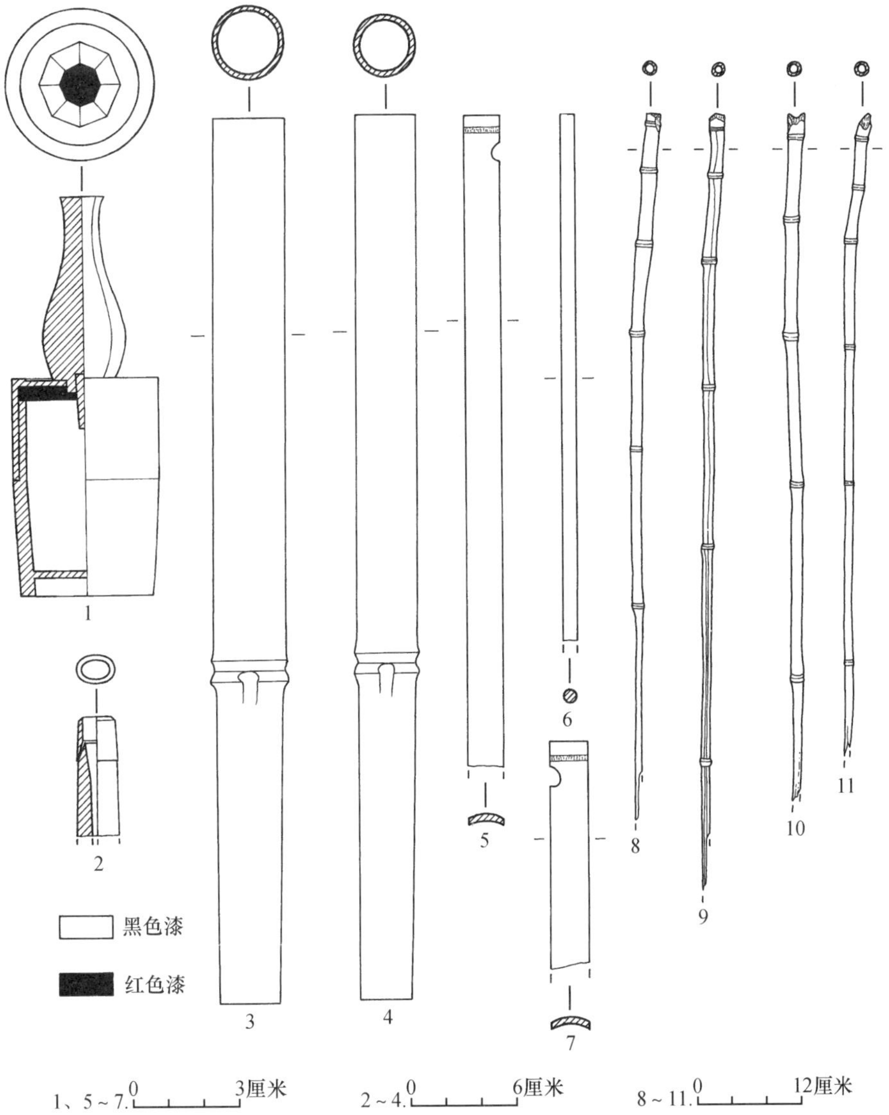

图九六 竹生活用器——盒、套筒形器、筒、棒、签、棍

1. 盒（T：18） 2. 套筒形器（B：93） 3、4. 筒（B：82-1、B：82-2） 5、7. 签（B：84-1、B：84-2） 6. 棒（NG：3） 8～11. 棍（B：81-1、B：81-2、B：81-3、B：81-4）

第七节 丝、麻、皮、草器

共13件。主要是皮、丝、麻、草等制品。按用途可分为兵器、车马器和生活用器三类。器形有盾、车壁袋、皮车饰、丝织品、麻鞋、草席、草绳。

一、兵 器

仅见盾1件。

盾 1件。B：10，革胎已腐烂，残存表层漆皮。平顶外凸，弧肩，两侧边缘呈弧形波浪状，下为直角。正面凸弧形，背面正中安盾柄，柄中部截面圆形，两端截面呈三角形，柄上有七道皮条将盾面固定，皮条两端在盾柄上缠绕绞结。盾背面正中安有一椭圆形木块，类似护心镜，椭圆形木块与盾柄凸凹相扣，中部横向三组对穿孔，每组二个，以丝绳与盾面捆扎。通身髹黑漆，背面在黑底漆上用红漆绘左右不对称矩形纹。通高55、宽35.4厘米（图九七；图版六三）。

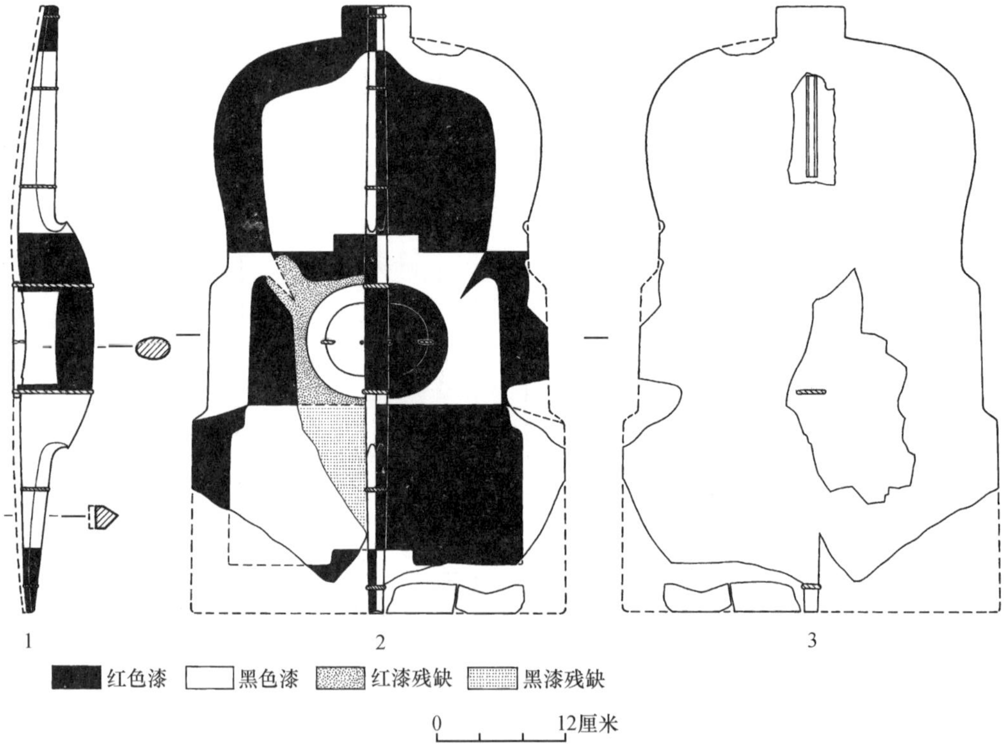

图九七　丝麻皮草器兵器——盾（B：10）

1. 侧视　2. 背面　3. 正面

二、车　马　器

共4件。主要为车上配饰件。由皮袋和木边框组合成。器形有车壁袋、车壁袋边框、皮车饰等。

车壁袋　1件。皮革已腐烂，现仅存内外表面漆皮和木质边框。B：7，由边框、皮袋捆扎而成。正面两侧和底边各设有一块木质边框，侧边框弧顶，下端与底边框采用45°切角对接，贴于皮袋外侧。皮袋口外层呈凹弧形口，皮袋由内外两块皮革组成，两侧和底部之间各夹有一块木条，木条厚0.5厘米，用皮条捆扎后形成皮袋，袋内空宽0.5厘米。侧边框各有三组对穿孔，底边框两组，每组两孔，侧边框与底边框对接处各有一孔，孔径0.3厘米，用宽0.2厘米的皮条捆扎加固。皮条由背面第一孔穿入，经侧边框从第二孔返回背面，下行经第三孔穿至正面从第四孔穿出，再经第三孔绕至第四孔穿至背面，反复使用，皮条在背面形成“凹”形捆扎凸棱。在侧边框内侧有四个圆形穿孔，孔径0.6厘米，距上下皮袋边7厘米。该孔应为固定车壁袋之用（图九八）。通身髹黑漆，用红、赭色漆和黄彩绘纹。侧边框顶端浮雕龙头纹，两侧边框

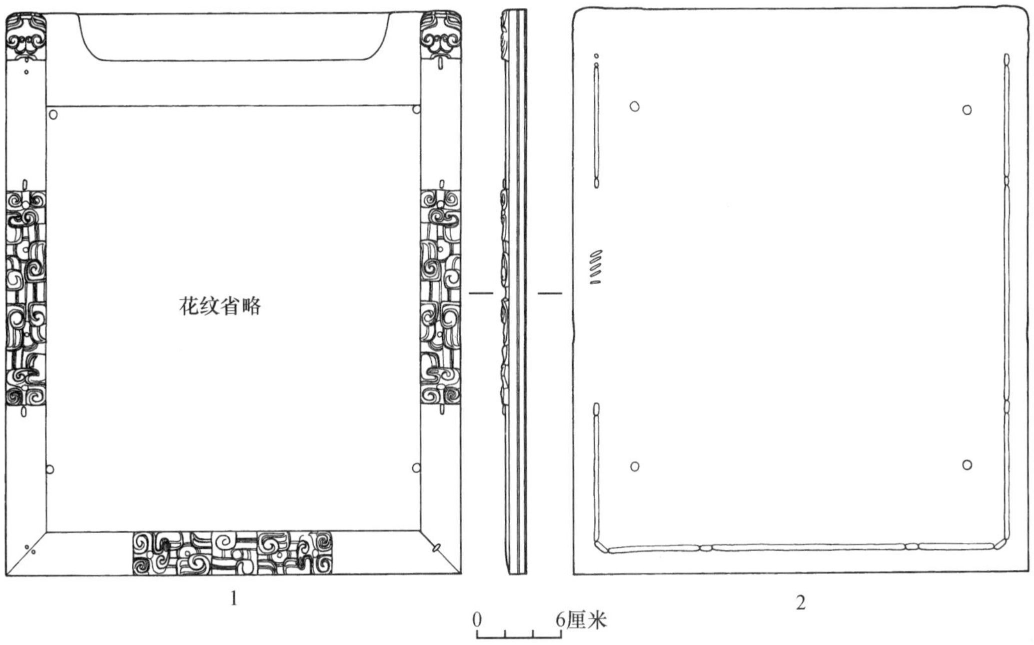

图九八　丝麻皮草器车马器——车壁袋（B∶7）
1. 正面　2. 背面

及底边框中部浮雕相背对称变形龙纹和卷云纹，边框绘二方连续相背对称卷云纹。皮革袋正面绘四分一龙三凤相蟠图案，中间的圆圈内绘四分凤鸟纹，袋口绘二方连续相背对称卷云纹。龙首四周绘二方连续回纹，龙、凤纹用红漆勾描，龙首与凤头及羽毛纹用黄彩填绘，皮革袋背面素面。长38.8、宽32.8厘米（图九九；图版六四，1）。

另有车壁袋边框2件。皮革已腐烂，仅存边框。B∶89，长条形，弧背，平底，两端斜切角。通身涂墨。长34.4、宽2.4、厚0.8厘米。

皮车饰　1件。B∶5，残。现存一小块皮革，出土时与圆形银片相附，可能与之有关联。长方形。上面排列有较规则的小圆孔。残长16.5、宽8.2厘米（图一〇二，2；图版六四，2）。

三、生活用器

共8件。多数出自棺内，少数出自头箱和边箱。器形有草席、草绳、丝织品、麻鞋底等。

草席　2件。B∶20，已炭化。呈卷筒形放置。其编织方法为双经单纬，二上二下平编，横向有24道纬草上下交叉的席纹，间距5厘米，两侧单经单纬，一上一下平编，间距2厘米。经绳由两股绞成。卷筒径12、宽118.2厘米（图一〇〇，1；图版六五，1）。T∶1，平折四层放置。折叠残长68、残宽36厘米（图一〇〇，2）。

草绳　1件。T∶47，出土时缠绕成卷放置。绳子成双股绞成。长9.6、宽8.3厘米（图一〇〇，3）。

丝织品　1件。NG∶4，包裹尸体之用，已炭化成碎片，黑色。通过显微镜观察，经纬线为单丝，通过显微镜自带的测量软件测得单丝平均直径为29微米，经线8根，纬线12根。丝织

图九九　丝麻皮草车马器——车壁袋（B：7）

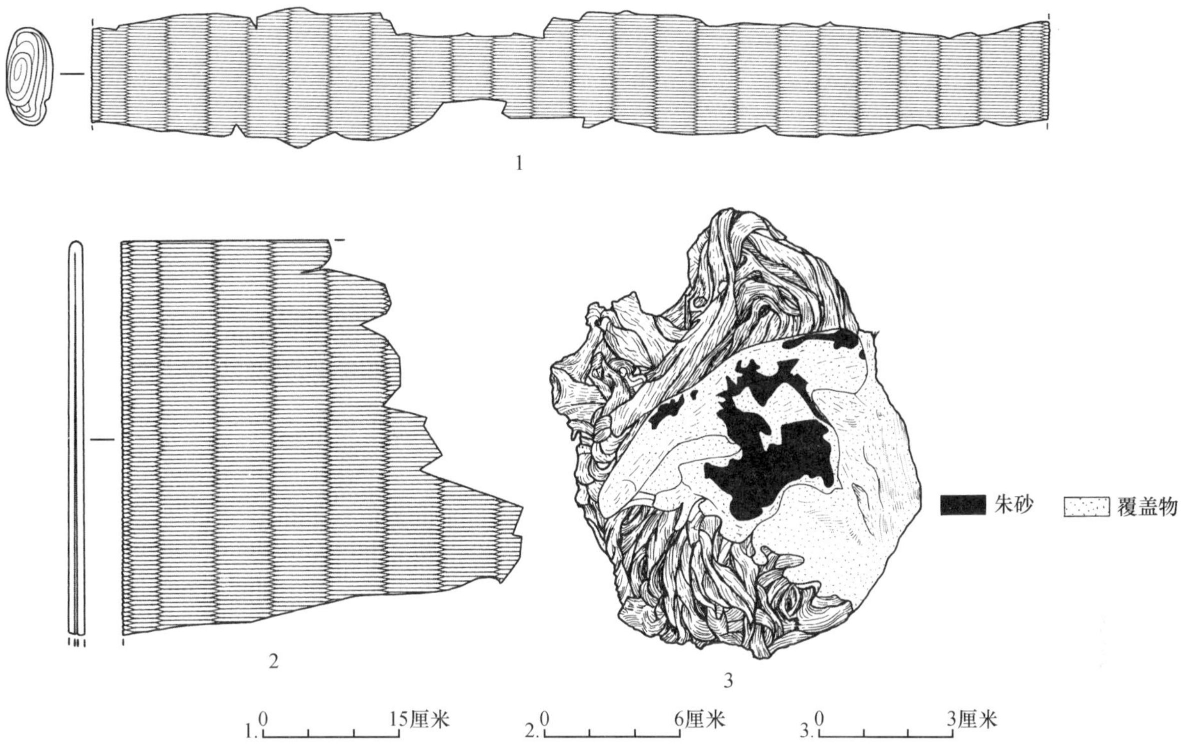

图一〇〇 丝麻皮草生活用器——草席、草绳

1. 草席卷状情况（B：20） 2. 草席折叠情况（T：1） 3. 草绳（T：47）

品是由蚕丝加工而成，每一根蚕丝由两根单丝平行黏合而成，一根单丝由50～100根平均粗细为10纳米的微纤维组成。从电镜图上我们可以清楚看出丝织品表面粗糙度、剥蚀坑形态、表面皱褶等现象（图版六五，2）。

麻鞋 4件（2双）。鞋面已腐烂，仅存鞋底。出自内棺足部（图版二八，4）。NG：1，由经纬线平编而成。经线呈圜形，共10周20道，由两股绞成，直径约0.2厘米，中心间距0.5厘米。纬线上下平编，中段为平行编织，前后掌弧形处为纵向编织，根据掌部弧形的变化纬线随之增减，在鞋底前后掌边缘织有一道绞结状凸棱，鞋底背面乳钉结较密集，由麻线正反两面相串联，正反两面均为间隔式走线，间隔10根纬线从鞋底背面穿至鞋底里面，将线打成乳钉状结，然后再间隔4根纬线从鞋底里面穿至鞋底背面，周而复始，形成534个乳钉状结，鞋底背面的乳钉状结呈等距分布，与圜形经线相似，较有规律。乳钉打结方式是将穿至背面的麻线靠鞋底处折成双，再将线一头绕线一周，线头从上面折成双的孔中穿过，然后拉紧即成。鞋底与鞋面用麻线缝合两周，第二周线沿第一周线内（或外）侧上下穿行。鞋底长24.6、宽9.8厘米（图一〇二，1；彩版一五；图版六五，3，图版六六）。NG：2，出自内棺右足和盆骨右侧，鞋底编织方法与NG：1相似，鞋底背面前后掌部位较密集，中部较稀，有172个乳钉状结，乳钉为单独打结，经多次缠绕、穿结，形成较高的乳钉结，乳钉高0.5厘米，后掌边缘有状较高的绞结状凸棱，周边不见缝合线。通身涂黑漆。鞋底长27.5、宽10.4厘米（图一〇一；图版六五，4；图版六七）。

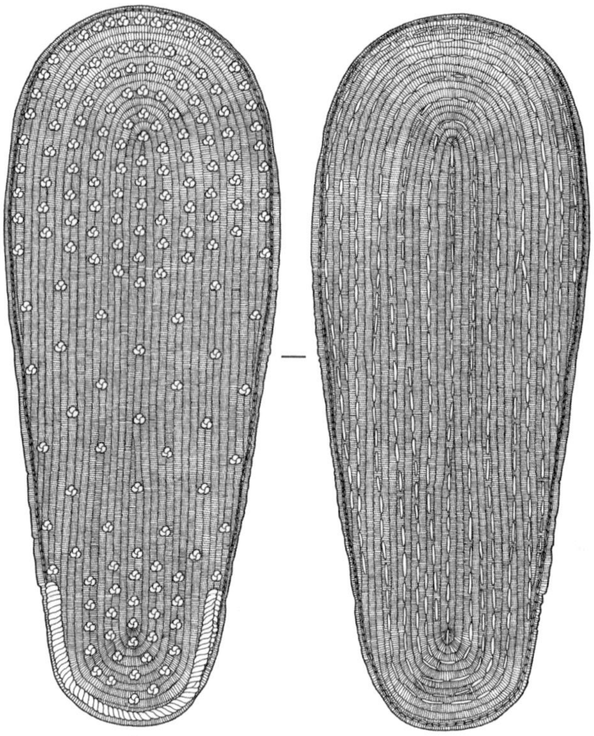

图一〇一　丝麻皮草生活用器——麻鞋底（NG：2）
1. 外面　2. 内面

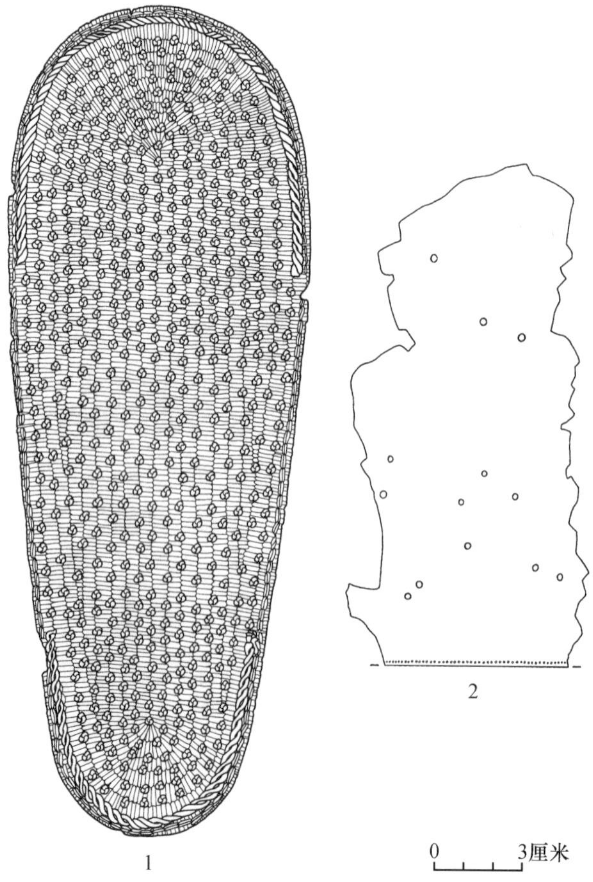

图一〇二　丝麻皮草生活用器、车马器——麻鞋底；皮车饰
1. 麻鞋底外面（NG：1）　2. 皮车饰（B：5）

这种麻鞋底在江陵马山一号墓[①]和包山二号墓[②]中曾有出土，鞋底有许多乳钉状结或环形凸棱和乳钉纹线结。

第八节　玉　石　器

共28件。主要出自棺内，少数出自边箱的竹笥内。按用途可分为装饰用器、生活用器、丧葬用器等。

一、装 饰 用 器

共20件。主要出自棺内，少数出自边箱的竹笥内。器形有璧、璜、环、双龙璜、龙形佩饰等。

璧　8件。根据器形分为二型。

A型　6件。其中，5件出自棺内，1件出自内外棺挡板之间（GS：1）。形体较大。NG：5，出自人头骨下面。墨绿色，有裂缝等瑕疵。两面饰谷纹，谷纹外侧饰二道浅凹弦纹。外径14.8、好径4.9、肉宽4.9、肉厚0.3～0.4厘米（图一〇三；图版六八，2）。NG：6，出自人头骨右侧。墨绿色。直径13.7、好径4.8、肉宽4.4、肉厚0.5厘米（图一〇四；图版六九，1）。NG：10，出自人骨架右胸骨下。玉质较差，周边有残损。浅绿色。直径13.7、好径4.4、肉厚0.35厘米（图一〇五；图版六九，2）。NG：7，出自人头骨内左侧。翠绿色，有黑块状和裂缝等瑕疵。直径14.1、好径4.3、肉宽4.4、肉厚0.4厘米（图一〇六；图版七〇，1）。NG：13，出自人骨架左股骨外侧。翠绿色。直径13.8、好径5.3、肉宽4.2、肉厚0.35～0.4厘米

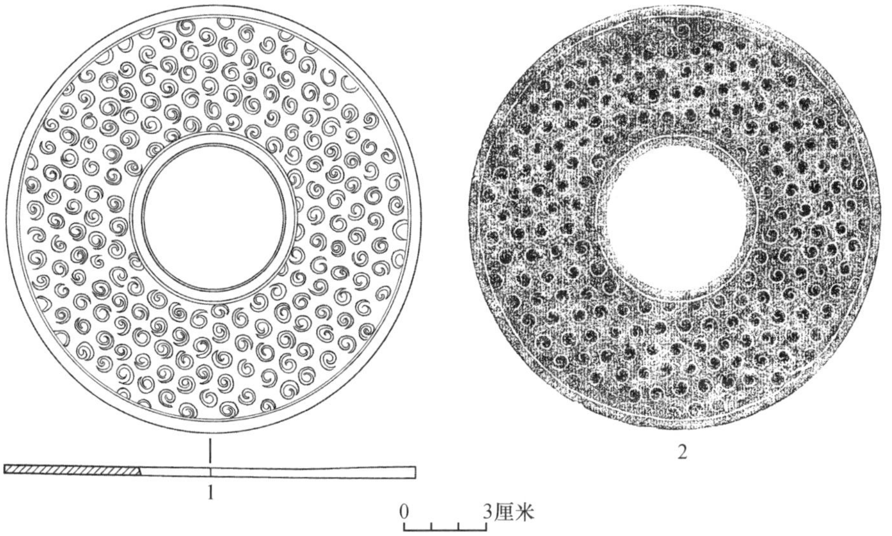

图一〇三　玉石装饰用器——A型璧（NG：5）

1. 璧　2. 纹饰拓片

① 湖北省荆州地区博物馆：《江陵马山一号楚墓》，文物出版社，1985年，第24页。

② 湖北省荆沙铁路考古队：《包山楚墓》，文物出版社，1991年，第188页。

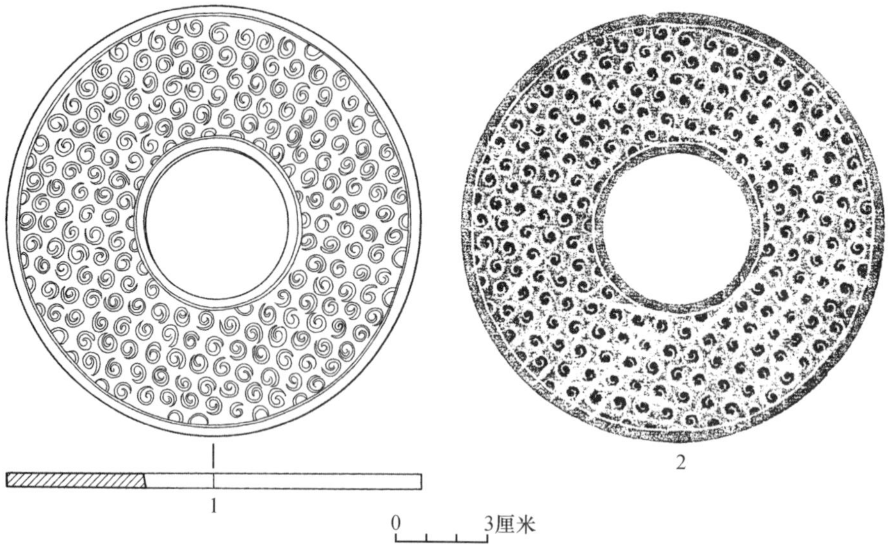

图一〇四　玉石装饰用器——A型璧（NG：6）

1. 璧　2. 纹饰拓片

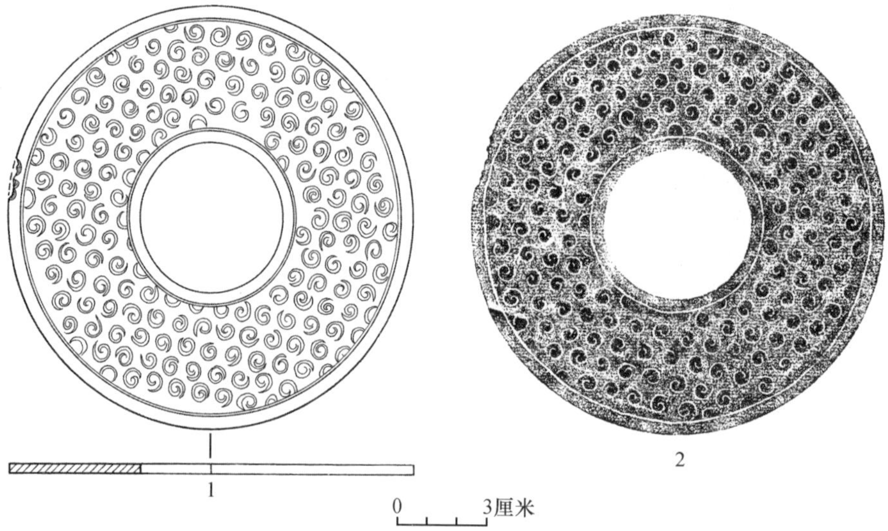

图一〇五　玉石装饰用器——A型璧（NG：10）

1. 璧　2. 纹饰拓片

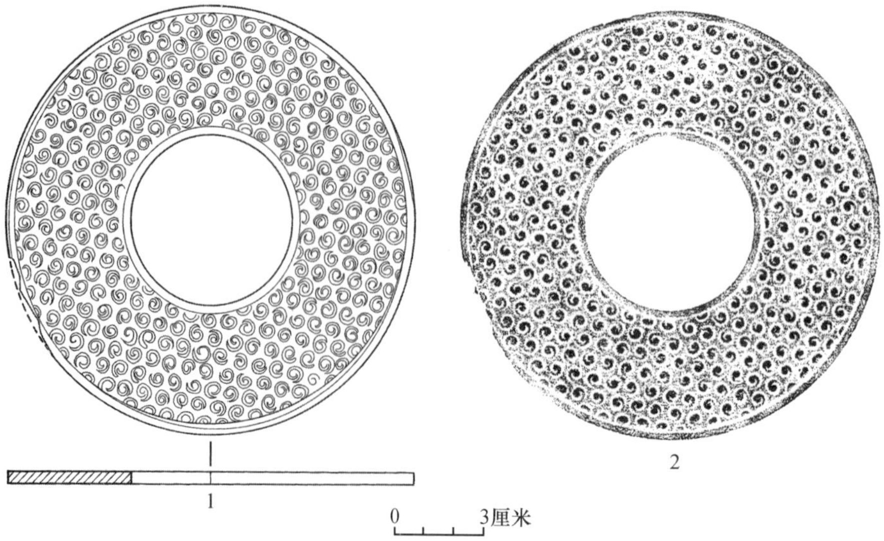

图一〇六　玉石装饰用器——A型璧（NG：7）

1. 璧　2. 纹饰拓片

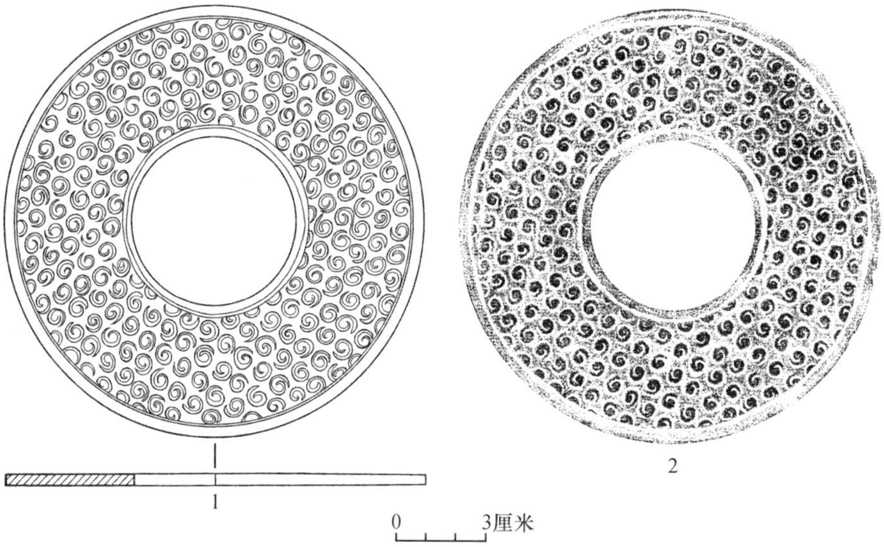

图一〇七 玉石装饰用器——A型璧（NG：13）
1. 璧 2. 纹饰拓片

（图一〇七；彩版一七，1；图版七〇，2）。

B型 2件。形体较小，均出自25号竹笥内。B：25-8，紫色，制作较粗糙，肉大于好。两面饰谷纹，谷纹以外饰二道浅凹弦纹。直径4.4、好径1、肉厚0.4厘米（图一一一，1；图版七一，1）。B：25-9，灰色，表面平滑，肉大于好。素面。直径4.8、好径1.6、肉厚0.5厘米（图一一一，2；图版七一，2）。

璜 4件。均出自棺内。分二型。

A型 2件。肉较宽，较粗糙。NG：11，出自人骨架左股骨下。墨绿色，有少量光泽。璜半圆形，扁平，截面长方形，上部正中有一小圆孔，孔径0.3 厘米。两面饰谷纹，周边浅刻一道凹弦纹，璜周边雕刻出14个方凸形鉏牙。长20、高8.8、肉宽3.9、肉厚0.5～0.6厘米。内距8.6厘米（图一〇八，1、2；图版七三，1）。NG：12，出自人骨架左股骨上。上部小圆孔直径0.3 厘米。长19.9、高8.8、肉宽3.9、肉厚0.5～0.6厘米。内距8.6厘米（图一〇八，3、4；图版七三，2）。

B型 2件。肉较窄，较精细。NG：14，出自人骨架左胫骨下。墨绿色，有光泽。璜半圆形，扁平，截面长方形，上部正中有一小圆孔，孔径0.3 厘米。两面饰谷纹，周边浅刻一道凹弦纹，璜周边雕刻出十四个方凸形鉏牙。上部正中孔径0.3 厘米。长22.3、高8.9、肉宽3.6、肉厚0.5厘米。内距13厘米（图一〇九，1、2；彩版一七，2；图版七三，3）。NG：15，出自人骨架左胫骨下。墨绿色。上部正中小圆孔直径0.22厘米。长22.3、高8.7、肉宽3.3、肉厚0.5～0.6厘米。内距13厘米（图一〇九，3、4；图版七四，1）。

环 4件。出自棺内。分二型。

A型 3件。较大。NG：16，出自人骨架左胫骨下。绿色，玉质较差，璧面不平，素面。直径12.2、好径4.9、肉宽3.6、肉厚0.6～0.7厘米（图一一〇，1；图版七一，3）。NG：19，出自人骨架左腓骨下。墨玉，有裂缝瑕疵。直径11.5、好径5.1、肉宽3.3、肉厚0.6～0.7厘米（图

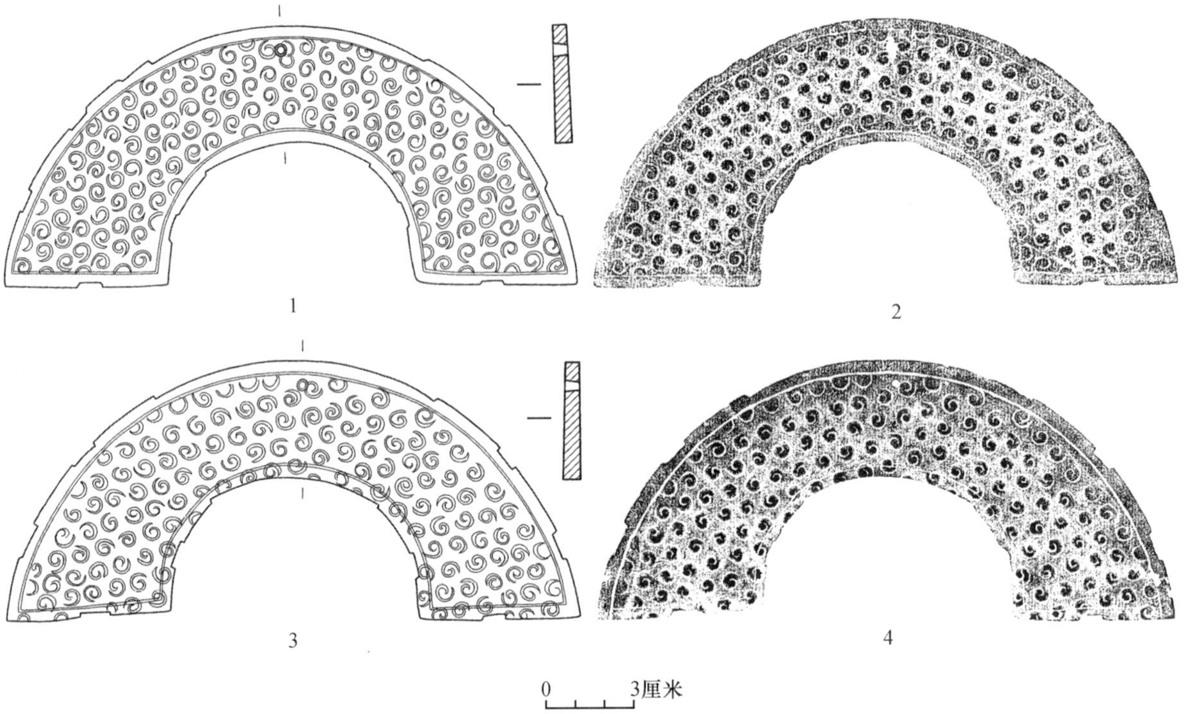

图一〇八　玉石装饰用器——A型璜

1、3. A型璜（NG：11、NG：12）　2、4. 纹饰拓片（NG：11、NG：12）

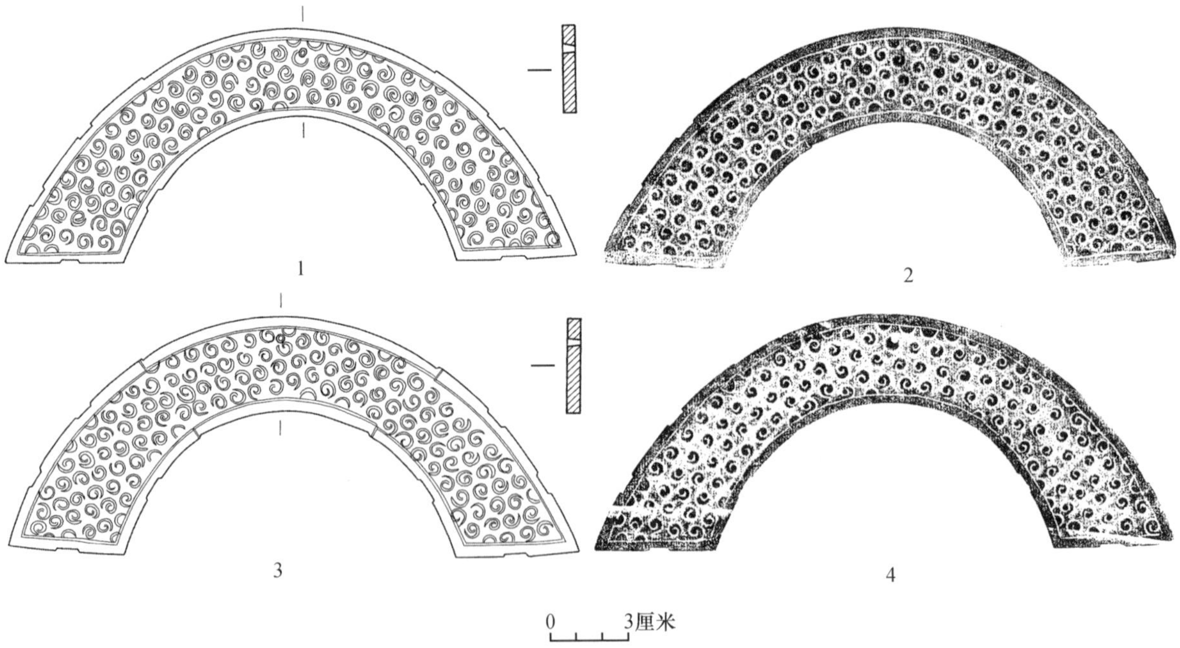

图一〇九　玉石装饰用器——B型璜

1、3. B型璜（NG：14、NG：15）　2、4. 纹饰拓片（NG：14、NG：15）

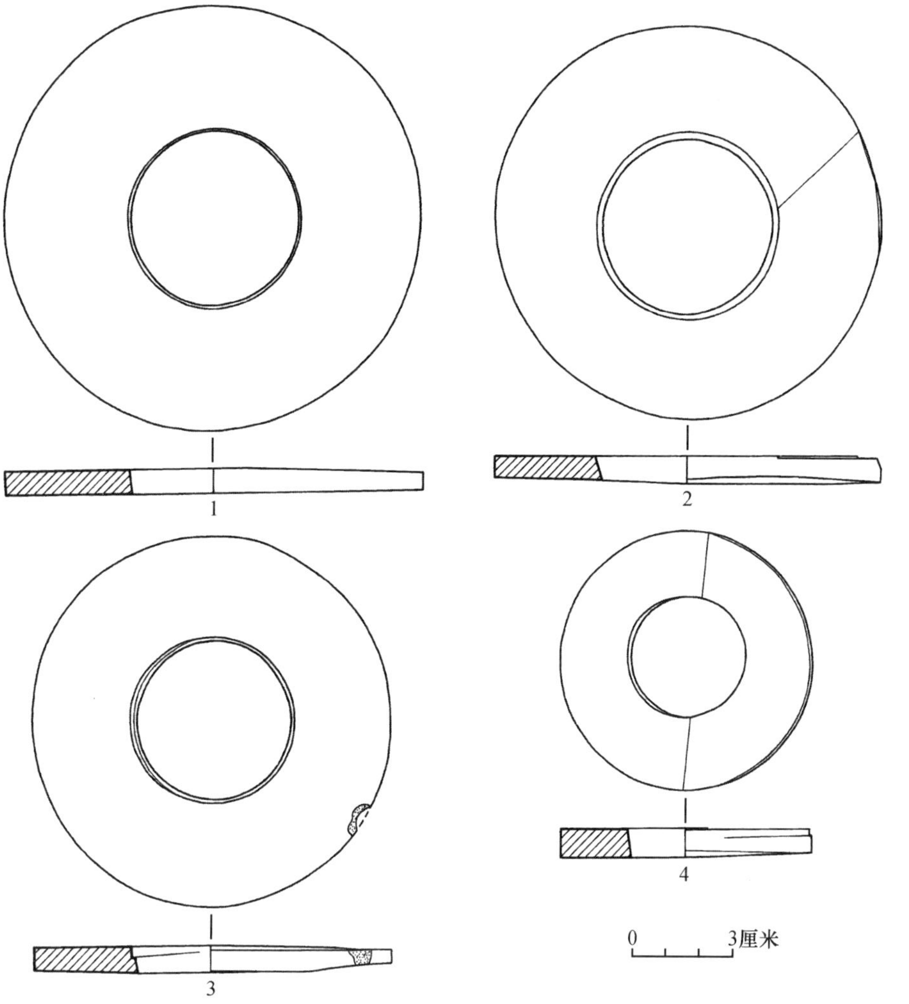

图一一〇　玉石装饰用器——环

1～3. A型（NG：16、NG：19、NG：17）　4. B型（NG：18）

一一〇，2；图版七一，4）。NG：17，出自人骨架左胫骨前。璧面有缺损。直径10.5、好径4.6、肉宽2.9、肉厚0.4～0.8厘米（图一一〇，3；图版七二，1）。

B型　1件。较小。NG：18，出自NG：17下。灰色，直径7.4、好径3.4、肉宽2～2.1、肉厚0.7～0.85厘米（图一一〇，4；图版七二，2）。

双龙璜　2件。分二型。

A型　1件。双龙。出自人骨架肋骨右侧。NG：9，米黄色，制作较精细，表面光洁。龙体呈弧形，双首，采用透雕、线刻等手法制成。龙首卷鼻、张嘴、圆睛，三角形耳，曲弧背。龙体上部正中有一小孔，孔径0.12厘米。龙身饰绹纹、网状鳞纹，上下缘浅刻凹弦纹。长5、高2.4、肉厚0.3厘米（图一一一，7；彩版一四，3；图版七二，5）。

B型　1件。猪形。出自人骨架肋骨左侧。NG：8，绿色，有黑点状瑕疵。龙体呈S形，尾残，眼部为一小孔，孔径0.25厘米。正反两面阴刻线状卷云纹。残长4.8、宽1.9、肉厚0.35厘米（图一一一，8）。

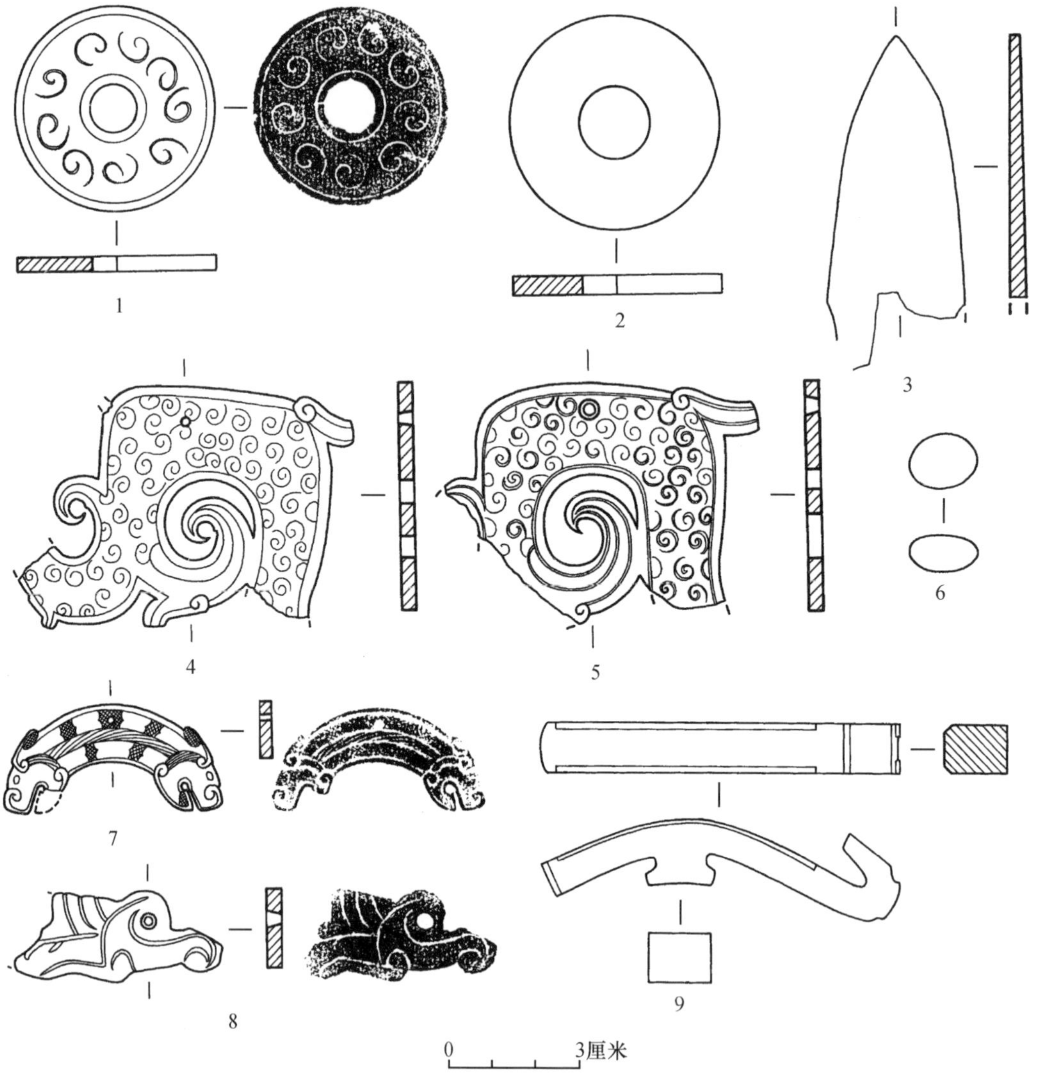

图一一一　玉石器

1、2. B型璧（B：25-8、B：25-9）　3. 圭形器（B：25-10）　4、5. 龙形佩饰（B：25-1、B：2）　6. 卵石（NG：20）　7. A型双龙璜（NG：9）　8. B型双龙璜（NG：8）　9. 带钩（B：47）

龙形佩饰　2件。均残。B：25-1，出自25号竹笥内。米黄色，有灰色颗粒状瑕疵。首尾均残。龙身卷曲较甚，呈S形。两面饰云纹、卷云纹。残长7.9、宽5.4、肉厚0.35厘米（图一一一，4；彩版一四，4；图版七二，3）。B：25-2，出自25号竹笥内。残长7.2、残宽5.4、肉厚0.35厘米（图一一一，5；彩版一四，5；图版七二，4）。

二、生活用器

共2件。均出自边箱的竹笥内。器形有带钩、圭形器等。

带钩　1件。B：47，绿色，有黑色瑕疵。略残，表面光洁。钩作“S”形，钩首向内弯曲，截面呈方形，弯处两侧各有一个长条形凸棱，似龙首状，身作弧形，平尾。钩背有一方形凸钮。素面。通长8.2、宽1.1、高1.9厘米（图一一一，9；图版七四，2）。

圭形器 1件。出自25号竹笥内。B：25-10，残。灰白色，圭形，素面。残长7.5、宽3.1、厚0.25～0.4厘米（图一一一，3）。

三、丧葬用器

共6件。均出自内棺。器形有琀、卵石等。

琀 5粒。出自人颅骨附近。NG：23，碎玉（图版七四，4）。

卵石 1件。出自棺内两膝之间，其用途是否与江陵马山一号楚墓[1]的“握手”功能相同，不得而知。NG：20，浅黄色，椭圆形。直径1.3～1.6厘米（图一一一，6；图版七四，5）。

第九节 其 他

共398件。主要出自边箱25号竹笥内，少数出自头箱。这类器物主要是组合型器物和骨器。铜璜、陶管、骨串珠等应是一套佩饰，因串联线腐烂，散落在竹笥内，因此集中一起叙述。器形有铜璜、陶管、骨串珠、骨韘、骨贝等。

铜璜 6件。出自边箱25号竹笥内。根据形状，分二型。

A型 2件。弧形。B：25-4，体扁薄，呈三角弧形，正面边缘的一周凸棱，上缘正中有一圆穿孔。长9.6、肉宽2、高3.5、肉厚0.15厘米（图一一二，2）。B：25-5，长9.2、肉宽1.6、高3.9、肉厚0.1厘米（图一一二，3）。

B型 4件。三角形，形制大小基本相似。B：25-3，共2件，形制大小相同。体扁薄，呈三角弧形，正面边缘的一周凸棱，上缘正中有一圆穿孔。长10.4、肉宽2.5、高4.2、肉厚0.15厘米（图一一二，4）。

陶管 6件。出自25号竹笥内。B：25-7a，陶质，褐胎，表面有一层深绿色陶衣，部分已脱落。管状，中空。长2.4、直径0.6、孔径0.3厘米。B：25-7b，长2、直径0.6、孔径0.3厘米（图一一二，5）。

骨串珠 316件。出自25号竹笥内。B：25-6，骨质，磨制，表面不光滑。黑色。扁珠形，中间钻有小孔。直径0.8、厚0.4、孔径0.15厘米（图一一二，1）。

从B：25号竹笥内出土的骨串珠（B：25-6）、陶管（B：25-7）、铜璜（B：25-4）这三种佩饰集中放置在一起，推测为一套组合佩饰。

骨韘 2件。B：78，椭圆形，中空可套一指。长4、宽2.4、高0.8厘米（图一一二，6）。T：7，一端斜向翘起。通长2.85、宽2.6、高1.3～1.6厘米（图一一二，7）。

骨贝 68件。形制基本相同，规则略有区别（表八）。骨质挖凿制成（图版七四，3）。B：67-28，上端尖顶，下端平直，正面削成龟背形，中间刻有一条纵向浅槽。槽上下各凿有

---

① 湖北省荆州地区博物馆：《江陵马山一号楚墓》，文物出版社，1985年，第17页。

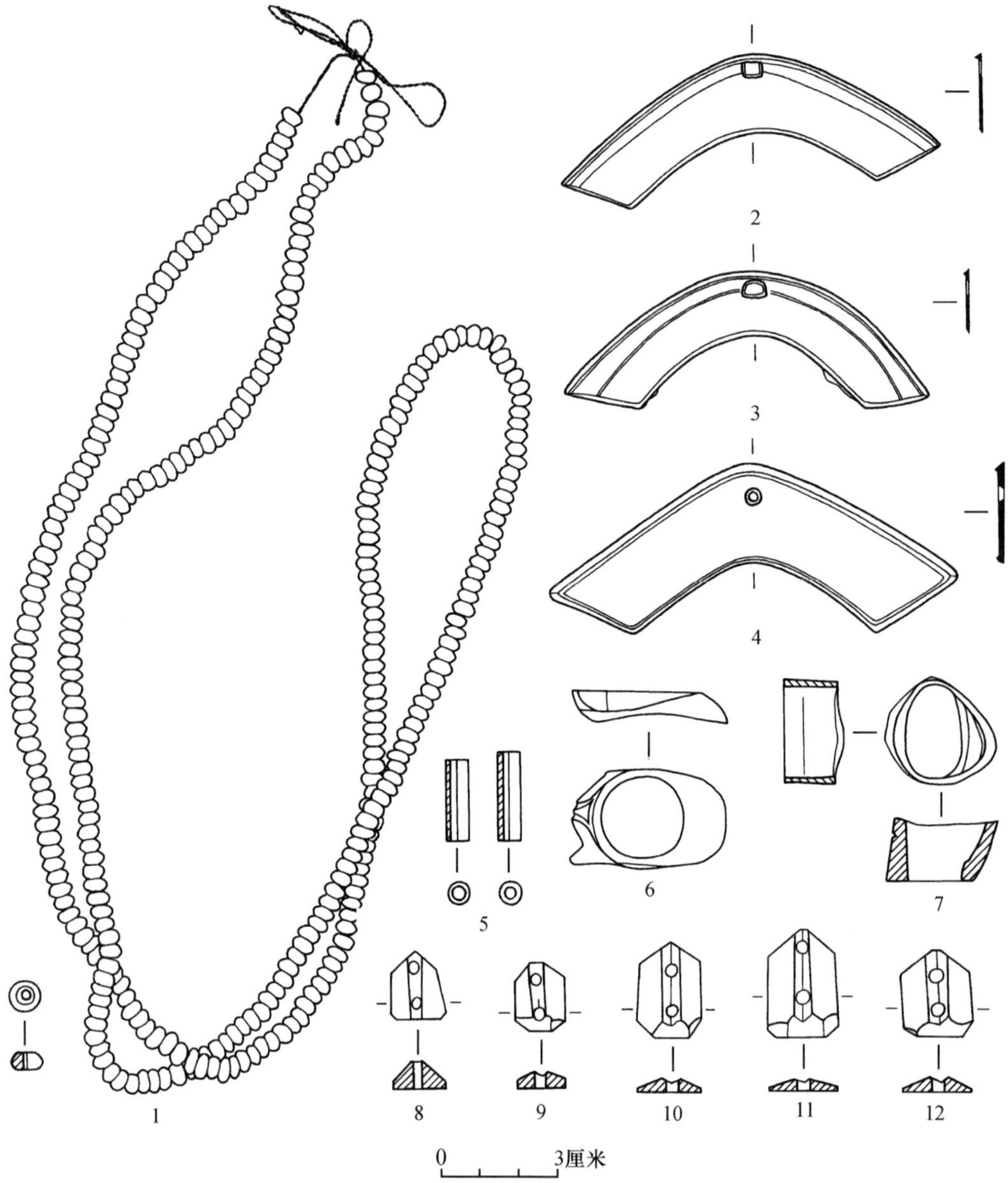

图一一二　其他——铜璜、陶管、骨串珠、骨韘、骨贝

1. 骨串珠（B：25-6）　2、3. A型铜璜（B：25-4、B：25-5）　4. B型铜璜（B：25-3）　5. 陶管（B：25-7）　6、7. 骨韘（B：78、T：7）　8～12. 骨贝（B：67-28、B：67-61、B：67-26、B：67-1、B：67-20）

一个透穿的小圆孔。长1.7、宽1.3、厚0.7厘米（图一一二，8）。B：67-61，皆由骨壁削成贝形，上下端平直，正面削成龟背形，中间刻有一条纵向浅槽。槽上下各凿有一个透穿的小圆孔。长1.7、宽1.3、厚0.4厘米（图一一二，9）。B：67-26，背面平直。长2.4、宽1.6、厚0.3厘米（图一一二，10）。B：67-1，背面平直。长2.7、宽1.8、厚0.3厘米（图一一二，11）。B：67-20，长2.2、宽1.8、厚0.4厘米（图一一二，12）。

表八　一号墓骨贝登记表

编号	长×宽-厚	孔径	上下间距	刻槽宽	备注
B：67-1	2.7×1.8–0.3	0.4	0.7	0.4	中间有槽
B：67-2	2.6×1.6–0.45	0.4	0.7	0.4	中间有槽
B：67-3	2.5×1.7–0.4	0.4	0.8	0.5	中间有槽
B：67-4	2.5×1.6–0.4	0.4	0.65	0.4	中间有槽
B：67-5	2.35×1.7–0.4	0.4	0.7	0.5	中间有槽
B：67-6	2.3×1.7–0.45	0.4	0.6	0.5	中间有槽
B：67-7	2.5×1.5–0.4	0.4	0.8	0.4	中间有槽
B：67-8	2.4×1.6–0.4	0.35	0.9	0.6	中间有槽
B：67-9	2.3×1.6–0.4	0.4	0.9	0.45	中间有槽
B：67-10	2.3×1.5–0.4	0.4	0.95	0.5	中间有槽
B：67-11	2.4×1.5–0.4	0.4	1.1	0.4	中间有槽
B：67-12	2.5×1.5–0.4	0.4	0.8	0.4	中间有槽
B：67-13	2.3×1.4–0.4	0.4	0.6	0.35	中间有槽
B：67-14	2.3×1.5–0.3	0.35	1	0.4	中间有槽
B：67-15	2.2×1.5–0.35	0.35	0.6	0.5	中间有槽
B：67-16	2.4×1.6–0.4	0.35	0.7	0.4	中间有槽
B：67-17	2.2×1.7–0.45	0.35	0.65	0.4	中间有槽
B：67-18	2.3×1.4–0.3	0.35	0.8	0.4	中间有槽
B：67-19	2.3×1.6–0.4	0.4	0.5	0.35	中间有槽
B：67-20	2.2×1.8–0.4	0.4	0.6	0.5	中间有槽
B：67-21	2.2×1.7–0.45	0.4	0.3	0.4	中间有槽
B：67-22	2.4×1.6–0.4	0.4	0.9	0.4	中间有槽
B：67-23	2.4×1.5–0.3	0.35	0.7	0.5	中间有槽
B：67-24	2.4×1.7–0.3	0.35	0.9	0.4	中间有槽
B：67-25	2.2×1.5–0.4	0.4	0.7	0.5	中间有槽
B：67-26	2.4×1.6–0.3	0.4	0.7	0.4	中间有槽
B：67-27	2.4×1.6–0.3	0.4	0.8	0.4	中间有槽
B：67-28	1.7×1.3–0.8	0.35	0.6	0.4	中间有槽
B：67-29	2.2×1.5–0.4	0.4	0.45	0.4	中间有槽
B：67-30	2.2×1.6–0.35	0.35	0.7	0.4	中间有槽
B：67-31	2.3×1.6–0.35	0.35	0.5	0.5	中间有槽
B：67-32	2.3×1.6–0.3	0.35	0.45	0.4	中间有槽
B：67-33	2.4×1.5–0.4	0.4	0.5	0.5	中间有槽
B：67-34	2.2×1.5–0.4	0.4	0.7	0.4	中间有槽
B：67-35	2.1×1.6–0.4	0.4	0.8	0.4	中间有槽

续表

编号	长×宽-厚	孔 径	上下间距	刻槽宽	备注
B：67-36	2.1×1.6–0.4	0.4	0.8	0.5	中间有槽
B：67-37	2.3×1.5–0.35	0.4	0.7	0.4	中间有槽
B：67-38	2.2×1.5–0.35	0.35	0.8	0.4	中间有槽
B：67-39	2.2×1.4–0.4	0.4	0.5	0.4	中间有槽
B：67-40	2.0×1.5–0.4	0.4	0.7	0.45	中间有槽
B：67-41	2.2×1.5–0.4	0.4	0.8	0.4	中间有槽
B：67-42	2.0×1.5–0.4	0.35	0.5	0.4	中间有槽
B：67-43	2.3×1.5–0.35	0.35	0.7	0.4	中间有槽
B：67-44	2.4×1.4–0.3	0.35	1.1	0.35	中间有槽
B：67-45	2.1×1.5–0.35	0.35	0.8	0.4	中间有槽
B：67-46	2.2×1.3–0.4	0.35	0.8	0.4	中间有槽
B：67-47	2.0×1.5–0.4	0.35	0.4	0.4	中间有槽
B：67-48	2.0×1.4–0.35	0.35	0.5	0.5	中间有槽
B：67-49	2.1×1.4–0.4	0.4	0.7	0.4	中间有槽
B：67-50	2.0×1.4–0.4	0.4	0.6	0.5	中间有槽
B：67-51	2.0×1.4–0.4	0.35	0.4	0.5	中间有槽
B：67-52	2.2×1.4–0.4	0.35	0.8	0.4	中间有槽
B：67-53	2.0×1.5–0.35	0.35	0.35	0.4	中间有槽
B：67-54	2.1×1.4–0.3	0.35	0.5	0.4	中间有槽
B：67-55	2.0×1.3–0.3	0.35	0.5	0.4	中间有槽
B：67-56	2.1×1.2–0.35	0.35	0.8	0.45	中间有槽
B：67-57	2.1×1.3–0.35	0.35	0.9	0.4	中间有槽
B：67-58	2.0×1.2–0.35	0.4	0.7	0.4	中间有槽
B：67-59	1.9×1.5–0.3	0.4	0.6	0.4	中间有槽
B：67-60	1.8×1.4–0.35	0.35	0.6	0.35	中间有槽
B：67-61	1.7×1.3–0.4	0.4	0.4	0.4	中间有槽
B：67-62	2.0×1.1–0.4	0.35	0.7	0.4	中间有槽
B：67-63	2.0×1.2–0.3	0.4	0.75	0.35	中间有槽
B：67-64	2.0×1.2–0.35	0.4	0.3	0.4	中间有槽
B：67-65	2.0×1.3–0.65	0.35	0.65		中间无槽
B：67-66	1.9×1.6–0.6	0.4	0.5		中间无槽
B：67-67	2.0×1.4–0.7	0.35	0.6		中间无槽
B：67-68	1.7×1.3–0.7	0.35	0.4		中间无槽

第一〇节　竹　　简

竹简17枚，出土于头箱内。由于墓葬盗扰严重，在抢救发掘阶段只发现1枚有字竹简，编号为T：69，转入室内清理竹木屑时又有所发现，经过细致清理，共发现竹简25枚，其中有文字者13枚，其余无字。其中仅数枚完整，其余大部分残断较为严重。

出土时，竹简编绳已腐烂，散落于头箱中。竹简呈黄褐色，由成竹劈成条，去节刮青整治而成，多数竹简单面书于竹黄，唯2号简双面书写。墨迹基本清晰。还有部分无字竹简。每简字距疏密不一，字数多寡不等。

经过初步释读，竹简文字属较为典型的战国楚文字，由于残缺较为严重，文字内容性质不明，一部分似属古书，但文句简短，不能连贯，无法知晓文意。另有部分简文记载之“俑”或与墓中随葬的木俑有关，若然，则这部分简文似属于丧葬类文书。

值得重视的是，这批竹简普遍比较短小。经过测量，这批竹简中数枚首尾完整的竹简长约11.4～11.6厘米。据了解，此前发现长度最短的黄州曹家岗简长约12.8厘米。相较之下，塌冢一号墓出土的这批竹简是目前为止所见长度最短的竹简。

现根据整理时的编号（括弧中为出土号）将书有文字的竹简内容介绍如下：

简1（T：69-25），完整。上端整治平齐，可见三道编绳，简长11.4厘米，宽0.6厘米，厚约0.1厘米。上端编绳距顶端1.5厘米，中间编绳距顶端5.9厘米。下端编绳距下端1.1厘米。其文曰：“正雙（發）寍（蜜）犬壯悰同韋　甲乙□”（彩版一八，1；图版七五，1）。

简2（T：69-24），下端略残，长约9.3厘米，宽0.6厘米，厚约0.1厘米。上端编绳距顶端1.5厘米，中间编绳距顶端5.9厘米。其文曰：“情作[illegible][illegible]，交分訓□”（彩版一八，2；图版七五，2）。

简3（T：69-2），残，正反两面书写。长7.6厘米，宽0.6厘米，厚约0.1厘米。可见两道编绳。正面文曰：“以亓（其）亡母之古（故），含（今）日□”，反面文曰：“□□亡又亓（其）所堵灰堵（？）□女”。其中“亡又”、“亓所”均为合文，合文符分别著于“又”、“所”下（彩版一八，3；图版七五，3）。

简4（T：69-1），完整，长约7.5厘米，宽约0.6厘米，厚约0.1厘米，可见两道编绳。其文曰：“乃歸亓甬（俑），甬（用）一豭豙葬（？）”（彩版一八，4；图版七五，4）。

简5（T：69-3），完整，长约11.6厘米，宽约0.6厘米，厚约0.1厘米，可见两道编绳，上编绳距上端3厘米，下编绳距下端2厘米。其文曰：“己北進□祀，廌（荐）以之酉（酒）父己”（彩版一八，5；图版七五，5）。

简6（T：69-4），完整，长约11.6厘米，宽约0.6厘米，厚约0.1厘米，可见两道编绳，上编绳距上端3厘米，下编绳距下端2厘米。其文曰：“□□□□□□之亓以不之”（彩版一八，6；图版七五，6）。

简7（T：69-5），残，长约6厘米，其文曰：“又心（？）某某以谷（？）”（彩版一九，1；图版七六，1）。

简8（T：69-6），残，长约4厘米，其文曰：“□□□”（彩版一九，2；图版七六，2）。

简9（T：69-7），残，长约4.2厘米，其文曰：“畋（畋？）之魚□”（彩版一九，3；图版七六，3）。

畋，疑读作畋。耕种、整治。《书·多方》：“今爾尚宅爾宅，畋爾田。”孔颖达疏：“治田謂之畋，猶捕魚謂之漁。”

简10（T：69-8），残，长约2厘米，其文曰：“命以”（彩版一九，4；图版七六，4）。

简11（T：69-9），残，长约2厘米，其文曰：“以□”（彩版一九，5；图版七六，5）。

简12（T：69-10），残，长约3厘米，其文曰：“□□□”（彩版一九，6；图版七六，6）。

首字上部所从与（上博周易33號簡）（郭店語叢四·19）近似，可隶作“歆”，下部似从貝作。

简13（T：69-11），残，长约5.3厘米，其文曰：“脯食之日”（彩版一九，7；图版七六，7）。

“脯”字从父从肉，亦见于包山255、257以及签牌8、13等。“之日”为合文。

第一一节　动物遗骸

动物骨骼主要出自头箱的泥土中。由于比较零散，出土时总体给了一个编号（T：15）。经鉴定，动物种属主要有黄牛、狗、野兔、猪獾、狗獾五种，另有少量无法鉴定种属的小骨骼。

黄牛　标本10件，代表一个半岁左右的幼年个体。主要材料包括右肩胛骨1件、荐椎骨1件、右盆骨残块1件、肋骨7件。肋骨多残断，近侧多有砍痕。这些黄牛骨骼表面色泽较暗淡，无光泽，表层多脱开，经烹煮的迹象较明显，可确认是实鼎的牺牲。

狗　标本22件，代表4个月以内的幼仔一只。主要材料包括头骨1个、游离乳齿4枚以及左右肩胛骨各1件、左右股骨各1件、左右跟骨各1件、左右距骨各1件、右尺骨1件、右胫骨1件、脊椎骨7件。

野兔　标本8件，代表一个个体。主要材料包括寰椎1件、左肩胛骨1件和残破肢骨块6件。

猪獾　标本4件，代表一个幼年个体。主要材料包括头骨1件、左肱骨1件、右尺1件、右盆骨1件。

狗獾　标本6件，代表一个幼年个体。主要材料包括头骨1件、右尺骨1件、左胫骨1件、左腓骨1件、左跟骨1件、右盆骨1件。

此外有獾类的脊椎骨26件，暂无法区分猪獾与狗獾。

另有无法鉴定种属的中小型哺乳动物的肢骨10件、肋骨5件、头骨碎块4件，以及无法鉴定到种属的微小型哺乳动物的脊椎骨58件（可能是老鼠一类的骨骼）。

第一二节 植物遗骸

植物遗骸量较少，经鉴定，有花椒、当归、柿核、梅核、菱和樟科等。其中果核出自头箱（T：28），花椒、当归出自内棺，棕榈叶出自内棺盖与捆棺草绳之间。

花椒数量较多。果实呈圆球状，表面布满疣状突起，还伴出有树杆上的刺。

当归数量较多。果实呈扁卵形，背部隆起数道棱线，两侧有薄翅。

柿核　12粒。呈扁平卵形，顶部有鸟喙状尖。

梅核　24粒。梅核呈椭圆形，顶端有突尖，表面密布蜂窝状凹坑。

菱　16块。根据出土菱角残块的形态特征，一号墓中出土的菱应该属于两角菱。

樟科　在一号墓的头箱内还发现了一粒疑似樟树的植物种子，圆球状，表面光滑，顶部略尖。

另在内棺盖上出土棕榈叶鞘纤维多束，呈卷筒形条状。

第五章　车　马　坑

第一节　车马坑位置与结构

一、位　　置

CHK1位于T1与T3西扩方的中部，主墓M1的西侧，相距12.8米（图一一三；彩版二，2）。

二、车马坑结构

车马坑平面呈“凸”字形，方向273°（以马头朝向为准）。坑内填土黑褐色小花土，厚1.48米。土质较硬，未发现夯筑痕迹，无包含物。从堆积的情况看，坑内填土由东向西倾斜，说明填土是由东倒入坑内的。车马坑南北西边长16.78、东边长16.55米，东西北部宽4.45、中部宽4.45、南部宽4.43米，距地表深0.3米。车马坑西壁偏南处有一象征性的坑道，平面呈东西长方形，入口处稍呈弧形。东西长0.76、南北宽1～1.1米，底部呈斜坡形，斜坡长0.66～0.69米，坡度47°。与车马坑交接处深0.39米。坑壁较陡，较规整，未见加工痕迹。底略小于坑口。坑底南北东边长16.12、西边长16.22米，东西南端宽4、中部宽3.88、北端宽3.86米，坑深1.43～1.48米。坑底东侧有10个轮坑，一车两坑，车轮均置于轮坑内。轮坑东西向，平面呈圆角长方形，纵剖面呈半圆形。1号车左轮坑长1.58、宽0.28～0.9、深0.54米，右轮坑长1.66、宽0.26～0.27、深0.5米。2号车左轮坑长1.66、宽0.25～0.26、深0.53米，右轮坑长1.59、宽0.19～0.2、深0.53米。3号车左轮坑长1.46、宽0.27～0.31、深0.53米，右轮坑长1.57、宽0.25～0.29、深0.52米。4号车左轮坑长1.38、宽0.2、深0.57米，右轮坑长1.5、宽0.19、深0.57米。5号车左轮坑长1.63、宽0.23～0.25、深0.56米，右轮坑长1.47、宽0.22、深0.57米（图一一三；彩版二六；图版七七）。

第二节　车马摆放方式

车马坑内陪葬5辆车12匹马（现存8匹）。车舆东衡西，由南向北横向排列。马头西尾东，两马背向侧卧于辕的两侧。马匹的配备除3号车配4马外，1、2号配2马，4、5号马骨腐烂无存，所配马匹不详。

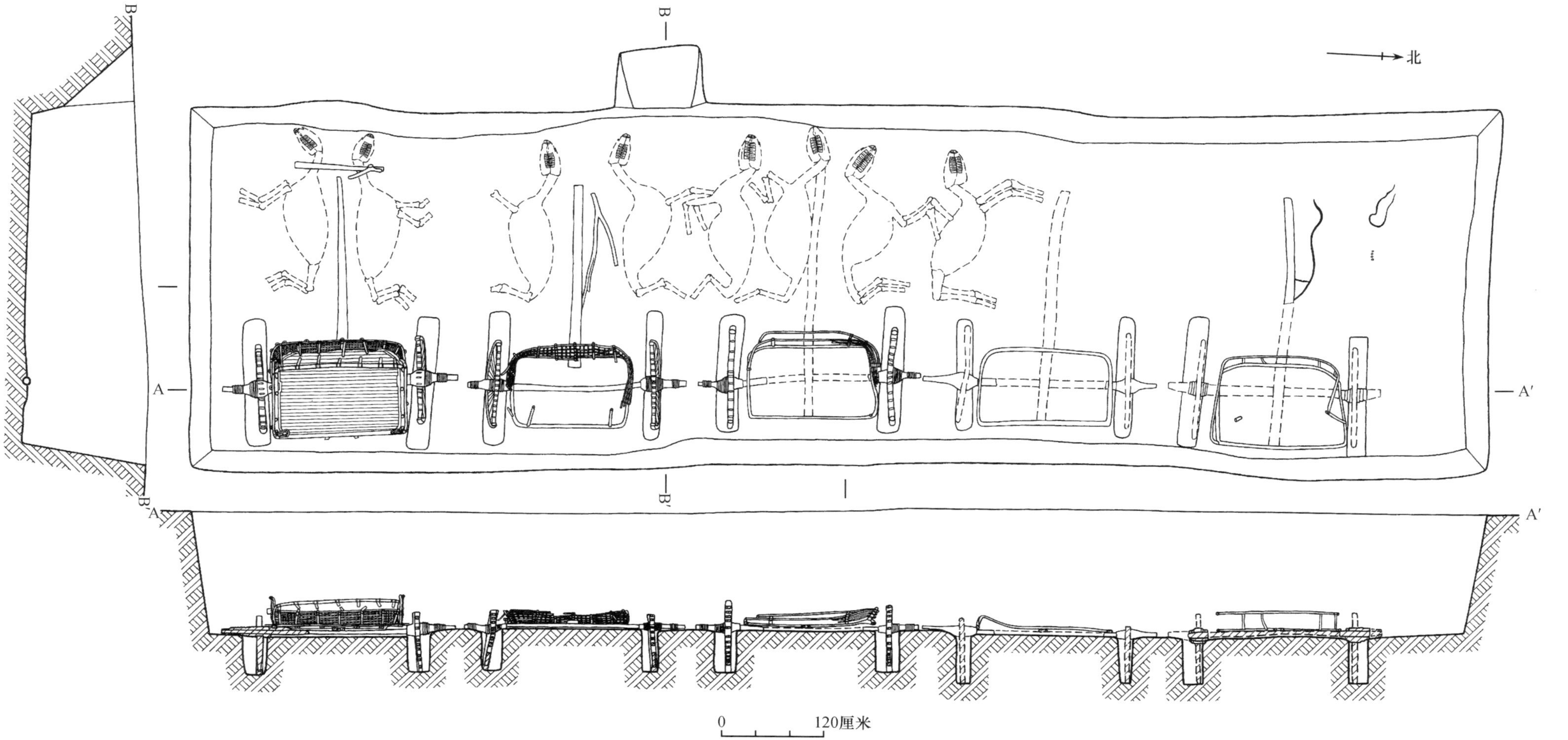

图一一三　车马坑平、剖面图

由于坑内填土由东向西倾倒，受填土压力的作用，车舆由东向西侧倾斜，除1号车保存较好外，其余车仅见车舆大致轮廓。现按车子顺序分别介绍如下：

一、1 号 车

位于车马坑的最南端。南为坑壁，北为2号车。1号车保存较好，车衡西舆东，一车二马。车为格栏式车舆，木质，通身髹深褐色漆，漆皮附着力较强，清理时仅有少量脱落，车子立柱与围栏清楚。马骨已腐烂，仅见灰色痕迹，马牙保存较好，两马背向卧于辕两侧（图一一四；彩版二七；图版七八，1、2）。

车子结构基本清楚。由轮、轴、辕、轭、舆等部分组成。

车轮置于坑东侧的轮槽沟内。车轮已腐烂，仅见痕迹，由于压力的作用，车轮现已变形。从痕迹观察，两轮间距183厘米。左轮横径110、残高75、宽7厘米。毂长47厘米，轵端径8厘米，壶中径21厘米，贤端径10厘米。轮安31辐，辐条长44厘米，股径2厘米，骹宽4厘米，厚1.3厘米。右轮横径110、残高74、宽6厘米。右轮可见辐条31根。辐条长44厘米，股径2厘米，骹宽4厘米，厚1.3厘米。毂残长47厘米，轵端径8、壶中径20、贤端径12厘米（图版七八，4）。

辕置于轴上舆下正中处，与轴垂直相交，前端上扬，其他部位因填土压力的因素，现紧贴于坑底，成平直状。辕首残，前部断面略呈扁长方形，辕在舆内分开成“Y”形，分叉部分长63、宽40厘米，踵稍露于舆框外侧，外露部分长3、宽4厘米（图版八〇，2）。辕前段宽5.5厘米，尾宽4厘米，舆前处宽13、厚5厘米。辕残长324厘米。

衡保存较差。横置于马颈部。直衔。残长107、宽5～8、厚3厘米。轭已腐烂，仅见右轭上部，轭肢无存。残高27厘米（图版七八，3）。靷在辕的两侧，未发现靷绳痕迹。

轴位于辕下，横穿毂中，在舆内的轼柱与前輢柱之间可见轴痕迹，残长283厘米，宽5～8厘米。在轸框与轴之间可见到伏兔痕迹，伏兔长24、宽6、高6厘米。在左右轮内侧与侧栏之间出土两件铜金柅，伏兔的结构与结合不明。

舆横长方形。由轸框、立柱、轼、围栏、格軨及茵等部件榫卯、捆绑而成。横长156、进深108、侧栏高40厘米（图版七九，1）。轸前角圆弧形，后角圆方形，前后轸框较窄，横截面长方形，宽5厘米，侧轸较宽，横截面呈“凵”形，宽6厘米，框内上角缺榫承茵，轸框厚3.5厘米（图版七九，2）。按照车型结构，轸框上榫卯不同类型的立柱和栏柱共25根。

立柱6根，均独立成柱。分别是中柱2根、后柱2根、角柱2根。中柱位于轸轴心纬线前5厘米，前距轼柱20厘米。直径2、残高37厘米。后柱位于中柱与角柱之间的后段。前距中柱34厘米。直径1.2～2、高40厘米。角柱位于轸框后角。直径3、残高40厘米。

栏柱17根，由围栏木条两端下折而成，一般依附在立柱附近或两柱之间。分别是轼柱2根、軓柱7根、軓侧柱2根、角后柱2根、门中柱2根、门内2根。轼位于舆轴心纬线前12厘米处，距前轸30厘米，距后轸70厘米，后距中柱19厘米。由1根圆木棍煣成“⊓”形，两端下折成轼柱。轼长154、直径3、残高33厘米。軓柱位于前栏軓侧柱之间。軓柱上引至第一层围栏折

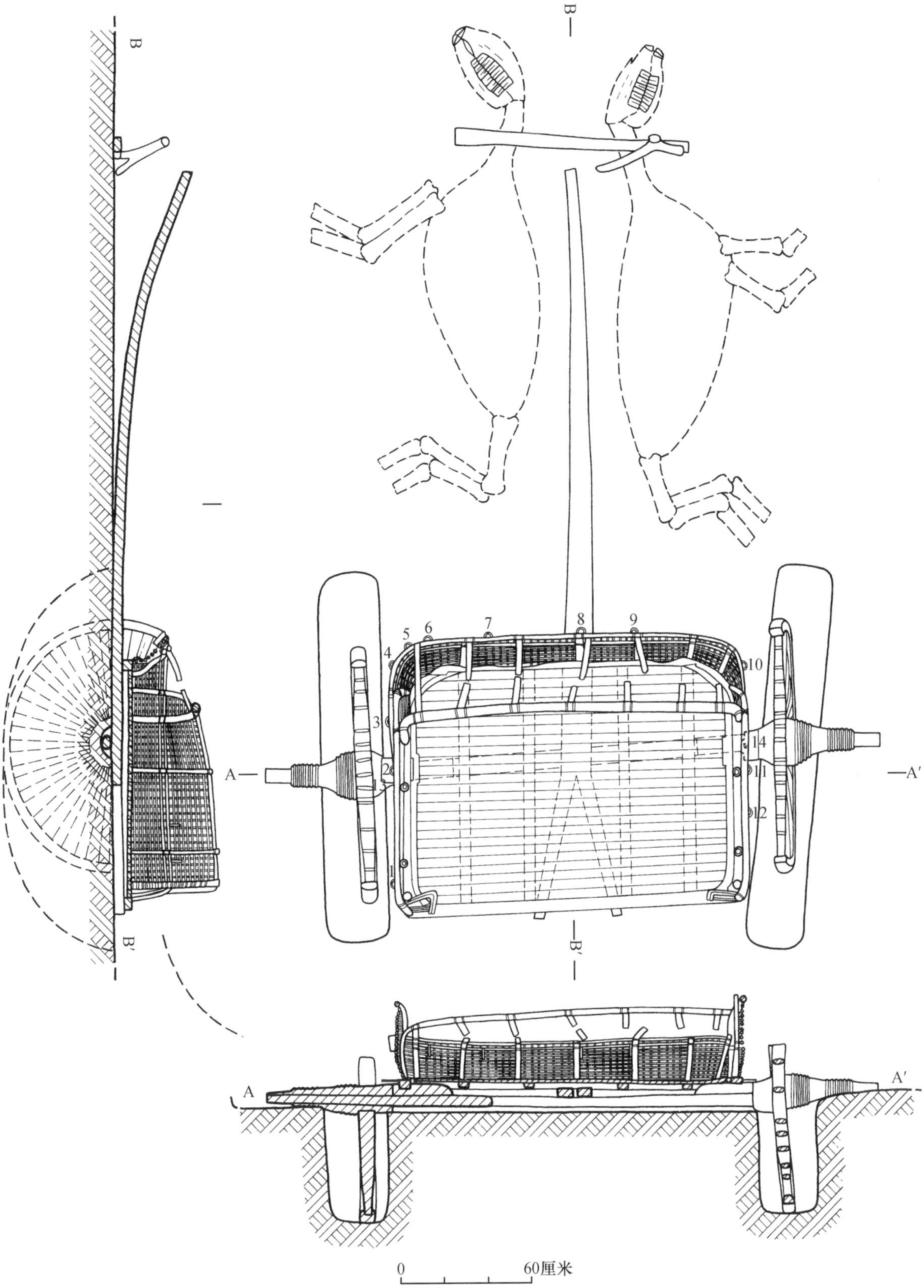

图一一四　CHK1：1号车平、剖视图

1～12. 铜壁插　13、14. 铜金柅

成斜桯，以轼榫卯结合，用皮条捆绑固定。由軓柱与轼柱构成半封闭的轼前空间，形成可容膝的軓。内空横长147、进深25厘米。軓侧柱位于前轸弧角处，斜上行绕轼柱外侧成侧栏的第一层横栏，经中柱、后柱，在角柱外侧下折成角后柱，下端与轸框捆绑，直径2厘米。角后柱位于后角柱的外侧，依附在轸框外侧，下端略超出轸框2厘米，用皮条捆绑固定。后角柱上行至侧栏顶部折平成侧栏的第一层围栏，经后柱、中柱、轼柱外侧斜下折形成軓侧柱，下端与轸框榫卯，直径2厘米。

轸框位于车舆底部，处于辕与伏兔之上。平面呈长方形，由四根宽6、厚4厘米的木条榫卯而成。轸框长158、宽112厘米（图版八〇，2）。轸上榫卯不同规格的立柱23根，构成车舆的纵向主要骨干架，在框架外侧用木（或藤）条横向捆扎而形成完整的车舆围栏。

围栏为格軨式。由轵和轛榫卯而成。围栏分为后栏、侧栏、前栏三部分。轵上下共18层，高39厘米，上下间隔1.5厘米，横截面扁圆形，宽1.5、厚0.8厘米。侧栏的第1层由角后柱与軓侧柱构成，前端在轼前下折成軓侧柱，后端在角柱外侧下折成角后柱，依附在后角柱与轸框外侧。前栏轵上下共10层，高21厘米，后栏共3层，与侧栏的第2层轵持平，高4厘米，轵的规格与侧栏相同。轛圆柱形，直径1厘米，分布在立柱之间，间距2.5厘米，轛上端与第一层轵榫卯，中部为穿榫，下端与轸榫卯。轵与立柱交汇处均用皮条捆绑固定。茵位于舆底部，轸框内侧，桄木之上。由挡框和茵板组成，平面与轸框形状基本相同，茵板左右两端设挡框，前后侧边无框，挡框平面呈“弓”形，与侧轸框扣合。挡框宽3、厚1.5厘米。茵板由25根宽4、厚1.5厘米的木条（或藤条）编联而成，两端榫入挡框内。横长148、宽100厘米。一号车在围栏外侧安挂有12件铜壁插，其上应与车耳相接（图版七九，3），可能是拆卸放置到椁室内。

门设于舆后栏正中，宽门较矮，由两根栏柱并列而成。门内柱和门中柱上行18厘米，经角柱与角后柱之间穿过，平折成侧栏的第一一层和一二层围栏，绕后柱、中柱、轼柱斜下行至前栏，形成前栏的第一、二层围栏，以相同的方式绕舆一周至另一侧。门宽120、高18厘米（图版八〇，1）。

车舆的结构方法主要是榫卯与捆绑法并用，柱子与轸框为榫卯，轵与柱则为皮条捆绑，轵与轛为榫卯，軓柱与轼为榫卯结合后再用皮条捆绑。整车髹深褐色漆。

该车配两匹马。马骨已腐烂，仅见灰色遗迹，从马骨遗迹看，马头西尾东，左右服马背向，侧卧于车辕的左右两侧。从马骨伸展的情况分析，马应是杀死后排列于辕两侧的。

二、2 号 车

2号车位于车马坑的南部。南为1号车，北为3号车，西侧坑口设有象征性斜坡坑道。该车保存较好，车衡西舆东，一车两马。车子立柱与围栏基本清楚，为格軨式车舆，木质已腐烂，仅存部分深褐色漆。马骨已腐烂，仅见灰色痕迹与马牙，两马背向卧于辕两侧（图一一五；图版八〇，3；图版八一，1）。

车子结构基本清楚。由轮、轴、辕、軛、舆等部分组成。

车轮置于坑东侧的轮槽沟内。车轮上部无存，由于压力的作用，两轮呈八字形（上部向内

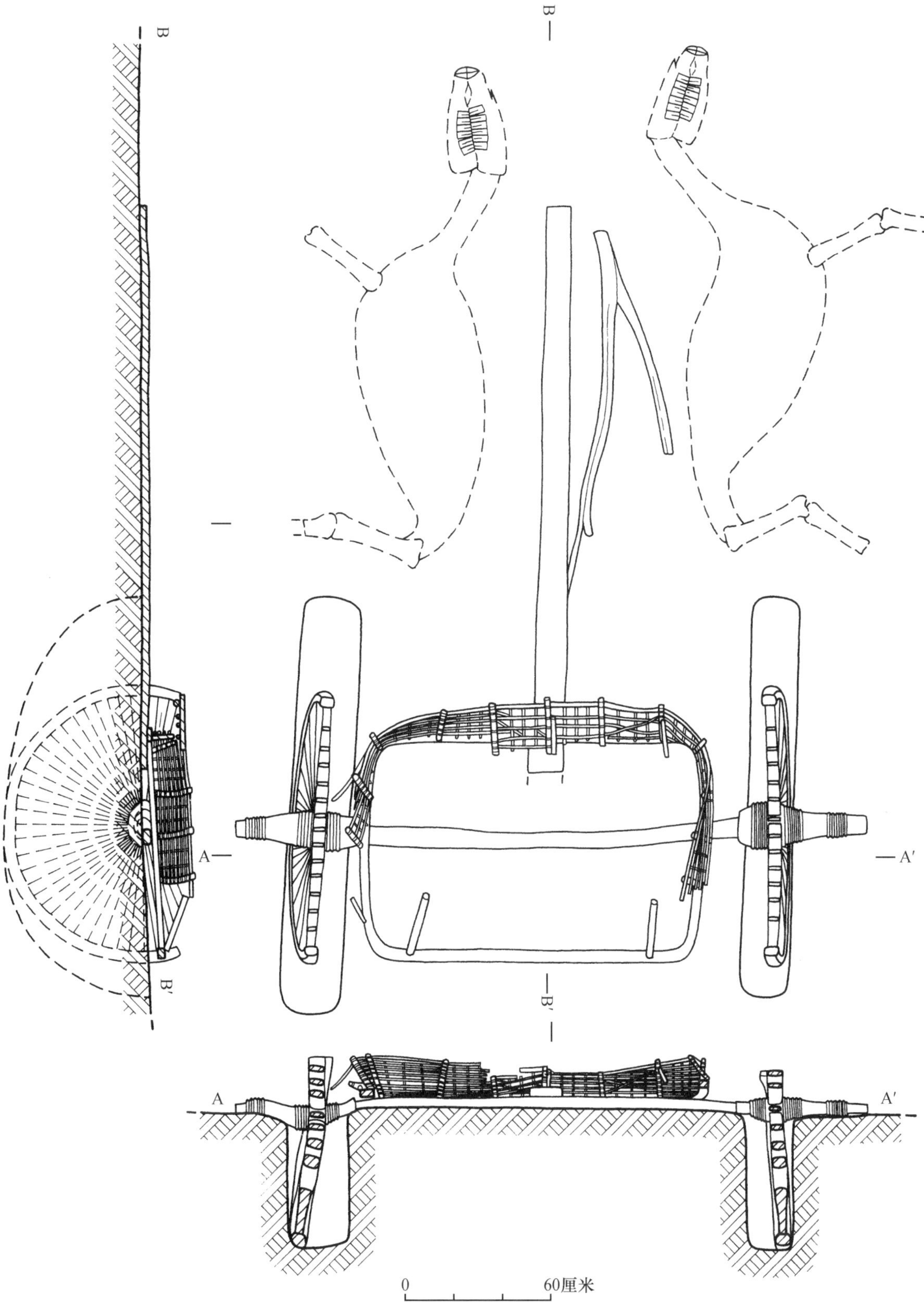

图一一五 CHK1：2号车平、剖视图

撇，下部向外撇），从痕迹观察，两轮间距185厘米。左轮横径109、竖径残高76厘米，轮牙断面呈梯形，着地面和两侧略鼓，着地面宽4厘米，容辐面宽5厘米，牙高4厘米。轮上有辐条31根，辐条长38厘米，分为股与骹两部分，股椭圆形，长12、直径2厘米。骹扁棱形，长26、宽4、厚0.4厘米。股榫入牙内，骹榫入毂内，毂长50厘米，轵端径6、壶中径15、贤端径11厘米（图版八一，2）。毂内部分未清理，与轴的结构不明。

辕置于轴上舆下正中处，前端上扬，因填土压力的因素，现紧贴于坑底，呈平直状。辕首、踵残，残存舆前部分。辕残长225、宽13厘米。

衡、轭已腐烂无存。在车辕右侧可见靷绳痕迹。靷在舆前53厘米辕的左侧引出，前行90厘米分叉成人字形，前端残。现残长145、宽2～6厘米。轭腐烂无存。

舆保存较差，由于填土的压力，略有变形，车舆向前和左侧倾斜。轼与侧栏上部无存（图版八一，3）。

舆由立柱、栏柱、轼、围栏、格軨及茵等部分榫卯、捆绑而成。呈横长方形。横长147、宽90、残高16厘米。轸呈横长方形，圆角。横长133、宽94厘米。

轸框内未发现茵与桄。栏由立柱、轵、轛等部分组成。各栏下端榫入轸框的柱子现存17根。

立柱8根，均独立成柱。分别是中柱2根、后柱2根、角柱2根、门柱2根。中柱位于轸轴心纬线上，前距轼柱16厘米，直径2、残高16厘米。后柱位于中柱与后角柱之间的前段，前距中柱16厘米，距后角柱26厘米。直径2、残高14厘米。后角柱无存。门柱位于轸后框两侧，距轸两角17厘米。直径3、残高23厘米。

栏柱15根，由围栏木条两端下折而成，一般依附在立柱附近或两柱之间。现存軓柱5根、軓侧柱2根、轼柱2根、角后柱2根、门中柱2根、门内柱2根。軓柱位于舆前部。軓柱在前轸上引至第一层围栏折成斜桯，以轼榫卯结合，用皮条捆绑固定。直径2厘米。由軓柱与轼柱构成半封闭的轼前空间，而形成軓。轼位于舆轴心纬线前16厘米处，距前轸20厘米，距后轸60厘米，后距中柱16厘米。由1根圆木棍煣成“┌─┐”形，现仅存两端下折部分。轼直径3、残高15厘米。

轸框上榫卯不同规格的立柱23根，构成车舆的纵向主要骨干架，在框架外侧用木（或藤）条横向捆扎而形成完整的车舆围栏。围栏为格軨式，由轵和轛榫卯而成，围栏结构基本清楚。轵共6层，高19厘米，上下间隔2厘米，横截面扁圆形，宽1.5、厚1厘米。轛圆柱形，直径1厘米，等距离分布在立柱之间，间距5厘米，轛上端与第一层轵榫卯，下端与轸榫卯。轵与立柱交汇处均用皮条捆绑固定。轸框内未发现茵等其他设施。

门设在舆后栏正中，宽门，根据车子结构推测，门柱内设有门中柱与门内柱各一根。复原门宽95厘米。

车舆的结合方法主要是榫卯与捆绑法，柱子下端与轸框榫，轵与柱子用皮条捆绑，轵与轛为榫卯结合。軓柱与轼榫卯后用皮条捆绑。整车髹深褐色漆。

该车配二马。马骨已腐烂，仅见灰色遗迹，从马骨遗迹看，马头西尾东，左右服马侧卧于辕的两侧。马腿作伸展状，不见绑缚痕迹，应是杀死后排列于辕两侧的。

三、3　号　车

3号车位于2号车的北侧，北为4号车。车衡西舆东，一车四马。该车保存较差，仅见舆前栏，从残存车舆分析，该车为格軨式车舆。马骨已腐烂，仅见灰色痕迹，马牙保存较好，从马骨痕迹看，四马背向卧于辕两侧，一侧的马为顺向（图一一六；彩版二八，1；图版八一，4；图版八二，1）。

由于车子腐烂，从残存的痕迹观察，由轮、轴、辕、舆等部分组成。

车轮置于坑东侧的轮坑内。车轮腐烂仅见痕迹，从痕迹测得两轮间距184厘米。车轮上半

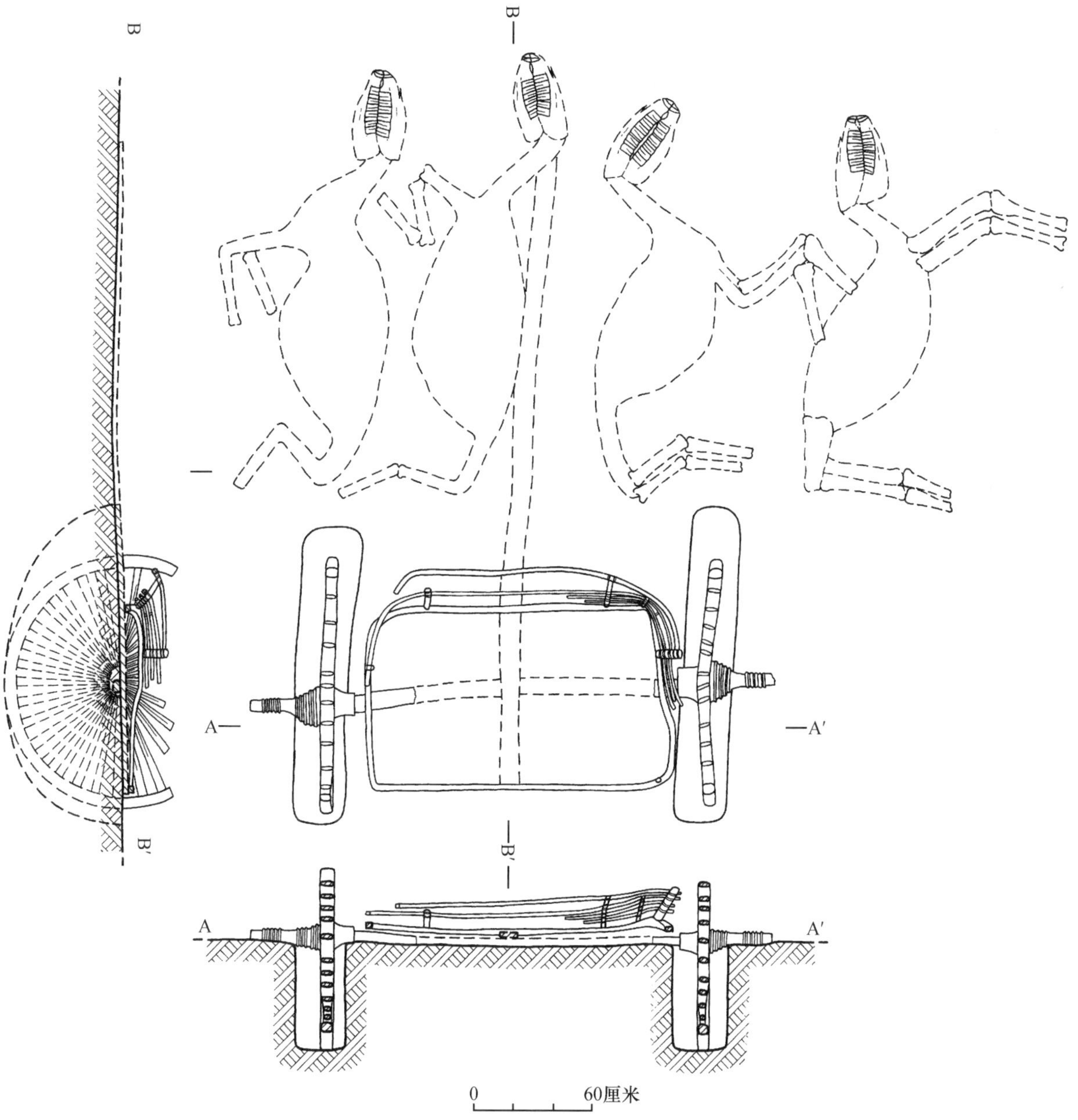

图一一六　CHK1：3号车平、剖面图

部残缺，左轮横径157、竖径残高56、宽6厘米。毂长53厘米，轵端径5、壶中径21、贤端径12厘米。右轮横径152、竖径56、宽6厘米。毂长48厘米，轵端径6、壶中径22、贤端径15厘米。毂外表有几道细密凸棱状篆，壶中安有31根辐条，长48、宽6、厚1.5厘米。由于腐烂较严重，轮牙、辐条等细部结构不明。

辕置于轴上舆下正中处，与轴垂直相交，由于填土的压力作用，辕紧贴于坑底，呈长条状。辕残长320、宽8～10、厚2厘米。

衡、軛、軥等已腐烂无存。

轴位于轼后置于辕下，横穿毂中，前距轸框32厘米，距后轸框44厘米，长268、宽5～7厘米。轴与伏兔的结构不明。

车舆已腐烂，仅残存轸框与部分前栏。前栏下部有三层轵，上下间距2厘米，残长40、直径1厘米，不见轛。在轸框前残存軓柱两根，直径2厘米。两侧残存轼柱，位于轴前11厘米处。轼柱直径4、残高13厘米。

轸呈横长方形，圆角。横长156、宽94厘米。轸框宽2.5～3、厚2厘米。轸框内侧不见茵与桄木，其结构不明。

车舆的结合方法为榫卯与捆绑法，柱子下端与轸框榫，轵与柱子用皮条捆绑，轵与轛为榫卯结合。整车髹深褐色漆。

该车配四匹马。马骨已腐烂，仅见灰色遗迹，从马骨遗迹看，马头西尾东，侧卧于车辕的左右两侧，一侧的马顺向。左服马与骖马间距较小，左骖马前腿弯曲，与2号车右服马前腿交错而放，后腿稍弯。左服马颈部枕于辕上，前腿弯曲至左服马列颈部，后腿伸展。右服马与骖马间距较大，右服马距辕较远，前腿稍弯，并压在右骖马脊上，骖马两腿舒展。从马骨伸展的情况分析，马应是杀死后排列于辕两侧的。

四、4　号　车

4号车位于车马坑的中北部，南为3号车，北为5号车。该车保存较差，仅见车轸框痕迹。车衡西舆东，由于马骨已腐烂，在车辕两侧未发现马骨痕迹（图一一七；图版八二，2、3）。

由于车子腐烂较严重，其结构不明。从残存的痕迹观察，由轮、轴、辕、舆等部分组成。

车轮置于坑东侧的轮坑内，腐烂仅见痕迹，从痕迹观察，两轮间距194厘米。左轮横径121、竖径残高80、宽6厘米。毂长66厘米，轵端径6、壶中径22、贤端径10厘米。右轮横径120、宽6厘米，毂残长48厘米，轵端径5、壶中径19、贤端径11厘米。牙、辐腐烂无存，其结构不明。

轴置于辕与舆下，横穿毂中。前距前轸36厘米，距后轸40厘米，残长282、宽径10、厚3厘米。轴与伏兔的结构不明。

辕置于轴上舆下正中处，与轴垂直相交。由于填土压力的因素，辕贴于坑底，呈平直状，毂尾不见露出舆外。辕残长294、宽10～14、厚4厘米。

衡、軛、軥等已腐烂无存。

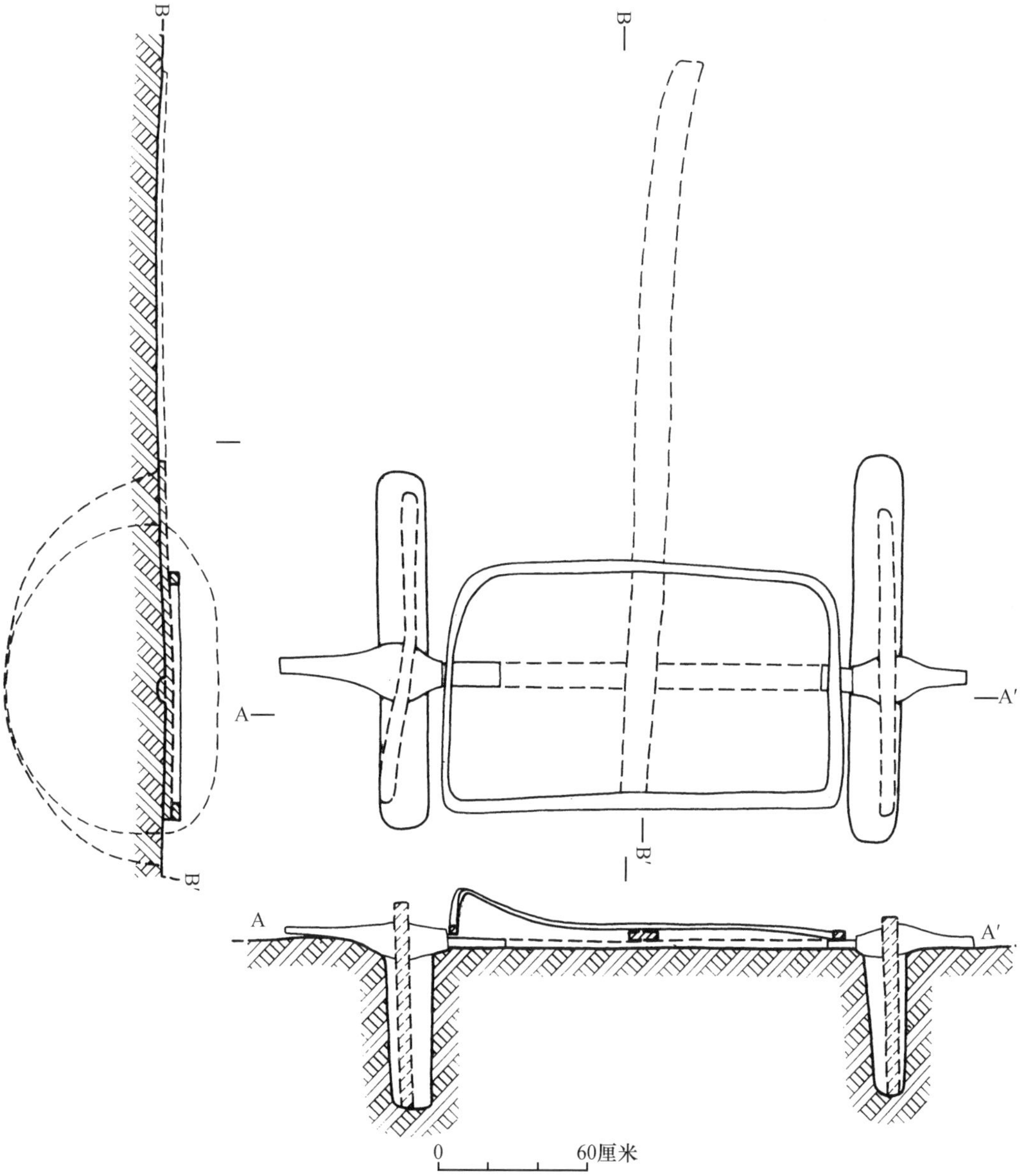

图一一七　CHK1：4号车平、剖面图

车舆已腐烂，仅残存轸框痕迹。轸呈横长方形，横长162、宽97厘米，轸后角圆弧度较小，前角圆弧度较大，轸框宽3～6、厚3厘米。由于车子已腐烂，其结构不明。

五、5　号　车

5号车位于车马坑的北部，南为4号车，北为坑壁。该车保存较差，仅见车痕，车舆结构不明。从痕迹观察，车衡西舆东，马骨已腐烂，在车辕两侧未发现马骨痕迹（图一一八；图版八三，1、2）。

由于车子腐烂，其结构不明。从残存的痕迹观察，由轮、轴、辕、舆等部分组成。

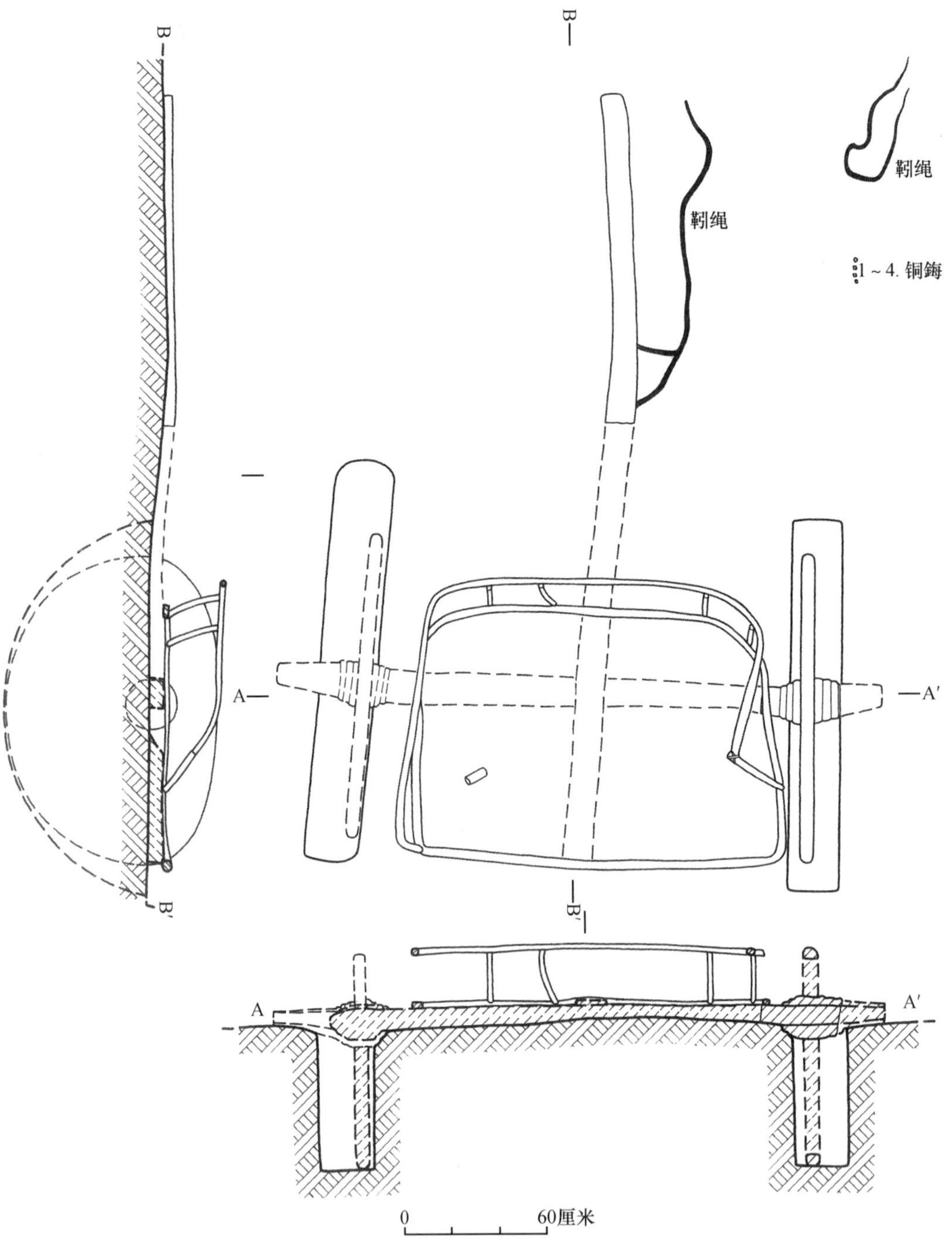

图一一八　CHK1：5号车平、剖面图

车轮置于坑东侧的轮坑内。车轮已腐烂仅见痕迹，从痕迹测得两轮间距184厘米。左轮横径124、竖径残高86、宽6厘米。毂长48厘米，轵端径9、壶中径17、贤端径14厘米。右轮横径125、竖径残高88、宽6厘米。毂残长44厘米，轵端径9、壶中径18、贤端径13厘米。由于腐烂，车轮结构不明。

辕置于轴上舆下正中处，与轴垂直相交。由于受填土压力的原因，辕贴于坑底，呈平直状，踵未露出舆外。辕残长314、宽10～12、厚2厘米。

衡、轭等已腐烂无存。

在辕右侧残存有靷绳。靷绳从辕中部右侧引出，向右前方延伸至衡处。可见部分长124、径1.8厘米。在辕右侧有四颗圆形铜鍚，呈东西向排列。鍚长1.5、径1厘米，再向前90厘米处还有一段“U”形靷绳，残长90、径1厘米（图版八三，3）。

轴置于辕与舆下，横穿毂中。距前轸框25厘米，距后轸框62厘米，残长258、径8~12厘米。伏兔结构不明。

车舆已腐烂，仅残存轸框。轸呈横长方形。轸后角圆弧度较小，前角圆弧度较大。横长152、宽106厘米。轸框残宽4、厚2厘米。轸框内不见茵与桄木，其结构不明。由于车子已腐烂，其结构不明。

第三节 出土遗物

车马坑中出土铜配件很少，五辆车中除1号车舆栏上配有小壁插外，其余车未发现铜构件，另在5号右靷处发现铜鍮。

共26件。器形有金梍、壁插、鍮等。

金梍 共2件（CHK1：1-13、CHK1：1-14）。形制相同，但大小有别。略残。出土于车轮与舆之间的伏兔上。CHK1：1-13，暗绿色。圆角长方形，体薄而平，内侧中部外凸，上有一长方形穿，穿长1.5、宽0.6厘米。除外凸部分外，周边有一圈宽0.3厘米，较中间台面薄0.08厘米的平台。正面用红铜镶嵌对称式卷云纹、三角云纹。长12.1、宽7.7、厚0.25~0.3厘米（图一一九，1；彩版二八，3，图版八四，1、2）。CHK1：1-14，翠绿色。背面有明显伏兔的压印痕迹，长12.4、宽8.6、厚0.25~0.3厘米（图一一九，2；彩版二八，2；图版八四，3、4）。

壁插 12件（CHK1：1-1~CHK1：1-12）。形制、大小基本相同。壁插出土时插在一号车舆前栏的第二层和两侧的第七层轵栏外侧，基本上分布在立柱和栏柱上。CHK1：1-4，暗绿色。由钩与插管两部分组成，呈半圆形筒状，中部有一圆角长方形穿孔，孔长2.5、宽0.6厘米。背面平，上部有一扁状挂钩，钩体为半圆形，钩首圆形外突，勾长7.5厘米。壁插挂钩挂在车舆围栏轵上，应是一种便于装卸的部件。插管长5、上径1.2、下径1、通长8.4厘米（图一一九，3；彩版二八，4；图版八四，5）。CHK1：1-5，翠绿色（彩版二八，5；图版八四，6）。

这12件壁插插孔与B：72号木质车耳下方榫头的大小、形状，以及间距完全吻合，B：72号车耳应是1号车上的配件，可能是下葬时将车耳卸下来葬入椁室中的，这种拆车葬在中原地区西周时期屡见不鲜，这种现象可能是早期拆车葬习俗的遗留。

鍮 4件（CHK1：5-1~CHK1：5-4）。出土于引绳附近，应是马缰绳上或马络上的饰件。4件形制基本相同。有双范合铸痕迹。绿色。珠形，中空。CHK1：5-1，直径1.3~1.4、高1.1厘米（图一一九，5；图版八四，7）。CHK1：5-2，直径1.4~1.6、高1.4厘米（图一一九，4；图版八四，8）。CHK1：5-3，直径1.2~1.3、高1厘米（图一一九，6）。

图一一九　铜车马器——金柅、壁插、錞

1、2. 金柅（CHK1：1-13、CHK1：1-14）　3. 壁插（CHK1：1-12）　4～6. 錞（CHK1：5-2、CHK1：5-1、CHK1：5-3）

第六章 结 语

第一节 塌冢一号墓年代

塌冢一号墓是继天星观、包山、左冢及严仓楚墓之后，在楚故都纪南城城东长湖南北两岸发掘的又一座较为重要的楚国贵族墓。

塌冢一号墓是黄歇村东周墓群中较小的一座，因早期被盗，随葬品不全，虽出土有礼器、乐器、生活用器、车马器、兵器、丧葬用品、装饰品等各类器物一千余件，但仍缺乏可供断代的确切纪年资料，故只能从墓葬形制和出土器物特征两方面，借鉴历年考古发掘的楚墓材料所建立的年代学框架，来对其相对年代作大致推断。

首先，塌冢一号墓具有明显的楚墓特征。无论是墓葬形制，还是出土器物的特征、纹饰，都是楚墓中常见的风格。所出竹简字迹清晰，其字体笔法也与包山二号墓[①]和郭店一号墓[②]出土的楚简相同，属典型的楚国文字。因此，塌冢一号墓的性质同于上述两墓，也是一座典型的楚墓。

其次，塌冢一号墓的年代在整个楚墓年代框架中，应属战国中晚期（公元前278年以前）。

目前，已发表的楚墓材料中，其绝对年代比较确切无疑的，主要有以下几批：天星观二号墓的下葬年代推定在公元前350～前330年[③]；包山二号墓的下葬年代，据简文“大司马昭阳败晋师于襄陵之岁”和“大司马卓滑救郙之岁”的纪年材料，可推定在公元前318～前298年，而四号墓的下葬年代则推定在战国晚期（公元前278年秦将白起拔郢之前）[④]；襄阳陈坡10号墓的下葬年代推定在楚顷襄王之前，楚怀王末年，即公元前300年前后[⑤]；左冢一号墓的下葬年代，推定上限不会早于公元前339年，下限不会晚于公元前278年，其年代应在公元前330～前300年，二号墓的下葬年代不早于战国中期晚段[⑥]；望山一号墓的下葬年代推定在战国中期的楚威王时期或楚怀王前期，二号墓的下葬年代推定在战国中期；沙冢一号墓的下葬年代推定在战国

① 湖北省荆沙铁路考古队：《包山楚墓》，文物出版社，1991年，第266页。

② 湖北省荆门市博物馆：《荆门郭店一号楚墓》，《文物》1997年第7期，第46页。

③ 湖北省荆州博物馆：《荆州天星观二号楚墓》，文物出版社，2003年，第211页。

④ 湖北省荆沙铁路考古队：《包山楚墓》，文物出版社，1991年，第332页。

⑤ 湖北省文物考古研究所等：《襄阳陈坡》，科学出版社，2013年，第249页。

⑥ 湖北省文物考古研究所等：《荆门左冢楚墓》，文物出版社，2006年，第193页。

中期偏晚（公元前278年之前）[①]。以上几批楚墓的年代清楚可靠，是推定塌冢一号墓下葬年代可资对比的最重要材料。

塌冢一号墓出土器物中，铜鼎只残存有口沿和铁足，从个体及形制分析，这些鼎足属于三件个体，其中两件为盖鼎，一件为小口鼎或盉。铁足铜鼎常见于战国中晚期的楚墓中，天星观、望山、沙冢、包山、左冢、严仓等大中型楚墓中都有所发现，其鼎足的形制特征也基本一致。

铜器中的盘与包山M2：128[②]、左冢M1N：3[③]、天星观M2：39[④]等同类器基本相似，盉足、勺和匕分别与左冢M1W：2、M1E：24、M1E：28[⑤]相同，铜鼎口沿与铁足同天星观M2：84[⑥]相似，铁鼎足与九店东周墓乙组墓AⅢ式（M33：7）鼎足[⑦]基本相同。

填土中出土的陶鼎、壶分别同九店东周墓乙组墓的B型Ⅵa式（M447：6）鼎、Ⅴa式（M237：4）壶[⑧]十分近似；陶鼎还与沙冢一号墓B型Ⅳ式（SM1：8）鼎[⑨]近似。

漆案、瑟、角状器、豆、矩形耳杯等漆木器也与包山、左冢、望山、天星观、九店等墓中的同类器相似。塌冢一号墓漆案与左冢M1E：14案[⑩]、望山WM1：T3案[⑪]相似，漆瑟与包山M2：242瑟[⑫]、左冢M1S：12瑟[⑬]、天星观M2：12瑟[⑭]、望山WM1：B77瑟[⑮]同类器物一致，瑟和弦柱还与九店东周墓M530：18同类器物[⑯]近似，角状器与左冢M1S：69角状器[⑰]相似，漆豆与九店东周墓乙组墓Ⅳ式漆豆（M33：14）[⑱]相似，矩形耳杯与九店东周墓乙组墓Ⅱ式矩形耳杯（M353：3）[⑲]、望山A型耳杯（WM2：11）[⑳]也大致相同。

---

① 湖北省文物考古研究所：《江陵望山沙冢楚墓》，文物出版社，1996年，第210页。
② 湖北省荆沙铁路考古队：《包山楚墓》，文物出版社，1991年，第108页。
③ 湖北省文物考古研究所等：《荆门左冢楚墓》，文物出版社，2006年，第46页。
④ 湖北省荆州博物馆：《荆州天星观二号楚墓》，文物出版社，2003年，第59页。
⑤ 湖北省文物考古研究所等：《荆门左冢楚墓》，文物出版社，2006年，第48页。
⑥ 湖北省荆州博物馆：《荆州天星观二号楚墓》，文物出版社，2003年，第39页。
⑦ 湖北省文物考古研究所：《江陵九店东周墓》，科学出版社，1995年，第205页。
⑧ 湖北省文物考古研究所：《江陵九店东周墓》，科学出版社，1995年，第157、170页。
⑨ 湖北省文物考古研究所：《江陵望山沙冢楚墓》，文物出版社，1996年，第174页。
⑩ 湖北省文物考古研究所等：《荆门左冢楚墓》，文物出版社，2006年，第76页。
⑪ 湖北省文物考古研究所：《江陵望山沙冢楚墓》，文物出版社，1996年，第89页。
⑫ 湖北省荆沙铁路考古队：《包山楚墓》，文物出版社，1991年，第116页。
⑬ 湖北省文物考古研究所等：《荆门左冢楚墓》，文物出版社，2006年，第107页。
⑭ 湖北省荆州博物馆：《荆州天星观二号楚墓》，文物出版社，2003年，第118页。
⑮ 湖北省文物考古研究所：《江陵望山沙冢楚墓》，文物出版社，1996年，第91页。
⑯ 湖北省文物考古研究所：《江陵望山沙冢楚墓》，文物出版社，1996年，第264页。
⑰ 湖北省文物考古研究所等：《荆门左冢楚墓》，文物出版社，2006年，第107页。
⑱ 湖北省文物考古研究所：《江陵九店东周墓》，科学出版社，1995年，第271页。
⑲ 湖北省文物考古研究所：《江陵九店东周墓》，科学出版社，1995年，第277页。
⑳ 湖北省文物考古研究所：《江陵望山沙冢楚墓》，文物出版社，1996年，第145页。

此外，单箍错银车軎与望山M2：82[①]、郭店一号楚墓（M1：T21-1）[②]所出同类器物近似，其差异只是后者筒身都饰两对连身相对的凤鸟纹，而前者饰二方连续勾连云纹；铜衔骨镳则与天星观二号墓Ⅰ式（M2：227）[③]相同。

综上所述，塌冢一号墓应与上述诸墓大致同时，其绝对年代当为战国中晚期，下限年代不晚于公元前278年。

第二节 塌冢一号墓主人的等级与身份

关于墓主人的等级与身份，我们可根据墓葬形制及文献记载的先秦礼仪制度来推测。

塌冢一号墓建有较大型封土。现存封土呈不规则椭圆形，虽遭到破坏，但基本完整，底径东西长29.2、南北宽18.4、残高5.2米。《周礼·春官宗伯·冢人》曰："冢人掌公墓之地，辨其兆域而为图。……以爵等为丘封之度与其树数。"[④]《礼记正义·王制》曰："三年之丧，自天子达，庶人县封，葬不为雨止，不封不树。"[⑤]可见有无封土，是"士"与"庶人"的分界线。按周礼，一号墓墓主人的等级当属"士"以上阶层。

棺椁制度也是先秦礼制的重要内容之一。《礼记正义·檀弓》载："天子之棺四重。"[⑥]郑玄注："诸公三重，诸侯再重，大夫一重，士不重。"塌冢一号楚墓使用了一椁二棺，正符合大夫的葬制，与先秦典籍不悖。

同时，塌冢一号墓的台阶级数、椁室分设情况也可与已发掘的等级身份比较确定的楚墓相比较。该墓总共七级台阶，三分椁室（头箱、边箱、棺室），一椁重棺，与目前已发掘的沙冢一号墓（台阶三级、三室、一椁二棺）、望山二号墓（台阶三级、三室、一椁三棺）、望山一号墓（台阶五级、三室、一椁二棺）也大致相同；而与包山二号墓（台阶十四级、五室、二椁三棺）明显存在着差距。前三墓属比较确定的下大夫级别，而包山二号墓属确定的上大夫级别。因此，一号墓墓主的生前地位也应与上述前三墓的墓主属同一等级，属于下大夫阶层。

此外，随葬器物的组合也是判定墓主生前等级和地位的标志之一。塌冢一号墓虽然被盗严重，但依然出有铜礼器、乐器、车马器、兵器以及大量色泽鲜丽、纹饰精美的漆木器等各式器物，其数量之多，种类之繁，无疑是墓主人生前地位的客观反映。在随葬的器物中，可见数量之众、制作之精的错银车軎和衡轭帽。而在楚国，拥有车马应是掌握一定军权的武官（详见

① 湖北省文物考古研究所：《江陵望山沙冢楚墓》，文物出版社，1996年，第141页。

② 湖北省荆门市博物馆：《荆门郭店一号楚墓》，《文物》1997年第7期，第39页。

③ 湖北省荆州博物馆：《荆州天星观二号楚墓》，文物出版社，2003年，第107页。

④ （汉）郑玄注、（唐）贾公彦疏：《周礼注疏·春官宗伯·冢人》，《十三经注疏》，中华书局影印本，1980年，第786页。

⑤ （汉）郑玄注、（唐）孔颖达正义：《礼记正义·王制》，《十三经注疏》，中华书局影印本，1980年，第1334页。

⑥ （汉）郑玄注、（唐）孔颖达正义：《礼记正义·檀弓》，《十三经注疏》，中华书局影印本，1980年，第1322页。

下文）。塌冢一号墓不仅随葬了四百多件车马器，同时在墓的西侧中轴线上还随葬有五辆车、十二匹马的车马陪葬坑，其中三号车还为四马车。如此规模的车马坑，不仅反映了墓主人生前的富有，也充分体现了其身份的显贵。《晏子春秋·内篇谏上》载："景公有男五人，所使传之者，皆有车百乘者也……今有之家，此一国之权臣也……"[①]由此，说明车马与地位和财富息息相关。从主墓随葬品与车马坑的五辆马车综合分析，塌冢一号墓墓主人的身份也至少不低于下大夫一级。

第三节　塌冢一号墓反映的楚国墓地制度

黄歇村东周墓群地处楚故都纪南城城东长湖北岸的湖汊区。墓群分布在一条南北向的宽阔的土岗上，岗地中间较为平坦，自北向南排列着三座大中型封土堆。黄歇冢居中，规模最大，北部一座规模较小，与黄歇冢相距约50米，呈南北并列状。南部一座距黄歇冢约1000米，即本次发掘的塌冢一号墓。

这次虽然只发掘了三座墓中最南边的一座，但从墓葬的布局来看，它们南北排列，都有封土。从规模上看，黄歇冢最大，居中心，南部的一座（塌冢一号墓）与北侧的"叫花子台"排列于左右，这种有序布局无疑与埋葬制度密切相关。根据包山、左冢、严仓、陈坡、九连墩等以往发掘的楚国家族墓地资料推测，北侧的两座相距较近，可能为夫妻异穴合葬，其中南侧的黄歇冢为夫，北侧的"叫花子台"为妻。南部的一座（即塌冢一号墓）距主墓（黄歇冢）相对较远，人骨架经鉴定为男性，与中心的主墓可能存在昭穆关系。此种推测不误的话，黄歇村东周墓群应也如同左冢楚墓群一样，是一处以核心家庭成员为主体，并按昭穆关系排列的楚国高级贵族墓地。这种以昭穆体现血缘关系的葬法从一个侧面说明，楚人在埋葬制度上依然沿袭周制。

第四节　塌冢一号墓所揭示的文化内涵

塌冢一号墓是黄歇村东周墓群中的一座中型墓，是近年来在楚故都纪南城周围发掘的楚国家族墓地中尚未全部揭露的一处。尽管被盗扰，但仍出土了各类质地的文物1014件，其中铜器131件，陶器8件，铁器18件，银器284件，玉石器28件，漆木器84件，竹器62件，骨器386件，丝麻织品7件，皮革3件，草编3件。其墓葬形制、结构及随葬器物，都与本地区的包山、左冢、严仓、郭店及荆州地区的天星观、雨台山、武昌义地、拍马山、太晖观等地的楚墓风格基本一致，具有浓厚的楚文化特色。其主要特点有：

（1）墓葬形制为土坑竖穴木椁墓。长方形斜坡墓道设于墓坑的东端正中，墓坑之上覆盖椭圆形封土，墓坑四壁自上而下设有七级台阶，台阶逐级内收，形制规整。墓坑与墓道壁以及

---

① 吴则虞：《晏子春秋集释·内篇谏上》，中华书局，1982年，第37页。

台阶面平整光滑，少数地方留有加工工具痕迹（如在西部第二级台阶斜面上有用锸加工墓壁后留下的一道道宽7～7.5、深10～15厘米的痕迹）。墓坑口大底小，呈斗状，上部填黑褐色五花土，土质较硬，下部及椁室四周填青灰土。葬具皆为木质，由一椁二棺组成，椁墙板、挡板由方木垒砌，椁底板呈东西向平列于墓底的两根南北向方形横垫木上，内外棺皆采用平列扣接半肩榫错缝、燕尾榫、暗榫和锁榫等方法连接木板而成。外棺盖板用铜攀钉加固，墙板、挡板和底板用锡攀钉加固，内棺用草绳二纵三横捆绑。椁室分为三室，即头箱、边箱、棺室，内、外棺皆为平底方棺。

（2）在墓葬葬俗方面，塌冢一号墓的墓向为正东向，头向朝东，葬式为仰身直肢。随葬器物皆按用途的区别而置于不同的椁室，三室中的头箱主要随葬铜礼器、陶器、漆木礼器和生活用器、竹器等，边箱主要放置漆木乐器、生活用器、丧葬用品、铜兵器、车马器，棺室内随葬玉佩饰、丝麻衣鞋等随身物。内棺棺盖上残存一层丝织饰物，在东挡板外悬挂有玉璧饰物。在已发掘的包山二、五号墓，左冢一、二号墓，望山三号墓，沙冢一号墓，马山一号墓，九店乙组D型M295和M774号墓，以及湖南长沙楚墓乙类三期M315（56长子M30）等均发现有玉璧、石环、串饰等棺饰。这种棺饰可能与标明墓主人头向有关，在此不作引申，将另文讨论。

（3）在随葬的器物组合、形制、纹饰等方面，塌冢一号墓也具有浓郁的楚文化特征。墓中所存器物有铜、陶、银、铁、骨、角、玉石、漆木、竹编、丝麻和皮革草编等种类。其中铜礼器的残存组合有鼎、盘、勺、匕、箕，车马器组合有错银车軎、圆筒形軎、八棱形軎、马衔马镳等，兵器组合有戈、矛、镞等，服饰器组合有镜、带钩等。漆木器中礼器组合有案、禁等，生活用器组合有酒具盒、几、枕、耳杯、豆、盆、奁、梳、篦、圆盒、扁盒及漆俑等，车马器组合有伞、车耳、木櫜等，兵器组合有矢箙、剑盒、剑鞘、木弓等。竹器中有兵器竹弓，竹编车马器，生活用器的组合有小圆盒、扇、竹笥、竹棍等。

上述这些器类的形制及制法都为荆州与荆门地区已发掘的楚墓所常见。在制法上，铜器的铸造主要采用分铸法铸造，漆木器中的生活用器大多为整木制成，制作工艺有斫削、镟凿、雕刻及卷制四种。漆木器的主要纹饰可分为动物纹、自然景物纹、植物纹、几何纹四类。动物纹主要有龙头纹、龙爪纹、一龙三凤相蟠纹、单凤纹、双凤纹、变形凤纹等；自然景物纹主要取材于云和水的变化，有云纹、变形云纹、三角形云纹、涡纹等；植物纹较为简单，主要取材于树木花草之形，有树木、山林纹等；几何纹有菱形纹、点纹等。以上所说的这些特点，在已发掘的战国中晚期的同类楚墓中都较流行。此外，塌冢一号墓还特别同荆门本地区的郭店一号墓有诸多一致。如出土器物中的漆耳杯底部大多有文字，塌冢一号墓的漆耳杯底用红漆书写“宛”、“公”等字，而郭店一号墓则是用针刻“东宫之师”四字；乐器中同出瑟；同出的车马器的数量多，种类全；兵器中都出有盾、弓、矢箙等；丧葬品中都有木剑、木俑同出；这两墓还都出扇、梳、篦等生活用品以及竹简，而且器表流行的纹饰也都十分近似。

虽然，塌冢一号墓中未见有江陵楚墓中所常见的镇墓兽和虎座鸟架鼓等具有典型楚文化风格的随葬品。但是，这并不影响塌冢一号墓整体的楚墓风格。

（4）关于一号墓下葬的季节，可从植物标本中得到一定的答案。塌冢一号墓出土的植物标本有花椒、当归、柿、梅、菱等植物遗骸，这些植物季节性很强，一般成熟于秋天，特别是柿、梅、菱等更不易保存。柿成熟于秋天，一般在霜降前采摘。梅成熟于6月初到7月中旬。菱成熟于7月，8月老菱即自然脱落水中。花椒9月份开始变红就可以采摘，一个来月就得采摘完，不然就会自行嘣肚子掉落。通过墓中出土的这些植物果实分析，不难看出，这些果实均成熟于秋天，且在当时的条件下应无法自然保存多久。所以，墓葬的下葬季节也应距这些果实的成熟季节不远。另据《左传·隐公元年》载："天子七月而葬，同轨毕至；诸侯五月，同盟至；大夫三月，同位至；士逾月，外姻至。"[①]可知，大夫一级的下葬时间，一般于死后三个月才下葬。根据随葬的时令水果的特点分析，塌冢一号墓墓主人下葬的月份应是秋季，再按礼制推算，向前倒推三个月，其死亡时间应在夏季。

第五节　塌冢一号墓发掘的主要收获

沙洋塌冢一号墓是继天星观、沙冢、马山、包山、左冢、九连墩、陈坡、严仓等高中等级楚墓之后的又一发现。虽然早年被盗，但仍然出土千余件文物，对丰富楚墓的年代学序列和深入研究楚文化都提供了一批重要的实物资料。其发掘的主要收获有以下几点：

（1）塌冢一号墓为土坑竖穴木椁墓，墓坑平面呈"甲"字形，建有封土，设有七级台阶，墓道向东，椁分头箱、边箱和棺室三室，葬具为一椁二棺，墓主人为男性。其墓葬形制与包山一、四号墓，左冢二、三号墓，望山一号墓，藤店一号墓[②]基本相同，等级身份应相差不大。在台阶方面，塌冢一号墓少左冢一号墓一级，多望山一号墓、藤店一号墓二级，多左冢二、三号墓六级。在一椁二棺的同等级的墓中，塌冢一号墓仅次于左冢一号墓，而高于藤店一号墓。左冢一号墓为"下大夫"，藤店一号墓为"元士"，而塌冢一号墓陪葬有车马坑，所以，塌冢一号墓的等级应更接近左冢一号墓，为"下大夫"级别，为江陵地区楚墓又增添了一座"下大夫"级别墓的实例。

（2）在车马坑陪葬方面反映出另一种丧葬制度。已完整发掘的包山、左冢两处墓地中，报告均称无车马坑陪葬。包山报告称"二号墓出土竹简中记有'为左尹邵㝿贞'，左尹是令尹的重要助手，其主要职能当是主管楚国的司法，身份低于令尹、大司马等职官。"[③]与包山二号墓相同等级的九连墩[④]、严仓[⑤]、陈坡[⑥]等墓地均有车马陪葬坑，九连墩一号墓陪葬33辆车，二号墓陪葬8辆车，严仓一号墓陪葬6辆车（应为7辆车），陈坡M10陪葬有车马坑（未发掘）。其中，严仓一号墓出土铜器铭文为"大司马悼滑"[⑦]，襄阳陈坡一号墓也出土有"大司

① 杨伯峻：《春秋左传注》第一册，中华书局，1995年，第16页。

② 荆州地区博物馆：《湖北江陵藤店一号墓发掘简报》，《文物》1973年第9期。

③ 湖北省荆沙铁路考古队：《包山楚墓》，文物出版社，1991年，第334页。

④ 湖北省文物考古研究所资料。

⑤ 湖北省文物考古研究所资料。

⑥ 湖北省文物考古研究所等：《襄阳陈坡》，科学出版社，2013年，第4页。

⑦ 湖北省文物考古研究所资料。

马……”[①]的铭文铜器。令尹属于文官，大司马属于武将，这一现象说明，在战国时期只有掌握军权的人死去后才享有车马陪葬的特权，而文官只能用车軎等车马器来代替。塌冢一号墓陪葬有车马坑，坑内葬五辆车，其中三号车配四马，墓中还随葬有9件车軎，与车马坑中五辆车基本匹配。这种陪葬方式与宜城罗岗墓地的车马坑基本相同，宜城罗岗车马坑[②]坑内葬七辆车，其中四号车配四马，主墓未发掘，从勘探情况得知，主墓坑口长13、宽11米。从墓坑规模上对比，罗岗M1远远低于塌冢一号墓，而车马坑规模与数量又高于塌冢车马坑，此反差现象颇耐人寻味。但是，这种同等级墓葬陪葬车马坑与否，应是墓主人同级别，但不同职别，即令尹与司马之别，也就是文官与武将的区别。

（3）在随葬器物方面增添了一批重要的实物标本，塌冢一号墓虽然被盗，但仍然出土千余件器物，其中包括制作精美的错金银带钩、错金铁带钩、错银车軎、错银衡帽、错银軶帽，编织精细的麻鞋底，雕刻逼真、栩栩如生的漆俑。铜器器身与足等附件已采用了先用分铸法铸造，然后再焊接的工艺，如铜鼎与铁足、铜鏃与铁铤；铁器也很发达，出土有铁马衔、铁斧、铁刻刀、铁带钩；错金银技术已达到较高的水平，错银车軎、错银衡帽、错银軶帽、错金银带钩、错金铁带钩等器物，制作十分精美；保存完整的麻鞋底，其编织十分精细，而且在鞋底外面还加织有衣扣式乳钉状结，说明我国纳鞋底的技术早在战国时期已经形成；漆俑按真人的1/4比例缩小，采用圆雕写实手法雕刻，刀工细腻圆滑，俑昂首挺胸，面部饱满，双目炯炯有神，体态丰满，形态逼真，已不见楚灵王时期“楚人好细腰”的特征。

（4）塌冢一号墓出土的竹简较少，有字简仅13枚，简长11.4～11.6厘米，属于短简。经过初步释读，文字属典型的战国时期楚文字，由于残缺较为严重，文字内容性质不明，一部分似属古书。另有部分简文记载有“俑”，竹简（T：69-1）曰：“乃歸亓甬（俑），甬（用）一豬豕葬（？）”，或与墓中随葬的唯一一件漆俑有关，若然，则这部分简文似属于丧葬类文书。而这件漆俑则应是墓主的母亲去世时，别人作为丧礼送来的祭品，墓主死后再带入自己的墓中。这件漆俑的功能也应有别于一般丧葬用的木俑，代表了墓主对母亲的哀思。漆耳杯底部用红漆书写有文字，这些文字是在髹漆后书写上去的，笔画轻重不一，经释读为“宛”、“公”等字，是表示器物名称的。在椁室的第二块南墙板外侧还发现有烙印文字，烙印分六边形和正方形，六边形烙印文字较为清晰，其文曰“既正”。类似的文字亦见于望山二号楚墓，其文曰“於王既正”。正方形烙印文字残泐较甚，我们采集到的几个稍微清晰的印文，结合字形与文义分析，应为“木择於公”。这些文字资料对于楚国漆器名称、丧葬习俗以及棺椁用材管理制度等方面的研究均有着重要意义。

沙洋塌冢一号墓是黄歇村东周墓群中的一座，岗地北部有“黄歇冢”及“叫花子台”，应是一处完整的核心家庭墓地。塌冢一号墓的发掘，再一次丰富了楚文化中心区域的文化内涵，为研究楚文化增添了一批重要的材料。

① 湖北省文物考古研究所等：《襄阳陈坡》，科学出版社，2013年，第159页。

② 湖北省文物考古研究所等：《湖北宜城罗岗车马坑》，《文物》1993年第12期。

下篇 研 究

塌冢一号墓出土植物遗存研究

赵志军[1]　唐丽雅[2]　黄文新[3]

（1. 中国社会科学院考古研究所　2. 西北大学文化遗产学院　3. 湖北省文物考古研究所）

一、研究背景

黄歇村东周墓群位于湖北省沙洋县后港镇的黄歇村。2010年冬季，为了配合南水北调引江济汉文物保护工程，湖北省文物考古研究所对墓群中的塌冢一号墓（以下简称“一号墓”）进行了抢救性发掘。

一号墓是一座属于战国中晚期的楚国墓葬，墓平面呈“甲”字形，椁室由头箱、边箱、棺室三部分组成，葬具为一椁二棺。墓主人为男性，棺内骨架保存较好。该墓地面保留有封土，虽然早期被盗，但仍出土一批具有重要学术价值的精美文物。由于当地的地下水位比较高，深埋在地下的墓葬长期被水浸泡，对葬具及随葬品起到了隔氧保护作用，各种有机质文物保存良好，例如丝织品、竹简以及植物遗存等。

一号墓出土的植物遗存数量较多，发掘者从中选取了样品送交中国社会科学院考古研究所植物考古实验室进行种属鉴定。现将鉴定结果报告如下：

二、植物遗存鉴定结果

通过显微镜观察，一号墓出土的植物遗存均为饱水状态，整体形态特征保存完好，利于植物种属的鉴定。经过鉴定，出土的植物遗存中包括有花椒、当归、柿、梅、菱角等植物种类，下面分别给予介绍。

1. 花椒（*Zanthoxylum bungeanum*）

由于保存条件良好，一号墓出土的花椒大多数都还是完整的果实（图一）。果实呈圆球状，直径在4毫米上下，表面布满疣状突起（图二）。在植物分类学上，花椒属于芸香科（Rutaceae）的花椒属（*Zanthoxylum*），是一种重要的香料作物，也是我国古代烹饪中最重要的调味料之一。花椒还是中药材，味道辛辣，具有驱虫抑菌的作用。据发掘者介绍，一号墓内出土花椒的数量很多，遍布内棺盖板之上。

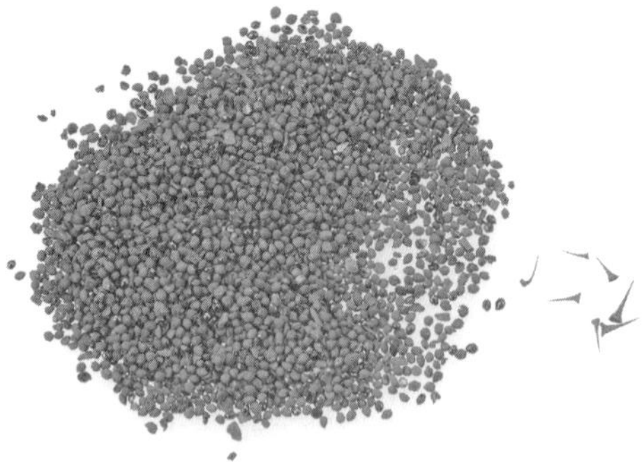

图一　花椒

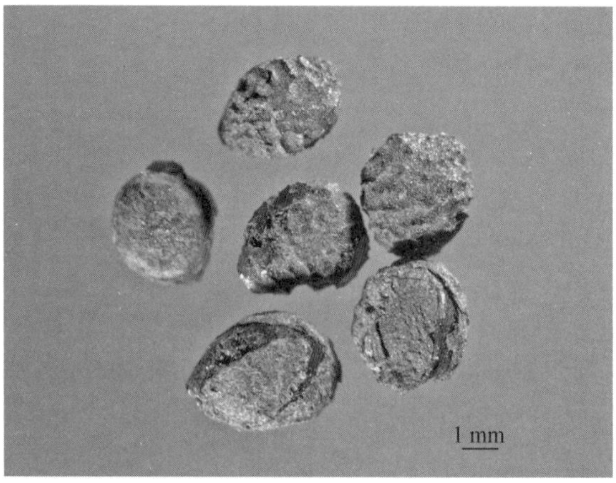

图二　显微镜下花椒

2. 当归（*Angelica sinensis*）

一号墓出土的当归遗存也是果实（图三），保存条件良好，呈扁卵形，背部隆起数道棱线，两侧有薄翅，长度在5.5毫米左右，宽度约4毫米（图四）。当归属于伞形科（Umbelliferae）的当归属（*Angelica*），其根部是一种著名的中药材，用以活血止痛，也可以作为补药食用。据发掘者介绍，在一号墓内发现的当归遗存的数量较多，主要分布在内棺的盖板之上。但这些当归遗存都是果实，未见根部。

图三　当归

图四　显微镜下当归

3. 柿（*Diospyros kaki*）

柿俗称柿子，是一种常见的水果。柿子的果肉非常鲜嫩，即便在良好的条件下，也无法长期保存，所以一号墓出土的柿子的遗存仅是种子，而且种子内部也已经腐烂，但残存的种皮的形状保持基本完整，仍然可以准确鉴定。柿子的种子呈扁平卵形，顶部有鸟喙状尖，长约14毫米，宽约10毫米（图五）。柿子属于柿科（Ebenaceae）的柿属（*Diospyros*），是一种落叶乔木，木材可以作器具或家具，但一般作为果树栽培。与花椒和当归不同，一号墓出土的柿的种子均发现于头箱，共计12粒。

4. 梅（*Armeniaca mume*）

一号墓出土的梅也是发现于头箱，共24粒梅核。梅核的特征明显，呈椭圆形，顶端有突尖，表面密布蜂窝状凹坑，长约12毫米，宽约10毫米，厚约7毫米（图六）。梅属于核果类。核果（drupe）是肉果（fleshy fruits）的一种，其种子被三层果皮所包裹，外果皮很薄仍被称之为“果皮”，中果皮异常发达成为可食用的“果肉”，内果皮木质化变成了坚硬的“果核”。许多常见的水果都属于核果类，例如桃、李、杏、梅、枣等。由于木质化的核果果核十分坚硬，容易长期保存，所以在考古遗址的发掘过程中经常可以发现未被炭化的核果的果核遗存。梅是乔木，在植物分类上梅树属于蔷薇科（Rosaceae）的杏属（*Armeniaca* ）。同属于蔷薇科的还有桃树、李树和杏树，有意思的是，桃、李、杏、梅并列为中国古代四大果品。

图五 柿

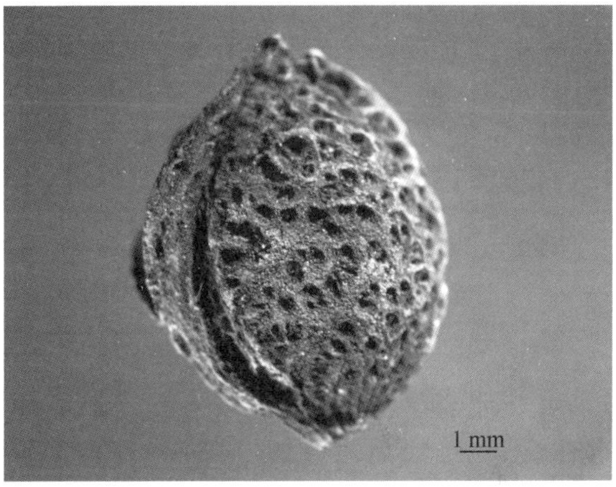

图六 梅

5. 菱（*Trapa bispinosa*）

菱是一种水生植物，果实的形态特征十分明显，外有三角形的硬壳，硬壳上突出有两个角（*Trapa bispinosa*）或四个角（*Trapa quadrispinosa*），被称之为菱角。在一号墓中出土的菱角遗存都是残角，共16块，全部发现于头箱（图七）。根据出土菱角残块的形态特征，一号墓中出土的菱应该属于两角菱。在植物分类上，菱属于菱科（Trapaceae）的菱属（*Trapa*），菱的起源地仍然有争论，但在我国的新石器时代早期的遗址就已经发现过菱角的遗存。菱角的果仁营养丰富，味道鲜美，是人类喜爱的食物。

6. 樟科（Lauraceae）

在一号墓的头箱内还发现了一粒疑似樟树的植物种子，圆球状，表面光滑，顶部略尖，直径约6毫米（图八）。樟树属于樟科，樟科所包含的种属其种子的特征不明显，所以很难鉴定到属种，故暂定为樟科。

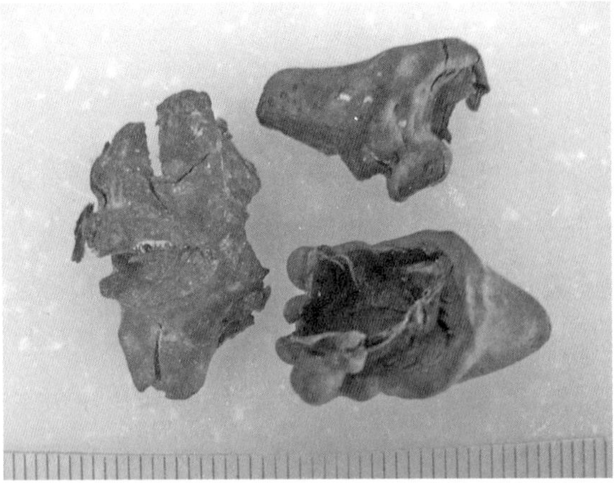

图七　菱

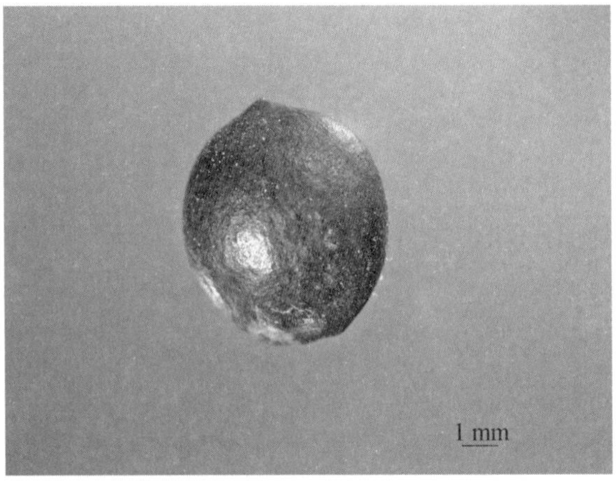

图八　樟

三、讨　　论

一号墓发现的植物遗存数量很多，但种类并不丰富，仅有六种植物，即花椒、当归、柿、梅、菱角和樟科。由于樟科植物的种子尚未鉴定到种属，而且仅发现了一粒，可以忽略不计。其他五类植物根据其特性和用途大体可以分为两组，花椒和当归的主要用途是香料或药材，而柿、梅和菱角属于果品食物。有意思的是，这两组植物的出土位置恰好也分为两部分，其中花椒和当归出土于棺椁之间，柿、梅和菱角出土于头箱。

墓葬中的头箱和边箱一般是用以放置墓主人生前的各种用品，例如一号墓出土的勺、匕、几、盒、豆、耳杯等就属于墓主人日常生活中的饮食用具，而这些饮食用具在下葬时很有可能盛装着墓主人生前经常食用的食物和饮料。因此，出土于一号墓头箱中的柿、梅和菱角应该就属于墓主人生前喜爱的一些果品。

花椒和当归都可以作为中药材，这是它们的共性，所以这两种植物同出于棺椁之间应该与药用价值有关系。前面提到，花椒的味道十分辛辣，具有驱虫抑菌的作用，所以埋葬时在棺椁之间大量地撒放花椒可能是为了去味、防虫、防腐等效用。这种现象在以往的考古工作中也是屡见报道。然而，当归的作用就有些难以理解了。一号墓的棺椁之间发现的都是当归的果实，但当归的药用价值主要体现在其根部，而不是果实或种子；再则，当归属于滋补类中药材，味道十分清淡，不具备防虫防腐等作用。事实上，墓葬中出土当归这也是首次发现，其作用或用意尚不明确，有待于今后根据更多的资料进一步分析和研究。

塌冢一号墓出土纤维状遗存分析

王树芝[1] 黄文新[2] 唐丽雅[3] 赵志军[1]
（1. 中国社会科学院考古研究所 2. 湖北省文物考古研究所 3. 西北大学文化遗产学院）

一、研 究 背 景

塌冢一号墓是一座战国中晚期的楚国墓葬，2010年湖北省文物考古研究所对该墓进行了发掘。墓平面呈“甲”字形，椁室由头箱、边箱、棺室三部分组成，葬具为一椁二棺。墓主人为男性，棺内骨架保存较好。该墓地面保留有封土，虽然早期被盗，但仍出土了一批具有重要学术价值的精美文物。由于当地的地下水位比较高，深埋在地下的墓葬长期被水浸泡，对葬具及随葬品起到了隔氧保护作用，各种有机质文物保存良好，例如丝织品、竹简以及植物遗存等。生活器有铜盆、撮箕、勺、匕，青铜礼器仅残留鼎足、鼎耳；乐器有漆瑟；漆木器有漆案、几、猪形盒、豆、耳杯、酒具盒、木俑；竹器有竹笥、席、长柄扇；兵器有戈、盾、镞、箭箙；装饰品有玉璧、佩饰、带钩；车马器有车軎、马衔、马镳、伞；丝织品有衣服、鞋；文字方面有竹简、漆字及刻划符号等。

在发掘过程中，在内棺盖与捆绑的草绳之间出土了一些纤维状遗物（图一）。根据肉眼观察，这些出土的纤维状遗物呈网状纤维质，暗棕色，初步判断可能为棕榈的叶鞘纤维（图二）。为了检验判断是否正确，我们取手头现有的20年前的一片棕榈（*Trachycarpus fortunei*）的叶鞘纤维做参照对比标本（图三），采用了多种分析方法对出土纤维状遗物进行显微结构观察、鉴定和识别。

图一 纤维状遗物出土位置

图二 古代出土纤维状遗物

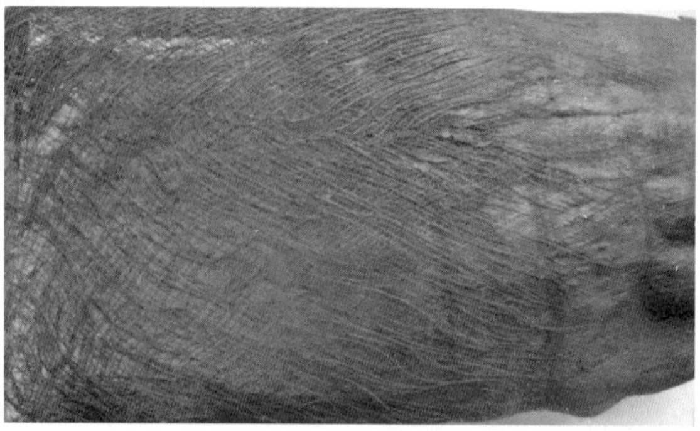

图三　现代棕榈叶鞘纤维

二、研究方法和结果

图四　现代棕榈维管束纤维（左）和古代纤维（右）在体视显微镜下的形态

本研究采用了三种方法对一号墓出土的纤维状遗物进行鉴定：其一，利用体视显微镜对现代棕榈叶鞘的维管束纤维与出土纤维的平均宽度进行测量；其二，利用扫描电镜对二者的横断面和表面结构进行微观观察；其三，利用光学显微镜对二者的纤维细胞进行观察和测量。

1. 体视显微镜观察结果

在体视显微镜下对现代棕榈维管束纤维和古代纤维的形态进行观察，结果显示现代棕榈维管束纤维与古代纤维的粗细都不均匀，形态上呈扁平、呈圆管状。各取30根现代棕榈维管束纤维和古代纤维在体式显微镜下进行观察和测量，结果表明现代棕榈维管束纤维与古代纤维横断面平均直径均约为400微米（图四），古代纤维有裂纹损伤。总之，二者纤维粗细和形态基本一致。

2. 扫描电镜观察结果

在扫描电镜下对现代棕榈叶鞘维管束纤维和古代纤维的横断面结构（图五）进行观察，结果发现二者都是由数个导管、韧皮部、纤维和硅石组成，外面环绕薄壁细胞。所以古代纤维也是维管束纤维。

在扫描电镜下对现代棕榈和古代叶鞘维管束纤维的表面结构（图六、图七）进行观察，发现都有薄壁细胞和许多硅石颗粒，并且硅石颗粒往往集中成片或沿着纵向分段排列。

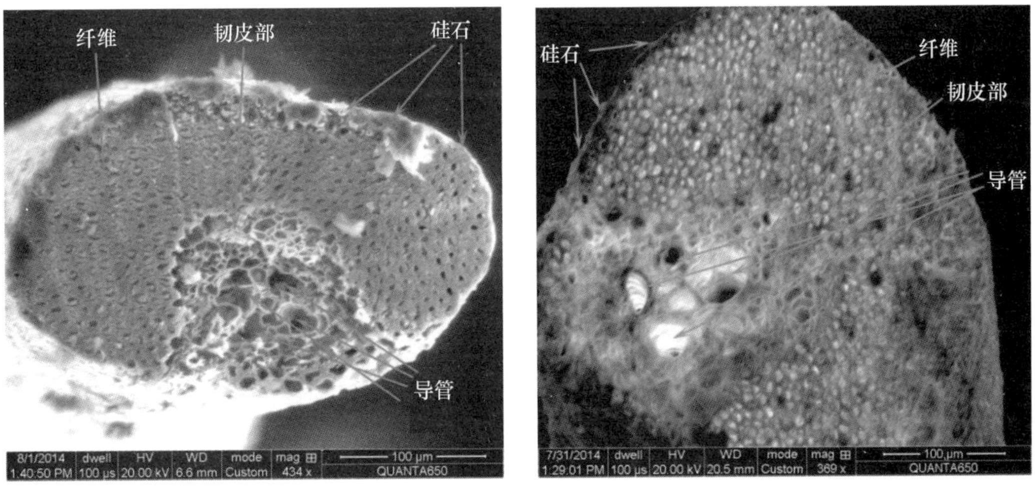

图五　现代棕榈维管束纤维（左）和古代纤维（右）的横断面在扫描电镜下的结构

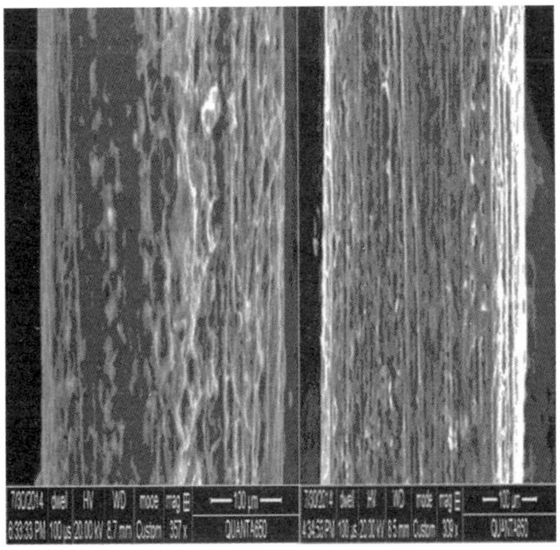

图六　现代棕榈（左）和古代（右）维管束纤维在扫描电镜下的表面结构

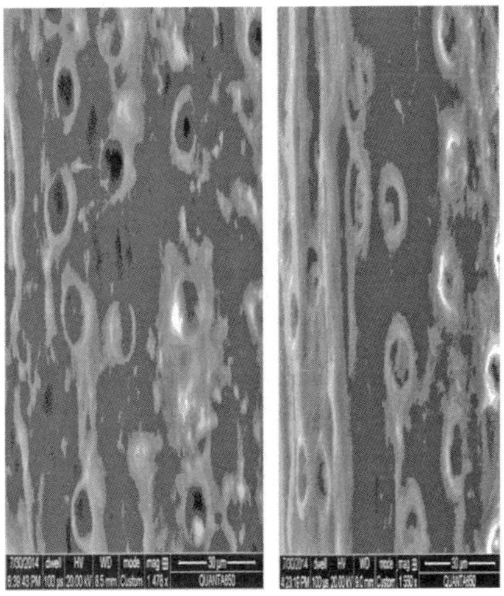

图七　现代棕榈（左）和古代（右）维管束纤维表面硅石颗粒在扫描电镜下的分布

3. 光学显微镜观察结果

在光学显微镜下对现代棕榈和古代维管束纤维的纤维细胞和导管进行观察，结果发现二者的纤维细胞都是两头尖，有单纹孔，节不明显，长纤维和短纤维都有，平均的纤维长度在600微米左右（图八）。导管都有网纹（图九）。

总之，通过多方面的观察、对比和鉴定，可以得出结论，一号墓出土的古代纤维状遗物为棕榈的叶鞘纤维。

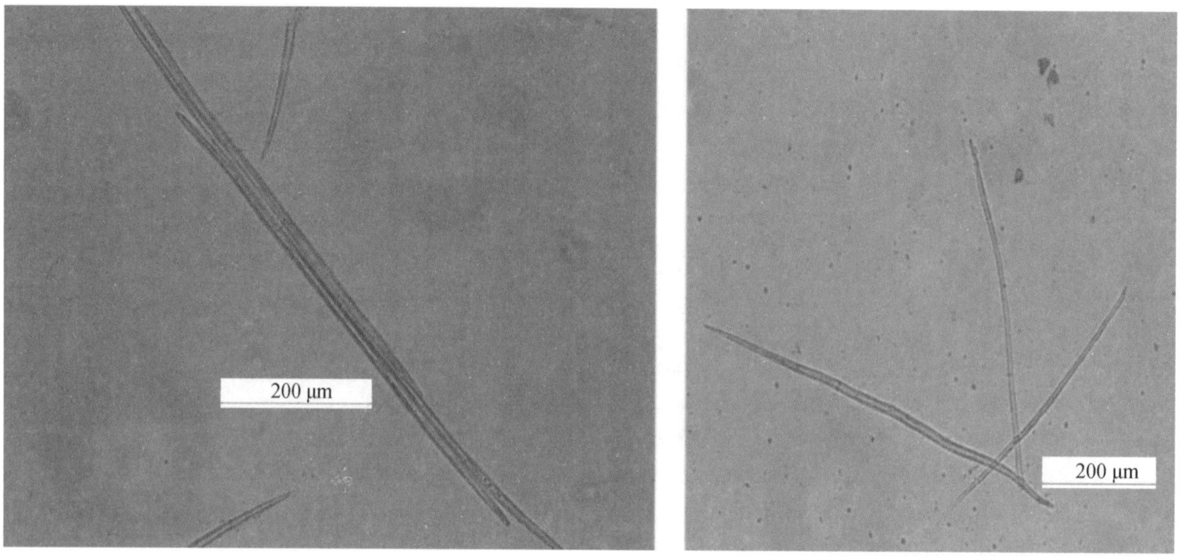

图八　现代棕榈（左）和古代（右）维管束纤维纤维细胞在光学显微镜下的形态

三、讨　　论

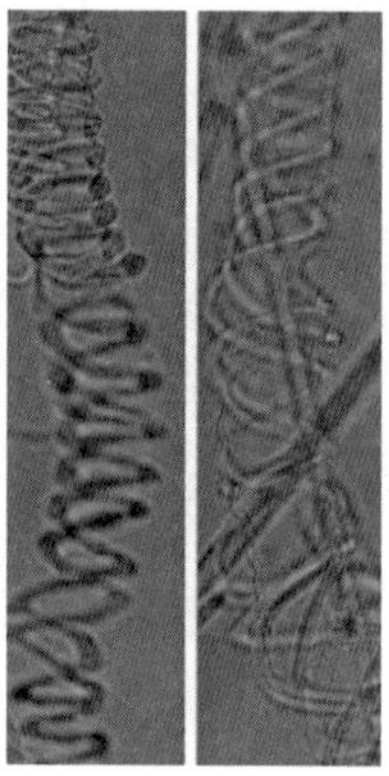

图九　现代棕榈（左）和古代（右）叶鞘维管束纤维的导管网纹在光学显微镜下的形态

棕榈通称棕树，《嘉祐本草》作棕榈，《本草纲目》为栟榈。乔木状，高3～10米或更高，树干圆柱形，被有不易脱落的叶鞘网状纤维，除非人工剥除，否则不能自行脱落，裸露树干直径10～15厘米甚至更粗。分布于长江以南各省区。棕榈在南方各地广泛栽培，主要剥取其棕皮纤维（叶鞘纤维），做绳索，编蓑衣、棕绷、地毡，制刷子和做沙发的填充料等；嫩叶经漂白可制扇和草帽；未开放的花苞又称“棕鱼”，可供食用；棕皮及叶柄（棕板）煅炭入药有止血作用，果实、叶、花、根等亦入药；此外，棕榈树形优美，也是庭园绿化的优良树种。

棕榈植物维管束纤维的导管作为水分和矿物质运输的通道，韧皮部作为叶子光合作用产生的有机物质的运输通道，大量的纤维起保护和支撑作用。值得注意的是，维管束纤维表面被有硅石颗粒，这些硅石颗粒的大量存在使得棕榈具有一定的耐水和耐腐性。出现在棺与绳之间的纤维状遗物可能做填充料，起到棺盖与草绳之间的保护作用。

塌冢一号墓出土俑的木材分析

王树芝[1]　黄文新[2]

（1. 中国社会科学院考古研究所　2. 湖北省文物考古研究所）

塌冢一号墓是一座战国中晚期的楚国墓葬，2010年湖北省文物考古研究所对该墓进行了发掘。墓平面呈“甲”字形，椁室由头箱、边箱、棺室三部分组成，葬具为一椁二棺。墓主人为男性，棺内骨架保存较好。该墓地面保留有封土，虽然早期被盗，但仍出土了一批具有重要学术价值的精美文物。由于当地的地下水位比较高，深埋在地下的墓葬长期被水浸泡，对葬具及随葬品起到了隔氧保护作用，各种有机质文物保存良好，例如丝织品、竹简以及植物遗存等。生活器有铜盆、撮箕、勺、匕，青铜礼器仅残留鼎足、鼎耳；乐器有漆瑟；漆木器有漆案、几、猪形盒、豆、耳杯、酒具盒、木俑；竹器有竹笥、席、长柄扇；兵器有戈、盾、镞、箭箙；装饰品有玉璧、佩饰、带钩；车马器有车軎、马衔、马镳、伞；丝织品有衣服、鞋；文字方面有竹简、漆字及刻划符号等。

湖北省文物考古研究所黄文新研究员采集了4个木俑样品，目的是通过对木材进行鉴定，获得古代人类利用木材的信息。

一、研 究 方 法

从木样上取1厘米见方的小块样品，放入水中煮沸，使其软化。用刀片将小木块修成0.5厘米×0.5厘米×0.5厘米左右的正方体，在冷冻切片机上，按照横、径、弦三个方向分别切出厚度为15～25微米的切片。再经染色、脱水、封片等步骤，制成永久光学切片。然后在光学显微镜下进行观察，将观察到的构造特征与《中国木材志》①等相关的专业书籍的描述及现代树种的显微照片相互比对，进行识别和鉴定。

二、鉴 定 结 果

通过观察和鉴定，从沙洋塌冢一号楚墓随机采集的4个木材样品全部为杨属（*Populus*）。

杨属的木材构造特征如下：从木材的横切面看，生长轮略明显，散孔材，导管横切面为圆形及卵圆形，短径列复管孔（2～4个）或单管孔，少数呈管孔团，侵填体未见（图一、图四、

① 成俊卿、杨家驹、刘鹏：《中国木材志》，中国林业出版社，1992年。

图七、图一〇）。从木材径切面看，螺纹加厚缺如，单穿孔，穿孔板略倾斜至倾斜，管间纹孔式互列，射线组织同形单列（图二、图五、图八、图一一）。从木材的弦切面看，木射线非叠生，单列射线（图三、图六、图九、图一二）。

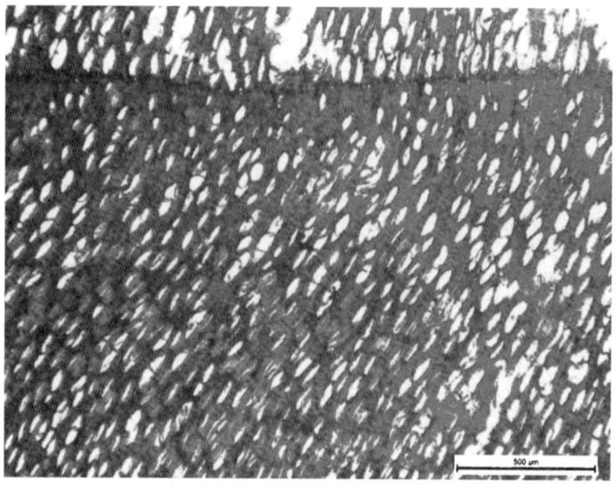

图一　B：12木材横切面

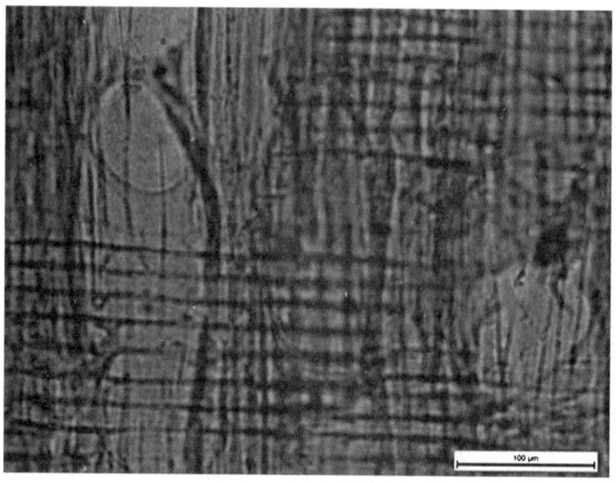

图二　B：12木材径切面

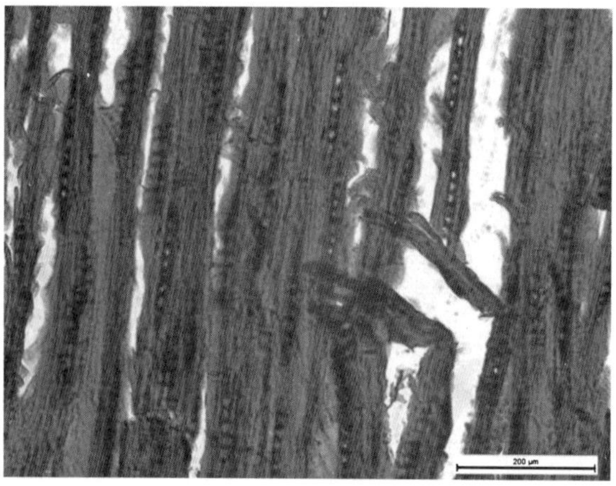

图三　B：12木材弦切面

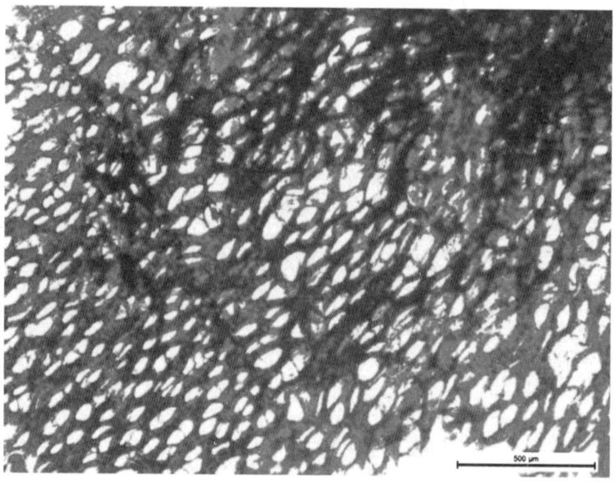

图四　B：13木材横切面

图五　B：13木材径切面

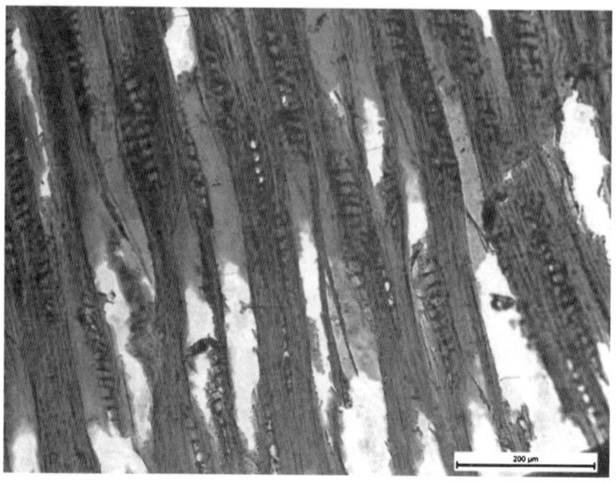

图六　B：13木材弦切面

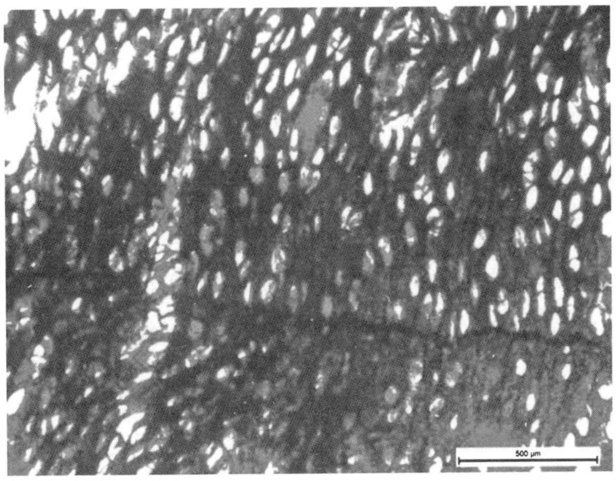

图七 T：38木材横切面

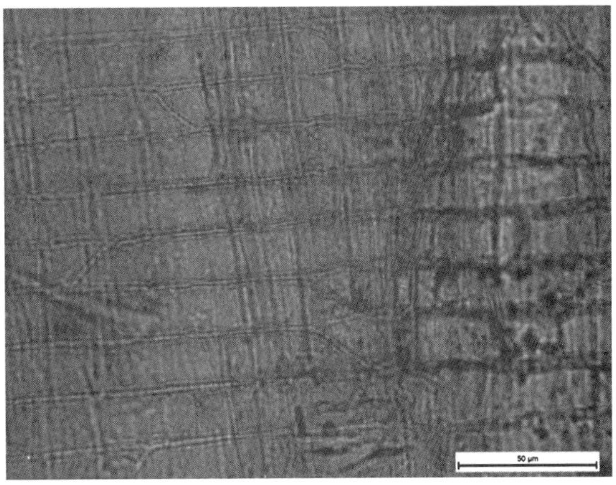

图八 T：38木材径切面

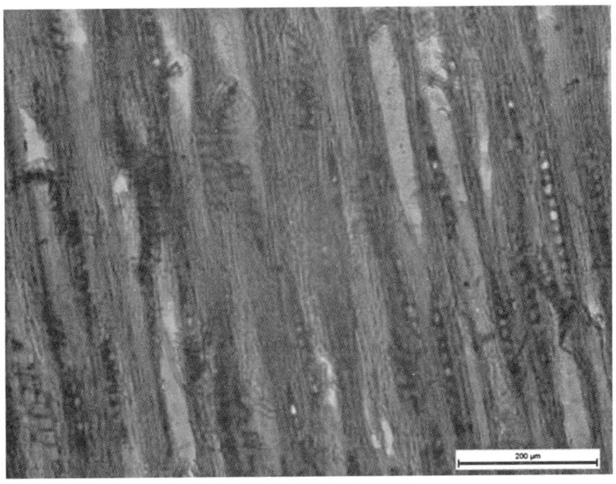

图九 T：38木材弦切面

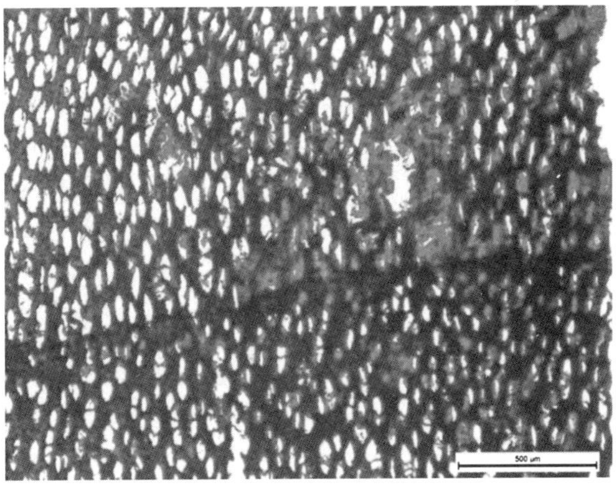

图一〇 T：67木材横切面

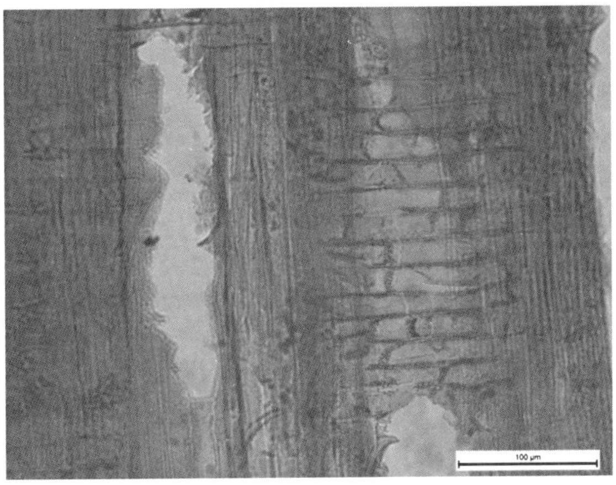

图一一 T：67木材径切面

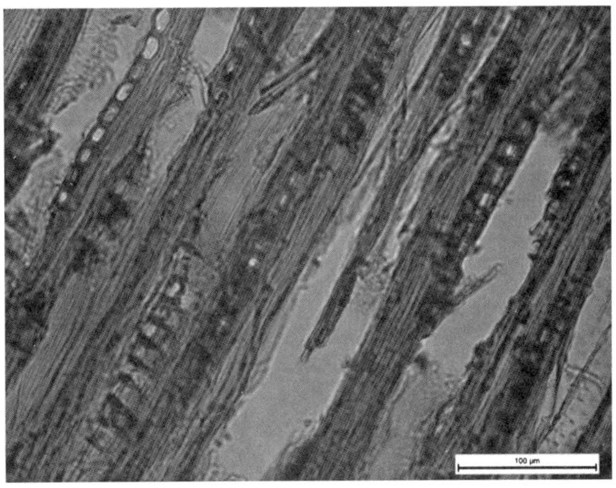

图一二 T：67木材弦切面

三、讨　论

俑，古代殉葬用的偶人，一般为木质[①]或陶质[②]，也有少量的泥质[③]、石质[④]和玉质[⑤]。其内涵包括三个方面：①俑必须是用于陪葬，其他非陪葬像人之物均不能称为俑；②俑必须像人，其他模型明器不能称为俑；③俑是用以替代刍灵而特指偶人的专用名词，具有一定的历史性[⑥]。

陶俑多出现在中原，木俑多出现在湖北和湖南[⑦]。俑的出现可以追溯到殷商后期，如河南安阳小屯M5出土10件玉石俑[⑧]。俑葬多出现在级别较高的墓葬中，俑的出现代替了人殉。木俑葬在东周时期较为盛行，但这时的楚墓俑制作拙稚，到西汉时期，木俑艺术造型已比战国楚墓木俑有了很大进展，能够表现所模拟人物的特点，而且姿态生动传神[⑨]。

到目前为止，木俑的研究多集中在造型特点的描述上，而对其用材上只有少量研究。经鉴定，江苏省泗阳县大青墩汉墓出土的300多件木制人俑多为泡桐属木材[⑩]。泡桐属于玄参科，阔叶材，材质优良，纹理直，结构粗，甚轻，刨面光滑，油漆后光亮性颇佳。大青墩汉墓出土木制人俑用泡桐属木材，可能利用其木材甚轻，刨面光滑，油漆后光亮性颇佳的特性。

沙洋塌冢一号楚墓出土的木俑木材为杨属。杨属为杨柳科，乔木，木材纹理直或略斜，结构甚细，均匀，质轻，干缩小，强度低，冲击韧性中至高。沙洋塌冢一号楚墓木俑木材用杨属，可能是利用其质轻、干缩小的特性。

① 驻马店地区文管会、沁阳县文教局：《河南泌阳秦墓》，《文物》1980年第9期，第15～24页；云梦睡虎地秦墓编写组：《云梦睡虎地秦墓》，文物出版社，1981年。

② 巩发明、季兵：《绵阳市出土的汉代说唱俑》，《四川文物》1989年第2期，第72页。

③ 员安志：《陕西长武上孟村秦国墓葬发掘简报》，《考古与文物》1984年第3期，第8～17页；杜葆仁、呼林贵：《陕西铜川枣庙秦墓发掘简报》，《考古与文物》1986年第2期，第7～17页。

④ 韩伟：《凤翔秦公陵园钻探与试掘简报》，《文物》1983年第7期，第30～37页。

⑤ 邱东联：《楚墓中人殉与俑葬及其关系初探》，《江汉考古》1996年第1期，第74～80页。

⑥ 凌宇：《俑义考述》，《理论月刊》2011年第7期，第75～78页。

⑦ 〔日〕松崎权子著、陈洪译：《关于战国时期楚国的木俑与镇墓兽》，《文博》1995年第1期，第20～31页。

⑧ 北大历史系商周考古组：《商周考古》，文物出版社，1979年。

⑨ 张广立：《漫话西汉木俑的造型特点》，《文物》1982年第6期，第78～81页。

⑩ 张金萍、陈年：《泗水国出土泡桐材性研究》，《南京文物保护与考古科学》2005年第17期，第4页。

塌冢一号墓椁板烙印文字考释

凡国栋
（湖北省文物考古研究所）

2010年11～12月，为了配合南水北调引江济江文物保护工程，湖北省文物考古研究所承担沙洋塌冢一号墓的抢救发掘项目。该墓为战国中晚期楚墓，椁室保存较好，椁长4.3、宽2.8、高2.16米，由头箱、边箱、棺室三部分组成，葬具为一椁二棺。其中一块椁板上发现有刻划符号，并有多处烙印痕迹。

烙印文字共有两种。其一为六边形，每边长大致为3厘米，文字较为清晰，其文曰“既正”（图一）。类似的文字亦见于望山二号楚墓，其文曰“於王既正”（图二）。整理者原释作“佐王既（柩）正”，认为是职掌王室棺木的有司之印①。汤余惠最早将首字正确地改释为“於”。这一点也已得到学者的认同。不过他将“於王既正”读为“越王既征”，认为印文是楚人常用的大事纪年，指楚怀王二十二年灭越之事②。裘锡圭已经指出这种意见不可取，他认为“正”字当如石志廉等人之说读为“征税”之“征”，将印文自左至右读为“既正於王”，意思就是已经在王那里征过税了，烙有“既正于王”印文的木材在进入市场或通过门关时就不再征税③。结合塌冢一号楚墓椁板上烙印文字来看，裘说似乎更胜，“既正”或为“於王既正”的省文，仍可照裘说去理解。

图一　塌冢一号墓六边形烙印文字“既正”

图二　望山M2椁板烙印文字“於王既正”

① 湖北省文物考古研究所：《江陵望山沙冢楚墓》，文物出版社，1996年，第117、119页。

② 汤余惠：《“於王既正”烙印文考——兼论望山二号楚墓年代》，《文物研究》第七辑，黄山书社，1991年。

③ 裘锡圭：《战国文字释读二则》，《裘锡圭学术文集》第三册，复旦大学出版社，2012年，第447～450页。

另一种烙印为正方形，每边长约为4厘米。文字残泐较甚，我们采集到如下几个稍微清晰的印文（图三），下面试对其略作考证。

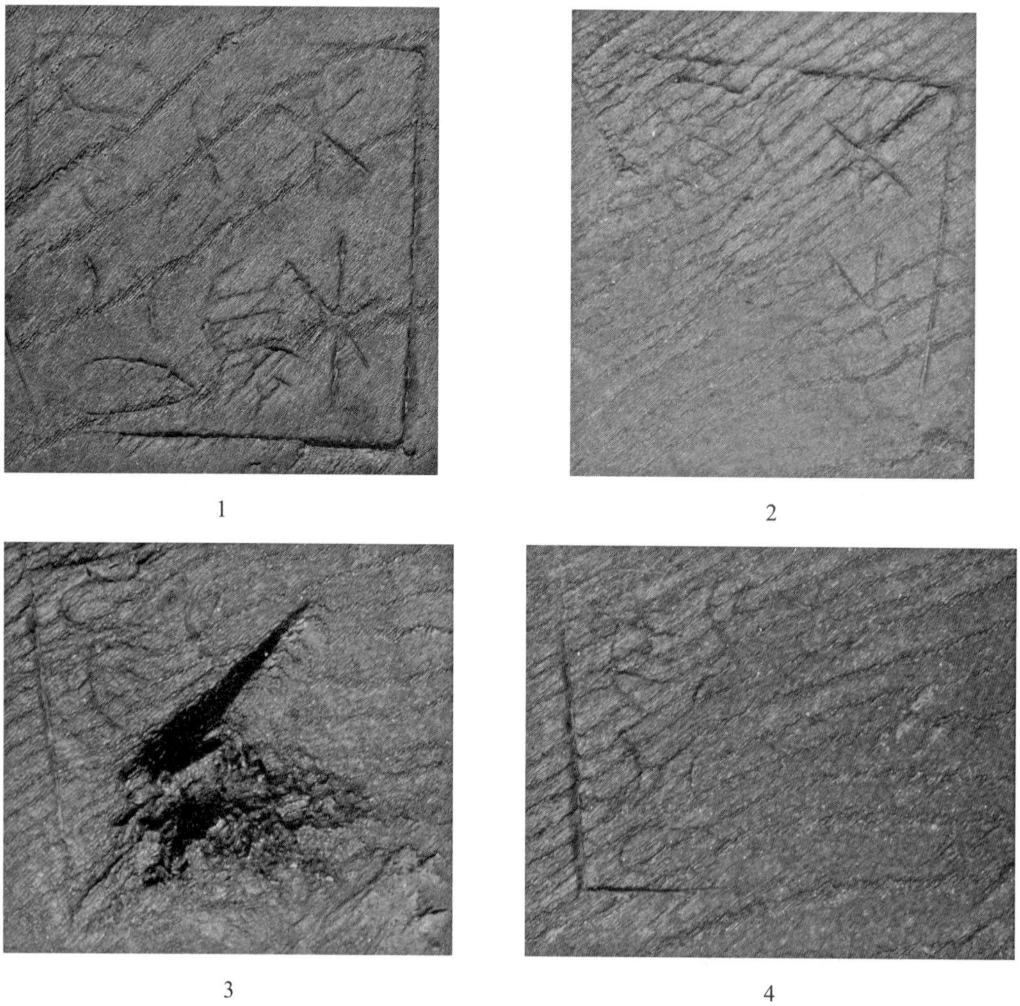

图三　塌冢一号墓正方形烙印文字“木择於公”

首字作“木”，末字作“公”，比较清晰。第三字可摹作“”当释作“乌”，读作“於”。金文“乌”字一般作、、、等形，可见其写法接近。

第二字左下部分残泐，笔画不太清楚。可有如下几种考虑：

其一，释作从木从“㝵”的“棏”字，读作“得”。问题是楚简“得”字一般作、，地域特征较为明显，从未见直接从“貝”作的，这是释“得”的疑问所在。

其二，释作“相”，楚简“相”字有增从“又”作（上博《柬大王泊旱》10号简）的，不过相字所从之“目”亦未见直接作“貝”的，可见释“相”亦存在疑问。

其三，释作从“木”从“睪”的“檡”字，读作“择”，楚简“睪”字可写作（郭店穷达以时4号简），似与该字左边部分最为接近。

从文例来看，将“得”、“相”、“择”放到印文中均可以读通顺。“木得於公”意为木材得之于公家；“木相於公”意为木材为公家所相，相有观察、选择之意，如相马即观察马之优劣，相木或如此类似，就是于山林之中考察选择可用之木材；“木择於公”意思与“木相於公”近似，也有择木之意。结合字形与文义，我们倾向于第三种意见，即释作“檡”，读作“择”。

考古所见烙印文字除上引望山二号墓以及本文所述之外，还有一例1956年发现于长沙战国晚期某楚墓椁木上，原报告释作“沅阳于魚”，曹锦炎先生改释为“渔阳衡”[①]。类似的古玺传世器物甚多，考古发掘也有出土。传世的如传为临淄出土的“左桁（衡）正（征）木”（《古玺汇编》0298）、“右桁（衡）正（征）木”（《古玺汇编》0299）、“左桁（衡）廪木”（《古玺汇编》0300）。考古发掘出土的如1964年山东五莲县王世疃迟家庄盘古城出土战国齐玺“左桁（衡）正（征）木”13方[②]。据报告，印钮为圆筒状銎，其铜钮内壁尚有朽木痕迹，可见原先使用时筒孔是纳木柄的。这类烙木印在使用时需炙烧印面加热，加之于需要烙印的木材上便可留下烙印文字，长柄为加热时便于把持的物件。此外，类似的玺印还有“平阳桁（衡）”、“正木之鉨”、“黄木之鉨”等。如同玺印与封泥的关系一样，烙木印与烙印文字二者亦互为表里，前者为施动的对象，后者为烙印后结落的文字。二者在考古中皆有发现也是颇为有意思的现象。

玺印中的桁（衡）即古代掌管山林的职官。《周礼·地官·林衡》记“衡”官之职司曰：“掌巡林麓之禁令而平其守，以时计林麓而赏罚之。若斩林木，则受法于山虞，而掌其政令。”又，“山虞”之职责曰：“令万民时斩木”。上引沅阳衡、平阳衡中沅阳、衡阳皆为地名，二者应为当地所置管理山林之官吏。所谓左衡、右衡当是分曹署理公务的办事机构名。

上文已经指出，裘锡圭先生认为“既正”、“正木”之“正”应读作“征”，“征木”为“衡”之属官，为主管收木材税的官。这一点在出土楚简中有所反映。如包山楚简140、140背记载：“小人各征于小人之地，无争。登人所斩木四百微于□君之地襄溪之中，其百八十微于毕地卷中。”所云即砍伐林木征税之事。

“正木”之外尚有“廪木”，应该属于“衡”之仓库，用于存储斩伐而来的木材。秦封泥所见的“榦都廥丞”、“都材廥印”、“□中材廥”亦属于此类[③]。榦、材皆为木材，廥与廪义同。结合上述林木的管理制度来看，所谓“木择于公”可能是表明木材来源于公家之仓廪，而非私自获取。

---

① 曹锦炎：《释楚国的几方烙印》，《江汉考古》1994年第2期。

② 孙敬明等：《山东五莲盘古城发现战国齐兵器和玺印》，《文物》1986年第3期。

③ 周晓陆、路东之主编：《秦封泥集》，三秦出版社，2000年；傅嘉仪：《秦封泥汇考》，上海书店出版社，2007年；马骥：《西安新见秦封泥及其断代探讨》，《碑林集刊》第十一辑，陕西人民美术出版社，2005年，第322页。

塌冢一号墓出土丝绸分析

陈子繁　黄文新
（湖北省文物考古研究所）

沙洋塌冢一号墓内棺发现一定量的丝绸残留物（图一），我们对采集的残留丝绸进行了研究保护处理。

一、宏观形貌

出土的丝织品表面糟朽、颜色偏深，给人一种无法直接提取和颜色不清的直观感觉。通过显微镜观察（图二），丝绸的经线有8根单丝，纬线12根单丝。

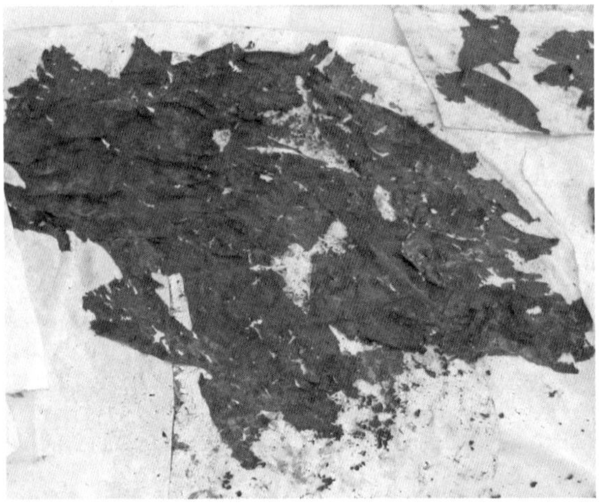

图一　遗骸揭取部分丝绸样品

图二　微观形貌

一号墓出土丝织品由蚕丝加工而成，每一根蚕丝由两根单丝平行黏合而成，一根单丝是由98根平均粗细为10纳米的微纤维组成。微纤维则由肽键和相邻的肽键形成链间的氢键，侧链交叠着伸在上面和下面。

不同倍数的微观形貌结果可以十分直观地表征样品表面的超微结构特征，其内容包括：表面结构、表面粗糙度、剥蚀坑形态、表面皱褶、降解产物分布、修补物分布及覆盖率、修补覆盖物的微观形态及与基体的结合状况、结晶度等。

检测用仪器设备：高倍光学显微镜、Quanta 200型扫描电子显微镜（荷兰FEI公司）。

样品研究：

从电镜图像中（图三、图四）我们可以清楚看出战国丝织品文物的表面粗糙度、剥蚀坑形态、表面皱褶等现象。

通过显微镜自带的测量软件测量可知（图五），样品的平均单丝直径为29微米。

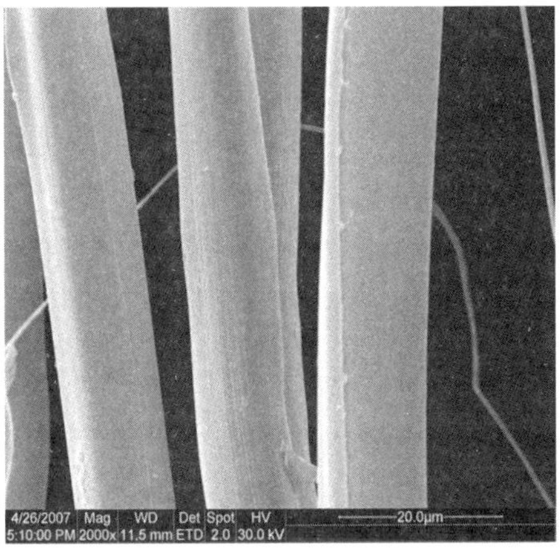

图三　新丝绸2000×扫描电镜图像

图四　战国丝绸2000×扫描电镜图像

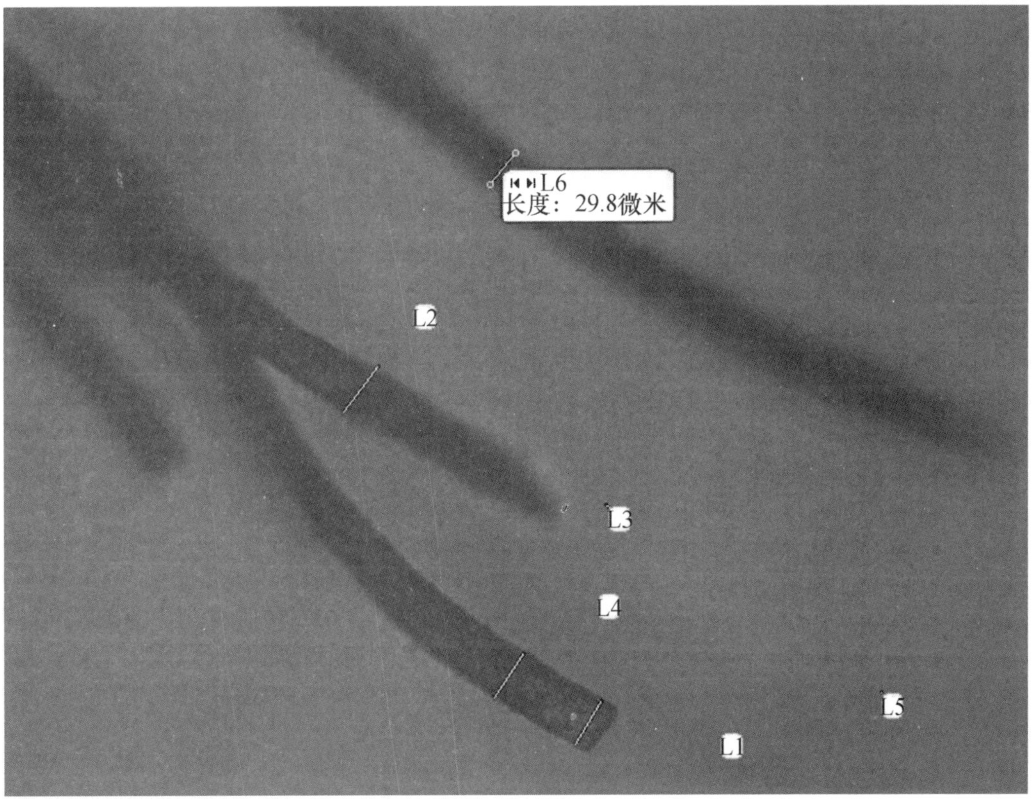

图五　单丝纤维微观形态

二、化 学 组 分

蚕丝是一种天然蛋白质纤维，是由蚕体内绢丝腺分泌出的丝液凝固而成，主要含有丝素（约占72%～81%）、丝胶（约占19%～28%）及少量其他物质（蜡类物质、糖类物质、色素及无机物等，约占3%）。

丝织品文物的化学组分分为有机组分和无机组分。鉴于蚕丝有机组分的复杂性，我们选择以其有机基团的红外特征峰为特定的技术指标。组成有机大分子的各种基团都有自己特定的光谱特性，分子光谱可以反映丝织品因老化、降解、生化技术不强而导致的一系列分子结构变化的信息。从特征吸收谱带吸收峰强度的变化和位移的变化来确定丝织品文物的老化程度。

有机组分测试用仪器设备：5700型红外光谱仪（NICOLET公司）。

样品研究：

红外光谱图（图六）中998、975cm^{-1}处的代表“-Gly-Ala-Gly-”肽骨架的骨架振动的特征吸收峰也完全消失，表明样品中可能有较大量的肽链被打断。其他丝绸红外吸收谱峰归属见表一。

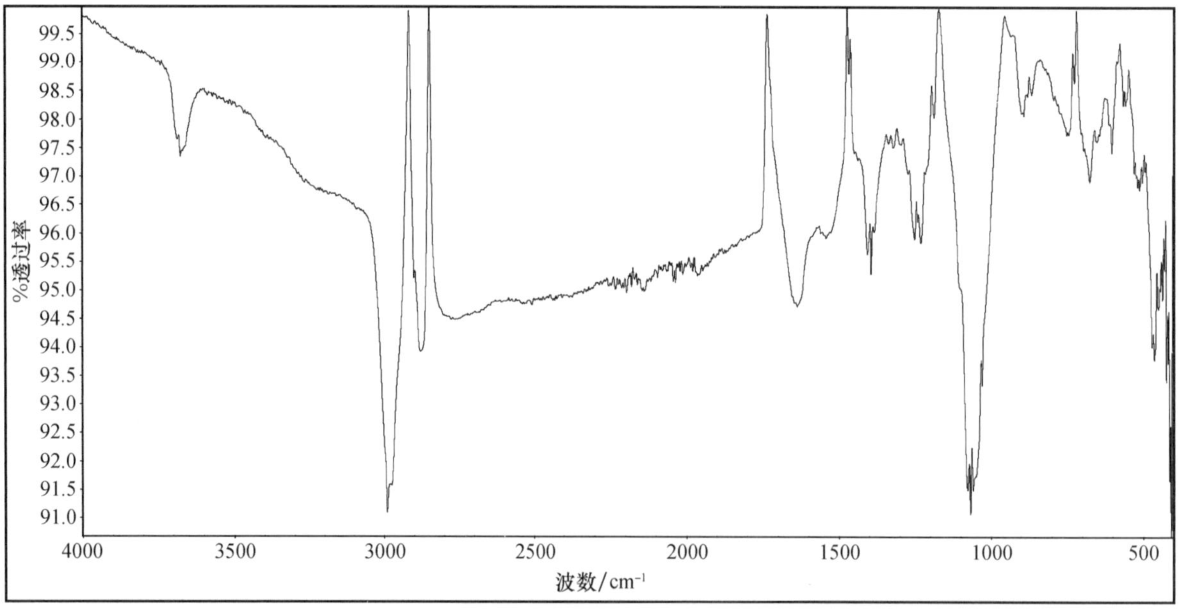

图六　KBr压片红外光谱图

表一　丝绸样品红外吸收谱峰归属

吸收峰位（cm^{-1}）	吸收峰归属
3291.8	—NH伸缩振动
2977.9	—CH3伸缩振动
2933.7	—CH2—伸缩振动
1632.3	—C=O伸缩振动（酰胺Ⅰ）
1520.2	—NH面内变形振动和—CN伸缩振动（酰胺Ⅱ）
1233.7	—CN伸缩振动和—NH面内变形振动（酰胺III）
1166.1	C-O伸缩振动
1049.8	C-O伸缩振动
650～700	—NH面外弯曲振动（酰胺Ⅴ）

对丝织品文物的污渍及无机染料的定性定量分析，包括钙盐、钾盐、钠盐以及颜料中常见的Hg、S、Fe、Co、Pb、Al等元素。

无机组分测试用仪器设备：D/max-RA型X射线衍射仪（RIGAKU公司）。

通过X射线衍射仪（XRD）检测硬结污染物成分，结果（图七）显示样品中的主要物相为方解石（$CaCO_3$），还含有少量Al_2O_3和$Mg(NO_3)_2$。

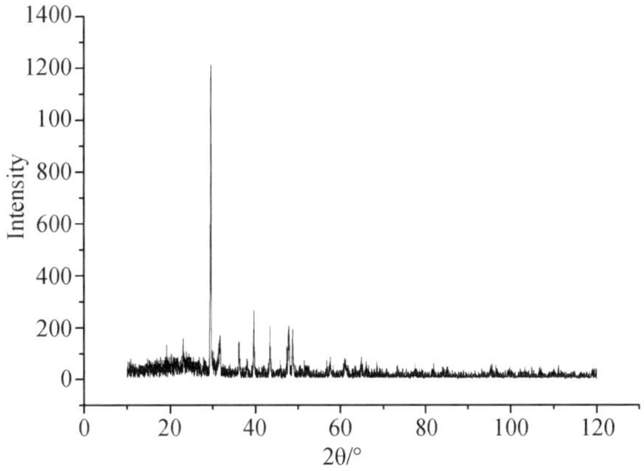

图七　硬结物的XRD谱图

三、氨基酸组分分布特征

丝织品是由蚕丝加工而成，蚕丝是一种天然蛋白质纤维，主要含有丝素、丝胶及少量其他物质。组成丝素丝胶肽链的氨基酸共有18种。丝素、丝胶蛋白质的主要氨基酸为甘氨酸、丙氨酸、丝氨酸和酪氨酸等。

丝纤维中结晶区与非结晶区的氨基酸组分分布不同，氨基酸变性及流失的量与老化降解程度直接相关，修补增强后氨基酸量的变化会反映出修补物的附着量和种类。

检测用仪器设备：L8800氨基酸分析仪（日立公司）。

样品研究：

从氨基酸总含量（表二）来看，可以发现文物样品存在失重现象，总量中质量的丢失以及结晶区中主肽链“-Gly-Ala-Gly-”的变化与保存年代明显，年代越久其氨基酸降解的越多，留存的氨基酸的含量越低。

表二　丝织品样品中的氨基酸含量（%）

氨基酸	简称	样品	现代
天冬氨酸	ASP	0.68	2.07
苏氨酸	THR	0.40	0.93
丝氨酸	SER	7.56	14.62
谷氨酸	GLU	0.64	1.74
脯氨酸	PRO	0.45	0.66
甘氨酸	GLY	22.58	35.24
丙氨酸	ALA	17.30	27.68
缬氨酸	VAL	1.60	2.62
蛋氨酸	MET	0.03	0.06
异亮氨酸	ILE	0.48	0.88
亮氨酸	LEU	0.49	0.86
酪氨酸	TYR	6.13	10.52

续表

氨基酸	简称	样品	现代
苯丙氨酸	PHE	0.50	1.24
赖氨酸	LYS	0.22	0.52
组氨酸	HIS	0.16	0.38
精氨酸	ARG	0.50	1.01
总和	TOTAL	59.7	101.0

四、结　　语

丝织品文物为蛋白质纤维织物，属于出土文物中较难保护的有机质文物。特别是发掘出土的丝织品文物，历经地下侵蚀数千年，各项性能降低，出土后颜色、质地剧变，甚至灰化。我们这次对塌冢一号墓出土丝绸的基础研究，会对后续保护有着重要意义。

塌冢一号墓瑟弦的保护研究

陈子繁　黄文新
（湖北省文物考古研究所）

瑟作为我国最早产生的弦乐器之一，其历史地位不可忽视。在先秦时期，文献散见不少有关瑟的记载，而据出土瑟的情况看，分布地域广，且以楚地居多。迄今为止，瑟的实物资料几乎都出土于我国南方地区，集中分布于湖北、湖南以及河南南部。这些地区在古代或属楚地，或在历史上受到过楚文化影响。湖北作为楚文化的发祥地，无论是瑟的传世文献，还是出土文物，对于古瑟研究来说自然有得天独厚的便利。湖北省所见考古资料分布于荆州、荆门、宜昌、襄阳、随州、鄂州六个地区，其类型仅见实物瑟。据不完全统计，湖北地区共发现70余件瑟（部分材料尚未公布）。

传说在夏代就已经有瑟了。甲骨文上的“乐” 字 上面就是“丝”字，下面是一个“木”字。瑟要用弦，那么瑟的产生应该在蚕丝出现之后。瑟弦的原料，至少有能够缫丝的技术才可能制出弦线。先秦前后的弦乐器就是琴和瑟。另外一个推测，像琴瑟这一类乐器，可能和狩猎的弓弦有关。当然，弓弦的原料也可以用牛筋或其他动物的皮筋条制作。我们1984年复制曾侯乙墓出土的瑟，最粗的几根低音弦，用的就是牛筋弦。

迄今为止，楚墓出土的漆瑟已达70件之多，但其中绝大多数的瑟弦已朽，少数瑟弦保存较好，那么，数量众多的楚国漆木瑟，其瑟弦是用什么材料制成的，一直还不清楚。因此，有必要进行分析研究。沙洋塌冢一号楚墓出土的瑟弦枘上，发现一定量的瑟弦残留（图一），所以，我们对残留的瑟弦进行了材质研究以及保护处理。

图一　瑟弦枘照片

一、瑟弦材质研究

我们通过100倍数码体式显微镜观察瑟弦，可以看到瑟弦有较为明显的污染、裂纹和泥化形态（图二，1）。

通过显微图我们可以看到，瑟弦没有明显的编制痕迹，缺少整根的丝蛋白结构，虽然在断裂面具有细小的额突出结构，但是在扭曲显微照（图二，2）中可以发现并不具有编制的特性。所以在这里我们排除丝弦的可能性，初步判断为动物细胞。

1

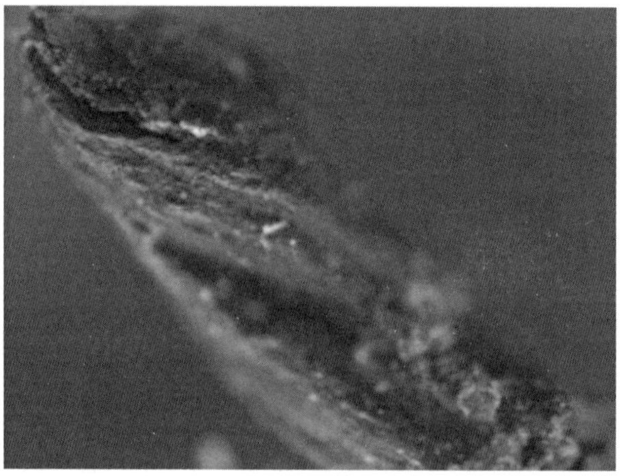

2

图二　瑟弦显微图

继续对瑟弦进行显微观察（200倍），通过观察瑟弦截面（图三），发现瑟弦腐朽硬皮下还有保存较为完好的结构面，并没有类似牛筋的胶原蛋白形态，而是类似皮革的形制。所以我们判断截面显示的结构是皮的边有油鞣制形态，中心为生皮形态。

初步判断瑟弦为皮制后，我们对瑟弦进行切片处理，进一步用扫描电镜与能谱分析（荷兰FEI公司Quanta 200 型扫描电子显微镜）。电镜下（图四），剥掉表层的腐朽皮革后，胶原蛋白纤维在外观上不同于织物，是杂乱的排序。文物的视觉结构遭到毁坏（无皮革均匀网状结构）。通过能谱（图五）可知C含量约为总量的80%，剩余依次为Cu、Si、Fe、S。

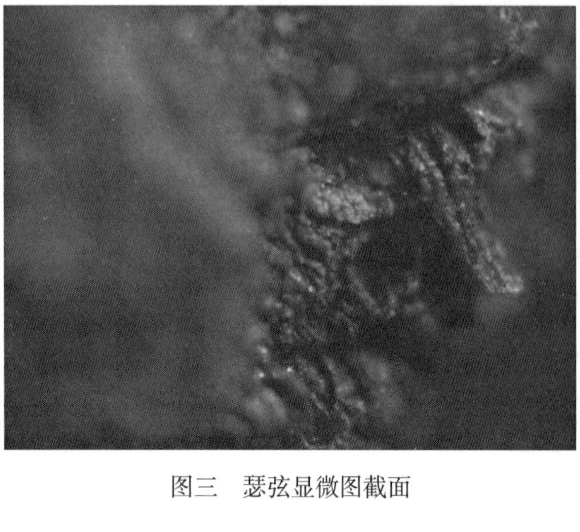

图三　瑟弦显微图截面

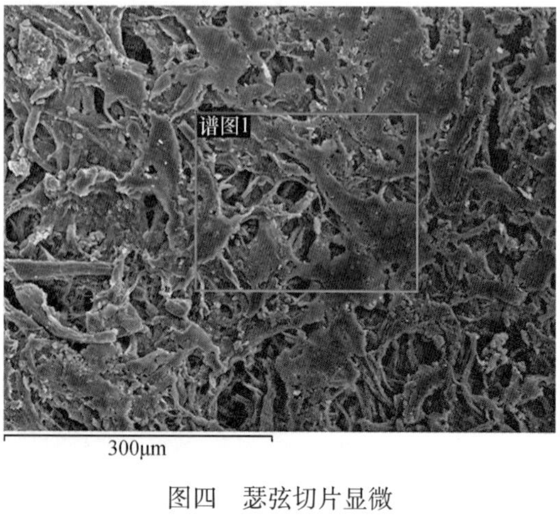

图四　瑟弦切片显微

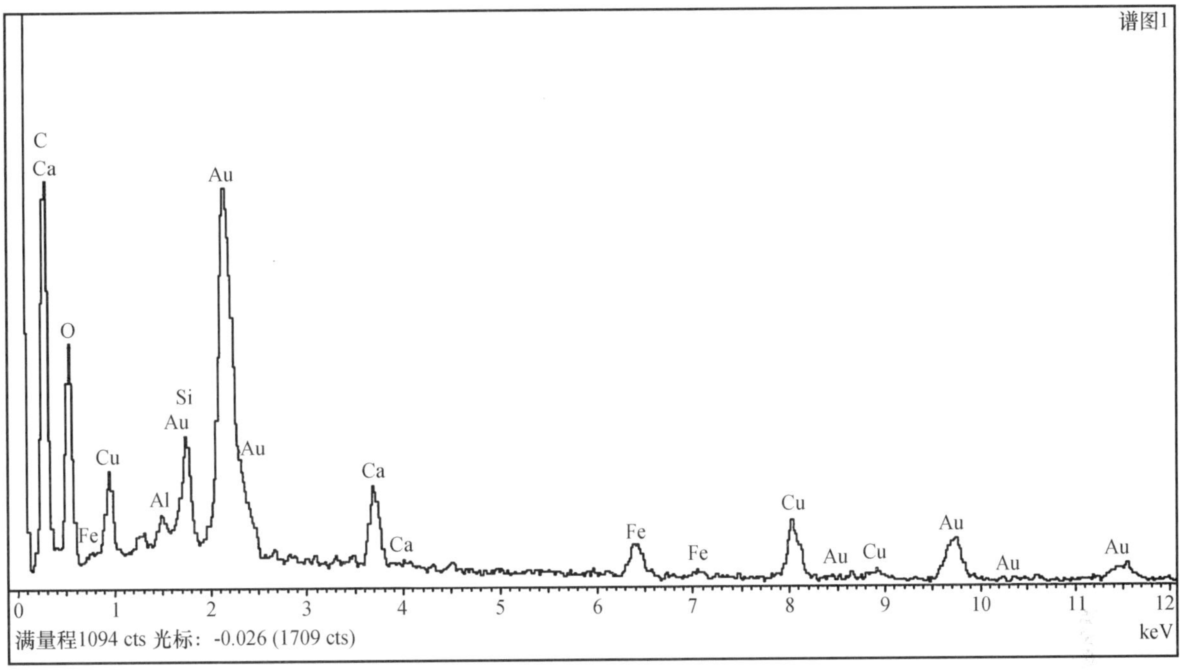

图五 瑟弦能谱图

我们继续对瑟弦样本进行红外线光谱测试，样本的红外线光谱可以通过碱卤化物颗粒压制技术或者不同反射技术来取得。如将样本粉末压制成小颗粒，取3 ~ 10 mg均匀地混合在约300 mg的碱卤化物粉末中（如氯化钠），更常见的是通过水电设备压制易抽空的溴化钾印模而得的溴化钾压片。傅立叶转换红外光谱（FTIR）的水平方向消弱的反射系数（HATR）方法被认为是皮革样本红外线光谱分析更有效的方法。该方法是简单地把样本放置于ZnSe水晶平盘上或者HATR配套的KRS—5水晶平盘上。傅立叶转换中的干涉图通过计算机转化为一个对应于一定波长数值的吸收图表，与通常的红外光谱类似。

通过FTIR光谱图（图六）中可以看到一些很重要的吸收带，如3300、2910、2860、1742、1650、1550、1 445、1340cm^{-1}。皮革是天然蛋白质的分子结构，含有诸如羧基、酰胺键等官能团。而我们样品的FTIR光谱中就存在这些官能团的不同形式的振动谱带。通过显微观察与光谱分析我们推测出土瑟弦的材质为皮质，其材质与文献中记载瑟弦材质有所不同，我们猜测这具瑟可能仅仅是陪葬用的冥器而非真正用于演奏。

最后我们通过化学分析得到瑟弦的大致成分。出土瑟弦与对现代皮革的化学指标对比（表一）。

表一 化学指标分析（%）

名称	现代皮革	实验残片
水分	7.8	1.4
无机质	30.3	88.2
脂肪性物质	28	0.6
皮质	31.2	8.7
水溶性物质	2.7	0.2
酸度	5	7
其他		

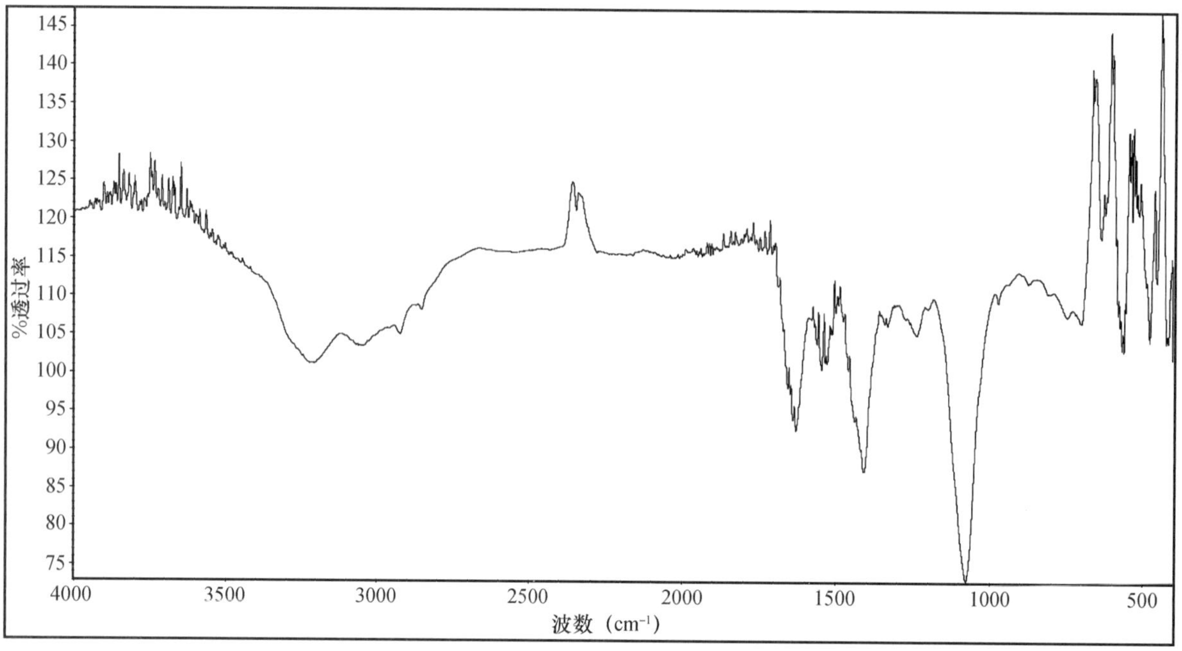

图六　样品FTIR光谱

二、瑟弦的清洗保护

确定瑟弦为皮质文物后，我们开始着手清洗保护工作。皮质是用牛、马、羊、猪、狗等动物的皮，经物理及碱、酸等化学药品的鞣制、加脂等多道工艺处理加工而成。皮质属天然高分子化合物，是由皮胶原蛋白质、蛋白质和少量的脂肪组成。其主要成分皮胶原蛋白质由原纤维、网状纤维、弹性纤维组成。皮质文物在贮存过程中特别容易病变，如生霉、干缩、虫蛀、脆化，不仅会使皮质失去光泽、强度，弹性下降，而且逐渐使皮质皱裂、老化、变形甚至毁坏。同时纤维发脆，强力降低，将失去观赏性能和文物价值。

目前国内修复文物依然靠化工材料。近年来，我们用生物技术将可再生的生物材料用于修复加固取得了较好的效果。我们在这里从皮质文物构造特点和修复加固要求出发，结合研究中的体会讨论液态胶原蛋白在皮革文物修复中的应用，重点分析材料及工艺在修复过程中的作用、使用方法，各工序对生物材料及工艺在修复过程中的作用。

皮质文物是由各种动物皮鞣制而成。动物皮由毛被和皮层两大部分组成，制革加工中将毛被除去，皮层又分为表皮、真皮和皮下组织三层。动物表皮位于毛被之下，紧贴于真皮上面，由不同形状的表皮细胞排列组成，其厚度占整个皮层厚度的0.5%～5%，主要成分为角蛋白。皮下组织主要由疏松结缔组织和大量脂肪细胞组成。真皮是生皮的主要组成部分，真皮主要由胶原纤维编织而成，其中还有弹性纤维和网状纤维，以及纤维间质和脂肪细胞等非纤维成分。纤维间质是填充在真皮纤维间的一种胶状物质，主要由白蛋白、球蛋白和类黏蛋白等组成，其中的类黏蛋白具有较大的黏性。纤维间质在活体上具有黏结和润滑皮板构造成分的作用。

1. 修复加固过程及各工序的作用

修复加固文物是把糟朽的皮质经过一系列的生物化学处理，能保持文物的外观特性，又增加了文物原来的各项机械性能，亦能重复使用。

修复加固皮质文物一般分为清洗、植皮和整理三 部分。

（1）清洗包括浸水、去污、软化等工序。清洗还能使皮质文物充水，恢复文物在干燥、腐蚀和储存过程中失去的水分，除去对修复皮质无用之物，如修复时要将灰、霉、表皮氧化物去除，并将钙化纤维和胶原纤维软化，为修复创造条件。

（2）植皮是修复加固的核心部分，是用植皮的生物材料及工艺作用下（能够使文物损坏部分得到改善变成近似原文物物质，主要有丝蛋白、胶原蛋白和油鞣剂等）使文物与皮蛋白质（即胶原） 分子中的活性基团发生牢固的化学结合，从而改变皮质文物的现存性质，使其还原皮质的原始性能。与现存皮质文物相比，植皮后的文物具有久置不腐烂、遇水不膨胀、干燥后不变硬、耐酸、碱等作用， 并具有文物的原貌和机械强度。

（3）整理主要是对植皮后的文物皮毛进行整理和美化，包括染色、加脂、干燥、整理和涂饰等一系列加工。

2. 材料选用

针对皮质文物因其胶原蛋白纤维和弹性蛋白纤维的严重变性问题，筛选与皮革文物具有良好相容性的胶原蛋白复合材料，修复损坏腐蚀的胶原蛋白，补充损失的脂类，恢复皮革原有的空间结构及其组成，有效改善皮的机械性能，使糟朽皮质文物得到有效保护。

（1）液体胶原蛋白。

液体胶原蛋白（图七）由作者小组研制。胶原蛋白的分子结构，胶原蛋白I-XVIII的主要序列与不同形态的胶原蛋白之间的差异。富含脯氨酸的螺旋、富含氨基乙酸的螺旋，以及这些残基与水分子在形成胶原蛋白纤维的较高阶结构上的重要性。胶原蛋白结构的纤维绕射模式与单晶的胶原蛋白片断结构。建构胶原蛋白的分子模型在了解分子结构上的重要性。其他纤维蛋白质的分子结构。

图七　液体胶原蛋白液

（2）丝蛋白。

我们用的丝蛋白是一种水解的丝氨基酸分子，丝氨基酸分子极为细小易于穿透文物的表层进于到内部，而和文物中的物质亲合在胶原蛋白及纳米界面的作用下形成再生皮。

3. 再生皮的制作

修复文物的再生皮是以丝蛋白、胶原蛋白为主要材料通过仿生技术在原文物的空间建造再生皮质的结构。

丝蛋白人工再生皮以多孔丝素膜为“真皮”层（内层），表面接枝丝素蛋白的聚氨酯膜为“表皮”层（外层）。“真皮”层多孔丝素膜能和文物皮的物质相互亲合，诱导原皮组织吸附丝蛋白，从而达到文物皮质的再生。

修复后的文物外观得到恢复，其抗水、防霉及机械性能等有所改善。通过显微结构图（图八）可以看出胶原纤维修复的网状结构明显改善，证明了它的几何状态的复原，机械强度提高。

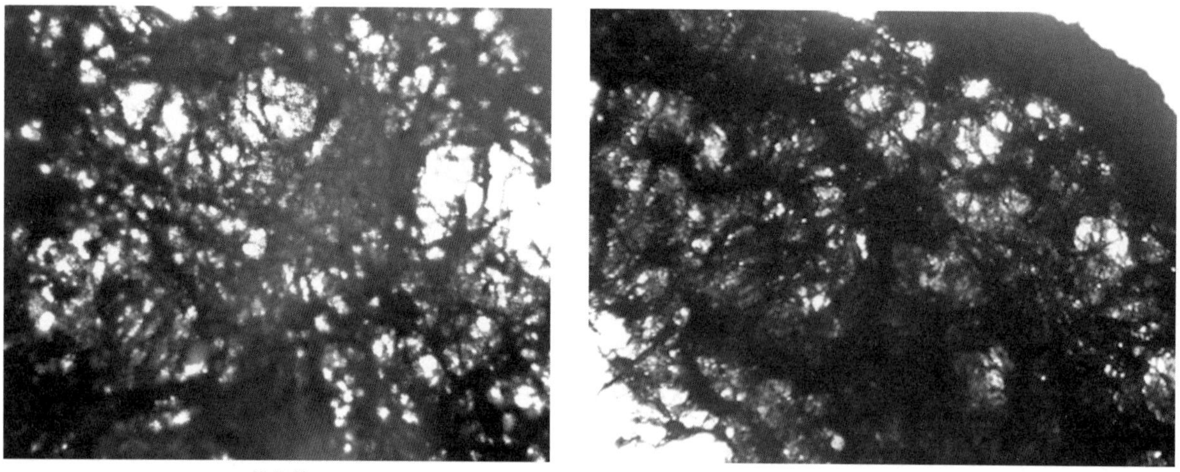

修复前　　修复后

图八　显微结构图

修复后的文物化学指标分析见表二。

表二　化学指标分析（%）

名　称	现代皮革	实验残片
水分	7.8	6.4
无机质	30.3	33.2
脂肪性物质	28	29.6
皮质	31.2	30
水溶性物质	2.7	0.8
酸度	5	6.5
其他		

三、结　语

瑟作为音乐的物质载体，不仅能够反映人类早期的音乐思想及其观念，而且也从另一侧面反映了人类早期的文化生活和科技水平。这次发现的瑟弦对我们研究那个时期的文化生活和科技水平提供了新的依据。我们在这里只是初步对瑟弦的材料和修复进行了探讨，探讨生物材料及工艺在修复过程中的作用和各阶段对所用材料的性能要求，修复材料的特性是在组成中改善各种类型的官能基（羧基、亚氨基、亚亨羟基、酚羟基钛基）。它们可以生成性质和牢固程度不同的化学键，这些化学键对修复皮质的性质有重要影响。因此，文物修复中需要采用不同材料和不同工艺来满足不同文物的要求，如文物皮质的性质（收缩温度、体积成型性收缩率等）。本文仅对塌冢一号墓出土的瑟弦进行了分析，随着考古工作的深入，漆瑟的数量将不断增加，可能还会有新材质的瑟弦发现，我们将继续对此进行研究。

塌冢漆瑟——先秦瑟的成熟之作

张　翔
（湖北省博物馆）

目前所知出土的先秦乐器瑟大约有70余件。由于出土区域小，保存状况差，缺少有价值的资料，因此对瑟的研究成果并不多。新出土的沙洋漆瑟保存状况也不好，但由于现场发掘者有音乐考古的研究意识，乐器学和音乐学方面的信息得到了很大程度的保护，让我们在考古学和音乐学两方面的考察有所收获，对先秦瑟的相关认识变得较为明晰。

一、先秦瑟的形制演变

先秦时期的瑟在外形方面前后变化很大。就现有的出土资料来看，年代最早的瑟当属湖北当阳赵巷4号墓出土的春秋中期的两件瑟。这两件瑟出土时均残破，估计长200厘米左右，由面板、侧板、挡板、底板拼合而成。瑟两头呈梯面下收，面板及侧板刻有蟠蛇纹及窃曲纹，底板素面[①]。所谓"瑟两头呈梯面下收"，其实就是船的形状，有可能是瑟的早期原创形态。湖北当阳曹家岗5号墓出土的两件瑟属春秋晚期，显示此时已出现以整木凿制瑟身。其中一件出土时有铜抓钉加固瑟面，说明其下葬前就已开裂。两件瑟的附件部分，以多种榫卯结构与瑟身相连。瑟身均髹朱、黑漆彩绘及浮雕装饰[②]。相对于赵巷4号墓的瑟而言，在制作和装饰方面已有很大的发展。先秦时期的瑟在外形方面，总的发展趋势是由窄变宽、由高变低，整体扁平化。

先秦时期的瑟的枘数，在早期创制过程中是变化的。湖北当阳赵巷4号墓出土的春秋中期的两件瑟均为3枘18弦。湖北当阳曹家岗5号墓出土的两件瑟，属春秋晚期，一件长191厘米，2枘21弦；一件长210厘米，3枘26弦。这进一步说明湖北当阳的两例有可能尚处于瑟的原创阶段。原创阶段的瑟，置枘3个对应于3条尾岳是容易理解的。河南固始侯古堆1号墓出土6件瑟，属春秋战国之际，均长约192厘米，5枘19弦[③]。以上这些早期的瑟显然偏大，它们长度大致接近，但在枘数、弦数方面差距明显，可见早期的瑟的形制并不统一。在早期发展过程中，弦数的变化导致瑟枘的增减。到了战国早期，瑟枘基本定型为4个。目前所知战国时期的瑟，无论弦数多少，瑟枘普遍为4个。战国瑟与春秋瑟的差别主要表现在瑟枘的数量上。先秦瑟枘顶部的装饰通常为浮雕，早期有浮雕鸟喙纹、云纹、涡纹、弦纹等，战国中期后出现的

① 宜昌地区博物馆：《湖北当阳赵巷4号春秋墓发掘简报》，《文物》1990年第10期。

② 湖北省宜昌地区博物馆：《当阳曹家岗5号楚墓》，《考古学报》1988年第4期。

③ 固始侯古堆一号墓发掘组：《河南固始侯古堆一号墓发掘简报》，《文物》1981年第1期。

题材比较丰富。沙洋漆瑟的瑟枘的装饰为六瓣柿蒂纹，显然不同于早期的瑟枘装饰题材（图版二七，3）。

先秦时期的瑟的弦数，与瑟的形制及结构规格无关，但是总的来说呈现出了由多样到统一的态势。战国早期的曾侯乙墓出土12件瑟，均属于大瑟且张25弦[①]。战国中期偏早的河南信阳长台关2号墓出土瑟也属大瑟且也张25弦[②]。湖北江陵天星观1号墓出土的战国中期的两件瑟，一件23弦，另一件24弦[③]。湖北枣阳九连墩2号墓出土的战国中期偏晚的瑟张23弦[④]。以上所列均为大瑟。到了战国中晚期，有大量如沙洋漆瑟的中瑟以及其他形式的小瑟，大多张25弦。可见先秦瑟张25弦的规制是从战国早期开始到战国晚期形成的。值得注意的是，沙洋漆瑟的尾端，清晰留下了系弦于瑟枘而留下的勒痕。该瑟的瑟弦按9、7、9的布局施张25弦，勒痕则显示了4件瑟枘是由外而内按7、6、6、6的弦数来分配系弦的。

李纯一先生把先秦乐器瑟按枘的数量分为四型，Ⅰ型2枘、Ⅱ型3枘、Ⅲ型5枘、Ⅳ型4枘。Ⅳ型则依弦数的多少再分为五式，其中第5式为25弦。每式又分为大、中、小三种。他在尺寸上没有给出大、中、小的标准，但从他给出的例子来看，大约相当于长160厘米以上的为大瑟、100~160厘米的为中瑟、100厘米以下的为小瑟[⑤]。沙洋漆瑟的瑟身为整木凿制，整器为扁平形式，4枘、25弦、长102厘米，属Ⅳ型5式中瑟。综合以上各方面的因素来看，沙洋漆瑟应为战国中晚期制作的。

二、先秦瑟的发声机制

弦乐器的发声机制，激发在弦，传声在越（即出音孔）。瑟弦在过去的考古发掘中曾经有过发现的记录，如江陵枣林岗137号墓出土的瑟在出土时还遗留有3根残弦，初步检测为牛筋质[⑥]。但多数情形是由于保护意识不明确而丧失了保存时机。沙洋漆瑟的瑟弦的残存部分被比较幸运地保护下来，经过检测，这批瑟弦残留物包括两种质地，即动物皮革和桑蚕丝。

根据文献记载，丝弦俗称“冰弦”，其主要特点为呈现原丝本色、粗细均匀、配置合理、张力强、韧性好、音色醇厚、手感亲和。这些特点都与原料息息相关。关于丝弦的原料，据《禹贡》记载，古青州贡“檿丝”。青州的地理范围大体即今日的山东半岛，“檿丝”是一种“山蚕之丝”，即柞蚕丝，当时的青州缴纳檿丝是为了用来做琴瑟的弦。另据《蚕书》记载：“柘叶饲蚕，其丝作琴瑟弦，清响胜凡丝”。可见野蚕丝中不仅“檿丝”可作琴瑟弦。

先秦的丝弦乐器主要出土范围在楚地，绝大多数出自湖北，与湖北地区早期盛行桑蚕养殖有关。今日湖北的桑蚕养殖基地远安传为嫘祖故里，无论真假，至少说明当地养蚕历史悠久，

① 湖北省博物馆：《曾侯乙墓》，文物出版社，1989年。

② 河南省文物研究所：《信阳楚墓》，文物出版社，1986年。

③ 湖北省荆州地区博物馆：《江陵天星观1号楚墓》，《考古学报》1982年第1期。

④ 湖北省文物考古研究所：《湖北枣阳市九连墩楚墓》，《考古》2003年第7期。

⑤ 李纯一：《中国上古出土乐器综论》，文物出版社，1996年。

⑥ 荆州博物馆：《枣林岗与堆金台——荆江大堤荆州马山段考古发掘报告》，科学出版社，1999年。

而该地正处于荆门、宜昌、荆州等出土先秦瑟的核心区域附近。这是确认沙洋漆瑟的丝弦是本地所产桑蚕丝的前提。无独有偶，湖北荆州采石场楚墓出土的瑟弦，经检测也为桑蚕丝而非“檿丝”。从检测结果来看，这些瑟弦所选桑蚕丝均饱满均匀，与织物所选的常用丝线相比，品质更加优异，能够满足制弦需要[①]。由于沙洋漆瑟基本残破，丝弦残留物很少且炭化严重，我们无法观察到先秦丝弦的使用情形。但是我们可以从当阳曹家岗5号墓的其中一件瑟的弦孔测量数据来推测早期的瑟弦布局状况。

早期的瑟弦与尾岳并非对称分布。湖北当阳曹家岗5号墓的26弦瑟的尾岳弦孔分组由外到内依次为10、8、8。战国早期曾侯乙墓出土的瑟弦孔与尾岳也不是对称分布的，由外而内为8、8、9[②]。从弦孔径的情况观察，曹家岗5号墓26弦瑟的外岳弦孔径为1～1.8毫米，中岳弦孔径为2～2.5，内岳弦孔径为3.3～3.5毫米。可见施张于外、中、内岳山上的三组弦的弦径应该是递增的关系，由外向内逐渐变粗。由此推理，其音区也就相应地呈现为外高内低的布局，这与现行古筝的音区布局完全相反。

瑟弦与尾岳之所以不对称分布，与弦径的规格有关系，因为弦径本身是粗、细顺序排列的。曹家岗5号墓的26弦瑟外岳侧分布10个弦孔，比其他两岳侧多分布两孔，就是因为这一组弦径为1～1.8毫米，相对于其他两组的弦径较细。由此我们可以推理出，曾侯乙墓的那10件瑟的弦径应该外粗内细，其音区布局应该是外低内高，与现行古筝的音区布局完全一致。

值得注意的是，弦数有可能与当时的打孔布局有关。曾侯乙墓有几件瑟两侧的弦孔打在侧板顶端或紧靠侧板的位置，这些弦孔最容易被它物堵塞，也最容易被整理人员忽略。稍有不慎，这些瑟就可能被定成23弦或24弦。沙洋漆瑟的两侧弦孔也正好打在侧板顶部，属于同样的情形。相当多的23弦瑟、24弦瑟与25弦瑟并无本质的不同。我们似乎可以进一步推理，战国时期瑟张25弦应为流行的做法，但不一定成为制度。

越是先秦瑟的底板部分用于扩散瑟音的出音孔设计，是瑟的传声结构很重要的组成部分。早期的湖北当阳赵巷4号墓的两件瑟的情况不详，但在湖北当阳曹家岗5号墓出土的两件瑟的底板上表现清楚。这两件瑟均于底板处纵向开凿一条宽7～8厘米连接首、尾越的槽口，显示这是一种“哑铃式”的设计。在曾侯乙墓出土的一些瑟的底板上，我们还能看到这种设计[③]。无越的情况并不多，且仔细考察后基本上可以断定其为明器或未完工的制作。“哑铃式”的越，到战国中期以后就比较少见了。通透的出音结构有利于声音的传播，但不一定能形成好的音色，因而取而代之的是分离的首、尾两越。沙洋漆瑟的底板两端正中各有一越，首越长方形圆角，长6.12、宽3.48厘米，外侧有一弧形凹缺。尾越呈半弧形，长6.12、宽4.2厘米。这种首、尾越分离的设计，属战国中晚期比较典型的类型。

---

① 周旸、吴子婴、吴顺清：《丝韵宛在——从湖北荆州八岭山连心石料厂四号楚墓出土丝弦看传统造弦法》，《世界音乐考古大会论文集》，中国人民大学全球化研究中心东亚音乐考古研究所，2012年。

② 湖北省博物馆：《曾侯乙墓》，文物出版社，1989年。

③ 湖北省博物馆：《曾侯乙墓》，文物出版社，1989年。

三、先秦瑟的成熟之作

战国中晚期，瑟作为礼乐角色的重要性逐渐丧失，但作为后世歌舞伎乐的主角，此时已发出先声，其单纯作为乐器的品质变得成熟起来。先秦瑟的成熟形式主要表现在以下方面：

（1）先秦时期的瑟的外形总趋势是由窄变宽、由高变低，最后规范为较为扁平的六面体，有小型化的趋势。

（2）先秦时期的瑟的枘，无论弦数多少，最后普遍为4个。其顶部装饰早期通常为浮雕鸟喙纹、云纹、涡纹、弦纹等，最后在题材上明显有所突破。

（3）先秦时期的瑟的弦数，经过战国早期到战国中期的演变，最后主要为25弦。

（4）早期的瑟弦与尾岳并非对称分布，由于艺术和技术的发展，最后形成9、7、9式等对称式布局。

（5）早期的出音孔“越”的“哑铃式”设计，战国中期以后比较少见，取而代之的是分离的首、尾两越。

（6）战国晚期，过弦槽成为先秦瑟的挂弦系统的必备元素。

综合起来观察，沙洋漆瑟表现出了以上各项特征。瑟的整体由面板、底板和首部挡板组成，如扁平盒形，其长度已非常接近小瑟的尺寸。瑟尾立枘4个，且顶部除浮雕涡纹外还表现了以往少见的六瓣柿蒂纹样。瑟弦按9、7、9的布局共25弦。这件瑟的底板两端正中各有一越，无开槽相连。尾越外侧嵌一过弦板，中部有三个弧形凹，即过弦槽。另外，这个墓葬还发现了用于承弦调音的瑟柱，这些瑟柱全部依树枝杈的自然分杈来根据需要削制而成（图版四六，3）。

塌冢一号墓人骨研究

周　蜜
（湖北省文物考古研究所）

沙洋塌冢一号墓位于荆门市沙洋县后港镇黄歇村十组，距今2300多年。为配合南水北调引江济汉文物保护工程，湖北省文物考古研究所自2010年11月上旬开始抢救性发掘。墓内出土了一批精美的漆木器、车马器和麻鞋，这些都将对进一步研究楚国晚期的政治、经济、文化以及社会形态等具有重要意义。据有关学者推测，该墓墓主人等级应为下大夫，身份尚不能确认①。2011年春，发掘者将墓中出土的人骨委托笔者进行鉴定和研究。

墓中死者遗体的软组织均已腐蚀殆尽，颅骨左侧顶部尚有少量极短毛发残留。骨架整体保存完好，全部骨骼表面呈黑褐色。可供观测研究的标本有颅骨、下颌骨、颈椎、胸椎、腰椎、胸骨、骶骨、左右侧肩胛骨、锁骨、肋骨、肱骨、尺骨、桡骨、手骨、髋骨、股骨、髌骨、胫骨、腓骨和足骨。

一、性别与年龄

在塌冢一号楚墓出土的遗物中，未发现有关墓主人姓氏和生卒年代方面的记录，这就使判别该例个体的性别、年龄工作显得十分重要。

墓中人体骨骼保存完整，鉴定条件良好。观察和测量的标准参照席焕久、陈昭编著的《人体测量方法》（第二版）②和邵象清编著的《人体测量手册》③。

（一）性别

依据颅骨、下颌骨、髋骨和骶骨的性别特征，结合四肢长骨发育的粗壮程度进行观察，结果如下。

该个体颅骨前额倾斜度较小，整个面部较为狭长。眉弓发育中等，眼眶较低，颧骨较高，颧弓外突。枕外隆突显著，上项线较粗大。

下颌整体较小，下颌支较窄，下颌联合较高，下颌角区粗糙且外翻明显，方形颏部，髁突较大，下颌角较小。

---

① 本报告。

② 席焕久、陈昭：《人体测量方法（第二版）》，科学出版社，2010年。

③ 邵象清：《人体测量手册》，上海辞书出版社，1985年。

该例标本骨盆保存十分完整，性别特征明显。骨盆整体较大，盆腔高而窄。髂骨高而陡直，坐骨大切迹窄而深，耻骨联合高，耻骨弓夹角较小，闭孔较大呈卵圆形。髋臼较深，直径较大，髋臼平面方向明显朝向外侧。耳状关节面大而陡直，无耳前沟，骶骨窄长，曲度明显而匀称。

四肢长骨属于粗长类型，上、下端均很宽大。肱骨的三角肌粗隆和股骨的臀肌粗隆等均很发达。

综合观之，墓主人的颅骨、下颌骨、骨盆及四肢骨骼都表现出比较一致的男性特征。

（二）年龄

墓主人颅骨的基底缝已经愈合，表示已经成年。该颅骨的骨缝，由外面观察，左、右两侧冠状缝已经变得较为平直。矢状缝的顶孔段和后段以及人字缝的人字点区开始愈合。由此推测其年龄在26～30岁的状态。

上、下颌齿列完整，缺失牙齿均于死后脱落。下颌左、右侧第三臼齿及上颌左侧第三臼齿生前已萌出。

上、下颌左侧第一臼齿咬合面均有多个较大面积的齿质点暴露，右侧第一臼齿齿质点连接成片。上颌左侧第二臼齿齿质点刚刚开始呈现点状暴露，右侧第二臼齿齿质点面积较大，下颌左侧第二臼齿已有多个齿质点暴露，右侧第二臼齿齿质点刚刚开始相互连接。从第一臼齿磨耗程度看该个体死亡年龄在35～45岁，第二臼齿磨耗程度显示为40岁左右。

耻骨联合面平行沟嵴早已消失，联合面平坦略微下凹，周缘完全形成，联合面呈卵圆形倾向。依据邵象清的分期，大约相当于第六期至第七期，年龄范围在29～34岁。

综合颅骨骨缝、耻骨联合面和臼齿磨耗三方面的观察结果来看，前两项观察得出的估计年龄比较接近，而依照臼齿磨耗程度判断得出的年龄比根据颅骨骨缝和耻骨联合面形态判断得出的年龄偏大5～10岁。一般来说，人类牙齿的磨耗程度是随着年龄的增加而递增，但臼齿磨耗程度也会受到食性和咀嚼习惯等因素的影响。因此必须参考其他骨骼上的年龄变化做出综合分析，才能更大程度地减少误差，使结果更接近实际。考虑到非年龄因素的影响，例如古代与现代居民饮食结构的差异等，我们通常采取从根据现代人牙齿磨耗程度制定的等级标准得出的判断结果中减去5岁的方法来推测古代居民的死亡年龄。

综上所述，我们认为根据臼齿磨耗程度做出的判断应偏大于该个体的实际年龄，而依照颅骨骨缝的愈合及耻骨联合面形态特征所估计的年龄，即30～35岁，可能较为接近墓主人的实际死亡年龄。

二、形态观察与测量

（一）颅骨

正面观：前额中等倾斜，无额中缝。眉弓发育中等，长度将及眶上缘的二分之一。眉间突度中等，眶形为接近圆钝的斜方形。鼻根凹陷较浅，鼻骨下端略宽。梨状孔呈梨形，梨状孔下缘为锐型（人型）。颅顶弧较圆缓，无明显的矢状隆起（图一，1）。

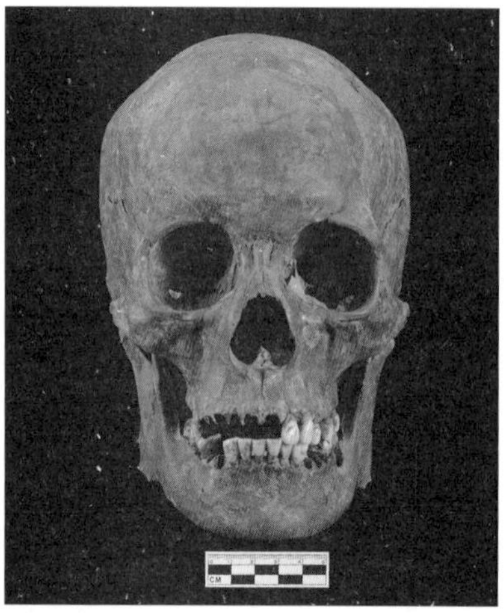

1. 正面观

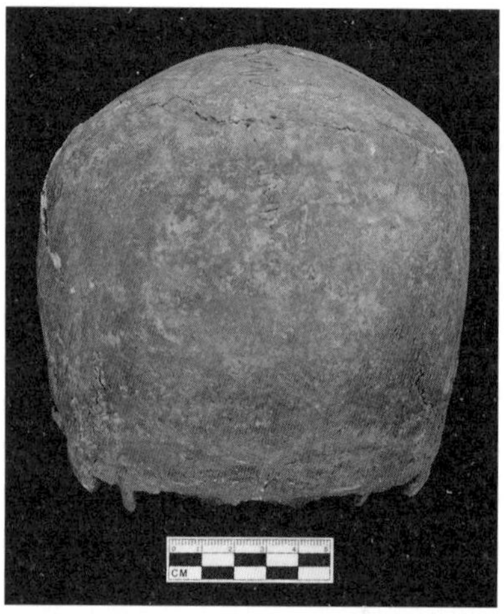

2. 后面观

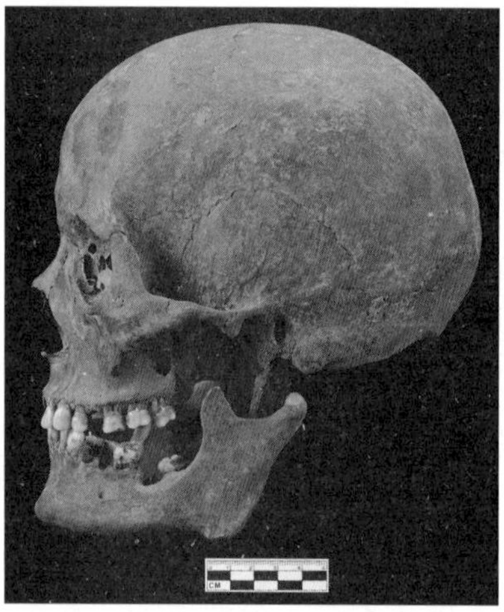

3. 侧面观（左）

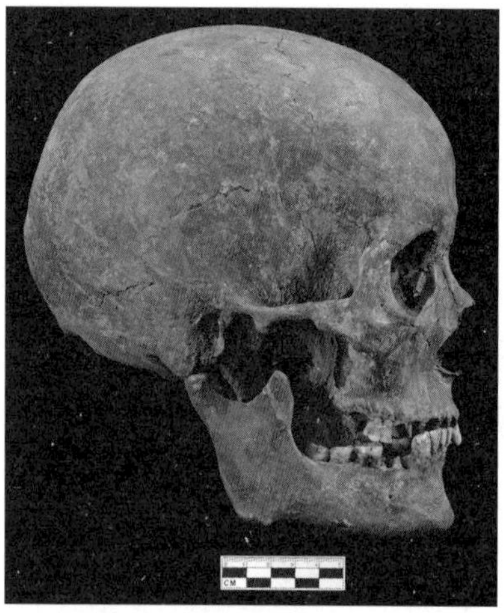

4. 侧面观（右）

5. 顶面观

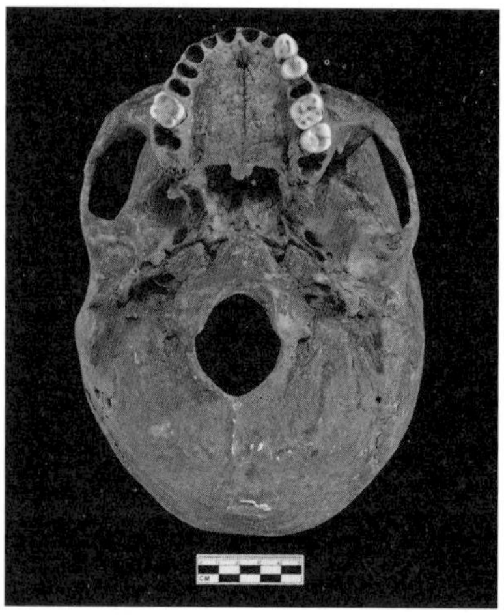

6. 底面观

图一　颅骨

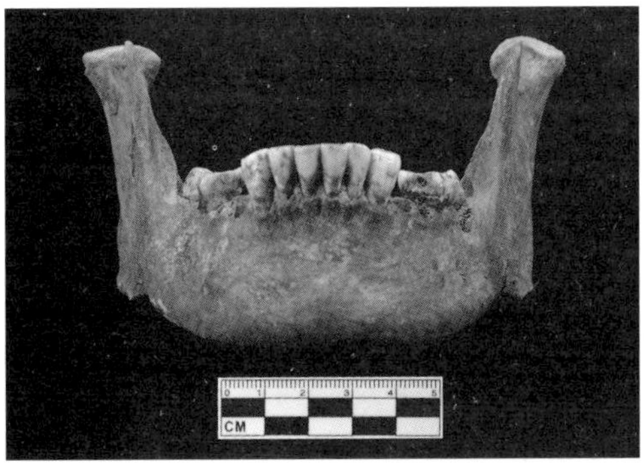

1. 正面

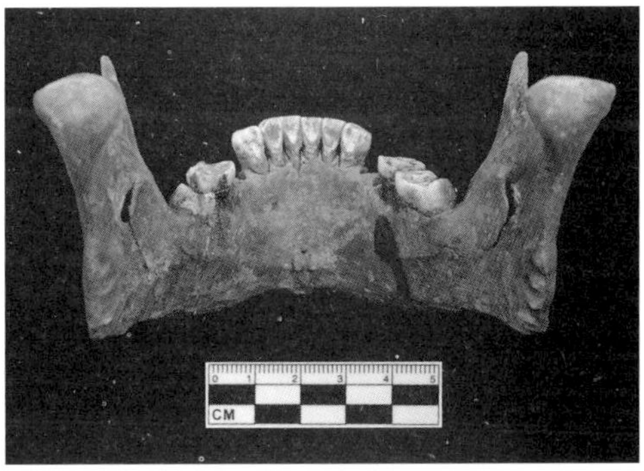

2. 后面

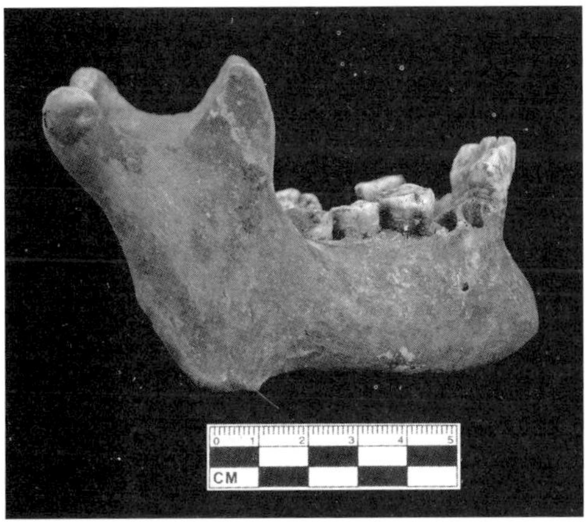

3. 侧面

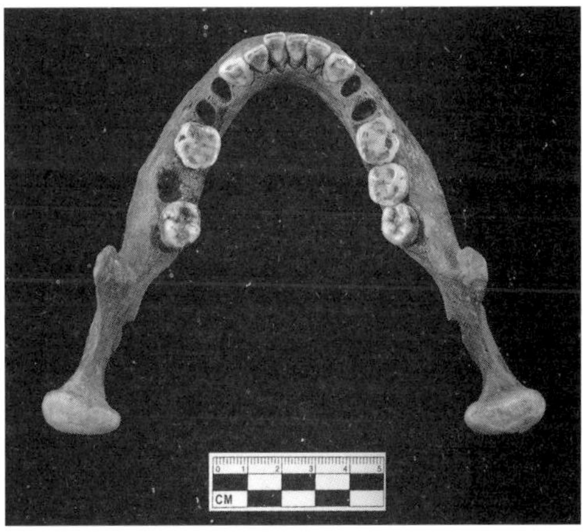

4. 顶面

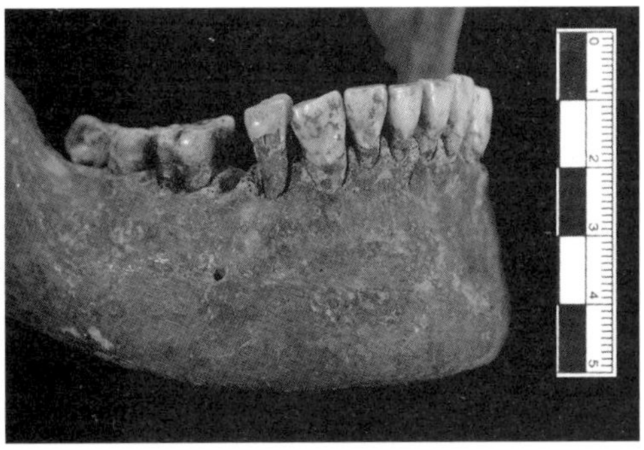

5. 牙周病

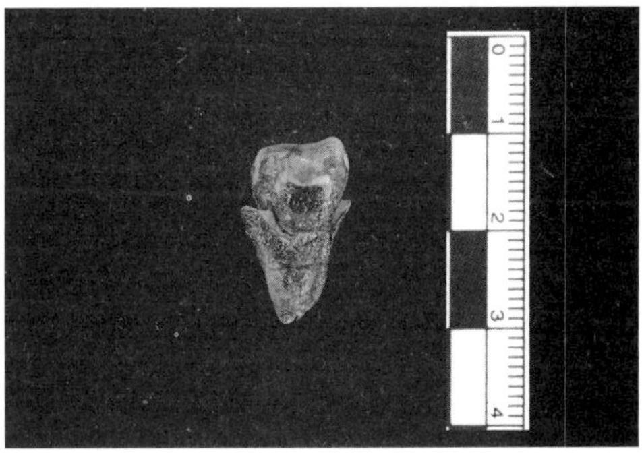

6. 龋齿

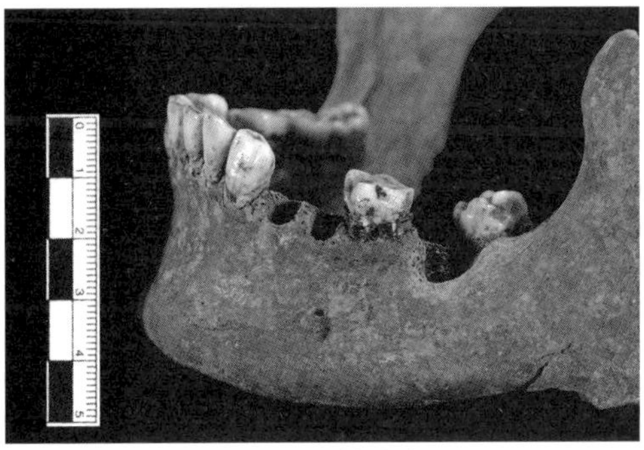

7. 齿槽脓肿

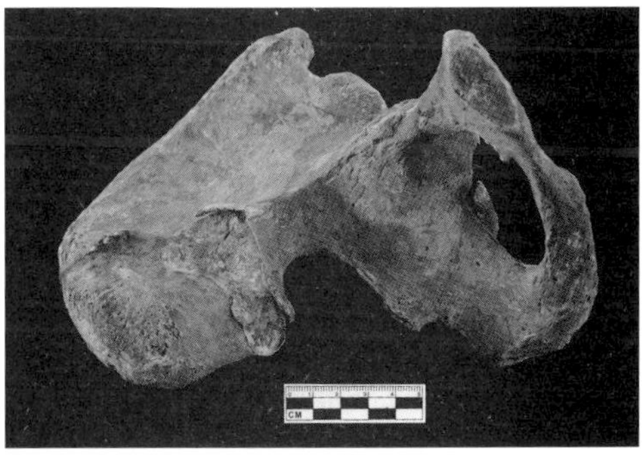

8. 骨性关节炎

图二　下颌骨及病理

后面观：颅顶正中略有隆起，最宽处在顶结节下方，上项线比较明显（图一，2）。

侧面观：颅顶呈平缓的圆弧状，枕外隆突显著。颞骨鳞部上缘呈圆弧形，左、右侧翼区均为H型。乳突较小，鼻前棘特显，相当于Broca分类的Ⅳ级（图一，3、4）。

顶面观：颅骨与卵圆形最为接近，自额部至顶后部逐渐增宽。颅顶缝形态简单，前囟段呈微波状，顶孔段、顶段和后段均为深波状（图一，5）。

底面观：枕骨大孔长大于宽，近椭圆形。枕骨大孔后面的枕外嵴较发达，外嵴两侧形成一对浅窝。腭较深，呈U型（图一，6）。

（二）下颌骨

颏部呈方形，下颌角区较粗糙，外翻明显，未见下颌圆枕（图二，1～4）。

（三）牙齿

除上颌右侧第三臼齿外，其余恒齿均已萌出且保存较好。双铲型上颌中门齿，上颌侧门齿近中舌侧边缘上出现中断沟。上颌第一前臼齿和第二前臼齿均为单根，未分叉，双侧纵沟。上颌第一臼齿齿尖为4型，第二臼齿齿尖为3型，第三臼齿齿尖为4型，未见卡氏尖。下颌第一前臼齿和第二前臼齿均为三尖型。第一臼齿齿尖为Y5型，第二臼齿和第三臼齿齿尖均为X5型。

表一　塌冢一号墓男性颅骨测量表　　（长度：毫米；角度：度；指数：%）

测量项目	测量值	测量项目	测量值	测量项目	测量值
颅长（g-op）	182.1	眶宽（d-ek）　R.（右）	39.17	上面三角（∠n-pr-ba）	64.4
颅宽（eu-eu）	141.2	L.（左）	39.78	（∠pr-n-ba）	74.6
颅高（ba-b）	139.1	眶高　R.（右）	34.82	（∠n-ba-pr）	41.0
耳上颅高	116.1	L.（左）	33.48	颅指数	77.54
最小额宽（ft-ft）	88.21	眶间宽（mf-mf）	17.16	颅长高指数	76.39
颅矢状弧（arc n-o）	384.0	（d-d）	18.43	颅宽高指数	98.51
额矢状弧（arc n-b）	138.5	两眶外缘宽（fmo-fmo）	92.88	垂直颅面指数（pr）	48.71
顶矢状弧（arc b-l）	127.0	鼻根点至两眶内宽矢高	14.96	（sd）	51.98
枕矢状弧（arc l-o）	118.5	颧骨高（zm-fmo）R.（右）	–	额宽指数	62.47
额矢状弦（chord n-b）	118.61	L.（左）	43.02	面突指数	93.94
顶矢状弦（chord b-l）	113.42	颧骨宽（zm-rim.orb）R.（右）	–	鼻指数	50.39
枕矢状弦（chord l-o）	96.66	L.（左）	23.54	眶指数Ⅰ　R.（右）	81.88
颅周长	521.0	齿槽弓长（pr-alv）	46.36	L.（左）	81.45
颅横弧	320.2	齿槽弓宽（ekm-ekm）	64.16	眶指数Ⅱ　R.（右）	84.16
颅基底长（ba-n）	99.1	腭长（ol-sta）	43.16	L.（左）	88.89

续表

测量项目	测量值	测量项目	测量值	测量项目	测量值
面基底长（ba-pr）	93.3	腭宽（enm-enm）	35.58	鼻根指数	32.83
上面高（n-pr）	67.76	枕骨大孔长（ba-o）	36.35	上面指数（pr）	51.73
（n-sd）	72.31	枕骨大孔宽	31.35	（sd）	55.2
颧宽（zy-zy）	131.0	耳点间宽（au-au）	123.72	腭指数	82.44
中部面宽（zm-zm）	–	总面角（∠n-pr FH）	85.0	枕骨大孔指数	86.24
全面高	121.24	中面角（∠n-ns FH）	88.2	横颅面指数	81.04
鼻宽	26.16	齿槽面角（∠ns-pr FH）	68.5	高平均指数	86.06
鼻高（n-ns）	51.92	额侧面角（∠g-m FH）	86.2	鼻眶指数 R.（右）	63.98
鼻骨最小宽	6.58	额角（∠n-m FH）	86.3	L.（左）	61.19
鼻骨最小宽高	2.16	前囟角（∠g-b FH）	44.0	下颌骨指数	59.8
眶宽（mf-ek）R.（右）	40.89	鼻颧角（∠fmo-n-fmo）	144.2	下颌支指数 R.（右）	63.58
L.（左）	42.75	颧上颌角（∠zm-ss-zm）	–	L.（左）	62.23

从表一中列出的各项测量性形态特征的数据上来看，塌冢一号墓墓主人具有中颅型、高颅型和狭颅型相结合的颅型；额宽指数属狭额型；面部中等偏狭，上面指数为狭上面型；鼻颧角较小，显示其拥有比较小的面部扁平度；该例个体的总面角和中面角均属平颌型，面部突度为正颌型；齿槽面角为显著的突颌型；眶指数为中眶型；鼻指数为偏阔的中鼻型；腭指数为中腭型；下颌骨指数显示其为显著的长下颌型。

非测量性形态特征的观察结果表明，该例颅骨在较弱的鼻根点凹陷、较高的颧骨、欠发达的犬齿窝和颇为简单的颅顶缝以及明显的铲型门齿等性状上都显示出其具有现代亚洲蒙古人种的形态特点。

三、比较与分析

（一）塌冢组与现代亚洲蒙古人种的比较

为了进一步确定塌冢墓主人的人种学类型，笔者根据表二中所列的17项主要颅、面部测量项目和指数项目，将本文标本与现代亚洲蒙古人种各区域性类型的变异范围进行比较。

表二 塌冢男性颅骨主要颅面部形态特征与亚洲蒙古人种各类型的比较（长度：毫米；角度：度；指数：%）

比较项目	本文标本	北亚人种	东北亚人种	东亚人种	南亚人种
颅长（g-op）	182.1	174.9 ~ 192.7	180.7 ~ 192.4	175.0 ~ 182.2	169.9 ~ 181.3
颅宽（eu-eu）	141.2	144.4 ~ 151.5	134.3 ~ 142.6	137.6 ~ 143.9	137.9 ~ 143.9

续表

比较项目	本文标本	北亚人种	东北亚人种	东亚人种	南亚人种
颅指数	77.54	75.4 ~ 85.9	69.8 ~ 79.0	76.9 ~ 81.5	76.9 ~ 83.3
颅高（ba-b）	139.1	127.1 ~ 132.4	132.9 ~ 141.1	135.3 ~ 140.2	134.4 ~ 137.8
颅长高指数	76.39	67.4 ~ 73.5	72.6 ~ 75.2	74.3 ~ 80.1	76.5 ~ 79.5
颅宽高指数	98.51	85.2 ~ 91.7	93.3 ~ 102.8	94.4 ~ 100.3	95.0 ~ 101.3
最小额宽（ft-ft）	88.21	90.6 ~ 95.8	94.2 ~ 96.6	89.0 ~ 93.7	89.7 ~ 95.4
额角（n-m FH）	86.3	77.3 ~ 85.1	77.0 ~ 79.0	83.3 ~ 86.9	84.2 ~ 87.0
颧宽（zy-zy）	131.0	138.2 ~ 144.0	137.9 ~ 144.8	131.3 ~ 136.0	131.5 ~ 136.3
上面高（n-sd）	72.31	72.1 ~ 77.6	74.0 ~ 79.4	70.2 ~ 76.6	66.1 ~ 71.5
垂直颅面指数	51.98	55.8 ~ 59.2	53.0 ~ 58.4	52.0 ~ 54.9	48.0 ~ 52.5
上面指数（sd）	55.2	51.4 ~ 55.0	51.3 ~ 56.6	51.7 ~ 56.8	49.9 ~ 53.3
鼻颧角fmo-n-fmo）	144.2	147.0 ~ 151.4	149.0 ~ 152.0	145.0 ~ 146.6	142.1 ~ 146.0
面角（n-pr FH）	85.0	85.3 ~ 88.1	80.5 ~ 86.3	80.6 ~ 86.5	81.1 ~ 84.2
眶指数　R.（右）	81.88	79.3 ~ 85.7	81.4 ~ 84.9	80.7 ~ 85.0	78.2 ~ 81.0
鼻指数	50.39	45.0 ~ 50.7	42.6 ~ 47.6	45.2 ~ 50.2	50.3 ~ 55.5
鼻根指数	32.83	26.9 ~ 38.5	34.7 ~ 42.5	31.0 ~ 35.0	26.1 ~ 36.1

注：亚洲蒙古人种各项数字转引自《柳湾墓地的人骨研究》①。

通过表二中各项数值的比较我们可以发现，塌冢一号墓出土男性颅骨在颅长方面虽然落入北亚、东北亚和东亚三种类型的变异范围，但和东北亚类型很大的颅长绝对值存在着差异。该颅骨中等的颅宽绝对值又与北亚类型差别较大，而与东亚类型相对接近。颅指数一项虽然落入到所有的类型中，但更接近于东亚和南亚类型的下限。颅高一项分别落入东北亚和东亚类型的变异范围，与北亚类型相去甚远。颅长高指数仅落入东亚类型的范围，亦较接近南亚类型的下限，而与北亚类型差异最大。颅宽高指数落入除北亚类型以外的其他各类型变异范围之内。该颅骨颇小的额宽值与东亚类型最为接近，而不同于其他各种类型。额角所反映的额部倾斜程度与东亚和南亚类型较陡直的前额颇具一致性，而与北亚、东北亚类型额部明显后倾差别较大。颧宽一项超出上述各类型的下限，但与东亚类型和南亚类型较窄的颧型略呈接近的趋势。上面高分别落入北亚和东亚类型的变异范围，但与东亚类型最为接近，与东北亚类型极大的上面高绝对值差异显著。垂直颅面指数一项落入南亚类型范围，与低颅阔面的北亚、东北亚类型差异较为明显。上面指数落入东北亚和东亚类型范围，与北亚类型表现出显著的差异性。鼻颧角一项落入南亚类型的变异范围，并且比较接近于东亚类型的下限，而与北亚、东北亚类型差别较为明显。面角一项落入东北亚和东亚类型的变异范围，并接近于南亚类型的上限，而与北亚类

① 潘其风、韩康信：《柳湾墓地的人骨研究》，《青海柳湾》，文物出版社，1984年，第261 ~ 303页 。

型差异较大，表明该个体具有较大的面部突出程度。眶指数虽落入东北亚、东亚类型的范围，但也近于南亚类型的上限。鼻指数落入南亚类型，同时也接近于东亚类型的上限，而同北亚、东北亚类型的狭鼻型差异较大。鼻根指数落入除东北亚类型以外的其他三个类型的变异范围之内，从较低的鼻根高度绝对值数据上分析，该标本与北亚类型有着明显的不同。

综合上述比较分析，本文标本所具有的较狭而颇高的颅型，中等的面高，较为狭窄和陡直的前额，中等偏高的眶型以及较低的鼻根高度等一系列颅、面部特征显示出其与现代东亚蒙古人种最为接近。同时，在较大的面部突度，较小的面部扁平度以及较为宽阔的鼻型等方面又表现出在某种程度上与现代南亚蒙古人种相似的性状。一般来说，现代北亚蒙古人种有着很大的颅宽绝对值，圆颅和阔颅相结合的颅型，较大的额骨倾斜度，颇为扁平的面部形态和较小的面部突度，因此，本文标本与现代北亚蒙古人种存在着比较显著的差别。与东北亚类型相比，在颅长高指数、最小额宽、额角、颧宽、上面高、垂直颅面指数、鼻颧角、鼻指数和鼻根指数等方面都存在着显著的差异。后者通常具有较长而偏狭的颅型，较阔的额型和较高的眶型，此外，东北亚类型还具有较狭的鼻型以及更倾斜的前额和更高的面型。

总之，从本文标本的主要颅、面部形态特征中可以看出，其与现代亚洲蒙古人种的东亚类型之间存在着更多的形态上的一致性，此外，在个别项目上也体现出某些与南亚类型较为近似的体质因素，而与东北亚类型，特别是与北亚类型之间存在着较大的形态距离。

下面再将本文标本与亚洲蒙古人种的若干近代对比组及古代对比组做进一步的比较。在比较中采用计算本文标本与各对比组之间平均数组间差异均方根函数值的方法进行。

平均数组间差异均方根公式为：

$$\sqrt{\frac{\sum\frac{d^2}{\delta^2}}{n}}$$

公式中d为两个对比组之间每项平均值的组差，δ为同种系标准差。按照人种学研究的惯例，本文借用莫兰特（G. M. Morant）的埃及（E）组的各项标准差，n为比较项目数。平均数组间差异均方根系数函数值越小则表明两对照组之间在形态学上越接近。

（二）塌冢组与各近代颅骨组的比较

为了进一步考察塌冢组战国晚期居民与现代亚洲蒙古人种各区域性人群在形态学上的关系,我们又选择了华北近代组、华南近代组、蒙古组、因纽特组、通古斯组五个对比组进行比较分析。方法是计算各对比组与塌冢组之间的组间差异均方根值。通常，组差均方根值越小表明两个对比组间的关系越密切。对比的项目及有关说明见表三。

我们对颅长、颅宽、颅高、最小额宽、颧宽、上面高、眶宽、眶高、鼻宽、鼻高、面角、颅指数、颅长高指数、颅宽高指数、额宽指数、上面指数、眶指数和鼻指数18项测量项目进行了比较，比较结果见表四。

表三　塌冢一号墓男性颅骨与各近现代颅骨组的比较　（长度：毫米；角度：度；指数：%）

马丁号	对比组 项目	塌冢组	华北组 （步达生）	华南组 （哈弗罗）	蒙古组 （杰别兹）	因纽特组 （杰别兹）	通古斯组 （杰别兹）	同种系 标准差
1	颅长（g-op）	182.1	178.50	179.90	182.20	181.80	185.50	5.73
8	颅宽（eu-eu）	141.2	138.20	140.90	149.00	140.70	145.70	4.76
17	颅高（ba-b）	139.1	137.20	137.80	131.40	135.00	126.30	5.69*
9	最小额宽（ft-ft）	88.21	89.40	91.50	94.30	94.90	90.60	4.05
45	颧宽（zy-zy）	131.0	132.70	132.60	141.80	137.50	141.60	4.57
48	上面高（n-sd）	72.31	75.30	73.82	78.00	77.50	75.40	4.15
51	眶宽（mf-ek）（右）	40.89	44.00	42.10	43.20	43.40	43.00	1.67
52	眶高（mf-ek）（右）	34.82	35.50	34.60	35.80	35.90	35.00	1.91
54	鼻宽	26.16	25.00	25.25	27.40	24.40	27.10	1.77
55	鼻高（n-ns）	51.92	55.3	52.60	56.50	54.60	55.30	2.92
72	面角（n-prFH）	85.0	83.39	84.70	87.50	83.80	86.60	3.24
8：1	颅指数	77.54	77.56	78.75	82.00	77.60	78.70	2.67
17：1	颅长高指数	76.39	77.02	77.02	<72.12>	74.26	68.09	2.94
17：8	颅宽高指数	98.51	99.53	97.8	<88.19>	95.95	86.68	4.30
9：8	额宽指数	62.47	64.69	<64.94>	<63.29>	67.45	62.18	3.29*
48：45	上面指数	55.2	56.80	55.70	55.01	56.07	53.25	3.30**
52：51	眶指数（右）	81.88	80.66	84.90	82.90	83.00	81.50	5.05
54：55	鼻指数	50.39	45.23	47.40	48.60	44.80	49.40	3.82

注：1. 标有“*”的采用挪威组同种系标准差，标有“**”的采用欧洲同种系标准差，其余采用埃及E组的同种系标准差。
2. “< >”内的数值是根据平均数计算的近似值。
3. 华北、华南、蒙古、因纽特、通古斯五个现代组的数据转引自《关于殷人与周人的体质类型比较》①。

表四　塌冢一号墓男性颅骨与各近代组间的组差均方根函数值的计算结果

对比组	华北组	华南组	蒙古组	因纽特组	通古斯组
与塌冢组间的组差均方根值	0.74	0.46	1.31	0.97	1.34

从上述组差均方根值的计算结果中可以看出塌冢组与同属于东亚蒙古人种的华南组和华北组最为接近，与代表北亚类型的蒙古组和通古斯组最为疏远。

① 朱泓：《关于殷人与周人的体质类型比较》，《华夏考古》1989年第1期，第103～108页。

（三）塌冢组与各古代颅骨组的比较

下面再将本文标本与亚洲蒙古人种的若干古代对比组做进一步的比较。在比较中采用计算本文标本与各对比组之间欧氏距离系数的方法进行。

欧氏距离系数计算公式为：

$$Dij = \sqrt{\frac{\sum_{k=1}^{m}(xik - xjk)^2}{m}}$$

公式中的i、j代表颅骨组，k代表比较项目，m代表项目数。Dij值（欧氏距离系数）越小则表明两对照组之间在形态学上越相近。

本文选择了与塌冢组在时间或空间上相关的7个古代颅骨组与之进行比较，

这些颅骨组包括殷墟中小墓Ⅱ组、殷墟中小墓Ⅲ组、西村周组、左冢组、望山一号楚墓组、大溪组和昙石山组。

殷墟中小墓Ⅱ组和殷墟中小墓Ⅲ组的人类学材料出土于河南省安阳市的殷墟遗址，墓主人大部分是商朝平民，其中少数人的社会地位可能稍高于平民而更接近于商朝王族或统治阶级成员[①]。从种族成分上来看，殷墟中小墓出土的颅骨标本在形态特征上可以划分为两种不同的体质类型，即中小墓Ⅱ组归属于我国“古中原类型”而中小墓Ⅲ组归属于“古东北类型”[②]。

西村周组人骨标本是陕西省凤翔县南指挥西村的先周和西周墓葬中出土。研究结果表明，该群体的种族特征可归入亚洲蒙古人种的东亚类型，与亚洲各近代组的比较结果显示其与华北组和华南组在体质形态上更为接近[③]。

左冢楚墓位于湖北省荆门市沙洋县五里铺镇左冢二组的岗地上，3座墓中仅1号墓人骨保存最为完整。通过对M1颅骨进行形态学观察和人类学比较，研究认为，该标本具有高颅、狭面、狭鼻和中眶等特征，应属于亚洲蒙古人种的华北类型[④]。

望山一号楚墓墓主人颅骨具偏高的颅型、较狭的面型、中颌型以及较窄的鼻型等体质特征，被认为与亚洲蒙古人种的华北人类型更为接近[⑤]。

大溪组新石器时代颅骨资料采集自四川省巫山县大溪遗址。大溪组颅骨形态特征为偏长的中颅型、中颅型和正颅型相结合的颅型，狭上面型，低眶，中鼻。研究者认为该组居民与亚洲蒙古人种中的东亚类型和南亚类型比较接近[⑥]。

---

① 韩康信、潘其风：《安阳殷墟中小墓人骨的研究》，《安阳殷墟头骨研究》，文物出版社，1985年，第50～81页。

② 朱泓：《关于殷人和周人的体质类型比较》，《华夏考古》1989年第1期，第103～108页。

③ 焦南峰：《凤翔南指挥西村周墓人骨的初步研究》，《考古与文物》1985年第3期，第85～103页。

④ 李天元：《左冢楚墓人骨研究》，《荆门左冢楚墓》，文物出版社，2006年，第214～226页。

⑤ 李天元：《望山楚墓人骨研究》，《江陵望山沙冢楚墓》，文物出版社，1996年，第223～236页

⑥ 陈山：《大溪文化居民种族类型初探》，《徐州博物馆三十年纪念文集》，北京燕山出版社，1992年，第186～197页。

昙石山组，福建省闽侯昙石山新石器时代遗址第六次发掘出土的人骨。据研究，该组人骨在种族属性上与南亚人种最为接近①。

下面采用计算塌冢组与各古代对比组之间的欧氏距离系数值来分析他们之间的关系。选择的比较项目见表五，比较的结果见表六。

表五　塌冢一号墓男性颅骨与各古代颅骨组的比较　（长度：毫米；角度：度；指数：%）

马丁号	对比组 项目	塌冢组	殷墟中小墓Ⅱ组	殷墟中小墓Ⅲ组	西村周组	左冢组M1	望山一号楚墓组	大溪组	昙石山组
1	颅长(g-op)	182.1	184.03	187.18	180.63	175.2	168.0	186.75	189.7
8	颅宽(eu-eu)	141.2	140.13	142.67	136.81	145.2	134.2	142.83	139.2
17	颅高(ba-b)	139.1	140.32	134.83	139.29	138.2	133.4	130.00	141.3
9	最小额宽(ft-ft)	88.21	90.43	93.86	93.29	93.7	85.0	97.78	91.0
45	颧宽(zy-zy)	131.0	133.08	145.40	131.48	127.8	124.5	132.00	135.6
48	上面高(n-sd)	72.31	73.81	75.08	72.60	75.0	68.5	77.30	68.0
72	总面角(n-prFH)	85.0	83.81	84.63	81.05	81.0	86.0	-	81.0
77	鼻颧角(fmo-n-fmo)	144.2	144.38	144.68	145.8	142.0	149.0	150.94	143.8
51	眶宽(mf-ek)（右）	40.89	42.43	44.88	42.48	39.8	39.3	45.00	42.20
52	眶高(mf-ek)（右）	34.82	33.55	35.52	33.62	33.8	30.5	33.00	33.80
54	鼻宽	26.16	26.99	28.96	27.74	24.2	24.5	26.20	29.50
55	鼻高(n-ns)	51.92	53.38	56.42	51.61	54.5	53.5	54.50	51.90
8：1	颅指数	77.54	76.50	76.27	75.75	82.88	79.88	75.68	73.4
17：1	颅长高指数	76.39	76.09	72.08	77.16	78.88	79.40	71.43	73.8
17：8	颅宽高指数	98.51	99.35	94.53	102.04	95.18	99.40	93.53	99.5
48：45	上面指数	55.2	53.98	51.66	55.1	58.82	58.06	-	50.2
52：51	眶指数（右）	81.88	78.59	79.32	79.25	82.41	77.61	71.79	80.0
54：55	鼻指数	50.39	50.98	51.41	53.84	44.65	45.79	48.11	57.0

表六　塌冢一号墓男性颅骨与各古代组间欧氏距离系数值的计算结果

对比组	殷墟中小墓Ⅱ组	殷墟中小墓Ⅲ组	西村周组	左冢组M1	望山一号楚墓组	大溪组	昙石山组
塌冢组	1.50	4.68	2.44	3.63	5.06	5.34	3.66

从表六中欧氏距离系数的计算结果可以看出，在与各古代对比组的比较中，与塌冢组最为接近的是殷墟中小墓Ⅱ组，其次是西村周组，这也进一步证明塌冢一号楚墓墓主人在体质特征上应属于“古中原类型”②。此外，左冢组和昙石山组与本文标本之间也存在着某种相对接近的关系。塌冢组与殷墟中小墓Ⅲ组之间的关系颇为疏远，而形态学关系中差别更大的是大溪组

① 韩康信、张振标、曾凡：《福建闽侯昙石山遗址的人骨》，《考古学报》1976年第1期，第121～129页。

② 朱泓：《中原地区的古代种族》，《中国古代居民的体质人类学研究》，科学出版社，2014年，第35～43页。

和望山一号楚墓组。由此可见，楚人的体质特征并不单一，某种意义上反映了楚人在种族来源上的多元性。

四、脑容量与身高的推测

（一）脑容量

脑容量的推算是利用皮尔逊（K·Pearson）公式：

男性脑容量（毫升）= 颅长 × 颅宽 × 颅高 × 0.000266＋524.6

塌冢一号墓出土男性颅骨标本的具体测量数值见表一。通过这些数值计算出该例个体脑容量约为1475.99毫升。

（二）身高

根据四肢长骨推算身高会受到种族、年龄、性别以及个体差异的影响，因此其身高数值只能是死者生前身高的近似值。本文选用该例标本四肢长骨的最大长度来计算墓主人身高，测量数值见表七。通过计算，塌冢一号墓出土男性个体身高约为162.6厘米。

表七　塌冢一号墓男性人骨四肢骨最大长测量表　　（长度：厘米）

编号↓ 项目→	股骨		胫骨		腓骨		肱骨		尺骨		桡骨	
	L	R	L	R	L	R	L	R	L	R	L	R
M1	43.1	42.6	35.2	34.6	34.2	34.8	30.5	31.0	25.0	24.8	22.7	23.2

注：关于脑容量与身高的推算公式参见《体质人类学》①。

五、病理现象

（一）牙周病

牙周病是指发生在牙周组织的疾病，包括仅累及牙龈组织的牙龈病和波及深层牙周组织的牙周炎两大类。牙周病是人类口腔中两大最常见的疾病之一。在我国，牙周疾病的患病率明显高于龋病，而且随着年龄的增长，患病率和严重程度逐渐增长②。

塌冢一号墓出土颅骨标本上、下颌两侧所有牙齿齿根均暴露于齿槽窝外约1/2以上，齿槽吸收闭合（图二，5）。

① 朱泓、李法军、魏东等：《体质人类学》，高等教育出版社，2004年，第151 ~ 154页。

② 曹采方：《牙周病学（第2版）》，人民卫生出版社，2004年。

（二）龋齿

龋齿是一种由口腔中多种因素复合作用所导致的牙齿硬组织进行性病损，以牙体被蛀蚀，逐渐毁坏而成龋洞为主要表现的牙病。龋齿是人类发病率最高的口腔疾病[①]。本文标本下颌左侧第二臼齿远中邻面颈部可见一处较深（几乎接近髓腔）的椭圆形龋齿病灶（图二，6）。

（三）齿槽脓肿

当微生物聚积在牙髓腔内，引发感染，大量死亡的细胞和细菌聚积形成脓肿，龋齿和牙周病均可导致脓肿的形成[②]。本文标本下颌左侧第二臼齿齿根颊侧面可见由脓肿导致的牙床骨骼表面的窦口，且窦口外缘圆钝，齿槽明显萎缩吸收，疑为牙周病或龋齿病变所致（图二，7）。

（四）骨性关节炎

骨性关节炎又称为增生性、肥大性或退行性关节炎，是由于构成关节的软骨、椎间盘、韧带等软组织变性、退化，关节边缘形成骨刺、滑膜肥厚等变化出现骨破坏，导致关节变形、活动受限等症状的一种疾病。其特点为软骨下骨质变密（硬化），边缘性骨软骨骨赘形成和关节畸形[③]。我们在观察中发现，本文标本骨质增生现象比较明显，如骶髂结合部、骶髂关节之间及两侧骶髂连接上方均有骨赘形成（图二，8）。

六、小　结

本文对湖北省荆门市沙洋县塌冢一号战国中晚期楚墓中出土的人骨进行了研究。现将研究结果总结如下：

（1）塌冢一号墓出土的战国中晚期人类骨骼标本所代表的是一例死亡年龄在30～35岁的男性个体。

（2）非测量性形态特征方面的观察结果表明，本文标本在较弱的鼻根点凹陷、较高的颧骨、欠发达的犬齿窝和颇为简单的颅顶缝以及明显的铲型门齿等性状上都显示出其具有亚洲蒙古人种的形态特点。

（3）从主要颅、面部形态特征中可以看出，本文标本与现代亚洲蒙古人种的东亚类型之间存在着更多形态上的一致性。此外，在个别项目上也体现出某些与南亚类型较为近似的体质因素，而与东北亚类型，特别是与北亚类型之间存在着较大的形态距离。

（4）在各近代对比组中，与塌冢一号墓男性颅骨在基本形态特征方面最为接近的是华南

---

① 周学东：《龋病学》，人民卫生出版社，2011年。

② 夏洛特·罗伯茨、基思·曼彻斯特：《疾病考古学》，山东画报出版社，2010年，第76、77页。

③ 邓爱民、郭永昌：《骨性关节炎》，郑州大学出版社，2005年。

组和华北组，而形态学关系最为疏远的是通古斯组。

（5）在各古代对比组中，与本文标本在种系特征方面最为接近的是殷墟中小墓Ⅱ组，其次为西村周组，而形态学关系最为疏远的是大溪组和望山一号楚墓组。这一研究结果不仅从人种学角度证明塌冢一号墓墓主人的人种类型应归属于朱泓先生提出的“古中原类型”，还暗示出楚人在种族来源上的多元性。

（6）塌冢一号墓墓主人生前曾患有牙周病、龋齿、根尖脓肿等口腔疾病和比较严重的骨性关节炎。

附记：本课题研究得到湖北省文物局南水北调工程丹江口库区文物保护科研课题资助。本文所研究的古人骨样本，是在配合引江济汉文物保护工程中，本人负责沙洋塌冢一号墓人骨架的鉴定工作中取得的，人骨架资料收集的过程中得到湖北省文物考古研究所黄文新研究员的大力协助，在此并致谢忱。

塌冢一号墓动物骨骼初探

罗运兵　黄文新

（湖北省文物考古研究所）

2010年，湖北省文物考古研究所发掘了黄歇村东周墓群中的一座塌冢一号楚墓，墓中出土了部分动物骨骼，受发掘领队黄文新先生委托，本人对其进行了鉴定整理。要强调的是，该墓葬早年被盗，扰动较严重，动物骨骼的原始位置已不清楚，动物骨骼全部出自头箱。尽管实际清理所得的骨骼材料的数量、种类比较少，但与目前已有楚墓所出牺牲材料所比，还是颇有例外之处，这里在具体介绍材料的基础上，略作简单讨论，以求对研究楚人的丧葬习俗特别是用牲制度有所助益。

一、材料介绍

（一）种属清单

本墓葬所出骨骼材料种类简单，仅见哺乳纲，共计五种：

1. 食肉目Carnivora

犬科Canidae

狗*Canis familiaris*

鼬科Mustelidae

猪獾*Arctonyx collaris*

狗獾*Meles leucurus*

2. 偶蹄目Artiodactyla

牛科Bovidae

黄牛*Bos sp.*

3. 兔形目Lagomorpha

兔科Leporidae

野兔*Lepus sp.*

（二）统计测量

1. 狗

出有头骨1件（图一），略残，犬齿以前的前腭部已缺失；齿列仅存DP^3DP^4，DP^4长7.88、宽8.12毫米；其他测量数据见表一。游离乳齿4件。左右肩胛骨各1件，左肩胛骨的肩胛结最大长12.51毫米、关节盂（肩臼）宽8.18毫米。左右股骨各1件，近端有骺线、远端关节脱落。左右跟骨各1件；左右距骨各1件。右尺骨1件。右胫骨1件，近未愈合（图二）。脊椎骨7件。

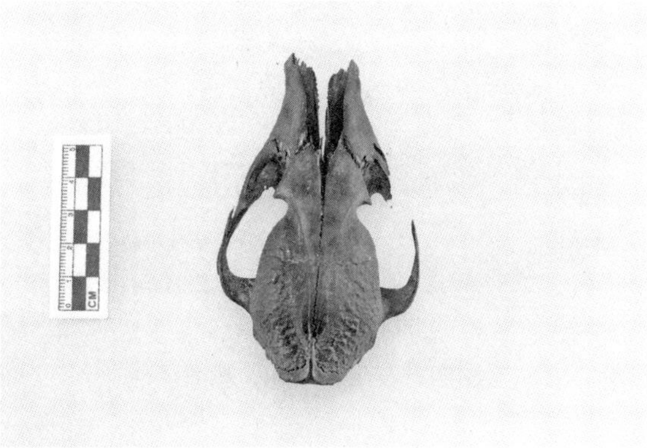

图一　狗头骨

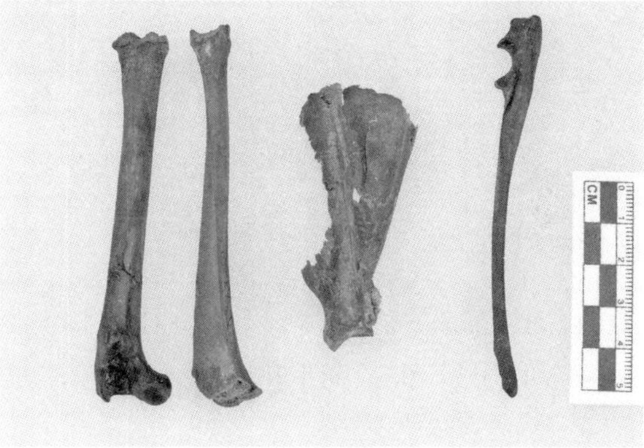

图二　狗肢骨

共计标本22件，代表1个个体，从头骨来看，骨缝未愈合，牙齿全为乳齿，恒齿尚未萌出，应为4个月以内的幼仔。

表一　墓葬出土狗、狗獾和猪獾头骨的测量比较　　（单位：毫米）

测量点		狗头骨	狗獾头骨	猪獾头骨
13	腭正中长	19.60	13.71	29.70
23	外听道最大宽	36.61		
25	枕髁最大宽	21.02	21.19	30.94
26	枕骨副乳突最大宽	30.41	30.87	46.71
27	枕骨大孔最大宽	12.44	12.06	17.47
28	枕骨大孔高	11.78	11.21	14.93
29	颅骨最大宽	38.38	31.50	48.66
30	颧骨宽	59.24		71.39
38	颅高	32.65	31.17	39.18
40	枕三角区高	26.40	25.38	36.69

注：本文测量点依照《考古遗址出土动物骨骼测量指南》（科学出版社，2007年）。

2. 黄牛

出有右肩胛骨1件（肩胛颈以下破碎，难以拼接，实为完整骨骼），肩胛颈最小长52.86毫米，肩胛结最大长61.72毫米，关节盂（肩臼）长55.15、宽47.94毫米（图三）。荐椎骨1件；右盆骨残块（髂骨部位）1件；肋骨7块，多残断，近侧多有砍痕，其中一件较完整的全长302、最大宽32.87毫米（图四）。另有脊椎残块2件。

共有标本11件，代表一个个体，由于髂骨未愈合，应为半岁左右的幼年个体。

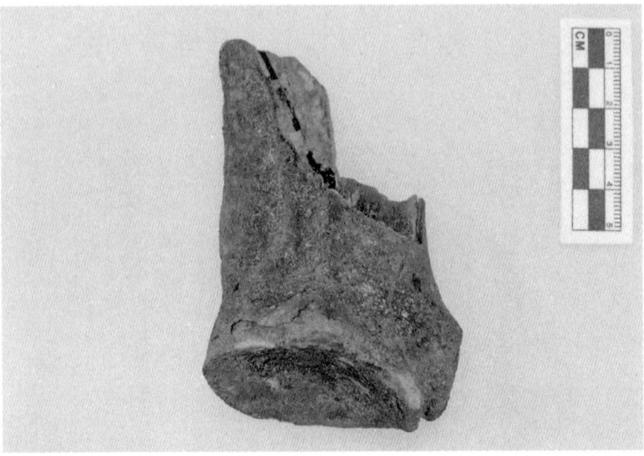

图三　黄牛肩胛骨

图四　黄牛盆、肋、椎骨

3. 野兔

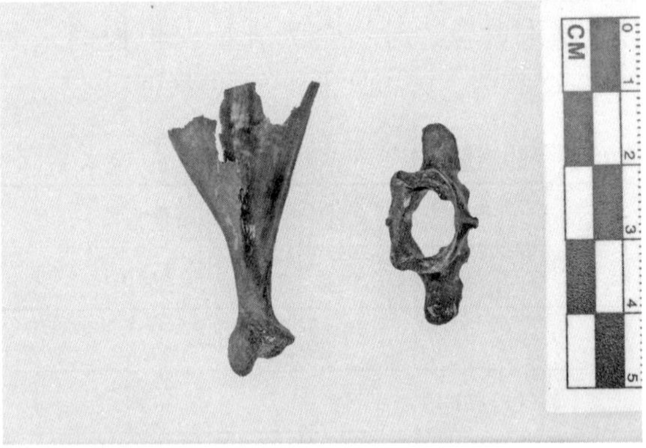

图五　兔左肩胛骨、寰椎

出有寰椎1件，寰椎翼最大宽27.17、最大长11.57毫米；左肩胛骨1件，肩胛结最大长8.95毫米、关节盂（肩臼）宽7.92毫米（图五）。另有残破肢骨块6件。共计标本8件，代表一个个体。

4. 猪獾

头骨1件（图六），保存较好，仅前腭部分残缺；齿列左侧存DP^4，右侧存DP^3DP^4，其他仅存齿孔，DP^4长14.83、宽9.83毫米；其他测量数据见表一。左下颌1件（图七），齿突明显高于齿列，齿列仅存DP_4DM_1，DM_2存齿孔，DM_1前高13.73毫米，DM_1长16.38、宽5.98毫米。另有左肱骨1件，两端关节脱落。右尺骨1件，残。右盆骨1件，近端未愈合。

共计标本5件，代表一个幼年个体。从头骨和下颌来看，头骨骨缝未愈合，牙齿全为乳齿，应为未成年个体。

5. 狗獾

头骨1件（图八），保存较差，略残，牙齿全部脱落；测量数据见表一。另有右尺骨1件、左胫骨1件，两端关节脱落；左腓骨1件；左跟骨1件（图九）；右盆骨1件，未愈合。

共计标本6件，代表一个个体。从头骨来看，骨缝均未愈合，为幼年个体。

此外有獾的脊椎骨26件，暂无法区分猪獾与狗獾（图一〇）。无法鉴定种属的中小型哺乳动物肢骨10件、肋骨5件、头骨碎块4件。

在头箱和边箱的泥土中，筛洗出较多微小型哺乳动物的脊椎骨，共58件，无法鉴定到种属，可能是老鼠一类的骨骼。

另外，还出有几件动物粪便（图一一）和动物卵壳（图一二）。

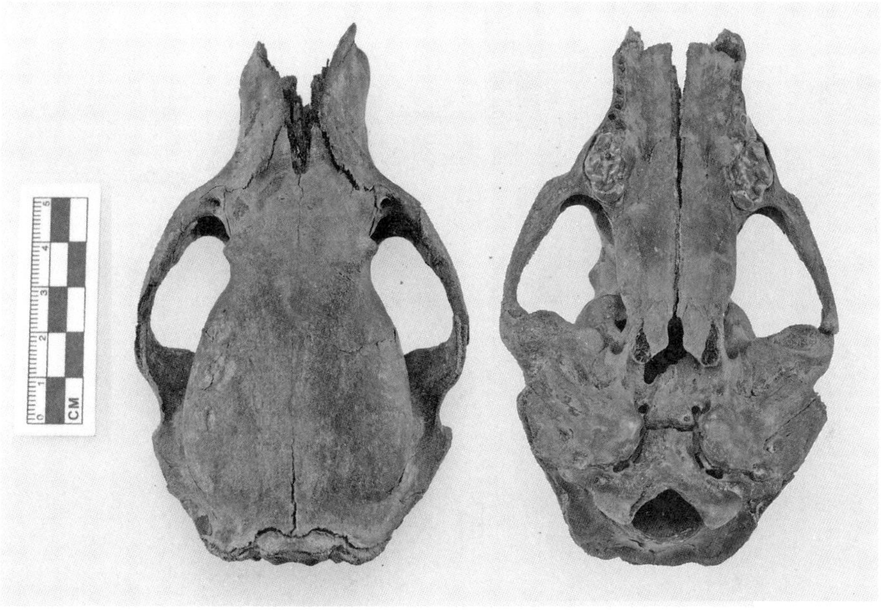

图六 猪獾头骨顶面、底面

图七 猪獾左下颌

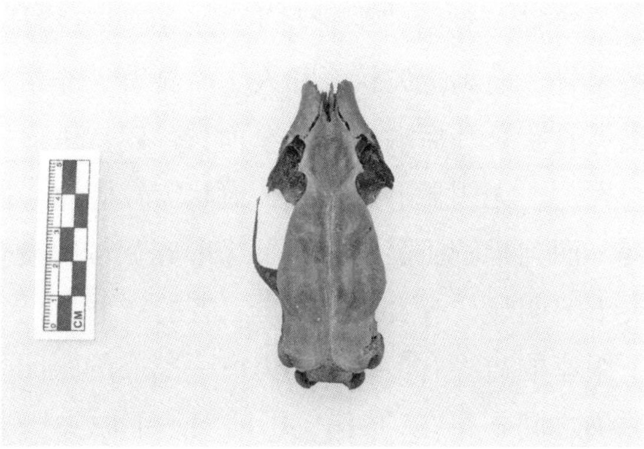

图八 狗獾头骨顶面

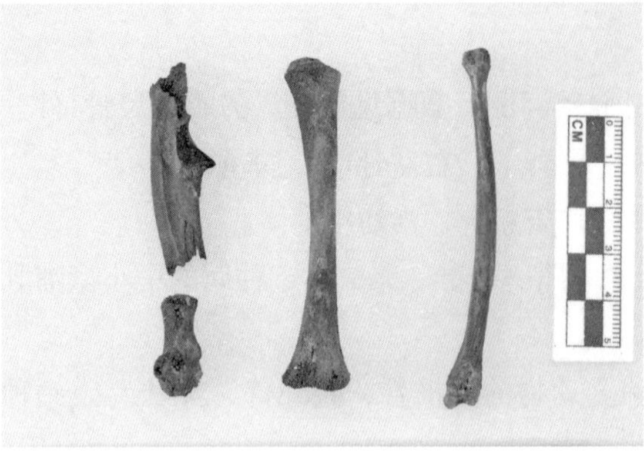

图九　狗獾肢骨

图一〇　獾脊椎等肢骨

图一一　动物粪便

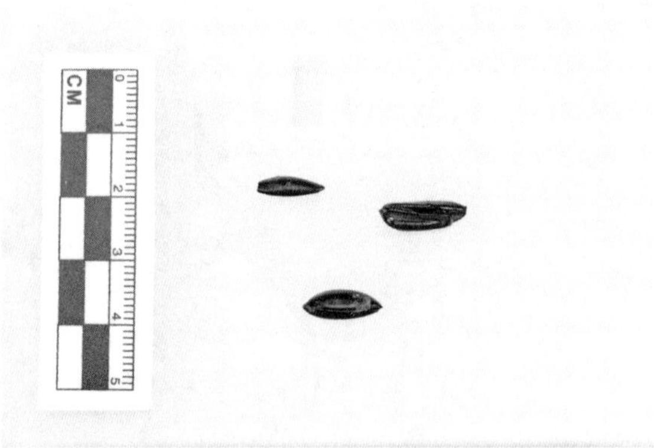

图一二　动物卵壳

二、相关讨论

（一）獾类材料的鉴定与讨论

猪獾与狗獾的头骨与下颌骨在形态特征上区别相当明显：如猪獾头骨顶部圆弧，无矢状嵴突脊，而狗獾矢状脊和人字嵴显著，非常发育。头骨底面的鼻骨较宽，后端内凹圆缓，而狗獾鼻骨狭长，后端内凹尖窄而长。P^4，猪獾呈菱形，狗獾呈梯形。下颌骨方面，猪獾咬肌窝不很发达，无明显下缘突脊，冠状突较圆缓，髁突（角突）高于齿列，髁突下突不明显，整体圆缓。而狗獾咬肌窝发达，下缘形成宽带状突脊，冠状突较尖锐，髁突（角突）与齿列持平，髁突下突明显，有尖突突出。二者的M_1种间特征区分最为明显，尽管整体上二者有明显共性——下跟座的边缘有多许多小齿突，围成的跟凹呈窄长的盆地，但猪獾下前尖不发育、下前尖与下原尖之间不存在V形沟，下前尖—下原尖—下后尖三者之间连线夹角明显大于獾；狗獾下前尖与下原尖有发育的V形沟。上述特征在本墓葬出土的头骨与下颌骨（包括牙齿P^4和M_1）材料中表现得非常明显，所以猪獾和狗獾的存在是毫无疑问的。

按《中国经济动物志·兽类》（科学出版社，1962年）记载，现生狗獾广泛分布于北半球的欧亚大陆，在我国各地均有分布。其生活环境包括山地、森林、草原、丘陵、盆地以及溪流沼泽，适应能力较强。而猪獾在长江以南分布较多，长江以北的甘肃、河北、陕西、山西等省以及东北也偶有分布。这与新石器时代以来的考古遗址出土材料比较吻合，如狗獾材料广见于全国各地，但猪獾材料则多见于南方地区遗址中，而北方地区也极少见到，目前只见于陕西姜寨遗址等个别遗址。狗獾和猪獾栖息于平原荒野、山坡丘陵、溪流湿地等各种生境，从平原到海拔3000多米的山地都有栖居。二者生活习性相近，穴居（住岩洞或掘洞而居），极善于挖洞。通常洞穴较大，离地面2～3米。

从二者的穴居习性来看，猪獾、狗獾在墓葬中的出现，不排除是后期自然侵入所致，而与当时人类有意识的丧葬仪式活动无关。但与獾骨材料共存的还有狗骨，狗无穴居习性，它的出现明显应是当时人们的献祭所为；而从骨骼的保存质地与色泽来看，三者看不出明显区别，所以很可能三者都是有意识放入的，所以本文基本判断这些獾类材料也属于有意识献祭的。要强调的是，他们的色泽与黄牛骨骼相比，明显偏浅，很可能当时狗和獾类均未经烹煮而直接摆放。当然，这可能也涉及他们的献祭用途。

獾类材料在先秦墓葬中还未见有先例，目前似仅见于汉代墓葬材料中，如陕西神木大保当墓地，该墓地随葬动物有狗、狗獾、牛、马、羊、兔六种，共18个个体（狗獾7、狗4、羊4，牛、马、羊各1），其中明显以狗獾最多，共7个头骨（带下颌），出自5座墓，除一墓出有3个头骨外，余均仅出1个。这是目前唯一一处以狗獾为主的墓地。研究者认为可能与当地草原游牧民族文化有关，多数墓中以狗獾代替狗以保护墓主人（除出3个獾头骨的那座墓葬外，狗与狗獾不共存）①。本墓地所出獾类是否有类似功能目前还难以判定，不过从相邻的荆门严仓楚墓出有貉、麂的骨骼来看②，似乎当地有随葬野生小型动物作为肉食的习俗，所以狗獾、猪獾在本墓葬中作为肉食献祭的可能性更大一些。

（二）墓葬所出牛牲的讨论

墓葬中所出牛骨较多，骨骼色泽较暗淡，无光泽，表层多脱开，经烹煮的迹象较明显，可确认是食鼎的牺牲。

从目前所见楚墓材料来看，楚人食鼎所用牛牲有水牛和黄牛两种，但以黄牛为主，水牛仅见于天星观M2、包山M2和九连墩楚墓中。楚墓所用牛牲的年龄，除天星观M2外，均为青幼年个体（天星观牛牲均在6岁以上，属成年个体；包山M2牛牲则是未成年个体；曾侯乙墓中牛牲均是半成体；乔家院楚墓中牛牲属幼年个体）③。本墓葬所出牛牲为幼年黄牛，与上述特点比较一致。

---

① 胡松梅：《神木大保当汉墓出土动物骨骼鉴定报告》，《神木大保当：汉代城址与墓葬考古报告》，科学出版社，2001年。

② 罗运兵、宋有志：《湖北荆门严仓楚墓出土动物骨骼研究报告》，待刊。

③ 罗运兵：《楚墓所见动物牺牲》，《楚文化研究论集》第十集，湖北美术出版社，2011年。

文献记载中，牺牲本身有等级之分。《大戴礼记·曾子天圆》："成五谷之名，序五牲之先后贵贱。"杜预注《左传·昭公十一年》"五牲不相为用"中的五牲顺序为"牛、羊、豕、犬、鸡。"周礼中则谓六牲，《周礼·天官·膳夫》："凡王之馈，食用六谷，膳用六牲。"《周礼·天宫·食医》："掌和王之六食、六饮、六膳、百羞、百酱、八珍之齐……凡会膳食之宜，牛宜稌，羊宜黍，豕宜稷，犬宜粱、雁宜麦、鱼宜苽。"据此，"膳用六牲"乃牛、羊、豕、犬、雁、鱼。依次，可知周礼中馈食用牲的"先后贵贱"为牛、羊、豕、犬、雁（或鸡）、鱼。总之，牛牲的地位非常突出。按《国语· 楚语上》记载，"其祭典有之曰国君有牛享，大夫有羊馈，士有豚犬之奠，庶人有鱼炙之荐。"《礼记·曲礼下》："凡祭……天子以牺牛，诸侯以肥牛，大夫以索牛，士以羊豕"，疏曰"大夫以索牛，士以羊冢者，天子大夫、士也，若诸侯大夫即用少牢，士则用特牲"。很明显，牛牲不是一般贵族和下层民众所能随便使用的。如作为平民等级代表的丹江口牛场墓群，其用牲以猪牲为主，其次是羊、狗和鸡牲，而绝不见牛牲[①]。总之，楚人用牲习俗较好地体现了墓主身份的等级分化，已有楚墓材料显示，牛牲作为实鼎的牺牲只见于上大夫以上级别的楚墓中，下大夫、士与平民墓中不见牛牲[②]。

如果塌冢一号墓墓主属下大夫，则填补了以往这一级别楚墓用牛牲的空白。当然按周礼，楚之大夫用牛牲，似有僭越。即便考虑到礼之隆杀，如《国语·楚语下》云："祀加于举。天子举以大牢，祀以会；诸侯举以特牛，祀以太牢；卿举以少牢，祀以特牛；大夫举以特牲，祀以少牢；士食鱼炙，祀以特牲；庶人食菜，祀以鱼"；按祀加于举，也只有卿（楚墓中的上大夫与之相当）以上等级祭祀才可以用牛牲。不过，东周以降，礼崩乐坏，礼制向上逾侈，特别战国以来，层层僭越，所以塌冢一号墓越级使用牛牲可能正是这种背景的映射。

又按周礼记载，牲体各部位之间有尊卑之别。周人重骨，尚右，贵前。即以肩为贵，前体贵于后体，四肢贵于脊、胁。如《礼记·祭统》云："凡为俎者，以骨为主。骨有贵贱，殷人贵髀，周人贵肩，凡前贵于后。"牲体的左、右两胖，若用其一，则以右胖为贵。《仪礼·乡饮酒礼》云："宾俎：脊、胁、肩、肺。主人俎：脊、胁、臂、肺。"郑注云："凡前贵后贱。"《仪礼·少牢馈食礼》："司马升羊右胖，髀不升。"郑注："上右胖，周所贵也。""髀不升，近窍，贱也。"髀因近于窍，所以贱，故祭祀时不升于正鼎，不载于正俎。本墓葬所用牛牲，为右肩和右髀，与周礼尚右相符，但前体（肩胛骨），后体（盆骨、荐椎骨）均出现，又与贵前之制不尽相合。由于墓葬早年遭盗，扰动较严重，动物骨骼出土的原始位置已不清楚，而且保存、清理所得的骨骼材料过于单薄，所以上述讨论只是管中窥豹，难免失之简略。

① 罗运兵、陶洋、周国平：《丹江口牛场墓群出土动物遗骸鉴定报告》，《丹江口牛场墓群》，科学出版社，2013年。

② 罗运兵：《楚墓所见动物牺牲》，《楚文化研究论集》第十集，湖北美术出版社，2011年。

三、小 结

塌冢一号墓所出动物骨骼材料经鉴定，有狗、黄牛、狗獾、猪獾、兔五种。其中狗獾、猪獾、兔为野生动物，在楚墓中目前它们还是首次出土，丰富了我们对楚人祭祀用牲种类的认识。经分析，初步断定上述材料全是作为肉食献祭的牺牲，其中牛牲明显经过烹煮，而狗与獾类则似未经烹煮。从年龄上来看，牛、狗和獾类均为青幼年个体，而尚幼是古代祭祀用牲的一个普遍特征。从牛牲的使用来看，可推测墓主的身份等级应较高；牛牲的骨骼部位似经过有意识的选择，与周代礼制有一定吻合之处。当然，由于墓葬被盗扰，所获骨骼材料偏少，本文有关讨论还有待新材料的验证。

试论塌冢一号墓漆俑

周　伟[1]　黄文新[2]
（1. 荆门市博物馆　2. 湖北省文物考古研究所）

2010年11～12月，为了配合南水北调引江济汉工程文物保护工作，湖北省文物考古研究所对位于湖北省荆门市沙洋县后港镇黄歇村东周墓群中的一座中小型墓进行了抢救发掘。该墓地处黄歇村东周墓群南部一条南北走向的自然岗地中部，东、南两面为长湖，当地人称该墓为“塌冢”，墓葬编号为一号墓。通过发掘确定一号墓为战国时期楚墓，出土了一定数量的具有楚文化特色的珍贵文物，漆俑就是其中之一。

一、漆俑概述

漆俑出土于一号墓头箱内，是本次发掘出土的唯一一件漆俑，编号为T：2。在已发掘的楚墓中未曾见过同类器物，尚属首次发现。这件漆俑为立俑，从面部、发饰及胸部特征看，为女俑。俑由头、身和底座三部分组成，头高8.1、肩宽9.6、底径8.5、通高42.6厘米，约为真人的1/4大小。整体采用圆雕写实手法雕成，刀工细腻圆滑。头和身用圆木雕刻，头颈置于交领中，头颈部为圆柱形榫头与俑身交领中的榫眼套合，使头部可以360°旋转。俑身底部与双脚用横木雕成，与俑身黏合形成一件完整的漆俑。眼、耳、鼻、嘴雕刻，眉墨绘，已脱落，目用黑漆点睛，面、颈施红彩。通身髹黑漆，衣领、袖口、衣襟及下摆在黑漆地上用朱砂和黄彩绘服饰。漆俑圆脸，斜肩，两乳微隆，腹微鼓，细腰，丰臀，直身，两手于腹部插于袖中，双脚作站立状（图一；彩版一三）。

漆俑头戴弧形冠，冠长8.2、高4厘米。俑的发丝清晰可见，头发梳于脑后，发端用缘带绾成垂髻，缘带上用朱砂绘条状纹。身着交领右衽宽袖长袍，腰束宽带，脚尖露于长袍之外，脚呈圆角长方形。脚长7、宽1.8、高1厘米。从交领、袖口及后襟可以看出，俑身着内外衣。外衣为长袍，分上衣下裳，联体，直裾。上衣正身背后为左右两块，前面两块为左右衣襟，左襟较长，包至身后正中，双袖为三块。下裳用朱砂绘七道条纹，为七缝八块，象征由八块布缝合。长袍下至脚面，宽袖多皱折，黑色。领缘和袖缘用朱砂绘间隔式条纹，在条纹上用黑漆绘波折纹。襟缘和下摆缘在黑漆地上用朱砂绘二方连续菱形纹。内衣下摆至膝部，双袖口较小，衣领微露部分为黑色，袖口和后襟外露部分为红色。内衣袖缘用黄彩绘间隔式条纹，在条纹之间用黄彩绘波折纹。腰束红色宽带，带缘黑色，用黄彩绘二方连续波折纹，并填以黄彩。漆俑昂首挺胸，面部饱满，双目炯炯有神，体态丰满，俨然是一位栩栩如生的贵妇人（图二）。

图一　漆俑右侧视与后视

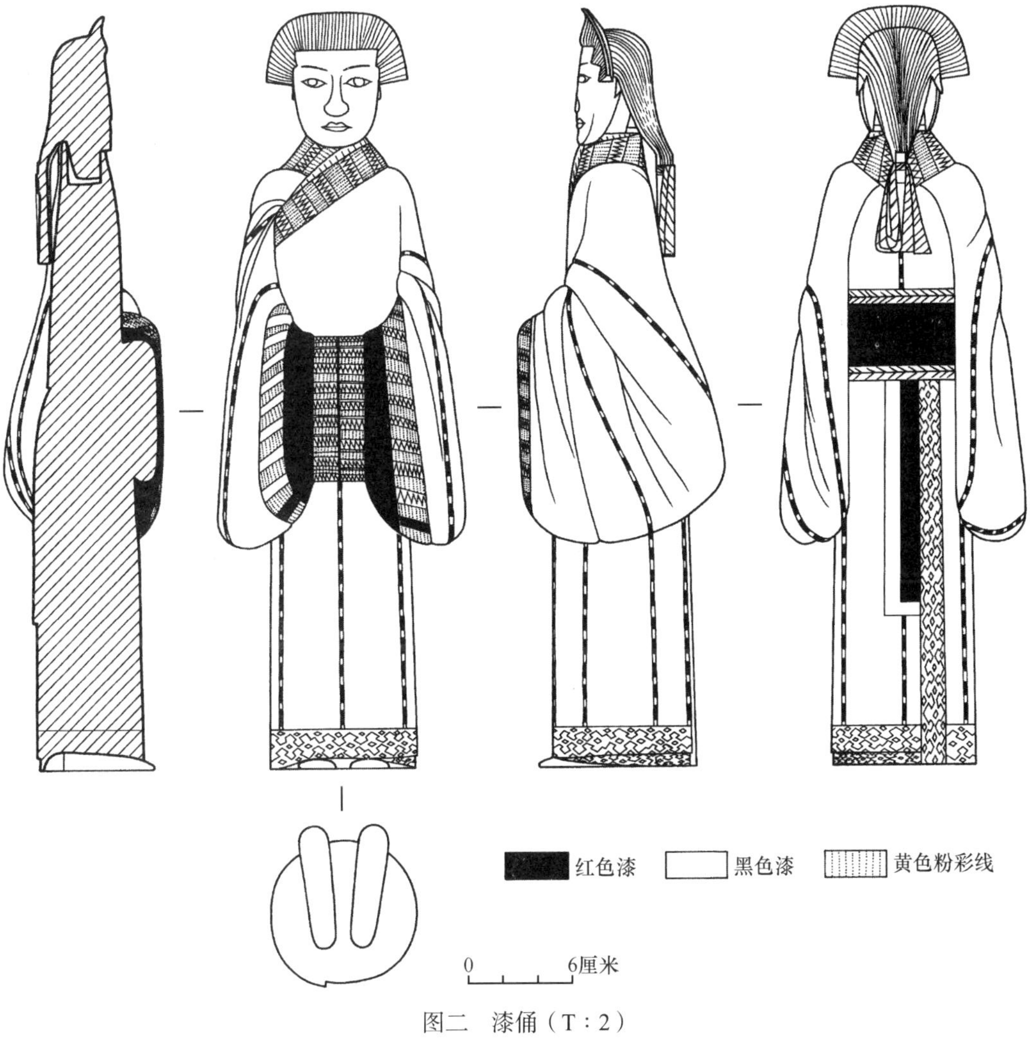

图二　漆俑（T：2）

二、与战国墓出土木俑的比较分析

这件漆俑虽为木胎，但全身髹漆，在许多方面与同时期出土的木俑有明显的不同。

1. 不同的制作技术

楚木俑的制作方法基本相同，一般采用斫、雕等手法制成，大多数面部的眼、耳、鼻、嘴雕刻，眉墨绘，嘴唇施朱砂，身体斫削成多棱形或圆形，外着衣服或彩绘服饰。而这件漆俑由头、身和底座三个部分构成并分别制作，头、身用圆木雕成，底座以横木斫、雕而成。据笔者观察分析，底座使用横木的原因是由于圆木竖雕的脚尖容易断裂而无法站立，因此，漆俑底座采用横木雕刻就不易因木纹而产生断裂，更有利于漆俑站立的稳定性，且能承载漆俑的主体部分，也使漆俑更容易保持完整、美观。头颈部为圆柱形榫头与俑身交领中的榫眼套合，俑身底部与双脚用横木雕成后再与俑身黏合，形成一件完整的漆俑。这就与目前出土的楚木俑都是用整木斫、雕成躯干部分，将四肢分别制作，后与躯干榫卯相接，或者完全用整木斫、雕而成的做法不同。如荆州天星观二号楚墓①（图三，1）和湖北荆州纪城一号墓②（图三，2）以及江陵武昌义地楚墓③（图四）出土的木俑或彩绘木俑是用整木做成躯干，四肢分别雕刻后榫卯

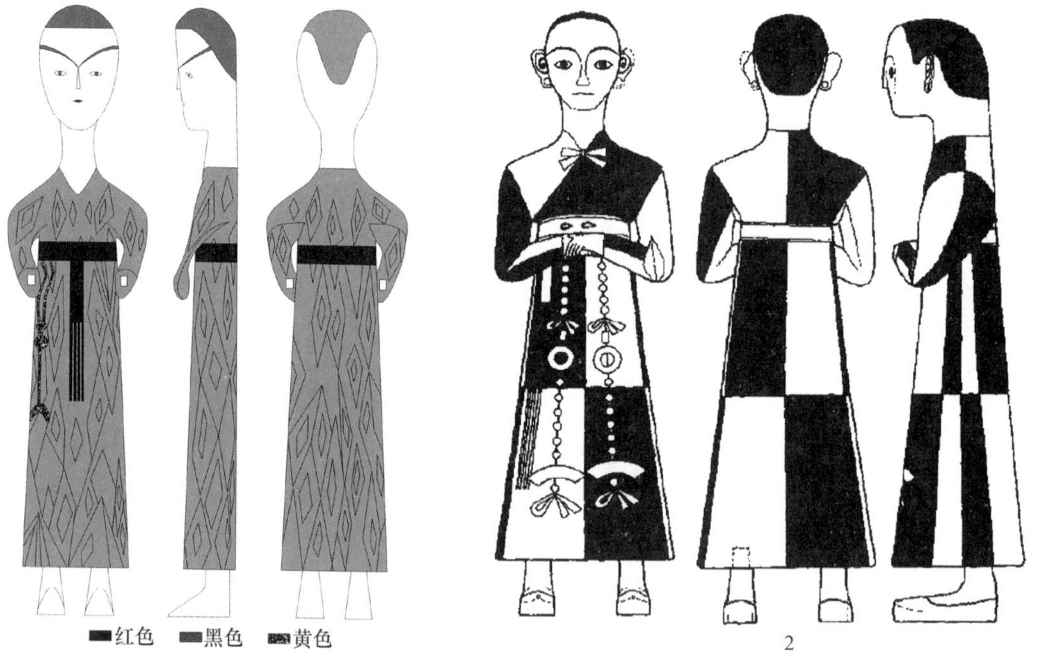

1　　2

图三　彩绘木俑

1. 荆州天星观二号楚墓（M2：28）　2. 荆州纪城一号楚墓

① 湖北省荆州博物馆：《荆州天星观二号楚墓》，文物出版社，2003年。

② 湖北省文物考古研究所：《湖北荆州纪城一、二号楚墓发掘简报》，《文物》1999年第4期，第11页。

③ 江陵县文物局：《湖北江陵武昌义地楚墓》，《文物》1989年第3期，第48页。

1 2

图四 江陵武昌义地六号墓出土木俑

1. M6：21 2. M6：22

到躯干上；河南信阳长台关二号墓出土的彩绘木俑①（图五）则是以整木雕成。另有些有臂无手，插竹签以代之，着裙裾而无脚，少数安脚。像这件漆俑的制作方法目前还是比较少见的。

2. 独特的表现手法

这件漆俑是以实体为参照的，约以真人的1/4大小制成。其从头部的发冠、发丝、发髻都仔细刻绘，面部除眉墨绘以外，其眼、耳、鼻、嘴都是内雕，同时还通过细部刻划使其表情显得十分严肃，如同有生命一般。头部与身体采用圆柱榫卯相接，使得漆俑的头部可以转动，这也是一种写实的表现。漆俑所着右衽长袍及内、外衣都进行了刻划，衣服的褶皱、袖口、下摆等都雕刻得活灵活现，仿佛是穿在身上的一般。同时因为采用了圆雕手法，衣物表面呈现出一种丝滑的质感，使这件漆俑更加灵动。漆俑雕成后全身髹黑漆，再配以局部彩绘。而目前所

① 河南省文物研究所：《信阳楚墓》，文物出版社，1986年，第115页。

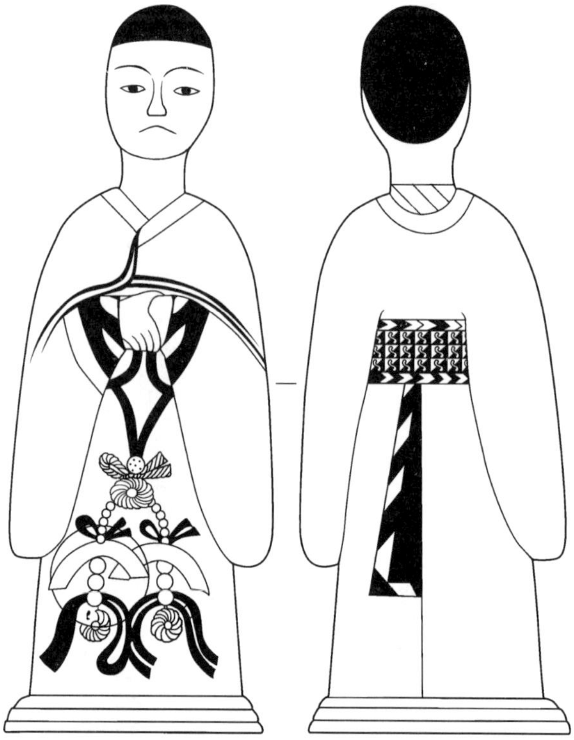

图五　信阳长台关二号墓出土的木俑

发现的战国木俑多局部髹漆或彩绘，如荆州天星观二号楚墓M2∶17、M2∶26和M2∶28号木俑[①]（图三，1），身躯和上肢髹黑漆为地，用红黄二色绘彩衣或各种纹饰。而未髹漆的一般将头部耳、鼻、眼、嘴内雕，头发使用假发或墨绘，眉用墨绘。身着用布料制作成的服饰，或者是彩绘服饰等，如江陵雨台山楚墓[②]中的M354∶32号木俑头戴假发（图六，1），衣着墨绘；江陵马山一号楚墓[③]（图六，2）和江陵九店东周墓[④]出土的木俑头戴假发，身着刺绣服饰；江陵武昌义地M6[⑤]和荆州纪城一号墓[⑥]（图三，2）出土的则是用墨和红、黄色粉彩绘出服饰和玉佩饰等。另外木俑或彩绘木俑因为多属于丧葬用品，刻划得较粗糙，躯干因用整木斫成而多棱角，以较抽象的方式表现面部及身体其他各个部分，比如河南信阳长台关二号墓[⑦]（图五）的彩绘木俑面部呈饼状；荆州天星观二号楚墓的彩绘俑[⑧]（图三，1）面部呈几何状，而且五官刻绘略显夸张，整体感觉生硬，不柔和，等等。这种丧葬用品的雕刻手法在此不一一列举。而这件漆俑的雕刻手法则极其精湛，线条十分柔和，加上前面所说的对细部的刻划和细腻的表现手法，使这件漆俑堪称这个时期雕刻艺术品中的精品。

① 湖北省荆州博物馆：《荆州天星观二号楚墓》，文物出版社，2003年。
② 湖北省荆州地区博物馆：《江陵雨台山楚墓》，文物出版社，1984年，第113页。
③ 湖北省荆州地区博物馆：《江陵马山一号楚墓》，文物出版社，1985年，第81页。
④ 湖北省文物考古研究所：《江陵九店东周墓》，科学出版社，1995年，第297页。
⑤ 江陵县文物局：《湖北江陵武昌义地楚墓》，《文物》1989年第3期，第48页。
⑥ 湖北省文物考古研究所：《湖北荆州纪城一、二号楚墓发掘简报》，《文物》1999年第4期，第11页。
⑦ 河南省文物研究所：《信阳楚墓》，文物出版社，1986年，第115页。
⑧ 湖北省荆州博物馆：《荆州天星观二号楚墓》，文物出版社，2003年。

图六　戴假发、彩绘、着衣木俑

1. 江陵雨台山楚墓（M354：32）　2. 江陵马山一号楚墓

3. 写实的服饰特征

漆俑身着交领右衽宽袖长袍，直裾，腰束宽带。其所穿的长袍与江陵马山一号楚墓中出土的N15锦袍[①]（图七）相类似，应是楚人生活中比较流行的一种长袍样式，只是袖口没有这件漆俑的宽大，说明漆俑所穿的衣服是日常生活中常用的，这与以前出土同时期的其他木俑或彩绘木俑在衣着上有明显的区别，这种宽袖长袍在木俑上从未出现过。河南信阳长台关二号楚墓出土的漆绘木俑[②]（图五）身着的长袍虽然与这件漆俑略有相似，但其腋下宽大，而袖口窄小，与此又有很大的区别。

三、与西汉墓出土木俑的比较分析

这件漆俑与同时期的木俑、彩绘木俑有着很多的不同之处，且因为目前仅发现这一件，可以说这件漆俑是独成一系的。笔者通过同楚木俑和汉代木俑比对后发现，这件漆俑虽然和同时期出土的楚木俑有着很大的区别，但却与汉代木俑有许多相似之处。如荆州高台秦汉墓[③]（图八，2～4）、凤凰山一六八号汉墓[④]（图八，1）和四川绵阳永兴双包山一号西汉墓[⑤]出土的汉

① 湖北省荆州地区博物馆：《江陵马山一号楚墓》，文物出版社，1985年，第21页。

② 河南省文物研究所：《信阳楚墓》，文物出版社，1986年，第115页。

③ 湖北省荆州博物馆：《荆州高台秦汉墓》，科学出版社，2000年，第212、213页。

④ 湖北省文物考古研究所：《江陵凤凰山一六八号汉墓》，《考古学报》1993年第4期，第485页。

⑤ 绵阳博物馆、绵阳市文化局：《四川绵阳永兴双包山一号西汉木椁墓发掘简报》，《文物》1996年第10期，第7页。

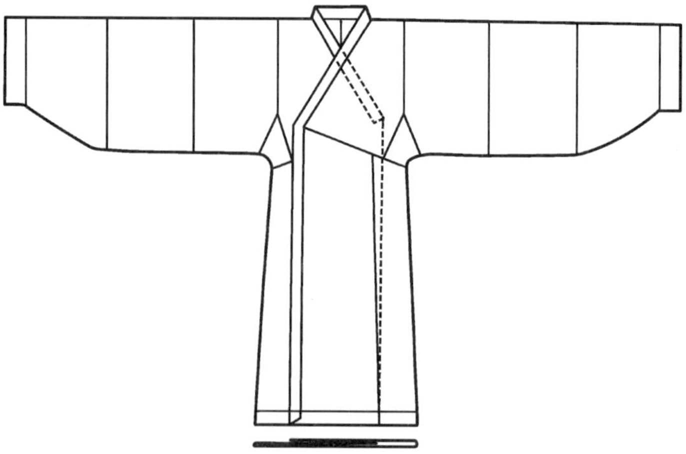

1

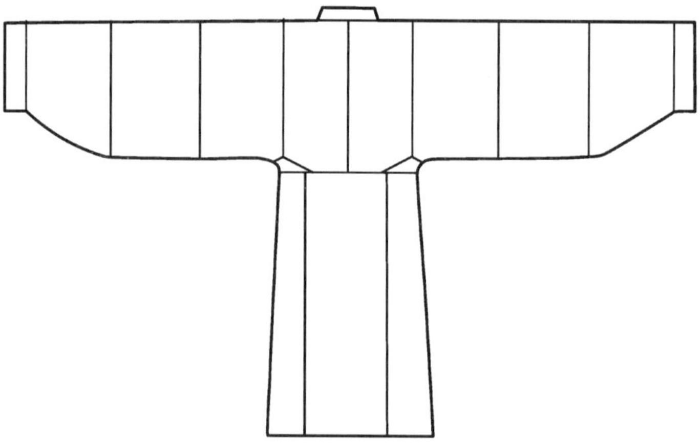

2

图七　江陵马山一号楚墓出土的锦袍

1. 正面　2. 背面

代木俑，这些汉木俑大部分都不像楚木俑那样采用彩绘来表现发髻、发饰和服饰等，多了一些雕刻技法少了些斫削，使木俑表现得更加细腻，这就与漆俑的表现手法十分相像。其次从衣着上看，漆俑所穿的宽袖长袍袖口很广，与同时期的楚木俑是不同的，却与汉代木俑相似。再有漆俑的袖手造型在汉代木俑中表现较多，即上肢自然下垂使袖手抱于腹部，形成一种很自然的状态。另外漆俑的头发梳于脑后，发端用绦带绾髻自然下垂，这种头发梳于脑后自然下垂的“垂髻”与汉代木俑很相近。如荆州高台秦汉墓中的M6∶44、M6∶82和M2∶256号木俑[1]（图八，2～4）、四川绵阳永兴双包山一号西汉墓出土的B型木俑[2]及凤凰山一六八号汉墓[3]（图八，1）都是如此。而同时期的木俑中仅有江陵马山一号楚墓的彩绘着衣木俑[4]（图六，2）和

① 湖北省荆州博物馆：《荆州高台秦汉墓》，科学出版社，2000年，第212、213页。

② 绵阳博物馆、绵阳市文化局：《四川绵阳永兴双包山一号西汉木椁墓发掘简报》，《文物》1996年第10期，第7页。

③ 湖北省文物考古研究所：《江陵凤凰山一六八号汉墓》，《考古学报》1993年第4期，第485页。

④ 湖北省荆州地区博物馆：《江陵马山一号楚墓》，文物出版社，1985年，第81页。

图八 汉木俑

1. 江陵凤凰山一六八号汉墓（M168：28） 2～4. 荆州高台秦汉墓（M6：44、M6：82、M2：256）

江陵雨台山楚墓的M354∶32号木俑[①]（图六，1）有类似的发式，但都是用假发制成，并非雕刻。这样看来，楚漆俑对汉代木俑是有一定影响的，也就是说汉代木俑可能是从楚漆俑的形态与雕刻手法演化而来，起到传承作用。

① 湖北省荆州地区博物馆：《江陵雨台山楚墓》，文物出版社，1984年，第113页。

四、漆俑的特点

通过比对分析研究，这件漆俑的特点显而易见。第一，楚人高超的漆木制作工艺催生了这件漆俑，其雕刻完成后全身髹漆，在漆地上进行各种描绘，这种工艺在其他的漆木器上是非常常见的，但用于俑相对较少，很多只是局部髹漆、彩绘。第二，制作方法独具一格。整体分为三段构成，分别雕刻，然后以榫卯、黏合的方式组合起来，这是史无前例的制作手法。在雕刻上也较先前出土的战国木俑更加精细，五官、头发等多进行了很细致的刻绘，这与一般木俑五官及头发墨绘等形成了鲜明的对比。第三，是写实的表现手法。按照真人等比例缩小约4倍进行刻绘，身材、面部神态、发饰、衣着等都是按照一般生活状态进行雕琢的，同样与战国木俑中多抽象的几何形态大不相同。第四，是衣着服饰。木俑中的服饰经过细致雕刻的很少，仅信阳长台关二号墓出土的木俑有所雕刻，但是其细致程度也不如这件漆俑，同时服饰中更反映出了楚人的一般衣着常态，这是很难得的。

五、漆俑的用途

这件漆俑因其制作精巧，与普通的丧葬俑有着很大的不同，所以这件漆俑应是一件工艺品，最初不是用来作为丧葬器物的。用俑陪葬是中国古代墓葬制度改革的一项重大变革，殷商时期普遍流行使用活人殉葬，到了春秋以后殉人现象逐步减少，战国时期基本绝迹。取而代之的是以俑代替活人，这是社会发展进步的表现，所以大部分的木俑都是丧葬用品，而这件漆俑却不同，塌冢一号墓中出土的竹简（M1T∶69-1）对这件漆俑有所记载，曰：“乃歸亓甬（俑），甬（用）一豬豙葬（？）”即该漆俑是墓主的母亲去世时，别人作为丧礼送来的祭品，墓主死后带入自己的墓中。因其雕刻十分精美，头部发丝及面部表情清晰可见，细部特征描绘得栩栩如生，所以墓主留下这件漆俑极有可能是为了寄托对逝母的思念之情。

另外从其独特的造型艺术看，这件漆俑的造型有别于丧葬用的木俑。木俑是象征殉葬奴隶的模拟品，从木俑的造型来看，主要表现当时为奴隶主服务的奴仆、舞乐、仪仗、士兵等。而这件漆俑却不同，从其服饰装扮看更显现出一种贵妇的特征，更像是奴隶主生活的真实写照，从侧面反映了当时贵族阶层的日常生活状态。这与一般陪葬的木俑的性质完全不同，值得我们进行更深层次的研究。

六、漆俑的源流

漆器源于新石器时代，至春秋战国形成了第一个发展成熟的高峰期，而且尤其以南方楚文化为主。楚人制作的漆器主要以木胎为主，所以我们在平常的称呼中多将漆木器合为一体。而木俑同样也是以南方楚地为主，故漆俑出现在这样一个环境中应是顺理成章的事情，但通过这件漆俑看，此时楚人的漆俑制作技术已经十分娴熟，工艺水平已经很高了，应是伴随漆木器发展的一个成熟期，所以漆俑是否是楚人最先开始制作或者从楚地最先开始起源，这就需要我们去考证了。2009年在山西翼城县发掘的大河口西周墓地，其M1东部二层台上出土了2件漆木俑，双足立于漆木龟上，双手作持物状①，这是目前已知最早的漆木俑，从其出土情况看其保存状况并不是很好，但与塌冢漆俑相似的是也是全身髹漆再施以彩绘②。从这一点看漆俑的起源或许另有他处，或者伴随着漆器的发展，漆俑也形成了各地不同的特色，有着多个起源点，但是现在还没有相关的考古资料，在楚文化范围内目前也还没有发现更早的漆俑，所以还需要以后进一步的研究。

这件漆俑的发现为我们提供了一面认识战国漆木器手工业发展的镜子，在慨叹楚人如此精湛的手工艺水平的同时也为我们对俑的研究提供了非常重要的考古资料。漆俑是属于日常生活还是属于丧葬，它与战国时期主流的丧葬漆木俑存在着很大的差异，同时又对后来的汉木俑产生了深远的影响。墓葬只能提供一个侧面的考古资料，对于楚人的日常生活状态我们现在只能通过已经发掘的考古资料和有限的文献资料进行猜测，所以对楚人的生活，特别是贵族阶层的生活状态还需要更多的考古资料对其进行研究。笔者虽然在此认为这件漆俑不是专门的丧葬器物，但它还是作为丧葬器物在使用，同时根据出土的竹简记载，这件漆俑原来也是在墓主人的母亲去世时别人作为礼品或祭品送来的，所以有关于它的存在意义还需要研究考证。但这件漆俑不论是属于日常生活还是丧葬，其所反映出来的楚人漆木器、雕刻工艺、服饰等方面的信息对研究楚文化都有着十分重要的意义。

① 山西省考古研究所大河口墓地联合考古队：《山西翼城县大河口西周墓地》，《考古》2011年第7期，第10页。

② 山西博物院、山西省考古研究所编、谢尧亭著：《发现霸国：讲述大河口墓地考古发掘的故事》，山西人民出版社，2012年，第20页。

浅论塌冢一号墓内棺头挡板悬挂玉璧的含义

黄文新[1]　周　伟[2]

（1. 湖北省文物考古研究所　2. 荆门市博物馆）

塌冢一号墓位于湖北省荆门市沙洋县后港镇黄歇村，为土坑竖穴木椁墓。墓口平面呈“甲”字形，墓道向东，墓坑设有7级台阶，地面保留有封土，葬具为一椁二棺，主棺内骨架保存完好，经鉴定为男性。该墓虽然早期被盗，但仍出土一批具有较高观赏和研究价值的珍贵文物。在清理棺室的过程中于内棺东挡板外侧与外棺之间发现一件玉璧，应该是内棺头挡板外的悬挂饰棺之物。这种悬挂在内棺头挡板外侧或放置在棺盖板上的玉石等饰物，有的学者认为此种现象应称为“连璧”①，笔者对此持不同的观点。本文结合塌冢一号墓的发掘情况，仅对楚地所属湖北、湖南、安徽等地棺室未被盗的墓葬出土的玉璧进行对比分析，谈谈对此类用璧含义的认识和想法，以求教于方家。

一、楚墓棺头挡板外侧悬挂饰物的对比分析

通过对湖北、湖南、安徽等地的楚墓中内外棺头挡板外悬挂玉璧、石璧及石环等饰物现象的观察（表一），此类饰棺之物所处的位置大致可分为四种情况：棺头挡板正中、棺头挡板偏于一侧、在棺盖板之上及头挡和棺盖上皆有。其中以棺头挡板正中的数量最多，如六安战国晚期墓②（图一，1）、长沙发掘报告M214③（图一，2）、长沙楚墓M315④（图一，3）、江陵望山M3⑤（图一，4）、荆门包山M2、M4⑥（图一，5、6）、荆门左冢M2⑦（图一，7）、鄂城鄂钢M53⑧（图一，8）、黄冈曹家岗M5⑨等。位于棺头挡板一侧的数量次之，如江陵九

① 黄凤春：《试论包山2号楚墓饰棺连璧制度》，《考古》2001年第11期，第62页。

② 安徽省文物考古研究所、六安市文物局：《安徽六安战国晚期墓发掘简报》，《文物》2007年第11期，第37页。

③ 中国科学院考古研究所：《长沙发掘报告》，科学出版社，1957年，第21页。

④ 湖南省博物馆、湖南省文物考古研究所、长沙市博物馆、长沙市文物考古研究所：《长沙楚墓》，文物出版社，2000年，第52页。

⑤ 湖北省文物考古研究所：《江陵望山沙冢楚墓》，文物出版社，1996年，第199页。

⑥ 湖北省荆沙铁路考古队：《包山楚墓》，文物出版社，1991年，第95、290页。

⑦ 湖北省文物考古研究所、荆门市博物馆、襄荆高速公路考古队：《荆门左冢楚墓》，文物出版社，2006年，第150页。

⑧ 鄂钢基建指挥部文物小组、鄂城县博物馆：《湖北鄂城鄂钢五十三号墓发掘简报》，《考古》1978年，第4期，第258页。

⑨ 黄冈市博物馆、黄州区博物馆：《湖北黄冈两座中型楚墓》，《考古学报》2000年第2期，第263页。

图一 楚墓内棺头挡板外中部玉璧出土情况

1. 六安战国晚期墓 2. 长沙发掘报告M214 3. 长沙楚墓M315 4. 江陵望山M3 5. 荆门包山M2 6. 荆门包山M4 7. 荆门左冢M2 8. 鄂城鄂钢M53

店M295、M526[①]（图二，1、2）、荆门包山M5[②]（图二，3）、鄂城楚墓M106[③]（图二，4）等。这种偏移现象应该是椁内水位上升导致棺木上浮向一侧倾斜所至，这种偏于一侧的现象应归入棺头挡板正中的位置。还有少数将这类悬挂饰物放置在内棺盖板上头端正中或一侧。如长沙子弹库M1[④]（图三，1）、江陵马山M1[⑤]（图三，3）等。除以上三种常见情况外，还有长沙楚墓M1195[⑥]（图三，2）在头端棺挡一侧有玉璧，同时在棺盖足端平放了一件玉璧。

① 湖北省文物考古研究所：《江陵九店东周墓》，科学出版社，1995年，第90、99页。

② 湖北省荆沙铁路考古队：《包山楚墓》，文物出版社，1991年，第319页。

③ 湖北省鄂城县博物馆：《鄂城楚墓》，《考古学报》1983年第2期，第229页。

④ 湖南省博物馆：《长沙子弹库战国木椁墓》，《文物》1974年第2期，第40页。

⑤ 湖北荆州博物馆：《江陵马山一号楚墓》，文物出版社，1985年，第8页。

⑥ 湖南省博物馆、湖南省文物考古研究所、长沙市博物馆、长沙市文物考古研究所：《长沙楚墓》，文物出版社，2000年，第56页。

表一　内棺头挡饰玉璧情况统计表

名称	墓葬规模	出土位置	悬挂器物种类
湖北荆门包山M2	二椁三棺	内棺头挡板正中	玉璧
湖南长沙发掘报告M406	二椁二棺	内棺头挡板正中	玉璧
湖北江陵望山M3	一椁二棺	内棺头挡板正中	玉璧
湖北荆门包山M4	一椁二棺	内棺头挡板正中	玉璧
湖北荆门左冢M2	一椁二棺	内棺头挡板正中	玉璧
湖南长沙发掘报告M124	一椁一棺	棺头挡板正中	玉璧
湖北鄂城鄂钢M53	一椁一棺	棺头挡板正中	玉璧
安徽六安战国晚期墓	一椁一棺	棺头挡板正中	玉璧
湖南长沙楚墓M1195	一椁一棺	棺头挡板正中及足端一侧	玉璧2件
湖北江陵九店M262	一椁一棺	棺头挡板正中	石璧
安徽潜山公安岗M25	一棺一椁	棺头挡板正中	石璧
湖北黄冈曹家岗M5	一椁三棺	中棺头挡板正中	石璧
湖北荆门左冢M1	一椁三棺	中棺头挡板正中	组带、玉环
湖南长沙楚墓M315	一椁一棺	棺头挡板正中	石环
湖北江陵九店M744	一椁一棺	棺头挡板正中	石环
湖北荆门包山M5	一椁二棺	内棺头挡板左上角	玉璧
湖北鄂城楚墓M106	一椁一棺	棺头挡板左上角	玉璧
湖北江陵九店M295	一椁一棺	棺头挡板右上角	石璧
湖北江陵九店M526	一椁一棺	棺头挡板左上角	双龙玉佩、条形石佩、石璜2件
湖南长沙子弹库M1	一椁二棺	内棺盖板头端正中	棕色组带系玉璧
湖北江陵马山M1	一椁一棺	棺盖板头端正中	纱串联琉璃管、珠

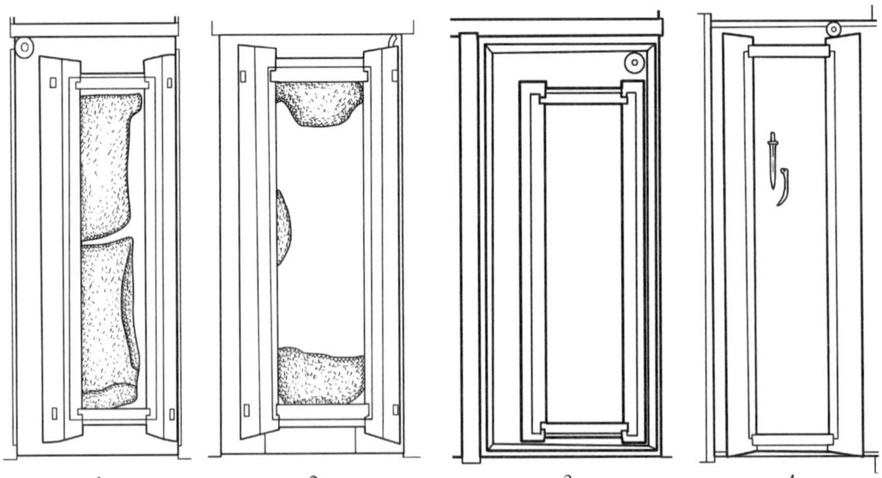

1　2　3　4

图二　楚墓棺头挡板外偏向一侧玉璧出土情况

1. 江陵九店M295　2. 江陵九店M526　3. 荆门包山M5　4. 鄂城楚墓M106

图三 楚墓棺盖板上玉璧与组带出土情况
1. 长沙子弹库M1 2. 长沙楚墓M1195 3. 江陵马山M1

从这些楚墓材料中不难看出，饰棺的现象主要出现在内棺头挡板外正中的位置，少数放在内棺盖之上。饰物主要为玉璧，少量石璧和石环，还有用双龙玉佩、条形石佩、石璜或琉璃管、琉璃珠串联成的组佩。无论是绝大多数的单件玉璧，还是少数的石璧或石环，无论什么材质和串联方式，均悬挂在内棺头挡板外侧或放置在棺盖之上，都具有一种特殊的含义。

二、从发掘现场看楚墓棺椁制作过程与内棺头挡饰物的作用

在本次发掘中，笔者注意到这样一个现象，在塌冢一号墓棺室西椁墙板上有一道不规则的红漆痕迹，略高于外棺墙板和挡板，与外棺口部等高，这道红漆与外棺内的红漆相同，而且外棺盖上也有零星的不规则红漆印迹。根据红漆痕迹推测，这道漆痕应是外棺涂漆时无意刷到椁板上的，可能是因红漆未干，才抹到外棺盖上。从这一现象分析，不难看出外棺是在现场拼装并涂红漆的。

从一般的葬俗来看，人死后需要先在家中完成入殓，也就是说，尸体入殓后先在家里将内棺捆绑封存好，待挖好墓坑，组装好椁室，然后再将内棺运到墓地。从已发表的楚墓资料来看，早期无论是方棺还是弧棺，两头规格相同，无大小头之分，通过长途搬运，到墓地后可能发生不知道墓主人的头在哪一端，从而无法以规定的头向来下葬的情况。为了防止这类事情发生，这就需要在棺上特定的位置做好标记，比如：包山M2中棺盖板头端有一白色“)(”标记，棺头挡板上有一白色“十”字标记[①]（图四，1）；而左冢1号墓的椁底板上由北向南刻有1～11的顺序符号，而且在西段底板第一块的西端上加刻有“十”和“西北”二字，其方位正

① 湖北省荆沙铁路考古队：《包山楚墓》，文物出版社，1991年，第60、61页。

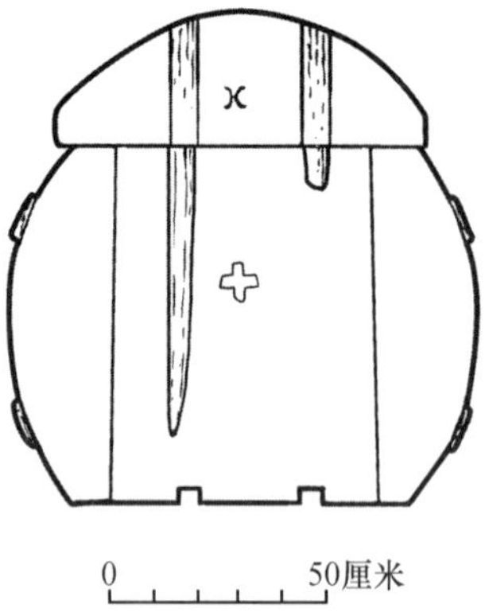

1

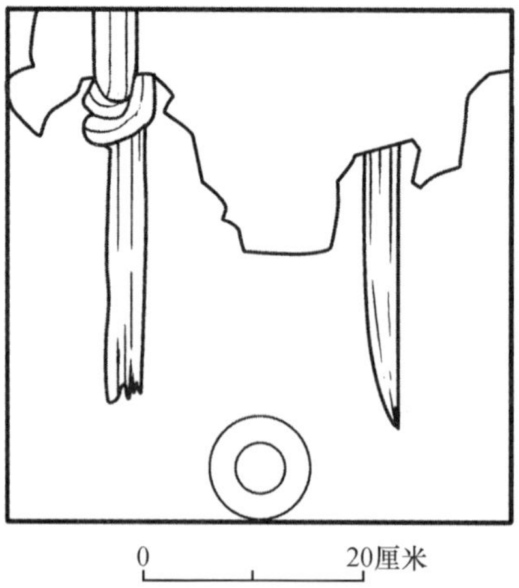

2

图四　包山M2中棺头挡的标记

1. 外棺东挡板刻划符号　2. 内棺东挡板外玉璧

好对应西北[①]。这说明工匠对椁板事先进行过预拼装，确定了每块底板的位置与方位。如此在墓地组装椁室和外棺，然后再将墓主人贴身的内棺（包括中棺）运到墓地下葬，在这来回之间，为确保万无一失，在内棺外挡板头端悬挂玉璧等饰物（图四，2；图版二八，5），就起到了标明墓主人头向的作用。

三、从饰棺制度看饰棺与楚墓的等级关系

有学者认为棺木头挡板悬挂玉璧是先秦的一种饰棺制度，玉璧在供饰棺的同时还起到了门窗的作用，方便逝者灵魂出入[②]。《礼记·丧大记》中也明确提到了饰棺制度[③]，虽然没有明确是否以玉璧饰棺，但楚人如此爱璧，并且事死如生，用其饰棺也是无可厚非的。

在前文所列举的楚地所属湖北、湖南、安徽等地21座楚墓中，头东向的12座，其中葬具二椁三棺1座，二椁二棺1座，一椁三棺2座，一椁二棺5座，一椁一棺的3座；头南向的5座，葬具为一椁一棺；头北向的4座，葬具为一椁一棺。在这21座墓中，不难看出，头东向的墓葬具有二椁三棺、二椁二棺、一椁三棺或一椁二棺四种形制，棺饰物大多为玉璧，少数为玉环和石璧；头南向和北向墓葬具均为一椁一棺，棺饰物以石璧、石环为主，极少用玉璧。由此可见，头东向墓的身份等级明显高于头南向和北向墓的身份等级。

① 湖北省文物考古研究所、荆门市博物馆、襄荆高速公路考古队：《荆门左冢楚墓》，文物出版社，2006年，第24页，彩版七、八。

② 黄凤春：《试论包山2号楚墓饰棺连璧制度》，《考古》2001年第11期，第63页。

③ 《礼记·丧大记》："饰棺：君龙帷、三池、振容、黼荒，火三列，黻三列，素锦褚，加伪荒；纁纽六，齐五采，五贝；黼翣二，黻翣二，画翣二，皆戴圭；鱼跃拂池。君纁戴六，纁披六。大夫画帷，二池，不振容，画荒，火三列，黻三列，素锦褚；纁纽二，玄纽二，齐三采，三贝；黻二翣，画翣二，皆戴绥；鱼跃拂池。大夫戴，前纁后玄，披亦如之。士布帷布荒，一池，揄绞；纁纽二，缁纽二，齐三采，一贝，画翣二，皆戴绥。士戴，前纁后缁，二披用纁。"

从目前楚墓悬挂饰物出土位置的材料看，无论饰物放置在棺头挡板外正中或偏于一侧，还是放在棺盖板之上，都是以头向为基本点。这一现象表明，内棺一端放置这种玉石饰物的方式，是楚人丧葬习俗中表达特殊含义的所在，更是标明头向的一种特殊的标志物。

玉璧是“六瑞”之首，其重要性是不言而喻的，在祭祀中能礼天，在生活中能象征人的身份、地位、财富等，其在丧葬中同样起着很重要的多种作用。这种在棺木的头挡板外悬挂玉璧的现象只出现在中型以上规格的墓葬中，葬具在一椁一棺以上，说明了墓主人在生前非富即贵，使用玉璧作为葬玉代表墓主人的身份和地位至少在“士”以上。

四、与玉璧功能相类似的其他随葬器物

通过统计，与玉璧相类似的还有随葬石璧、石环、玉环，及玉佩、玉璜等现象。笔者认为应与时代的发展、观念的改变、物质生活水平及墓主性别等有很大的关系。如石璧，玉乃石之美者，用石璧也许就是因为其质地美观，同时它可能反映出逝者生活水平或者身份地位虽并不是很高，却要区别于其他普通人或等级更低的人的一种便宜之策。而玉环和石环虽然略显特殊，但其出土位置相似，同时夏鼐先生还专门作了精辟的论证①，所以它们应和玉璧的功用是一样的，特别是在内棺头挡板外悬挂时。

除此之外，区别较大的如江陵九店东周墓M526，在棺头挡板左上角发现有双龙玉佩、条形石佩及玉璜2件②（图五，1）；又如江陵马山一号墓的36号标本，它为一串位于棺盖上东端

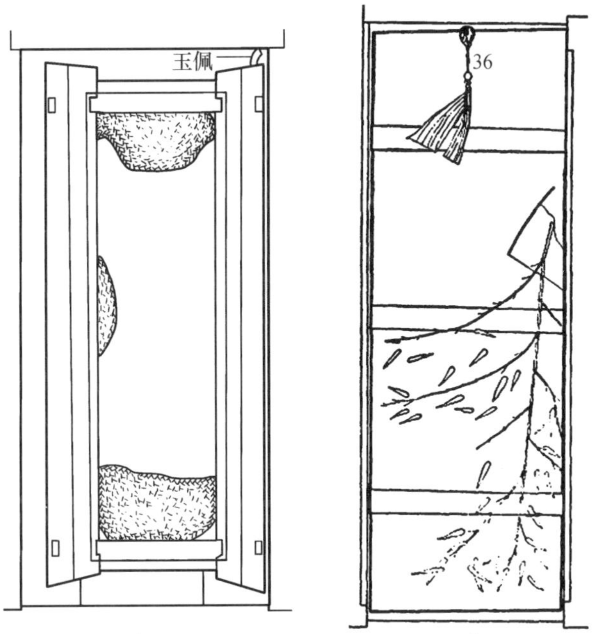

图五　其他种类的棺饰

1. 江陵九店东周墓M526　2. 马山一号墓36号标本

① 夏鼐：《商代玉器的分类、定名和用途》，《考古》1983年第5期，第456页。

② 湖北省文物考古研究所：《江陵九店东周墓》，科学出版社，1995年，第113页。

正中的由黄色纱束串联的琉璃管和琉璃珠[①]（图五，2）。因其出土位置，我们有理由认为是串联在一起悬挂在棺头挡板的一种棺饰，作用仍然是起标明头向的标志物。

五、结　　语

玉璧在楚墓中大量出土，其用途比较广泛，在生活中用于佩戴、装饰、祭祀等；在丧葬中用于殓尸、饰棺等。作为内棺头挡板外悬挂物的现象，就目前发掘资料来看，只有大中型墓葬，身份等级在士以上的贵族墓中才有，上至包山M2“左尹邵𬶍贞”二椁三棺的墓葬，下至“士”一椁一棺的墓葬。综论，这种在内棺头挡板外悬挂玉璧等饰物的方式，在整个出殡、送葬以及下葬时都起到了标示墓主人头向的作用。同时我们也看到，不论是玉璧还是石璧，这种随葬方式都只在一些等级较高的墓葬中出现，从侧面反映了墓主人非同一般的身份和地位，从而使其成为某些特定人群饰棺不可或缺的物件。这种悬挂方式表现出楚人独特的丧葬习俗，同时也反映出独特的楚文化特色。

至于同时期同等级同规模的墓葬，为何有的悬挂玉璧，有的则不悬挂玉璧？这种丧葬习俗反映出什么样的具体要求和丧葬制度，等等。随着考古发掘资料的不断丰富，研究的不断深入，或许在不久的将来，这些问题都会得到解决。

① 湖北省荆州地区博物馆：《江陵马山一号楚墓》，文物出版社，1985年，第8页。

试论塌冢一号墓出土的玉佩饰

瞿　磊　黄文新
（湖北省文物考古研究所）

在墓葬中随葬玉器是我国古代一种十分重要的葬俗，这一习俗从新石器时代一直延续到历史时期的历朝历代。玉器作为墓葬中重要的随葬品，其使用在一定程度上体现出墓主人的身份地位，也代表着当时人们特有的丧葬观念。从先秦时期开始，玉佩饰不仅用来表明身份等级，也成了一种上层社会美化自身的装饰物，佩戴玉饰逐渐成为了一种社会风尚，而人死以后以玉随葬也显得习以为常。《墨子·节葬下》中记载："乎诸侯死者，虚车府，然后金玉珠玑比乎身……"

夏鼐先生在《汉代的玉器》一文中，按照用途把玉器分为礼玉、葬玉、装饰品和美术品四大类[①]，其中装饰品又分为人体装饰用的佩玉和物品装饰用的饰玉（如玉剑饰等）。楚墓中出土的玉器，按照用途和性质大致可分为礼玉、葬玉和佩饰玉等。本文通过对塌冢一号墓棺内出土玉器的分析，将之与东周楚墓中出土的玉佩饰和木俑上的彩绘佩饰进行对比，在此基础上对一号墓棺内出土的佩饰进行复原研究。

一、一号墓棺内出土的玉器及功能性质辨析

一号墓棺内出土玉器共15件，其中玉璧5件、玉璜4件、玉环4件、双龙璜2件，为研究楚国玉器和服装佩饰提供了十分珍贵的资料。这15件玉器的出土情况如下：头骨顶部下方和左右两侧、左侧胸部、左侧股骨外侧各放置1件玉璧；人骨左股骨放置2件玉璜，左胫腓骨下叠置2件玉璜；左胫腓骨靠近足部放置2件玉环，左侧足部叠置2件玉环；右胸部放置1件双龙璜；左肩部放置1件双龙璜（图一）。

棺内出土玉器的摆放位置和形式，是判断其功能和性质的重要依据，这里有必要结合考古资料和文献资料，对出土玉器的功能和性质进行辨析。《周礼·春官·宗伯》载："以玉作六器，以礼天地四方。以苍璧礼天，以黄琮礼地，以青圭礼东方，以赤璋礼南方，以白琥礼西方，以玄璜礼北方。"玉璧作为六器之首，最初是用作"礼天"的礼器。《周礼·春官宗伯》记载："驱圭、璋、璧、琮、琥、璜之渠眉，疏璧琮以敛尸。"表明玉璧也常用来敛尸。

楚墓中出土玉璧数量较多。棺内出土的玉璧一般放置在墓主人头顶、颈部两侧、肩部、胸

① 夏鼐：《汉代的玉器——汉代玉器中传统的延续和变化》，《考古学报》1983年第2期。

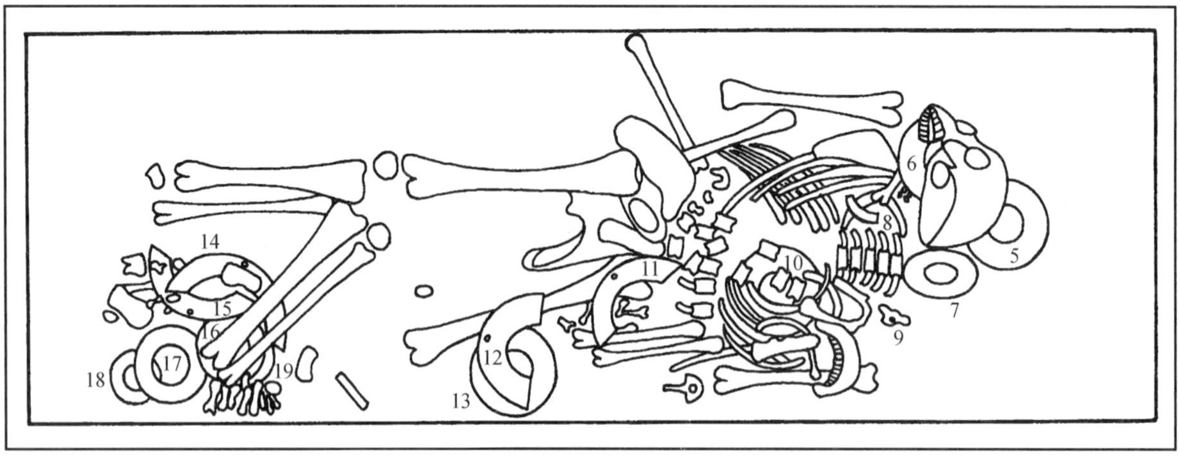

图一　塌冢一号墓内棺玉器出土情况
5～7、10、13. 玉璧　8、9. 双龙璜　11、12、14、15. 玉璜　16～19.玉环

腹部以及足部或人骨附近。在人头骨顶部放置玉璧的情况在楚墓中较为常见，如望山M2头部顶端放置1件大玉璧，与其他的玉璧明显不同。这种放置玉璧的形式，应是玉璧作为“礼天”的礼器和作为敛尸之用的葬玉在功用上的统一。大量的玉璧成组地铺盖在尸体表面，在楚墓中也屡见不鲜，如熊家冢墓地主墓南边一号殉葬墓（PM1）棺内10件玉璧大致左右对称呈两排摆放在墓主肩部、胸部和腹部，一件玉璧置于足部（图二），安徽长丰杨公M2出土的36件玉璧，如鱼鳞般有序地摆列在尸体上（图三），很有可能就是当时楚人用玉璧敛尸习俗的反映。有学者按照楚国的有关文献记载，把玉璧的作用归纳为进献与邦交、礼贤、聘妻、赏赐、归附、神祭等几种[①]。也有学者认为，楚墓中专门用于丧葬的玉器，以璧最为多见，这可能与楚地巫风盛行的社会习俗有关[②]。还有学者把玉璧放置在死者的背、胸、腹和头脚处的做法理解为辟邪和帮助死者灵魂升天之意[③]。当然也不完全排除玉璧作为佩饰使用的可能。

从塌冢一号墓棺内出土的玉器看，玉璧、双龙璜、玉环、玉璜等成组出现并分布于尸体各处，应为敛尸之用的可能性较大。

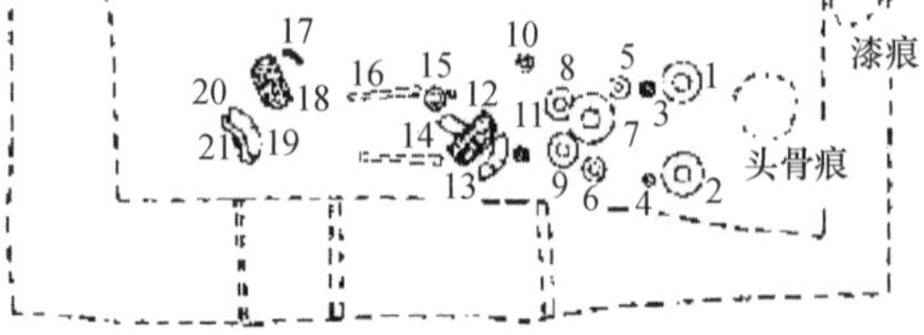

图二　熊家冢PM1棺内出土玉器
1～11、21. 玉璧　12、18. 玉佩
13、14、19、20. 玉珩　15、16. 水晶珠　17. 铜带钩

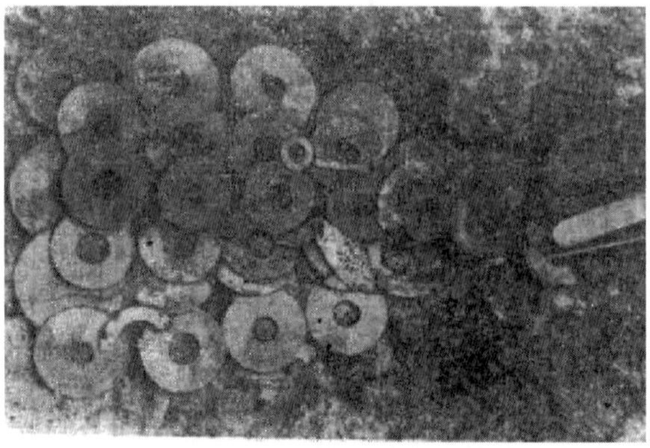

图三　长丰杨公M2棺内出土玉器

① 杨立新：《东周时期楚国的玉器及有关问题》，《楚文化研究论集》第二集，湖北人民出版社，1991年。
② 左鹏：《楚国珠玉佩饰之研究》，《江汉考古》1998年第2期。
③ 周南泉：《论中国古代的玉璧——古玉研究之二》，《故宫博物院院刊》1991年第1期。

二、一号墓出土的玉佩饰与东周楚墓出土玉佩饰的对比研究

不同时期的楚墓中，出土玉佩饰的种类、数量和组合形式上存在一定的差异。笔者选取了东周时期13个墓地中佩饰出土资料较为完整的24座楚墓进行分析统计（表一），来解析楚墓中棺内玉佩饰的组合形式，在此基础上与一号墓出土的玉佩饰进行对比分析。由于淅川下寺墓地M1、M2、M3、M7和M8内出土各类佩饰总数近500件，种类和数量繁多，可能是墓主生前使用过的多套组玉佩饰。由于玉佩分布规律不甚明显，无法判断这些佩饰的串联方式，辨别其组合形式难度也很大，所以未做详细讨论。

表一　楚墓中内棺玉佩饰的出土情况

时代	出土单位	佩饰出土情况	组合形式	墓主身份	注释
春秋晚期	乔家院M4	玉觿4件、玉琥2件、琥头9件、绿松石珠44颗	觿、琥、珠	大夫	①
	乔家院M5	玉环1件、绿松石珠2颗	环、珠	大夫	
	曹家岗M5	玉觿1件、玉璜1件	觿、璜	上大夫	②
	下寺M1	玉璜8件、玉虎11件、玉牌11件、柄形玉器1件、玉环3件、玉觿13件、玛瑙珠85颗、玉珠8颗、料珠65颗、方柱玉器2件、方形玉器1件		子庚夫人	③
	下寺M2	玉牌12件、玉觿22件、玉环6件、长方形玉饰2件、管状玉器2件、玉虎3件、玛瑙管1件、玛瑙珠42颗、料珠49颗、绿松石扣5件		令尹子庚	
	下寺M3	玉牌6件、玉琥6件、玉觿30件、弧形玉饰5件、扁条状玉饰10件、料管5件、料珠22颗、玛瑙珠30颗		子庚夫人	
	下寺M7	玉环2件、玉牌1件、玛瑙珠4颗、料珠41颗、玉弧形饰2件、玉片1件	环、牌、珠	高级贵族	
	下寺M8	玉环1件、玉牌1件、玉觿17件	环、觿、牌	高级贵族	
	和尚岭M2	玉环2件、玛瑙环3件、玉珩1件、玉觿2件、玉牌6件、玉条形饰1件	珩、环、觿、牌	大夫	④
	徐家岭M3	玉环3件、龙形玉佩3件	佩、环	大夫	
	徐家岭M1	玉环8件、玉佩1件	佩、环	高级贵族	
战国早期	徐家岭M10	玉环13件、玉珩8件、龙形玉佩3件、料珠11颗	珩、佩、环、珠	大夫	
	徐家岭M6	玉环1件	环	士	
战国中期	熊家冢PM1	玉珩4 件、玉佩2件、紫晶珠7件、水晶环1件	珩、佩、环、珠		⑤
	长台关M1	玉璜10件、玉佩7件、玉管3件	璜、佩、管	大夫	⑥
	望山M1	玉环7件、玉瑗2件	环、瑗	下大夫	⑦
	望山M2	玉璜12件、玉佩5件	璜、佩	下大夫	
	九连墩M1	玉玦、玉璜、玉管等，数量不详	璜、玦、管	大夫	⑧
	九连墩M2	玉佩、玉环等，数量不详	佩、环	大夫	
	包山M2	玉璜2件	璜	左尹	⑨

续表

时代	出土单位	佩饰出土情况	组合形式	墓主身份	注释
战国晚期	新洲M1	环1件、璜4件、管1件、条形饰2件	璜、佩、管、环	大夫	⑩
	平粮台M16	玉璜5件、龙形佩10件、方形佩1件、鼓形佩1件、玉环4件、玉管3件、玉条2件	璜、佩、管、环	大夫	⑪
	杨公M2	玉璜、玉佩、玉管等，数量不详	璜、佩、管	高级贵族	⑫
	杨公M8	玉佩2件	佩	大夫	

① 湖北省文物考古研究所、湖北省文物局南水北调办公室：《湖北郧县乔家院春秋殉人墓》，《考古》2008年第4期。
② 湖北省宜昌地区博物馆：《当阳曹家岗5号楚墓》，《考古学报》1988年第4期。
③ 河南省文物研究所等：《淅川下寺春秋楚墓》，文物出版社，1991年。
④ 河南省文物考古研究所等：《淅川和尚岭与徐家岭楚墓》，大象出版社，2004年。
⑤ 荆州博物馆：《湖北荆州熊家冢墓地2006～2007年发掘简报》，《文物》2009年第4期。
⑥ 河南省文物研究所：《信阳楚墓》，文物出版社，1986年。
⑦ 湖北省文物考古研究所：《江陵望山沙冢楚墓》，文物出版社，1996年。
⑧ 湖北省文物考古研究所：《湖北枣阳市九连墩楚墓》，《考古》2003年第7期。
⑨ 湖北省荆沙铁路考古队：《包山楚墓》，文物出版社，1991年。
⑩ 湖南省博物馆、澧县文管所：《湖南澧县新洲一号墓发掘简报》，《考古》1988年第5期。
⑪ 河南省文物研究所、淮阳县文物保管所：《河南淮阳平粮台十六号楚墓发掘简报》，《文物》1984年第10期。
⑫ 安徽省文物工作队：《安徽长丰杨公发掘九座战国墓》，《考古学集刊》第2集，中国社会科学出版社，1982年。

从表一中可以看出，楚墓中随葬玉佩饰的现象较为普遍，且多置于棺内，可能为墓主人生前佩戴的饰品。佩饰的种类包括玉璜、玉玦、玉琥、玉环、玉珠、玉管、玉佩、玉觿、玉牌等，品种和数量繁多。出土有玉佩饰的楚墓，墓主人生前都拥有一定的社会地位，一般都为“士”以上的贵族。玉佩饰组合的繁与简，某种程度上也体现出墓主人身份等级的高低差异。《后汉书·舆服志下》记载：“古者君臣佩玉，尊卑有度，上有韨，贵贱有殊。佩，所以章德，服之衷也……故礼有其度，威仪之制，三代同之。”说明佩饰的使用与身份地位息息相关。但是从玉佩饰的出土情况和文献记载来看，楚国似乎还未形成一种与等级地位相对应的严格的玉佩饰使用制度，佩饰的种类、质地、数量和组合形式也未体现出与身份地位严格对应的规律。佩饰的使用在很大程度上受到个人的喜好和财富的多寡等因素的影响。不过总的来说，大中型楚墓中出土的玉佩饰，无论是数量和种类上，还是材质和工艺上，都要远远超过一般的小型墓葬。春秋晚期的下寺墓地M1、M2和M3中出土的佩饰的种类和数量，是其他楚墓无法与之同日而语的。战国中期的徐家岭M10墓内随葬有编钟和编磬等礼器，并有两具殉人，墓主人的身份应为大夫级或更高，棺内出土的佩饰有玉环13件、玉珩8件、龙形玉佩3件、料珠11颗等，而墓主等级相当于“士”的徐家岭M6内仅出土有1件玉环，这种因身份等级而产生的差异是显而易见的。

春秋晚期，玉佩饰的组合体现不出某种固定的搭配形式，以玉环、玉觿、玉珠和玛瑙珠以及料珠的数量最多，也最为常见。但是到了战国早中期，玉佩和玉环、玉佩和玉璜的组合形式似乎比较固定地出现在较多的楚墓中，而到了战国晚期，尤其是楚都东迁之后，楚墓中的玉佩饰组合相对固定地为玉璜、玉佩、玉管、玉环。

塌冢一号墓的形制和年代，与战国中晚期的望山M2有诸多相似之处，墓主人的级别也大致相当。望山M2为竖穴土坑木椁墓，葬具为一椁三棺，墓主级别为下大夫，棺内共放置玉璧7件（另1件在内外棺之间）、玉璜12件、玉佩5件，玉器的摆放有一定的规律（图四）：头部顶端有大玉璧1件，其下压着1件玉璜，头部右侧放置玉璧1件，足部放置大小玉璧2件，胸部有玉璧、玉璜各1件，左肩部有玉璧1件，胸腹部右侧有玉璜、玉璧各1件，腹部骨架下面有3件玉璜，腹部上面左右各有龙形玉佩2件，腹部左侧下面有玉璜2件，左上腿骨上有玉璜2件，左右股骨之间有并排的玉璜2件。塌冢一号墓棺内玉器的摆放形式和望山M2也有诸多共同点，尤其是头骨顶部和左右两侧各放置一件玉璧的做法，与望山M2头部顶端、右侧和左肩部各放置一件玉璧的情况几乎相同。此外，望山M2佩饰组合为玉璜、玉佩，塌冢一号墓佩饰组合为玉璜、玉环，两座墓在佩饰的组合上也十分接近，在丧葬习俗上体现出了一致性。

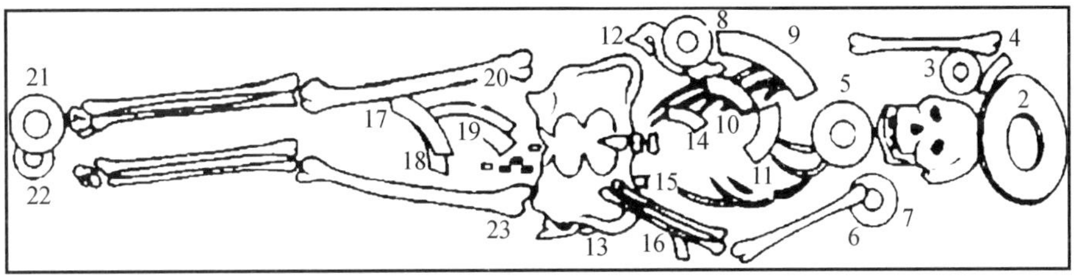

图四　望山M2内棺出土玉器

2、3、5、7、8、21、22. 玉璧　4、6、9～11、14～20. 玉璜　12、13. 玉佩

三、一号墓出土的玉佩饰与战国楚墓出土的彩绘木俑的对比分析

由于年代久远和墓葬保存状况等诸多因素的影响，墓葬中出土的玉佩饰究竟是如何连缀和佩戴的却无从知晓。幸运的是，在江陵武昌义地M6①、荆州纪城M1②和荆州天星观M2③以及信阳长台关M2④内出土的木俑为研究战国中、晚期楚国服饰和佩饰组合形式以及佩戴方式等提供了十分珍贵的资料。木俑所表现的楚国服饰，皆为长裙，腋下系宽带，佩饰都悬挂在带子上垂于胸前。从木俑上所绘的配饰可以看出，楚人服饰上的佩饰至少可分为单串、双串和一串下分两串三种形式。

单串佩饰组合形式较为简单，佩戴时悬挂于胸前正中或一侧，见于天星观M2：28（图五，4）、信阳长台关M2：147（图五，7）、M2：168（图五，6）三件木俑上。天星观M2：28木俑身着长裙，腋下系红色锦带，右腋下悬挂一串玉佩饰，由璜、环组成。两根彩带上连锦带，下依次串联一小一大两件环后合成一股，再穿连一件璜。长台关M2：147木俑身上的佩饰组合为璜、珠，用彩带依次连接珠、彩环、珠、彩结和璜。长台关M2：168木俑身上的佩饰组合为璜、环、珠，用彩带依次连接彩结、珠、彩环、彩结、璜、彩带和环。这三种组合形式较为简单轻便，串联方式也十分讲究，作为日常生活中的服装佩饰使用可能性更大。

① 江陵县文物局：《湖北江陵武昌义地楚墓》，《文物》1989年第3期。

② 湖北省文物考古研究所：《湖北荆州纪城一、二号楚墓发掘简报》，《文物》1999年第4期。

③ 湖北省荆州博物馆：《荆州天星观二号楚墓》，文物出版社，2003年。

④ 河南省文物研究所：《信阳楚墓》，文物出版社，1986年。

图五　战国中、晚期楚墓出土木俑上的彩绘佩饰

1、2. 江陵武昌义地M6木俑（1. M6：21　2. M6：22）　3. 荆州纪城M1：31木俑　4. 天星观M2：28木俑　5～7. 长台关M2木俑（5. M2：154　6. M2：168　7. M2：147）

双串佩饰串联形式较为复杂，呈左右对称悬挂于胸前两侧。江陵武昌义地M6：21（图五，1）和M6：22（图五，2）、荆州纪城M1：31（图五，3）木俑身上的佩饰组合都为璜、环、珠、管。江陵武昌义地M6：21和M6：22木俑胸前佩挂成串的配饰，左右各一串，由璜、管、环、珠等组成。M6：21与M6：22形体、服饰和佩饰基本相似。M6：21木俑腋下系一宽带，胸前左右各绘一组佩饰，各类佩饰由一根红带串联，系在带子之上，并打一结，结下由二珠、一管、一环、一管、一璜、一珠为一组，其下再打一结，然后又系一环、一管、二珠、一管、二珠、一环、一璜、一管，之下又打一结。M6：22木俑上的配饰悬挂方式与M6：21相同，但配饰的串联顺序略有区别，胸结之上穿有一管，结下联一管、三珠、一璜、一管，打结形成一组，结下有一环、一管、四珠、一环、一璜、一管为一组，最后再打一结。荆州纪城一号墓出土的两件彩绘木俑，形制、大小相同，M1:31木俑腋下系红色宽带，胸前佩戴两串佩饰从宽带上垂下，依次串联五珠后打一结，结下串联一管、一环、六珠、一璜、一珠后又打一结。这种串联形式十分讲究，组合方式比较复杂，穿戴起来行动不甚方便，作为日常生活中的服装佩饰可能性不大，推测应为重大活动时穿戴盛装或礼服上的佩饰。

一串下分两串的形式仅见于信阳长台关M2：154（图五，5）木俑，俑胸腹部绘有成组的饰物，由璜、珠、彩结和彩环等组成，璜、珠白色，彩结红色，绳组和彩环为橙黄色。饰物的串联方法是：上部用交叉的锦带穿系彩结和彩环，下分左右两串，每串从上向下各穿五珠，并用彩结和彩环穿连璜，璜下再穿三珠、彩结和彩环。这种串联方式，似乎是结合了单串和双串两种组合形式，构思精巧，十分讲究。

玉器的组合形式在木俑上的彩绘佩饰也有所表现，对于我们认识墓葬中出土的佩饰具有重要的参考价值：①璜和环，以天星观M2：28木俑为代表；②璜和珠，以长台关M2：147、

M2:154木俑为代表；③璜、环和珠，以长台关M2：168木俑为代表；④璜、环、珠和管，以江陵武昌义地M6：21和M6：22、荆州纪城M1：31木俑为代表，这种组合形式与战国晚期楚墓中璜、佩、管、环的组合形式虽略有差异，但是总体上是吻合的。

由于墓葬中并未出土与木俑上所绘佩饰相一致的实物，所以无法断定木俑上的彩绘佩饰是否就是墓主人生前使用佩饰情况的真实反映。笔者推测，楚墓棺内出土的玉佩饰，可能是墓主生前穿戴的盛装或礼服上所戴的佩饰，也有可能是日常生活中使用的佩饰，数量可能为一套或者多套。

四、一号墓出土玉佩饰的复原研究

一号墓出土的玉佩饰包括4件玉环和4件玉璜，武昌义地M6：21和M6：22木俑身上的佩饰皆含有4件环和4件璜，佩饰组合有较多的共同点，串联方式可能与其相近，用彩带和彩结连接双龙璜、玉璧、玉环、玉璜形成两串佩饰，分别系挂在墓主人胸前左右两侧。根据出土木俑上彩绘的佩饰，结合棺内出土玉器和人骨的位置关系，我们对一号墓棺内的玉器按照以下两种形式进行了初步复原：第一种形式为双龙璜、玉璧、玉璜和玉环组成的两串佩饰（图六，1），玉环和玉璜的串联顺序可另行调整。如按此种方式排列，那么头骨顶部和两侧的3件玉璧应作为“礼天”之玉，也有作为敛尸之用的含义。第二种形式即这15件玉器组成的放置在墓主身体上的一套组佩饰（图六，2）。这种串联方式的组佩，佩戴于头顶部，在行走的过程中很容易掉落下来，而且重量较大，不适合生活中的佩玉方式，因此，我们认为这种串联方式很可能是专门用来敛尸的葬玉。

五、结　　语

从目前的考古资料来看，楚墓中的玉佩饰多出土于受中原姬周文化影响较大的豫南和鄂北地区以及楚国的政治中心纪南城及其周边区域，战国晚期的安徽和湖南地区也有出土。墓主生前都有较高的社会地位，反映了楚国上层社会重礼尚玉的社会习俗。佩饰组合形式一定程度上受到了中原地区以璜为主体的组玉佩饰的影响。战国中晚期的彩绘木俑上的佩饰表明，楚人服饰上的佩饰至少可分为单串、双串和一串下分两串三种形式，构思精巧，形式讲究，反映出楚人独特的审美观念和丰富的想象力。

在我国古代，等级制度是丧葬礼仪中的核心，以等级为核心的本质从未因王朝的更替而发生改变。佩饰的使用与身份地位息息相关，不仅作为服装上的装饰品，也属于礼器的范畴，体现出“尊卑有度”、“贵贱有殊”的差别。虽然从玉佩饰的出土情况和文献记载来看，楚国似乎还未形成一种与等级地位相对应的严格的玉佩饰的使用制度，佩饰的种类、质地、数量和组合形式也未体现出与身份地位严格对应的规律，但是总的来说，大中型楚墓中出土的玉佩饰，无论是数量和种类上，还是材质和工艺上，都要远远超过一般的小型墓葬，这种因身份等级而

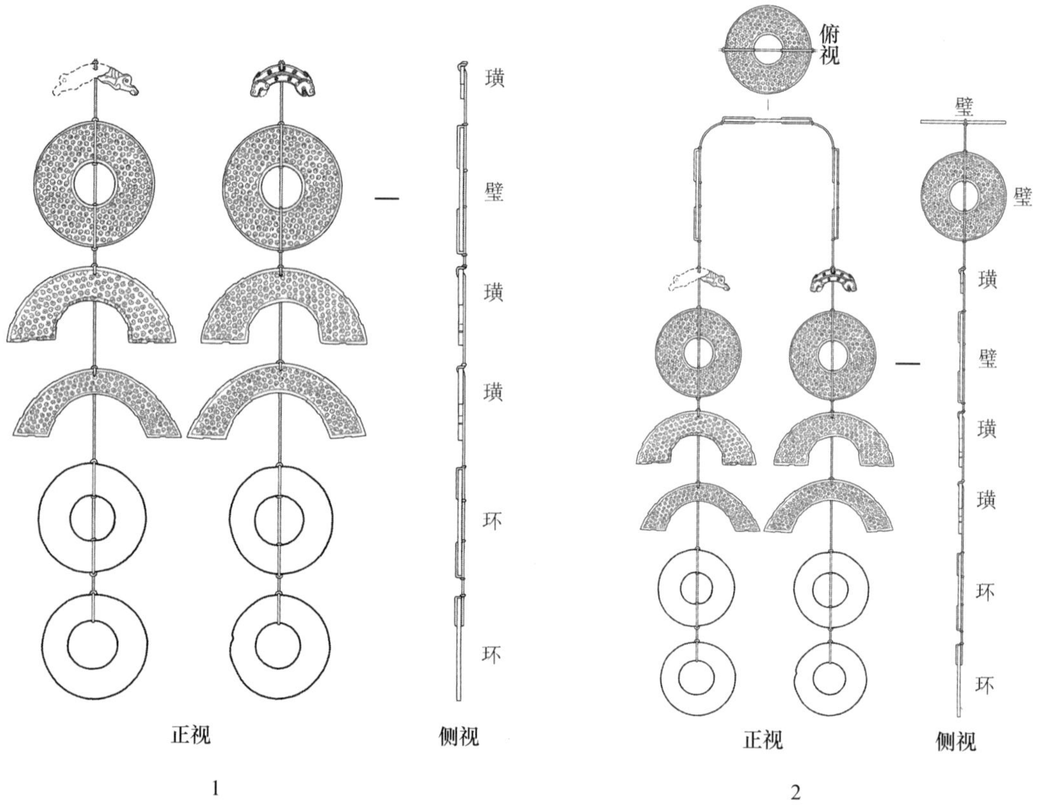

图六　一号墓棺内出土玉器的复原图

产生的差异是显而易见的。

出土的战国时期木俑上的彩绘佩饰为我们了解楚国服装上佩饰的组合形式、佩戴方式等提供了十分珍贵的资料，对于复原墓葬中出土的玉佩饰具有十分重要的参考价值。随着考古工作的深入，有可能发现保存完好的玉佩串联方式的新材料，将有助于验证本文对一号墓出土玉佩饰的复原研究。

塌冢车马坑马车复原与研究

黄文新　黄玉洪
（湖北省文物考古研究所）

塌冢一号墓位于沙洋黄歇村东周墓群的南部，主墓西侧陪葬一座车马坑，坑内出土了5乘车。由于受填土压力的作用，车舆均向西侧倾斜，除1号车保存较好外，其余车仅见车舆大致轮廓。为了更好地反映马车的结构和用途，我们将车马坑中结构清楚的1、2号车进行了复原。

一、车子部件复原

塌冢车马坑清理出5乘车，车结构清楚的仅2乘，其余3乘腐烂较严重，结构不明。根据塌冢车马坑车子部件实测的数据，参考其他楚车结构，对1、2号车进行了复原。车子由辕、衡、軛、轴、轮、舆等部件组成，根据其功能分为牵引、传输、承载三部分。为了叙述方便，便于图文对照，我们将车舆、车轮等部件给予命名（图一）。

1. 牵引部件（辕、衡、軛）

辕　长条形，直首，纵剖面曲线形，横截面长方形，前轸处较宽，两端较窄，踵一般露于后轸。根据辕后部的结构分二型。

A型　1件（CHK1：1）。叉踵。直首，横截面呈扁方形。辕首宽11厘米，辕颈宽6厘米，舆前辕宽12厘米，厚4厘米。辕在舆内分成“Y”形，斜长65厘米，叉间距31厘米，每根宽4、厚3厘米，锺露于轸后。通身髹深褐色漆。辕通长329厘米（图二，1）。

B型　1件（CHK1：2）。条形。直首，横截面呈扁方形。辕首宽10厘米，舆前辕宽14厘米，末端宽6厘米，厚4厘米。通身髹深褐色漆。辕通长297厘米（图二，2）。

辕是牵引车子前进的重要构件，木质。平面长条形，侧面曲形，与鹅颈相似。由于辕的重要作用是牵引，受力较大，一般由一根整木制成。其制作方法首先是将木材砍刨成中部宽两头稍窄的扁方形方木，再按照车型的大小、马匹的高矮，将其煣成后平直前上曲的形状。

衡　横于辕头颈部，平面长条形，两端稍细，横截面圆柱形。上侧安四个桥形轙，长10.7、高5厘米，轙间距39厘米。通身髹深褐色漆。衡长132厘米（图三，1）。

衡是牵引车子前进的重要构件。木质，由一根整木制成，轙则为衡上的附件，其制作方法是将轙煣成桥形，然后与衡榫卯。

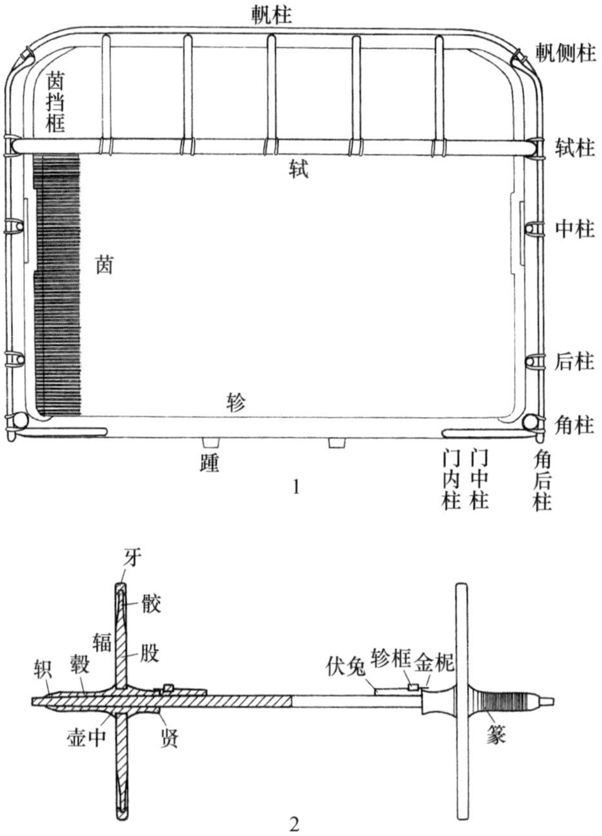

图一　车舆与车轮名称示意图

1. 车舆　2. 车轮

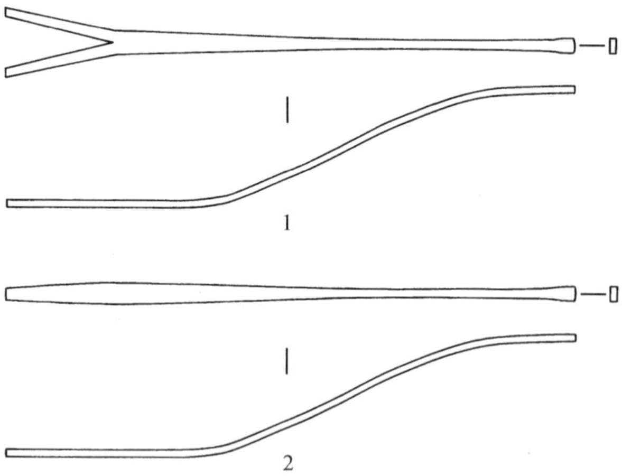

图二　辕复原图

1. A型辕　2. B型辕

轭　牵引车子前进的重要构件。呈“人”字形，軥呈钩状。通身髹深褐色漆。通高53、通宽41厘米（图三，2）。

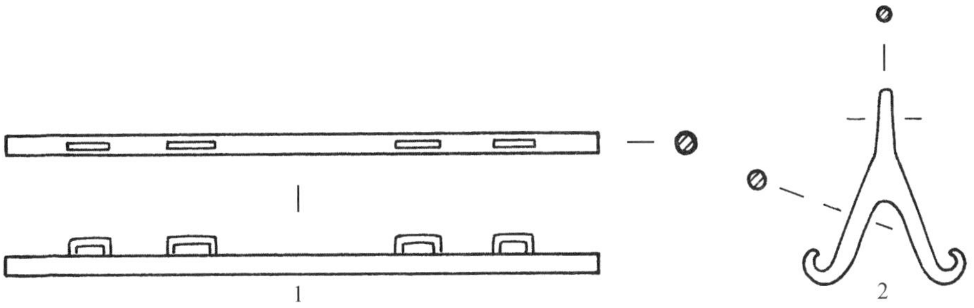

图三　衡、轭复原图

1. 衡　2. 轭

2. 转动部件（轴、轮）

轴　横向置于舆下的横轴线上，长条形，中部较粗，圆柱体，两端细，呈锥状，轮贯其上。长290、直径4～6厘米（图四)。

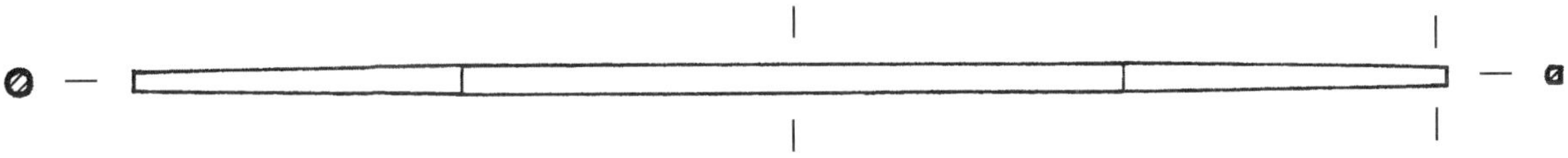

图四　轴复原图

轮　是车子传承与转动的重要构件，木质，由牙、辐、毂三部分榫卯而成（图五）。车轮圆形，其直径和辐条的多少依车子大小而定。根据其他楚车车轮结构进行推测复原。轮牙应为三块扣合而成，防止轮牙分离，碴口应有梢钉固定，首先将轮牙制成圆弧形，断面略呈梯形，着地面和两侧略鼓，容辐处较窄，内侧凿有与辐数相同的榫孔，并将其试拼好后备用。辐条的功能是毂与轮牙支撑重力和转动的重要部分，其形制与结构基本相同，制作工艺非常精细，圆柱形的骹与扁棱形的股之间为交叉过渡，为平滑渐变的过程，无明显分界线。辐条分为内外两段，外段为骹，横截圆柱形，与轮牙榫卯，直径2～3厘米。内段为股，横截面扁棱形，与毂榫卯，宽6、厚1.5厘米。毂的功能是车轮转动受力的重要部件，由于毂较长，中间纳轴孔的精度要求较高，在当时生产力还较落后的情况下，其制作难度相当高，根据毂的结构特征推测，应为两块拼合而成，然后在表面施胶缠丝线，再用皮筋间隔加固，最后在表面施漆即成。毂圆锥体，内侧粗短，外侧细长，壶中较粗，毂内外两侧有宽窄不一的环棱状篆，篆与木质之间有丝线捆扎现象，毂中空，内粗外细，呈锥状，轴纳其中。其规格依车轮直径大小而定，毂内外两侧一般施数道环棱状篆或宽状篆，环状篆凸起部分推测为环状皮革。加固方法是先在毂上涂一层漆，待漆半干时用丝线作螺旋式缠绕，绕一层后再涂上一层漆，如此循环缠绕二三层，等漆完全干燥后，按照各车设篆的规定数量，将浸泡好的皮环等距离地套上，待皮环完全干枯后，再在表面髹漆即成。

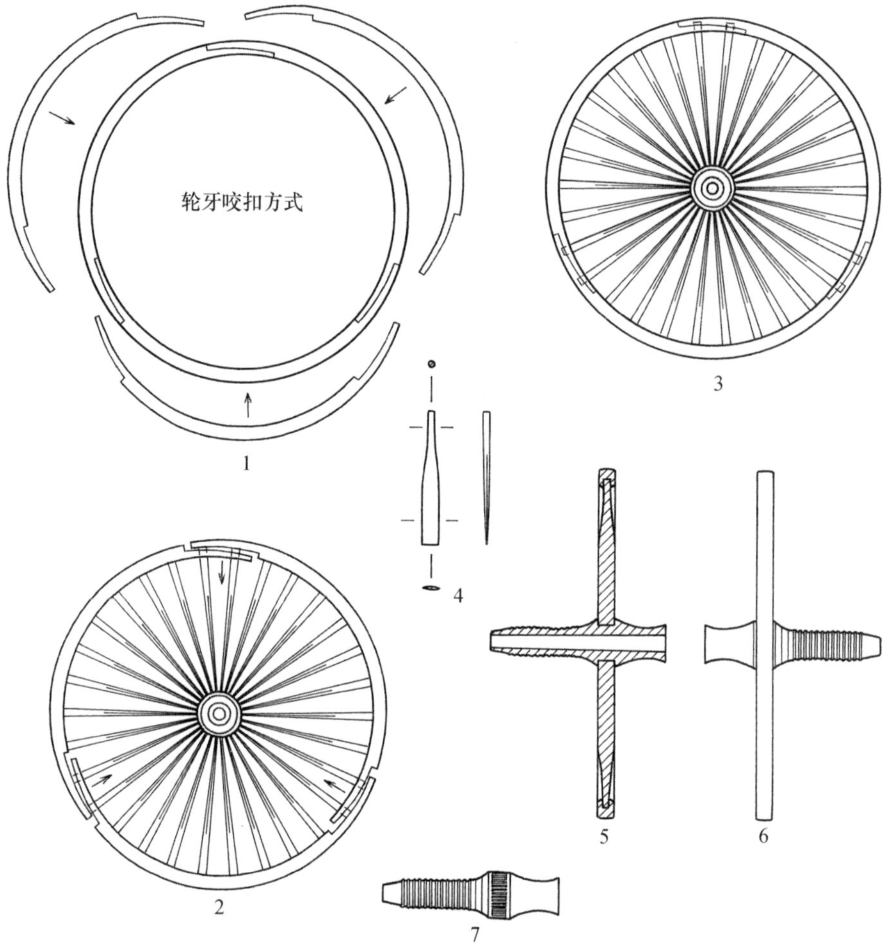

图五　车轮复原示意图

1. 轮牙拼合　2. 安装辐与牙　3. 安装后车轮　4 .辐条结构　5. 车轮剖视　6. 车轮后视　7. 车毂结构

3. 承载部件（舆）

为了便于叙述，现将车舆上的各类柱子分别给予命名，以便对照（图一，1）。根据格栏结构分为二型，现分述如下：

A型　满軨式，前后栏为半軨式，侧栏为满軨。舆由轵与轛组成格軨式围栏。CHK1：1，舆平面呈横长方形。横长160、宽110、高42厘米（图六）。

围栏由立柱、轵、轛等部分组成。根据其安装与使用功能分为立柱、栏柱、轵柱三种。立柱均独立成柱，共6根，其中包括中柱2根、后柱2根、角柱2根，主要设置在舆的两侧，下端与轸榫卯，上部绑缚于栏内侧。立柱高度相同，为38厘米，中柱与后柱直径2.5厘米，角柱直径3厘米，从轼柱向后立柱间距分别为20、39、18厘米。门位于舆后正中，呈长方形，宽124厘米。栏柱由围栏的两端下折而成，共10根，其中包括门内柱2根、门中柱2根、角后柱2根、轼柱2根、軓侧柱2根，主要依附于门柱、后角柱或軓柱与轼之间。栏柱上行折平绕舆一周后构成车舆围栏。轼由一根圆木棍煣成“⊓”形，两端下折与轸框榫卯。长155、高38、直径4厘米。门内柱与门中柱上行20厘米折平，绕角后柱至侧栏中部，前行绕軓侧柱至前栏，经軓柱内侧至另一侧，直径1.5厘米。角后柱自轸框外侧依附后角柱上行40厘米，折平绕后柱、中柱，在轼柱前以22° 夹角斜折成軓侧柱，直径2厘米。軓柱7根，位于舆前轸上。上部以45° 夹角内折与轼榫卯，下端垂直与轸框榫卯。由軓中柱向两侧间距22、22、17厘米，直径3厘米。軓柱与轼结合后形成三面封闭的軓。轵后栏3层、侧栏18层、前栏10层。轵呈宽扁状，宽1.5、厚0.8厘米，上下间距1.5厘米。轛一周共103根，直径0.8厘米，间距2.5厘米。轵与轛榫卯，固定在立柱与栏柱内侧，形成完整的车舆。轸呈横长方形，后角呈直角，前角呈圆弧形。横长160、宽110厘米，轸框宽 5.5，厚4厘米。茵板保存较好，由24根扁木条编联而成，茵板两端设有档框，档框两头呈弓形，中部内凹，与轸框相扣。茵档框长102、宽3、厚1.5厘米。茵下可见4根桄木痕迹，长102、宽5厘米，由左向右间距分别为24、40、24厘米。茵长142、宽98厘米（图六）。栏外侧等距安挂有铜壁插，壁插应与车耳连接（与M1边：72车耳吻合），下葬时被卸掉。

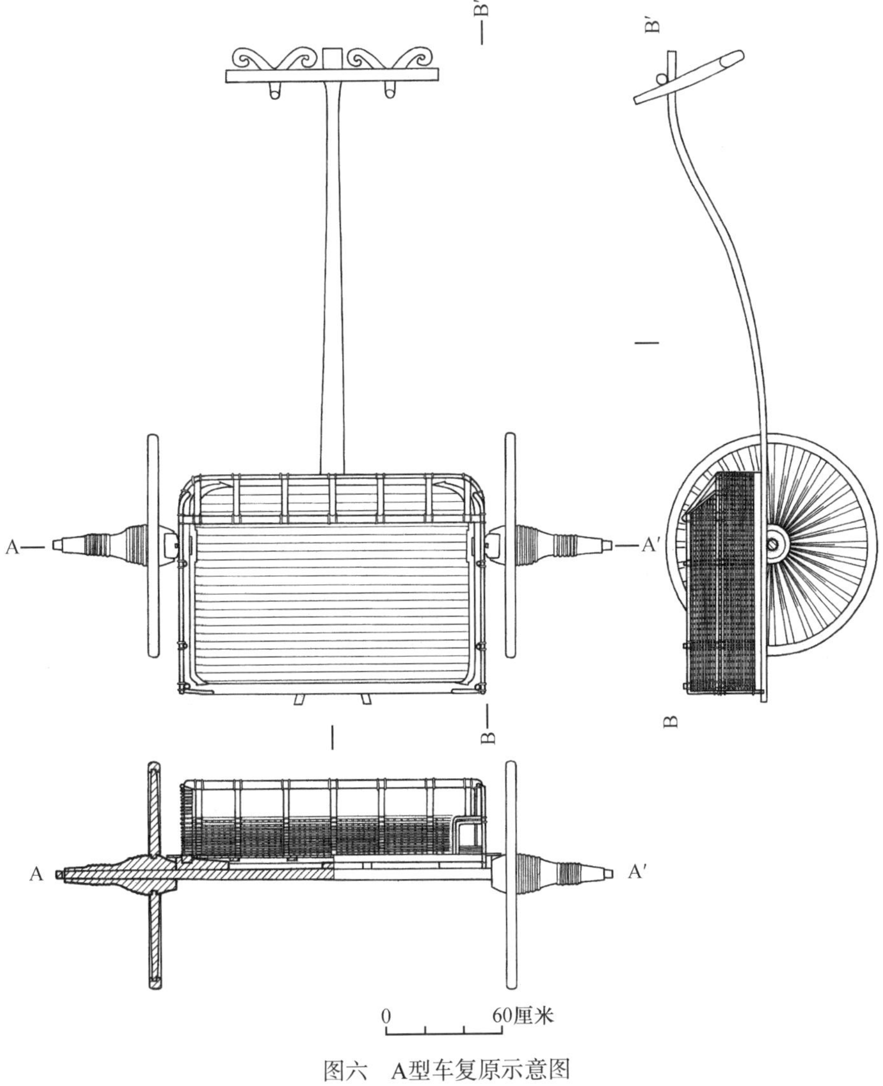

图六　A型车复原示意图

B型　半軨式。上部为格栏，下部为格軨。CHK1：2，舆平面呈横长方形。横长148、宽92、高33厘米（图七）。

门中柱依门内柱与门柱之间，上行14厘米折平，绕角柱至侧栏，前行绕軓侧柱成前栏的第二层，经軓柱内侧至另一侧。直径1.5厘米。角后柱自轸框外侧依附角柱上行34厘米折平，绕角柱成侧栏的第一层，前行至轼柱，以20°夹角斜行，再以90°夹角下折成軓侧柱，直径2厘米。軓柱5根，位于舆前轸上，间距为19厘米，上部以57°夹角内折与轼榫卯，下端垂直与轸框榫卯，軓柱与轼结合后形成三面封闭的軓。軓柱直径3厘米。轵共8层，呈宽扁状，宽1.5、厚0.8厘米，上下间距1.5厘米。轛一周共49根，间距约4厘米，直径0.8厘米。轵与轛榫卯，固定在立柱与栏柱内侧，形成完整的车舆。轸呈横长方形圆角，横长148、宽92厘米。轸框宽4.5、厚4厘米。茵板保存相对较好，由72根圆木条编联而成，茵板两端设有档框，档框两头呈弓形，中部内凹，与轸框相扣。茵档框长85、宽3、厚1.5厘米。茵长132、宽83厘米。茵下桄木不详。

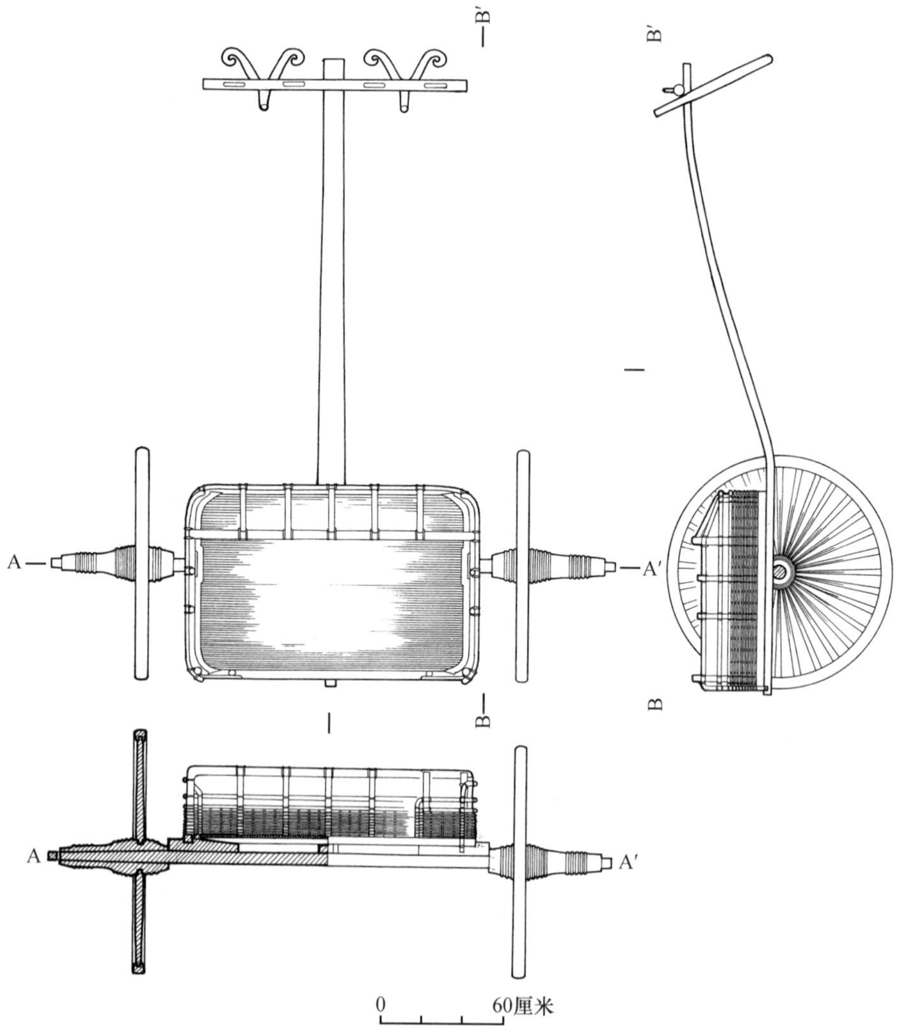

图七　B型车复原示意图

舆是车乘载重量的重要构件，木质，由轸、茵、栏等部分榫卯、捆扎而成。其制作方法是选择不同规格的木棍或木条及扁木，根据车舆的大小首先做好轸框，然后确定立柱、围栏粗细及茵的规格，轸框平面形状上可分为长方形弧角，轸框由方扁木制成，前后轸框较窄，横截面长方形，内侧凿有3～5个长方形桄木榫眼，桄木纳入其中。轸长方形，侧轸框较宽，横截面呈“⌙”形，内上角凹缺与茵挡框扣合。茵由挡框和茵条榫卯而成，平面与轸框形状相同，两端设挡框，呈“⌇”形，前后侧边无框，茵板由直径0.6厘米的木条（或藤条）以宽0.3厘米的皮条交叉编联而成，两端插入挡框的凹槽内。

二、车子榫卯与捆绑方式

经对车子进行详细观察，对榫卯与捆绑方式进行了梳理，车子许多部件为榫卯与捆绑而成（图八）。

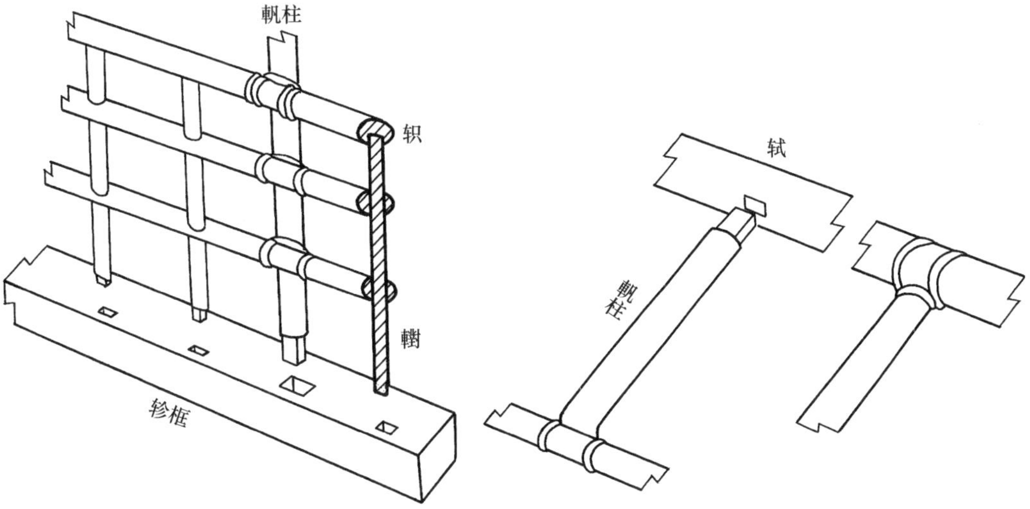

帆柱榫卯与捆扎方式

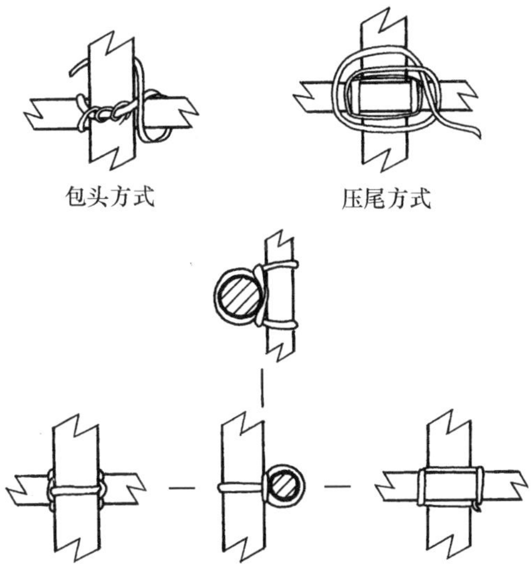

捆扎后的效果图

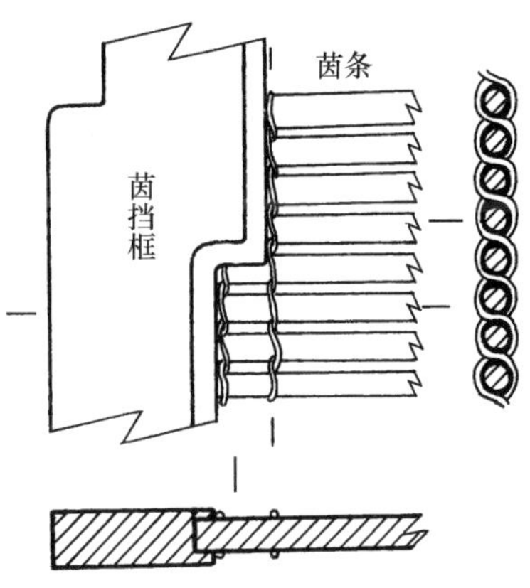

茵板与轸框榫卯法

图八　车子榫卯与捆绑方式示意图

车衡与辕、衡与轭的结合方式为捆绑式。车舆上的立柱和栏柱下端与轸为榫卯结构。各类栏柱绕立柱外侧一周构成车舆围栏，交汇处用皮条将立柱与横栏捆绑固定，其捆绑方式为：先将皮条绕横栏一周，在内侧皮头自身缠绕两周，压于立柱内侧，将皮条另一头绕立柱后再将横栏缠住拉紧，最后在立柱与横栏之间用皮条缠绕两周拉紧固定即成。轵与轛榫卯结合，第一层轵下侧为半榫，中间用轵穿榫。軓柱与轼榫卯后用皮条捆扎。车子组装后髹深褐色漆。

三、与其他楚车对比分析

春秋战国时期是礼崩乐坏的时代，诸侯之间互相讨伐，争夺霸主，形成春秋五霸、战国七雄的局面。当时的战争实力主要是靠兵车多寡来体现，号称万乘之国、千乘之家。因此，马车的多少是一个国家经济实力和军队战斗力的表现。在事死如生的年代，一部分高级贵族死后随葬不同数量的马车，到阴间继续享用，以显示自己的地位。

（一）楚马车出土情况

近些年来，清理了不少楚车马坑（附表），保存较好的并不多，其中保存较好、结构基本清楚的有荆州熊家冢、淮阳马鞍冢、枣阳九连墩、宜城罗岗、荆门严仓、江陵九店、沙洋塌冢等车马坑。

1. 荆州熊家冢马车

简报中报道了5辆车材料。CH24，一车六马。辕长372、前端宽4、后端宽18厘米。舆长方形，四周有栏，横长140、宽115厘米。舆两侧的车栏用藤条编织成菱形纹，做工较精致。从图九看应是宽门。该车应为格軨式车舆。CH29，一车二马。辕首从衡下面翻卷过来，呈椭圆形，长径14、短径4.4厘米。栏结构上是上部有2根轵，最下面有一组3根轵，轵之间有轛。CH35，一车四马。辕首从衡下翻卷过来，呈椭圆形，长径13、短径7厘米，上面贴金箔。舆圆角方形，四周有栏，横长132、宽104厘米。前轸有7根斜立柱，中间与轼相接的一根呈“Y”形（軓柱）。CH17，一车四马。辕首翻起。舆四周有栏。舆横长166、宽156、高47厘米。舆上面一组共2根轵，下面一组3根轵。从其结构上看，这几辆车辕都是钩首，舆为格栏式窄门。CH34，一车二马。辕首从衡下翻卷过来，呈椭圆形，长径15、短径8厘米，上面贴有金箔。舆长方形，四周有栏，前轸上有7根圆柱形斜立柱，后栏大致由一根立柱和两根斜立柱以及几根横的轵组成，结构相对简单。该车结构为钩辕首，舆为格栏式宽门。

2. 淮阳马鞍冢马车

淮阳马鞍冢一、二号车马坑共葬车31辆，大多为单辕车，也有双辕车，驾车马有二、四、六匹三种。其中六马车是根据二号车马坑内一部分车舆内随葬的马衔马镳数推知的。从用途上看，有战车、安车，还有供乘坐游戏的小轮车。简报将二号车马坑4号车和7号车进行了复原。

战车　4号车，辕体较直，唯前端微上翘，辕軏处持衡。舆出土时向前倾斜变形，后有车门，宽48厘米。舆后半部镶80块铜甲片，计左右舆框后半部六横四竖，各24块；后舆框车门两侧四横四竖，各16块。铜甲片长13.6、宽11.6或12.4、厚0.2厘米。甲片上部各有四个小孔，当系缚甲片之用。车舆两后角柱均有铜质角柱头，呈漏斗状，高8.4、上部直径5.3、下部直径3.6厘米。车舆前两角下部用铜板包镶，铜板长条形，长62.5、高10、拐角处高13、厚0.2厘米。左右舆框后部两侧各缚一喇叭状铜器，上部口约9厘米，内收后下部为直筒状，直径6、高12厘米，可能是插旗筒。7号车，辕前端昂起，后端平直。截面呈椭圆形，前端套错金银龙首辕头，龙首张口露齿，双目圆睁。面、颈部多错银卷云纹，鼻、耳错金，线条流畅，造型生动。车舆宽160、进深98厘米。前角圆弧形。清理时由于水位上升，后舆板有无门无法得知。

安车　一号车马坑内发现一辆，二号车马坑内发现四辆。车身较长，有的分前后室，均有车盖、车耳。车辕前端昂起，后端平直。舆分前后室，平面呈凸字形，全长273厘米，前室是驭手的驾驶室，长83、宽105厘米，后室为主人乘坐的地方，较宽大，长190、宽178、残高103厘米。有后门痕迹。舆后室平面为长方形，长187、宽124厘米。四角有铜虎头。舆上有围，三角有曲尺形铁拐角。舆围之上有椭圆形盖。13号车车舆内置铜马衔六副及骨质马镳六副，由此推测，13号车可能是六匹马驾驭的安车，与秦始皇陵二号铜车的形制相近。

3. 枣阳九连墩马车

枣阳九连墩出土的车乘数量较多，车型也较丰富。车辕有钩首、直首和龙辕三种，舆有格栏式和格軨式之分，车门有宽窄之别。一号车马坑内的车按功能用途分类摆放，第一组除6号车辕直首配四马外，其余均辕钩首配二马，车舆为格栏式窄门；第二组辕均为直首，除两辆车为格栏式窄门外，其余均为格軨式宽门，一车六马、一车四马；第三组除前列中间一辆车辕钩首外，其余辕为直首，除两辆羊车无配外，其余均配二马；第四组除两辆钩首辕外，其余辕为直首，后列中部有三辆车为龙辕，中间一辆龙辕朝前，两侧的龙辕向中间的车偏向，有“唯我马首是瞻”之感，该组均配二马。二号车马坑内的车辕均为直首，除两辆车舆为格軨式窄门，其中6号车还设有门扉，舆上有一把撑开的伞，其他车为格栏式宽门。该坑一辆车配四马，其余酉[illegible]侧设有挡板。另还有一乘车舆（安车舆）。从结构上看，九连墩马车有[illegible]战车和安车。

[illegible]宜城罗岗马车

[illegible]罗岗车马坑共出土七辆车，一车配四马，两车配三马，其余配二马。除4号车结构清楚[illegible]其他车保存较差。车马坑内辕均为直首，舆保存较好的4号车为格栏式窄门。从结构上[illegible]，罗岗马车直辕首，格栏式车舆，属礼车之列。

5. 荆门严仓马车

严仓两座车马坑共出土六辆车，仅三辆车结构清楚，有一辆车配四马。CHK1：2，一车四马，辕直首，舆为圆角横长方形，长156、宽110、高45厘米。舆由轵与轛组成格軨式舆，前栏轵20层，侧栏与后栏轵27层。此车舆为格軨式宽门。属于礼车之列。CHK2：1，一车二马，辕首残，舆呈横长方形，长148、宽90、残高40厘米，舆上部有两层栏，下三层轵，栏外侧设皮质车甲，后设窄门，门宽68厘米。该车为格栏式窄门。舆内放置有铜铙和短柄戈及银马络，与殷墟郭家庄商代墓葬的陪葬坑车马坑M146舆内出土2件铜戈兵器[1]有相似之处。坑内放置有权丈、旗杆、戟等礼仪用器。该车应属于指挥战车。

6. 江陵九店马车

江陵九店车马坑出土两辆车，均配二马。其中2号车保存较好，并对其进行了复原。2号车，辕圆柱体，前端上翘略细，后端平直较粗。舆长方形，横长152、宽100、高36厘米。四周有軨，上部设两层横栏，下设三层轵，舆后设辇，宽40厘米，门柱顶端安铜质柱帽，在侧栏的外侧、轼与后角柱之间各捆绑两个较大的铜壁插。该车为辕直首，舆为格軨式窄门，配二马。属礼车之列。

7. 沙洋塌冢马车

沙洋塌冢车马坑出土五辆车，我们对保存较好的1、2号车进行了复原，其他车辆结构不清。这两辆车结构基本清楚，辕直首，舆为格軨式宽门。1号车栏外安有12个可拆卸的小壁插，该壁插与墓中出土的车耳（B：23）应为一套，可能是下葬时拆车葬。塌冢马车属礼车。

（二）车型分析

早在殷商时期，我国已掌握了造车技术[2]，到了战国时期已达到高峰，出现了各式各样制作精美的车型，根据其用途，分为戎车、楼车、路车、轺车、革车、辎车、羊车及辒辌车等。曾侯乙墓出土遣册所记载的“大殿、左殿、右殿和左旆、右旆”这五种名称的车均配四马，而配六马的车有陏车、畋车、墨车三种。这些车名与车阵的排列有关，在曾侯乙墓竹简考释第179条中有这样的描述：“旆、殿等车是根据它们在车队（阵）中的方位而定名的，而广车则是兵车的一个共名，所以旆、殿等车可以统称为广车。”[3]

从古车的功能方面来说，一般有礼仪用车、游玩用车、田猎用车和战争用车，可分为礼车和战车两大类。

1. 礼车

顾名思义，礼车应是在行政或公共场所的情况下使用，是王公大臣们等级身份的标志，也是地位的象征。

---

① 中国社会科学院考古研究所：《安阳殷墟郭家庄商代墓葬》，中国大百科全书出版社，1998年，第140页。

② 孙机：《汉代物质文化资料图说》，文物出版社，1991 年。

③ 湖北省博物馆：《曾侯乙墓》，文物出版社，1989年，第457、458页。

礼车制作细致，车辕平头，车舆精致，一般为格軨式车舆，车门较宽[①]，多配六马或四马。由于礼车的行驶速度相对较慢，车辕一般为直首，舆栏有轵与轛组成的许多格状，即格軨式车舆，为了方便上下车，车门一般较宽，并配六马或四马，少数配二马的（可能有场所或级别的差异）。这类车在目前已清理的车马坑中较多见，六马车的如荆州熊家冢CHMK1：CH24（图九、图一〇）、枣阳九连墩CHK1：15（图一一）；四马车的有枣阳九连墩CHK1：14、CHK1：16、CHK2：7（图一二），荆门严仓CHK1：2，沙洋塌冢CHK1:3等。从枣阳九墩一号车马坑中可以看出，礼车车阵两侧还配备有护卫车。

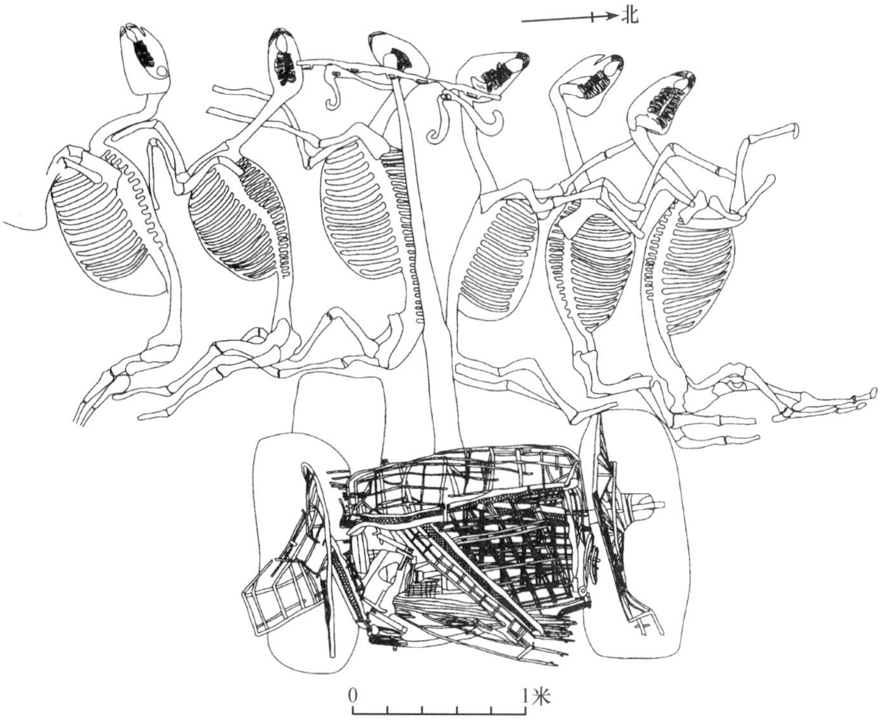

图九　礼车（荆州熊家冢CHMK1：CH24）

图一〇　礼车（荆州熊家冢CHMK1：CH24）

① 荆州博物馆：《湖北荆州熊家冢墓地2008年发掘简报》，《文物》2011年第2期，第15页。

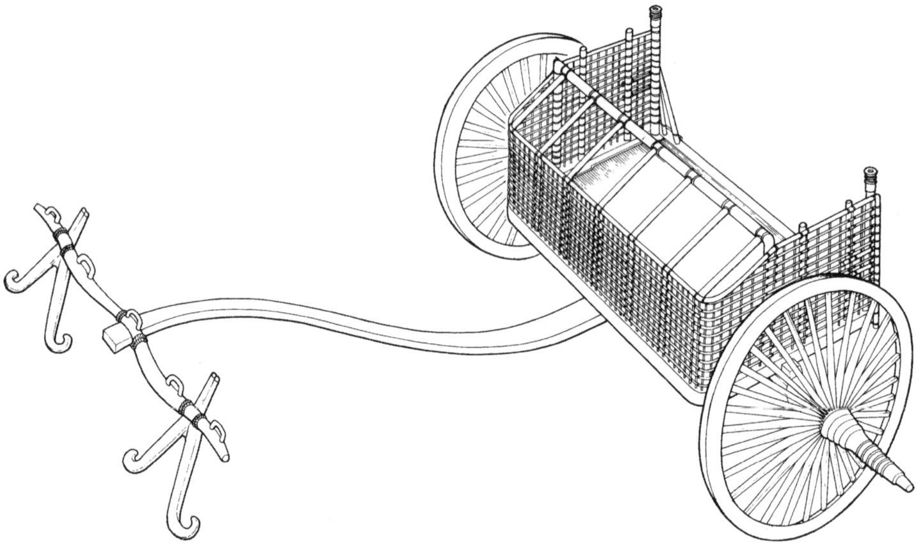

图一一　礼车（枣阳九连墩CHK1：15）

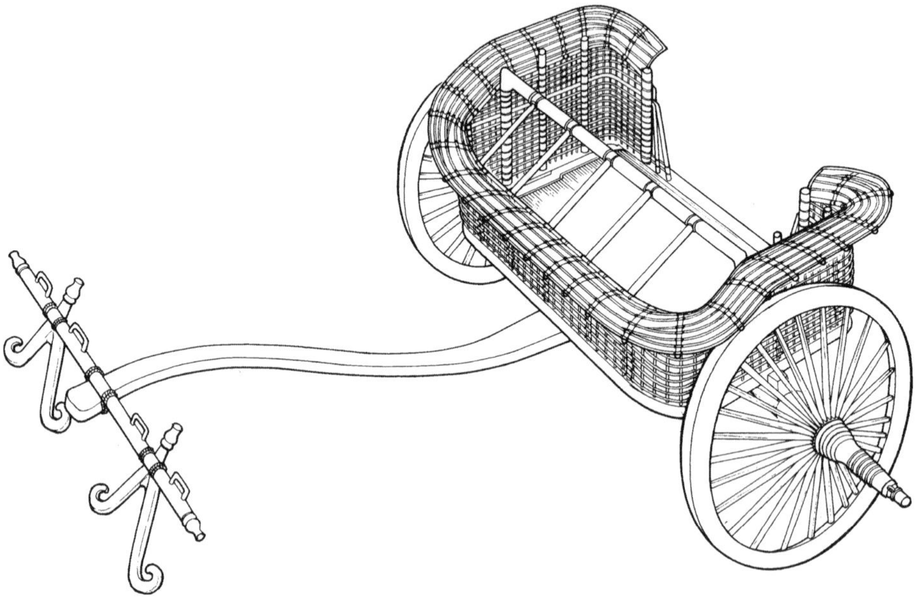

图一二　礼车（枣阳九连墩CHK21：7）

2. 战车

战车、田猎车或护卫车，由于在运动中奔驰，其速度较快，因此，这种车型的车用材较粗壮，车辕头往往呈钩状，车舆立柱较粗，上部一般有二或三道横栏，下部为三层轵与轛榫卯而成，即格栏式车舆。为了防止坠车，车门设计得较窄，具有一定的抗震能力①。车首（指挥车）配四马，如枣阳九连墩CHK1：6，荆州熊家冢CHMK1：CH17、CHMK1：CH35（图一三、图一四）。战车一般配二马，如荆州熊家冢CHMK1：CH29、CHMK1：CH34（图一五、图一六），枣阳九连墩CHK1： 7、CHK1：20（图一七、图一八），宜城罗岗4号车（图一九），江陵九店2号车（图二〇）。这种车型与太原晋国赵卿墓车坑中的3、8、10号车②，临猗程村墓地的车坑M1009的2、3、5号车和车坑M1076车相似③，而车舆和辕首则与张家坡西周墓地M157和M170“辕首都向上弯曲似钩状”相似④。

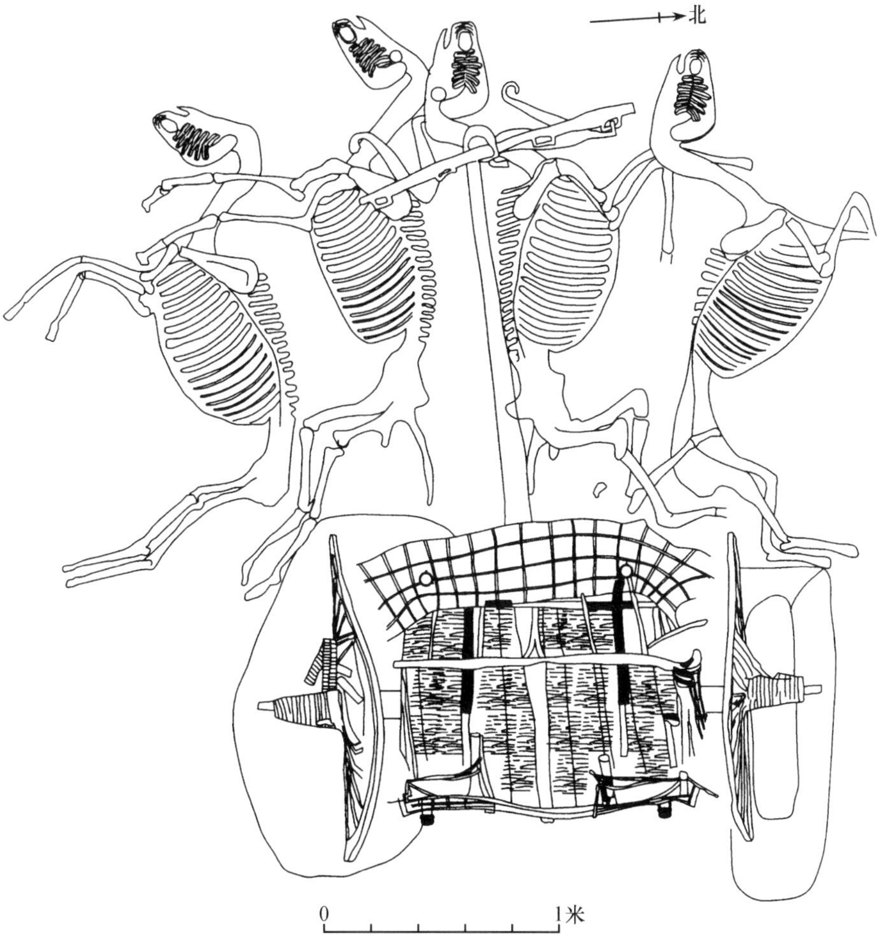

图一三　战车（荆州熊家冢CHMK1：CH17）

① 荆州博物馆：《湖北荆州熊家冢墓地2008年发掘简报》，《文物》2011年第2期，第12～14页。

② 山西省考古研究所等：《太原晋国赵卿墓》，文物出版社，1996年，第209～224页。

③ 中国社会科学院考古研究所：《临猗程村墓地》，中国大百科全书出版社，2003年，第164、171、193、195、207页。

④ 中国社会科学院考古研究所：《张家坡西周墓地》，中国大百科全书出版社，1999年，第336、337页。

图一四　战车（荆州熊家冢CHMK1：CH17）

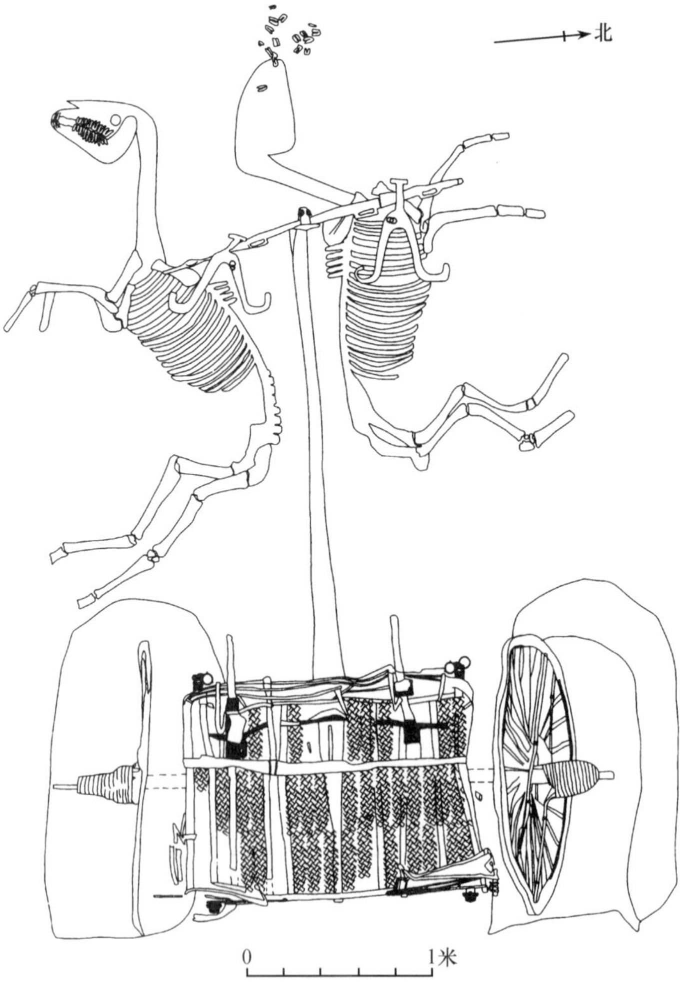

图一五　战车（荆州熊家冢CHMK1：CH29）

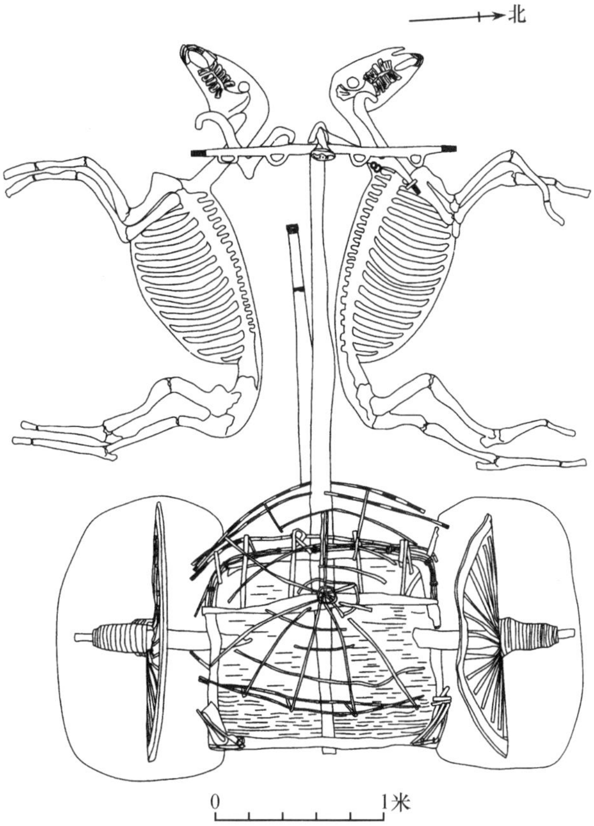

图一六　战车（荆州熊家冢CHMK1：CH34）

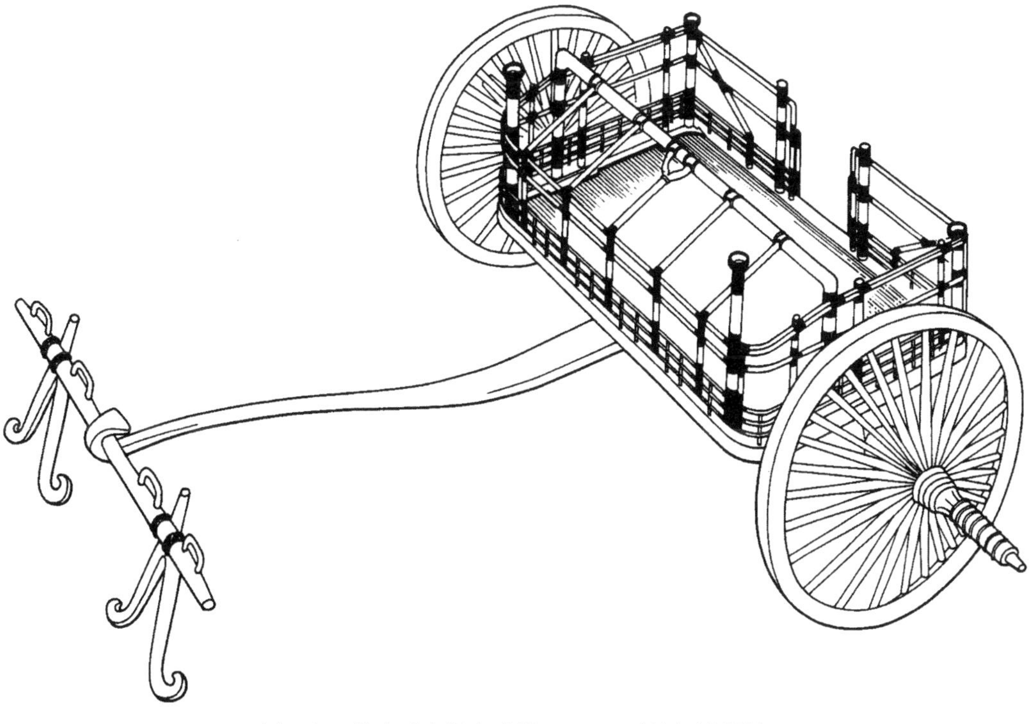
图一七　战车（枣阳九连墩CHK1：7复原透视图）

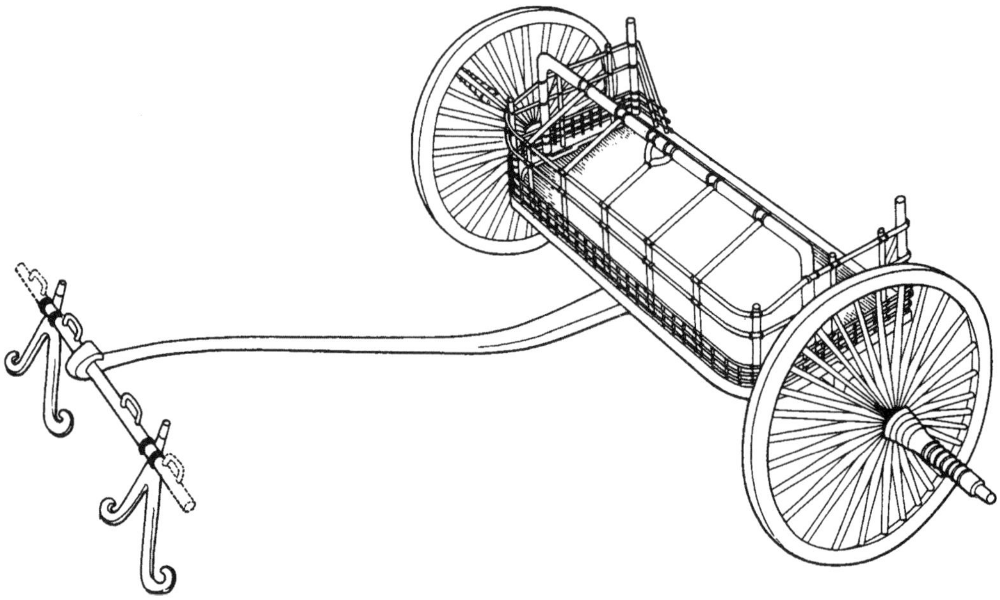

图一八　战车（枣阳九连墩CHK1：20复原透视图）

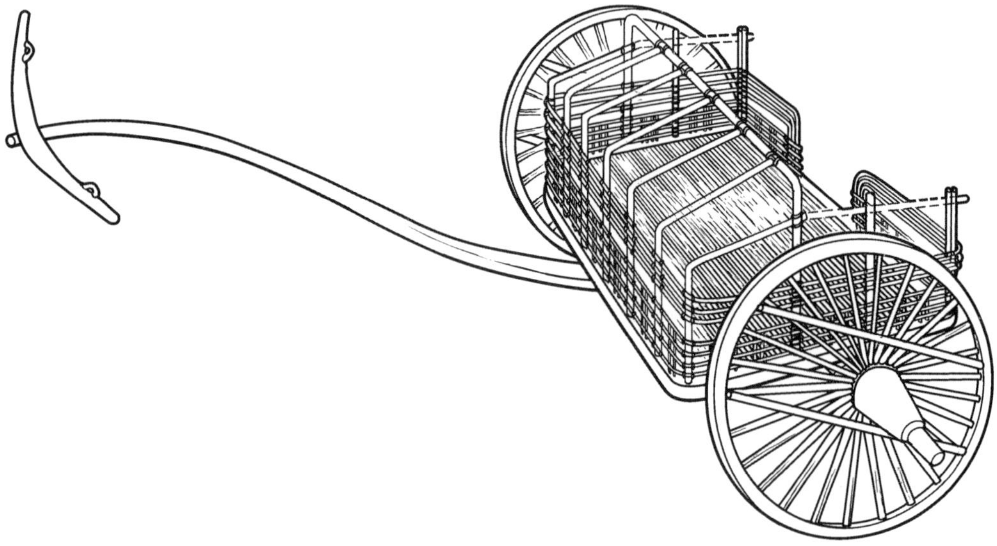

图一九　战车（宜城罗岗4号车复原透视图）

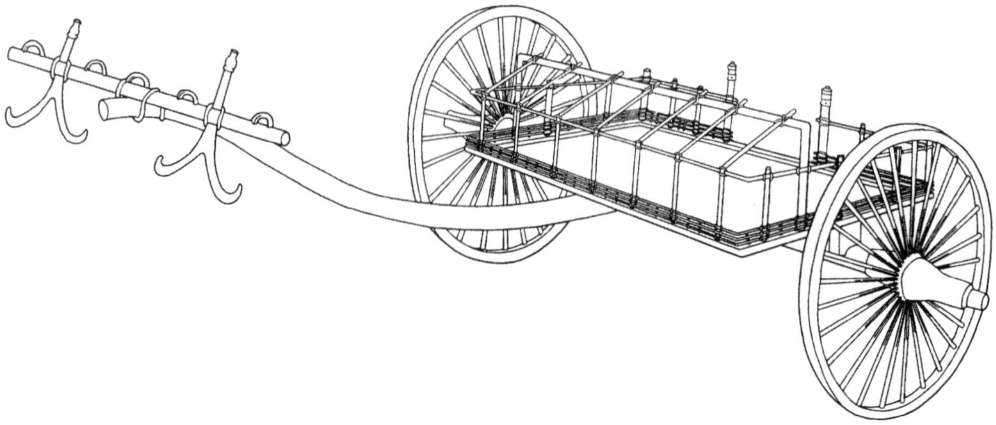

图二〇　战车（江陵九店2号车复原透视图）

经与已发掘的楚车车型综合对比分析，塌冢车马坑中的车具有制作精细，车辕直首，车舆为格軨式舆，栏外附加车耳，舆后设宽门等特征，因此，塌冢车马坑中保存较好的1、2号车应属于礼车（图二一、图二二）。

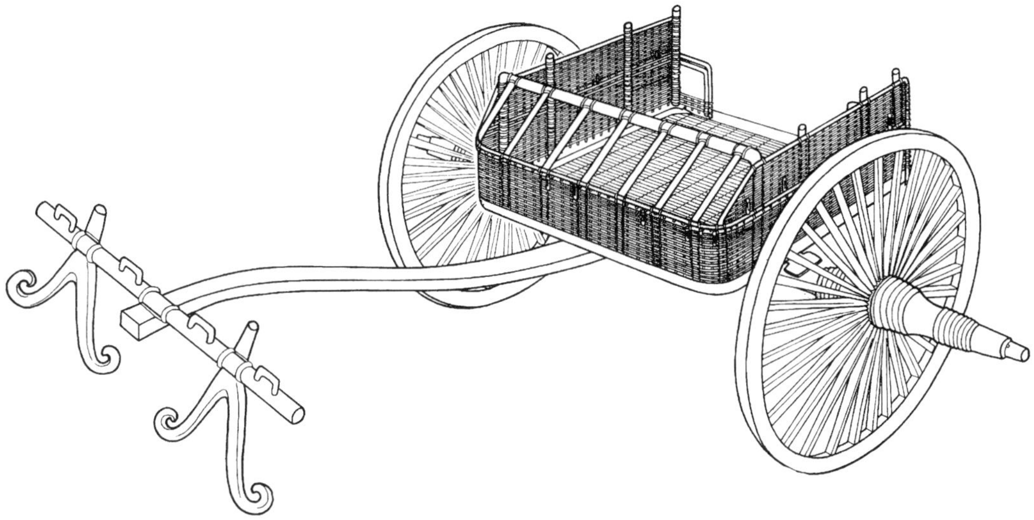

图二一　沙洋塌冢车马坑1号车复原透视图

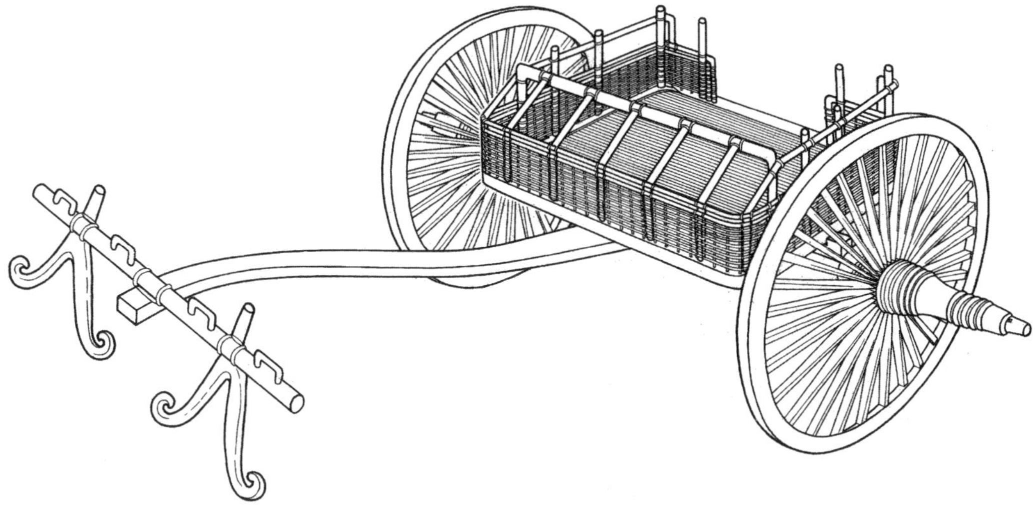

图二二　沙洋塌冢车马坑2号车复原透视图

四、车马坑与主墓的等级身份

古代马车是身份与地位的象征，《晏子春秋·内篇谏上》载："景公有男五人，所使传之者，皆有车百乘者也……今有之家，此一国之权臣也……"①说明车马与地位和身份息息相关。

楚墓陪葬车马坑的大小往往显示了主墓的等级区别。陪葬有大型车马坑的如荆州熊家

① 吴则虞：《晏子春秋集释·内篇谏上》，中华书局，1982年，第37页。

冢[1]、冯家冢、枝江谢家冢、河南淮阳马鞍冢等。规模最大的熊家冢一号车马坑，长132.4、宽11～12米，马坑坑内摆放43乘车，164匹马，大部分四马驾一车，也有二马驾一车、六马驾一车的。除河南淮阳马鞍冢未报道有殉葬墓外，其余的墓葬在墓坑两侧或一侧都有大量殉葬墓，多者127座，少者40座。墓主人应属于王卿一级。中型车马坑的如枣阳九连墩[2]、荆州望山桥[3]、襄阳陈坡[4]。车马坑长度均在50米左右，已发掘的枣阳九连墩一号车马坑内摆放33辆车、72匹马，大多数二马驾一车，另有四马驾二车，六马驾一车[5]。墓主应属于卿大夫一级。中小型车马坑如荆门严仓、枣阳九连墩二号车马坑、宜城罗岗、丹江口吉家院、安徽寿县西圈等。坑内摆放五乘车或七乘车，一般二马驾一车，还有少量三马驾一车和四马驾一车的。枣阳九连墩二号车马坑南北长22.2、东西宽6.2、残深1.7米。坑内摆放七乘车和一乘方形车舆，除一乘车四马驾一车外，其余为二马驾一车[6]。墓主人应属于大夫一级。小型车马坑如湖北江陵九店、枝江姚家港、湖南临澧九里、安徽长丰杨公等。湖北江陵九店M104车马坑东西长5.9、南北宽3.9、深0.85米。这种小型车马坑坑内一般摆放一、二乘车，每乘车配二马[7]。

完整发掘的荆门包山、左冢两处墓地布局清楚，报告均称无车马坑陪葬。包山报告称“二号墓出土竹简中记有‘为左尹邵㫰贞’，左尹的主要职能当是主管楚国司法工作，身份低于令尹、大司马等职官。”[8]与包山二号墓相同等级的枣阳九连墩、荆门严仓、襄阳陈坡等墓地均有车马陪葬坑。荆门严仓一号墓出土铜器铭文为“大司马悼滑”[9]，襄阳陈坡M10也出土有“大司马”[10]的铭文铜器。令尹属于文官，大司马属于武将，这一现象说明，在战国时期除王卿一级外，只有掌握军权的人死后才享有车马陪葬的特权，而文官只能用车軎等车马器来代替。

经过以上的分析对比，沙洋塌冢车马坑的大小应属于中小型车马坑，墓主人应属于大夫一级的武官。

五、结　　语

春秋战国时期，车的数量是国力的象征。楚国是春秋五霸、战国七雄之一。鼎盛时期，兵强将广，有战车近万乘[11]，曾问鼎中原，与周室抗衡，初露称雄之势。

楚雄踞南方，生态良好，资源丰富，为造车提供了良好的材料。随着近40年来考古工作的

---

① 荆州博物馆：《湖北荆州熊家冢墓地2008年发掘简报》，《文物》2011年第2期，第5页。

② 湖北省文物考古研究所：《湖北枣阳市九连墩楚墓》，《考古》2003年第7期，第12页。

③ 荆州博物馆资料，正在发掘中。

④ 湖北省文物考古研究所等：《襄阳陈坡》，科学出版社，2013年。勘探资料未报道。

⑤ 湖北省文物考古研究所：《湖北枣阳市九连墩楚墓》，《考古》2003年第7期，第12页。

⑥ 湖北省文物考古研究所：《湖北枣阳市九连墩楚墓》，《考古》2003年第7期，第13页。

⑦ 湖北省文物考古研究所：《江陵九店东周墓》，科学出版社，1995年，第138页。

⑧ 湖北省荆沙铁路考古队：《荆门包山楚墓》，文物出版社，1991年，第334页。

⑨ 湖北省文物考古研究所资料，正在整理中。

⑩ 湖北省文物考古研究所等：《襄阳陈坡》，科学出版社，2013年，第159页。

⑪ 裴明相：《谈楚车》，《楚文化研究论集》第一集，科学出版社，1987年，第159页。

深入，先后发掘了河南淅川下寺、淮阳马鞍冢；湖北江陵九店、枝江姚家港、宜城罗岗、枣阳九连墩、丹江口吉家院、荆州熊家冢、沙洋严仓；湖南临澧九里，以及安徽长丰杨公等地车马坑（附表）。经勘探确认，荆州八岭山墓群冯家冢、平头冢；枝江青山墓群谢家冢；沙洋纪山墓群大薛家洼等墓地均有大型车马坑陪葬。

在楚国高级贵族的大中型墓地中，绝大多数墓葬都有车马坑陪葬，车马坑的规模与葬车数量因墓主人的级别而定，多者近百乘，或数十乘，少者为一乘。大型车马坑中的马车摆放位置有一定的分区性，依马车阵列或功能而排列，如枣阳九连墩一号车马坑坑中的马车可分三组，南部十乘战车为一组，以五乘为列，最后一乘为首车，两列为一组，可能是古代车阵中的左右广。左右广在《左传·宣公十二年》中也有记载：楚、晋邲之战时，晋国栾武子曰："其（指楚）君之戎，分为二广，广有一卒，卒偏之两。右广初驾，数及日中；左则受之，以至于昏。"[①]同书还说："楚子为乘广三十乘，分为左右。右广鸡鸣而驾，日中而说；左则受之，日入而说。许偃御右广，养由基为右；彭名御左广，屈荡为右。"[②]中北部为礼车，虽然规律没有第一组强烈，但仍能分出二组，每组由礼车和警卫车组成[③]。这种排列方式显示出一组一组车马阵容。而荆州熊家冢一号车马坑将其分隔成三个相对独立的单元[④]。

中小型车马坑中车马的摆放方式没有大型车马坑那么有规律性，坑内的马车基本上以礼车为主，其他车马坑中车的保存状况不佳，其车型难以分辨。荆门严仓二号车马坑中出土一乘战车，车舆外围设有一周皮甲，舆内放有一件铜铙、两件短柄戈及两套马络，坑内还放有一件权丈、一根旗杆、两件戟等礼仪器[⑤]。

在配马方式，大型车马坑明显高于中小型车马坑的配制，以六马车、四马车以及二马车为配制，如荆州熊家冢一号车马坑[⑥]、枣阳九连墩一号车马坑[⑦]等。中小型车马坑则是以四马车和二马车为配制，如枣阳九连墩二号车马坑[⑧]、宜城罗岗车马坑[⑨]、荆门严仓一号车马坑[⑩]等。

塌冢车马坑与其他车马坑一样，位于主墓的西侧，与主墓呈"T"形分布。坑内葬车五乘，车的摆放方式为单行横列式，马侧卧辕两侧，其中3号车配四马。车马坑与主墓的布局、马车的车型，以及车马的摆放方式等，都具有楚的典型风格，说明沙洋塌冢车马坑属于楚车马坑。随着考古工作的深入，新的车型不断会被发现，车子结构会更清楚，为研究我国古代马车结构与车型种类提供了重要的实物资料，并对我们复原古代马车具有十分重要的意义。

① 杨伯峻：《春秋左传注》第二册，中华书局，1981年，第731、732页。
② 杨伯峻：《春秋左传注》第二册，中华书局，1981年，第737、738页。
③ 湖北省文物考古研究所资料。
④ 荆州博物馆：《湖北荆州熊家冢墓地2008年发掘简报》，《文物》2011年第2期，第4页。
⑤ 湖北省文物考古研究所：《湖北荆门严仓墓群M1发掘情况》，《江汉考古》2010年第1期，第132页。
⑥ 荆州博物馆：《湖北荆州熊家冢墓地2008年发掘简报》，《文物》2011年第2期，第13页。
⑦ 湖北省文物考古研究所：《湖北枣阳市九连墩楚墓》，《考古》2003年第7期，第12页。
⑧ 湖北省文物考古研究所：《湖北枣阳市九连墩楚墓》，《考古》2003年第7期，第13页。
⑨ 湖北省文物考古研究所等：《湖北宜城罗岗车马坑》，《文物》1993年第12期，第10页。
⑩ 湖北省文物考古研究所：《湖北荆门严仓墓群M1发掘情况》，《江汉考古》2010年第1期，第132页。

附表　楚墓与车马坑殉葬情况一览表

地点	墓葬形制	墓葬规格（长×宽-深，米）	台阶数量	棺椁数量	坑与墓距离	车马坑规格（长×宽-深，米）	车马数量		配马数量	车马排列方式	时代
							车	马			
河南淅川下寺M2车马坑①	口字形	5.48×4.1-3.4	无	一椁二棺	33.5	残21.1×4.6-0.78	7乘	19匹	2、4匹	单行横向并列式	春秋晚期
河南淅川下寺M8车马坑	口字形	7.25×5.68-4.3	无	一椁二棺	5	8.17×4.56-1.06	3乘	10匹	2、4匹	单行横向并列式	春秋晚期
河南淅川下寺M10车马坑	口字形	5.86×3.93-2.7	无	一椁二棺	7	残6×5-0.4	2乘	4匹	2匹	单行横向并列式	春秋晚期
河南淅川下寺M11车马坑	口字形	5.4×4.02-6.1	无	一椁二棺	8.5	残6.2×3.8-0.36	2乘			单行横向并列式	春秋晚期
河南淅川下寺M36车马坑	口字形	4.74×2.87-1.8	无	棺椁不明	4	5.96×3.93-1.06	2乘	8匹	4匹	单行横向并列式	春秋晚期
河南淅川徐家岭M9车马坑②	口字形	14.1×12-12	5	一椁三棺	11.3	残17×4.6-残0.68	5乘	18匹	2、4、6匹	单行横向并列式	春秋晚期
湖南临澧九里79M1车马坑③	甲字形	11.5×9.5-9			7.5	6.5×4.6-1.9	4乘			单行横向并列式	战国早期
湖南临澧九里79M3车马坑	口字形	3.9×1.8-3.4			8	4.22×3.66-1.96	1乘	2匹			战国早期
湖北荆州熊家冢M1 湖北荆州熊家冢M2④	甲字形	67×70-14.5 约36×约30	未掘		墓坑西侧陪葬车马坑40座、马坑6座，主墓南侧有殉葬墓92座，陪葬墓北侧有殉葬墓35座，墓地还有大量祭祀坑						战国中期
湖北荆州熊家冢CHMK1⑤		东距M1、M2的墓口14～39米				132.4×12	43乘	164匹	2、4、6匹	双行横向并列式	战国中期
湖北荆州熊家冢CHMK2⑥		东距M1 西边墓口约14米					1乘				战国中期
湖北荆州熊家冢CHMK3⑦		东距M1、M2的墓口14～39米				坑底：3.58×2.95	1乘	2匹	2匹		战国中期
湖北荆州熊家冢CHMK23⑧		东距M1、M2的墓口14～39米				4.1×3.28	1乘	2匹	2匹		战国中期

续表

地点	墓葬形制	墓葬规格（长×宽-深，米）	台阶数量	棺椁数量	坑与墓距离	车马坑规格（长×宽-深，米）	车马数量		配马数量	车马排列方式	时代
							车	马			
湖北荆州熊家冢CHMK33[9]		距M1西北角约49米，距M2西墓口59米				4.23×3.25-1.79	1乘	2匹	2匹		战国中期
湖北枝江姚家港M2车马坑[10]	甲字形	14.1×5.37-7.5	5	二椁二棺	26	残4.1×3.6					战国中期
河南新蔡葛陵楚墓M1001车马坑[11]	甲字形	25.25×23.25-5.7	7	一椁二棺	15	残20×5.1-2					战国中期
湖北枣阳九连墩M1车马坑[12]	甲字形	38.1×34.8-12.8	14	二椁二棺	25.2	52.7×9.5-2.3	33乘	72匹	2、4、6匹	双行横向并列式	战国中晚期
湖北枣阳九连墩M2车马坑	甲字形	34.7×32-11.6	14	二椁二棺	26.8	22.2×6.2-残1.7	8乘	16匹	2、4匹	单行横向并列式	战国中晚期
湖北丹江口吉家院M1车马坑[13]	甲字形	10.6×8.6-7.3	无	未报道	8	残21×5	7乘	18匹	2、3、4匹	单行横向并列式	战国中晚期
湖北荆门严仓M1一号车马坑[14]	甲字形	34×32-10.5	15	一椁三棺	21.8	残18.2×4.45	5乘	12匹	2、4匹	单行横向并列式	战国中晚期
湖北荆门严仓M1二号车马坑	同上	同上	同上	同上	21.8	3×3.66	1乘	2匹	2匹		战国中晚期
湖北沙洋塌冢车马坑[15]	甲字形	18.6×16.2-8.3	7	一椁二棺	12.8	16.78×4.45-1.48	5乘	12匹	2、4匹	单行横向并列式	战国中晚期
湖北宜城罗岗M1车马坑[16]	甲字形	12.5×10-7.2	未发掘	未发掘	16.5	22.2×4.95-0.7	7乘	19匹	2、3、4匹	单行横向并列式	战国晚期
湖北江陵九店M104车马坑[17]	甲字形	8×6-5.8	无	腐烂	3.7	5.9×3.9-0.85	2乘	4匹	2、4匹	单行横向并列式	战国晚期
安徽长丰杨公M4车马坑[18]	甲字形	12.5×10-7.2	有，未报道	腐烂	8	残3.2×2.6-1.5					战国晚期
河南淮阳马鞍冢2号车马坑[19]	中字形	14.5×13.48	5	未报道	45	40×3.7	23乘	20多匹	旌旗六面	双行横、纵列结合式	战国末

续表

地点	墓葬形制	墓葬规格（长×宽-深，米）	台阶数量	棺椁数量	坑与墓距离	车马坑规格（长×宽-深，米）	车马数量		配马数量	车马排列方式	时代
							车	马			
河南淮阳马鞍冢1号车马坑	甲字形	16.6×15.3	7	未报道	37.5	35×4.72	8乘	24匹 狗2只	2、4、6匹	单行横向并列式	战国末

① 河南省文物研究所等：《淅川下寺春秋楚墓》，文物出版社，1991年。

② 河南省文物考古研究所等：《淅川和尚岭与徐家岭楚墓》，大象出版社，2004年，第216页。

③ 湖南省博物馆：《临澧九里楚墓群发掘报告》，《湖南考古辑刊》第2集，岳麓书社，1984年。

④ 荆州博物馆：《湖北荆州熊家冢墓地2006—2007年发掘简报》，《文物》2009年第4期，第6～8页；荆州博物馆：《湖北荆州熊家冢墓地2008年发掘简报》，《文物》2011年第2期，第4、5页。

⑤ 荆州博物馆：《湖北荆州熊家冢墓地2008年发掘简报》，《文物》2011年第2期，第4、5页。

⑥ 荆州博物馆：《湖北荆州熊家冢墓地2006—2007年发掘简报》，《文物》2009年第4期，第13页。

⑦ 荆州博物馆：《湖北荆州熊家冢墓地2008年发掘简报》，《文物》2011年第2期，第16页。

⑧ 荆州博物馆：《湖北荆州熊家冢墓地2008年发掘简报》，《文物》2011年第2期，第17页。

⑨ 荆州博物馆：《湖北荆州熊家冢墓地2006—2007年发掘简报》，《文物》2009年第4期，第13页。

⑩ 湖北省宜昌地区博物馆：《湖北枝江县姚家港楚墓发掘报告》，《考古》1988年第2期。

⑪ 河南省文物考古研究所：《新蔡葛陵楚墓》，大象出版社，2003年，第9页。

⑫ 湖北省文物考古研究所：《湖北枣阳市九连墩楚墓》，《考古》2003年第7期，第12、13页。

⑬ 湖北省文物考古研究所等：《湖北丹江口市吉家院墓地的清理》，《考古》2000年第8期，第56页。

⑭ 湖北省文物考古研究所：《湖北荆门严仓墓群M1发掘情况》，《江汉考古》2010年第1期，第132页。

⑮ 本报告资料。

⑯ 湖北省文物考古研究所等：《湖北宜城罗岗车马坑》，《文物》1993年第12期，第1页。

⑰ 湖北省文物考古研究所：《江陵九店东周墓》，科学出版社，1995年，第138页。

⑱ 安徽省文物工作队：《安徽长丰杨公发掘九座战国墓》，《考古学集刊》第2集，中国社会科学出版社，1982年，第58页。

⑲ 河南省文物研究所等：《河南淮阳马鞍冢楚墓发掘简报》，《文物》1984年第10期，第1页。

后　记

本报告主编黄文新，副主编瞿磊、周伟。

本报告上篇第四章第一〇节由凡国栋执笔，第一一、一二节由罗运兵执笔，其余部分由黄文新执笔。

下篇研究文章由中国社会科学院考古研究所赵志军、王树芝先生，西北大学文化遗产学院唐丽雅女士，湖北省文物考古研究所周蜜女士、罗运兵、凡国栋、瞿磊、黄玉洪、陈子繁先生，湖北省博物馆张翔先生，荆门市博物馆周伟先生等完成。全部文稿由黄文新统一修改定稿。

初稿完成后，湖北省文物考古研究所所长方勤、副所长孟华平先生提出宝贵的建议，陈振裕、陈伟先生在百忙中细致通审了全稿，并提出具体的修改意见。

在整理和报告的编写期间，得到中国社会科学院考古研究所、湖北省文物局、湖北省博物馆、湖北省文物考古研究所、荆门市博物馆等各级单位领导的大力支持与帮助。

本报告的编辑和出版，科学出版社的王光明先生倾注了大量心血。

在本报告付梓之际，我们谨向关心、支持、参与并给予支持和帮助的所有单位和个人，表示衷心的感谢！

编　者

2014年8月

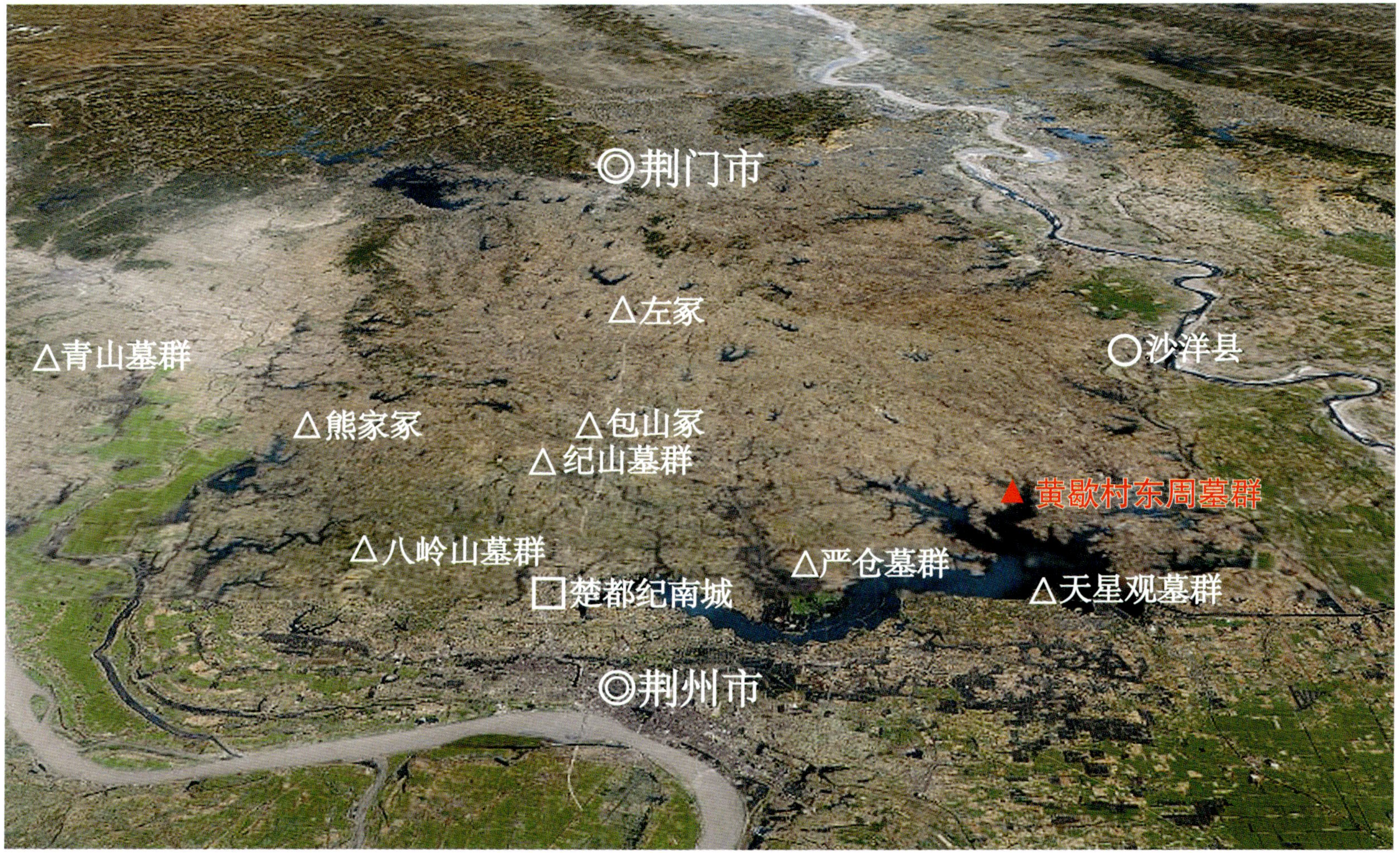

楚国高级贵族墓地分布情况

彩版二

1. 塌冢一号墓封土堆（东南—西北）

2. 一号墓与车马坑全景（西—东）

塌冢一号墓封土堆、一号墓与车马坑

1. 国家文物局局长单霁翔、湖北省文化厅副厅长沈海宁、荆门市副市长柯昌军、荆门市文体局局长胡耕等领导视察塌冢一号墓整理间

2. 荆门市副市长柯昌军、沙洋县副县长刘玲宁等领导视察工地

1. 荆门市副市长柯昌军等领导现场考察

2. 湖北省文物局副局长黎朝斌、湖北省文物考古研究所所长包东波以及荆门市文物局局长翟信斌、副局长郑海峰亲临考古现场指导

领导视察

1. 湖北省文物考古研究所所长包东波、副所长孟华平以及荆门市文物局局长翟信斌、荆门市博物馆馆长龙永芳亲临考古现场指导

2. 湖北省文物考古研究所所长包东波、书记黄勤、副所长孟华平亲临考古现场指导

领导视察

彩版六

1. 湖北省文物考古研究所所长包东波、书记黄勤、副所长孟华平亲临考古现场指导

2. 全体工作人员

领导视察、全体工作人员

1. 盆（B：40）

2. 箕（B：41）

铜礼器——盆、箕

1. 匕（T：42）

2. 勺（T：40）

铜礼器——匕、勺

1. B：46

2. B：45

铜兵器——戈

1. Aa型车軎（B：38）

2. A型柱帽（B：49-6）

3. 错金铁带钩（NG：22）

4. 错金银带钩（T：71）

铜车马器、铁生活用器、银生活用器——车軎、柱帽；错金铁带钩；错金银带钩

1. 案（T：3）

2. 盆（B：1）

3. 豆组合

4. A型酒具盒（T：41）

漆木礼器、生活用器——案、豆；盆、酒具盒

彩版一二

1. B型酒具盒与耳杯（T：13）

2. A型耳杯与器底漆书文字（T：57）

3. B型耳杯与器底漆书文字（T：49）

漆木生活用器——酒具盒、耳杯

漆木生活用器——俑（T：2）

1. 俑侧视（T：2）

2. 俑后视（T：2）

3. A型双龙璜（NG：9）

4. 龙形佩饰（B：25-1）

5. 龙形佩饰（B：25-2）

漆木生活用器、玉石装饰用器——俑；双龙璜、龙形佩饰

丝麻皮草生活用器——麻鞋底（NG：1）

一号墓骨架与玉器

1. A型璧（NG：13）

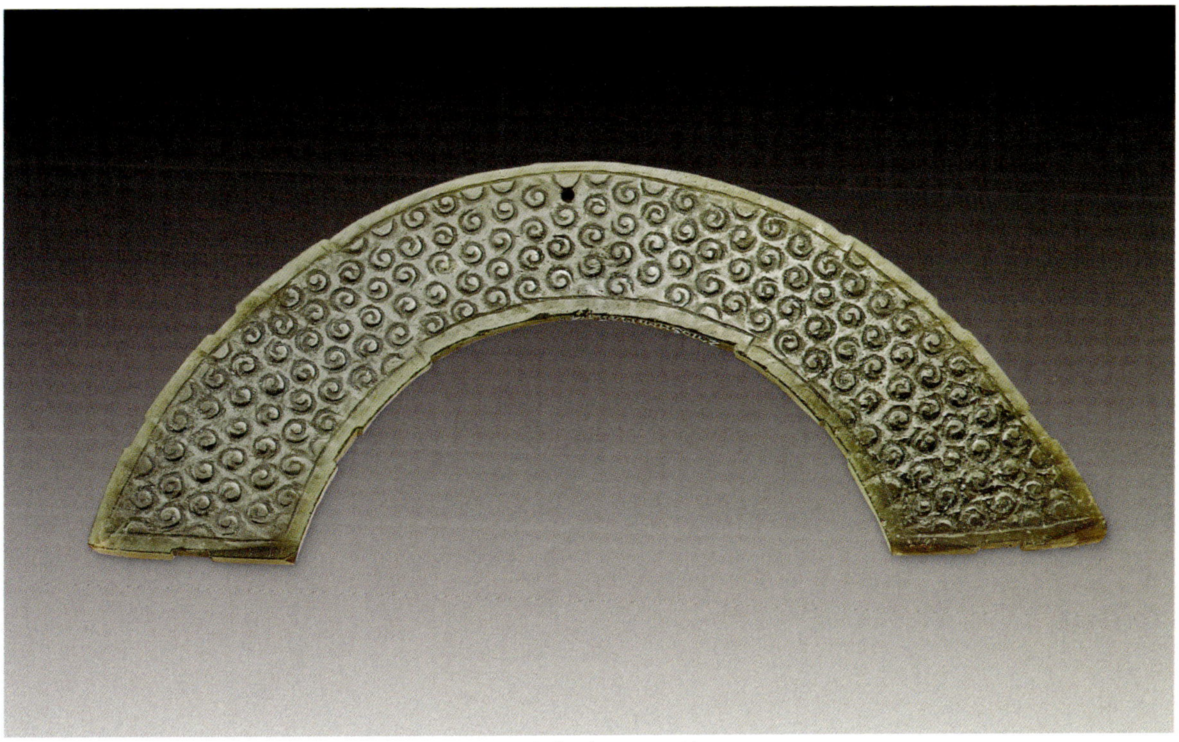

2. B型璜（NG：14）

玉石装饰用器——璧、璜

1 25号简　2 24号简　3 2号简正反面　4 1号简　5 3号简　6 4号简

竹简

1	2	3	4	5	6	7
5号简	6号简	7号简	8号简	9号简	10号简	11号简

竹简

漆木礼器——案（T:3）

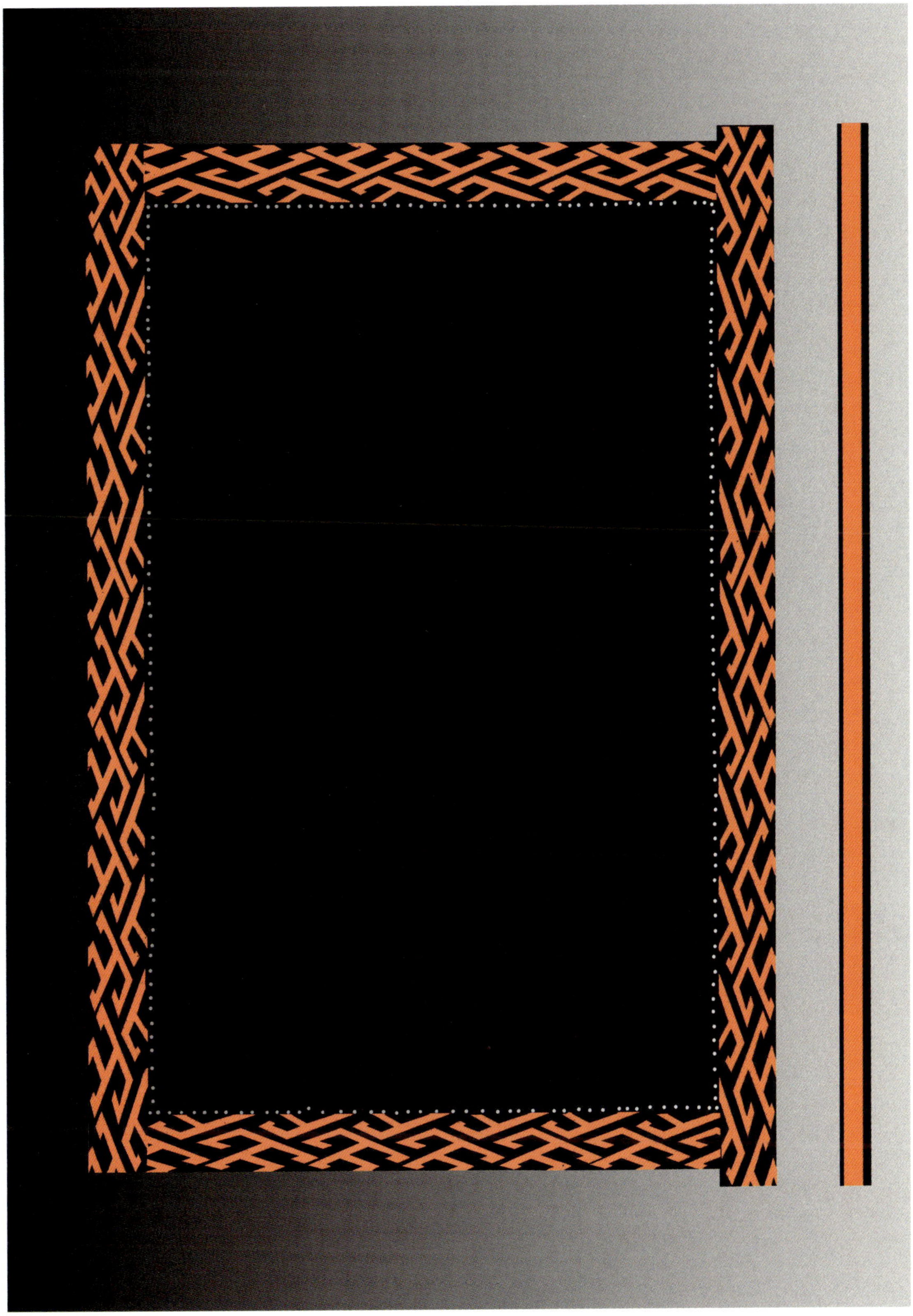

漆木礼器——橛（T：12）

漆木礼器——豆（T：52）

漆木礼器——豆（T：5）

漆木兵器——A型矢箙（B：17）

漆木生活用器——A型耳杯（T：57）

车马坑全景（西—东）

1. 1号车全景

2. 车舆结构

3. 车舆与铜壁插

4. 车舆后栏与軨框

5. 车辕叉尾与茵条及軨框

1号车全景与车舆结构

彩版二八

1. 3号车全景

2. 铜金柅（CHK1：1-14）

3. 铜金柅（CHK1：1-13）

4. 铜壁插（CHK1：1-4）

5. 铜壁插（CHK1：1-5）

3号车全景及1号车出土铜金柅、铜壁插

图版一

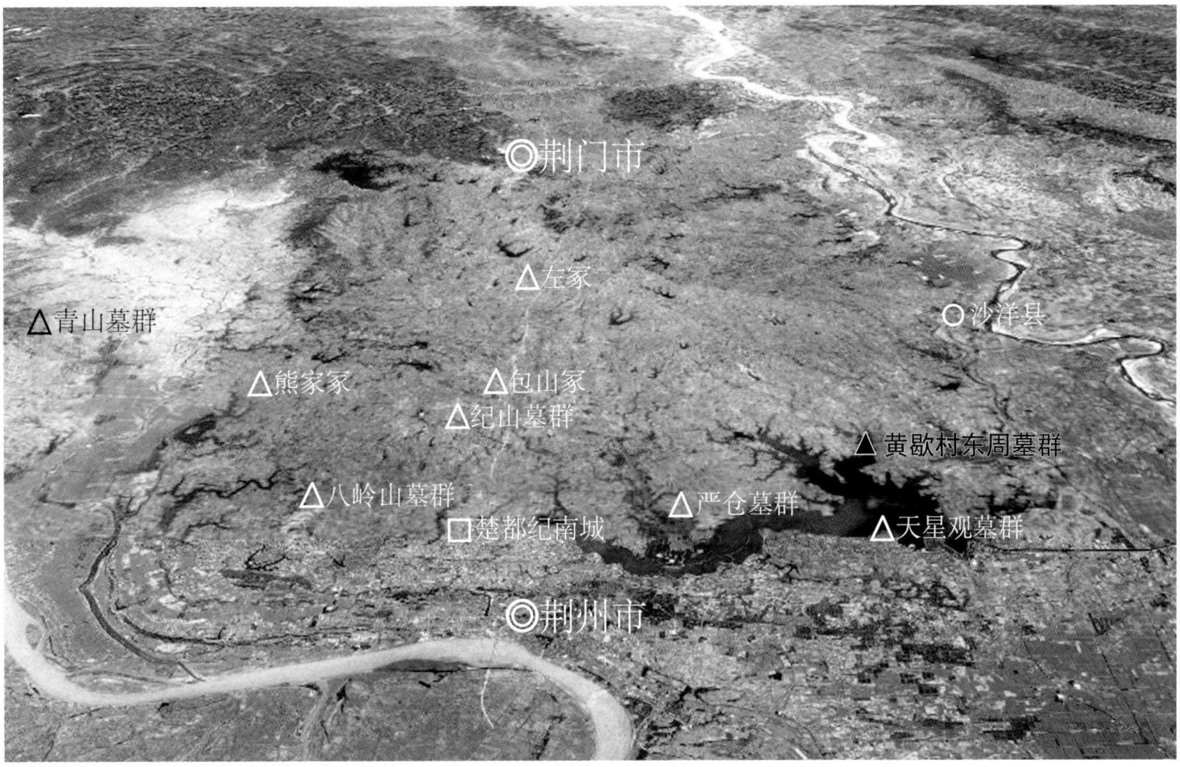

1. 楚国高级贵族墓群与黄歇村东周墓群位置

2. 塌冢一号墓与环境

楚国高级贵族墓群与黄歇村东周墓群位置、塌冢一号墓与环境

图版二

1. 塌冢一号墓封土堆（西北—东南）

2. 塌冢一号墓与黄歇冢的关系

塌冢一号墓封土堆、塌冢一号墓与黄歇冢的关系

1. 塌冢勘探现场

2. 风雪中勘探情况

3. 铲塌冢封土剖面（西南—东北）

塌冢一号墓勘探与发掘

图版四

1. 塌冢封土剖面（南—北）

2. 墓口与盗洞

3. 清理盗洞

一号墓封土剖面、墓口与盗洞

一号墓与车马坑鸟瞰（西一东）

1. 车马坑搭遮阳棚骨架

2. 车马坑遮阳棚盖防雨布

3. 1号车清理

车马坑搭棚与清理现场

1. 2号车清理

2. 清理1号车侧栏

3. 绘制车马坑平面图

车马坑清理现场

图版八

1. 车马遗迹保护

2. 车马坑拍照

3. 一号墓墓坑全景（西—东）

一号墓发掘现场

1. 一号墓发掘情况

2. 一号墓发掘情况

3. 椁盖板清理

一号墓发掘现场

图版一〇

1. 清理椁盖板

2. 清理竹席

3. 现场保护

一号墓椁盖板清理与保护

1. 一号墓椁盖板与盗洞

2. 热气球升空

3. 热气球上看工地

一号墓椁盖情况、热气球航拍

图版一二

1. 沙洋武警中队进驻工地

2. 武警现场值勤

3. 抬椁盖板

4. 抬椁盖板

一号墓发掘现场保卫与取椁盖板

1. 清洗椁墙板

2. 烙印文字的椁板

3. 椁墙板刻划符号

一号墓椁板现场清洗与刻划符号

图版一四

1. 椁墙板上烙印文字

2. 椁墙板上六边形烙印

3. 椁墙板上方形烙印

一号墓椁板的烙印文字

图版一五

1. 绘制椁室平面图

2. 拍器物照

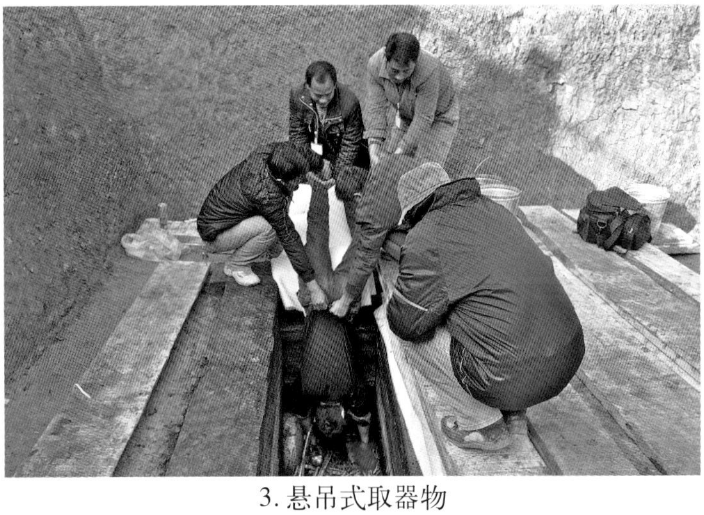

3. 悬吊式取器物

一号墓发掘现场

图版一六

1. A型漆酒具盒出土（T：41）

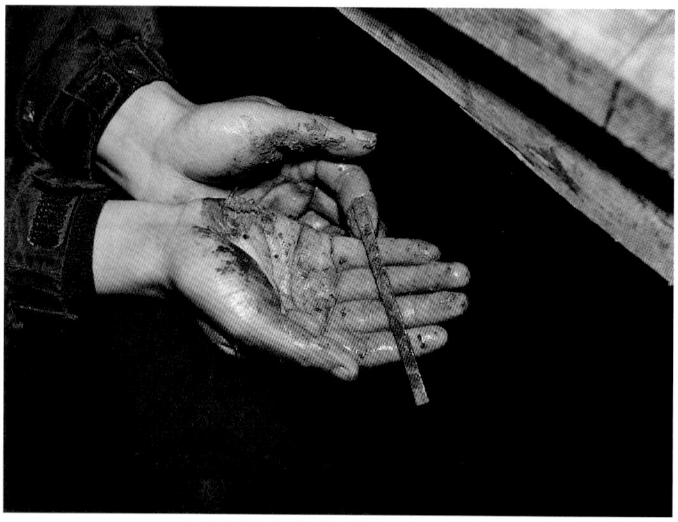

2. 竹简出土情况（T：69）

3. 木櫜内竹签情况（B：18）

一号墓现场取器物

图版一七

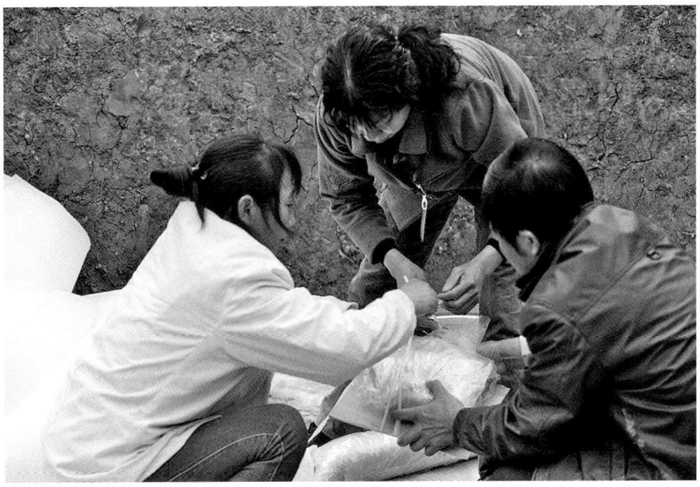

1. 现场文物包装

2. 现场文物装箱

3. 内棺情况

一号墓发掘现场

图版一八

1. 现场考古监理

2. 搭临时遮雨棚

3. 大雪中的工地

一号墓发掘现场

图版一九

1. 湖北省文物局副局长黎朝斌、湖北省文物考古研究所所长包东波、荆门市博物馆馆长龙永芳等领导视察工地

2. 湖北省文物局副局长黎朝斌、湖北省文物考古研究所所长包东波、荆门市文物局局长翟信斌、副局长郑海峰等领导到现场指导工作

3. 公众参观发掘现场

领导视察、公众参观

图版二〇

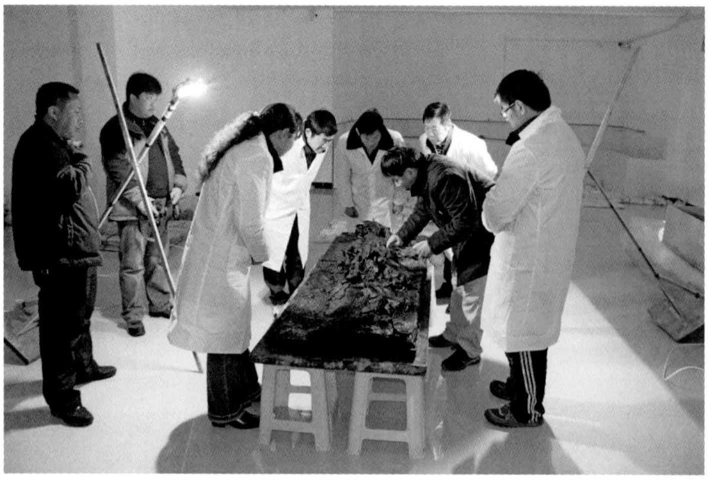

1. 内棺清理现场

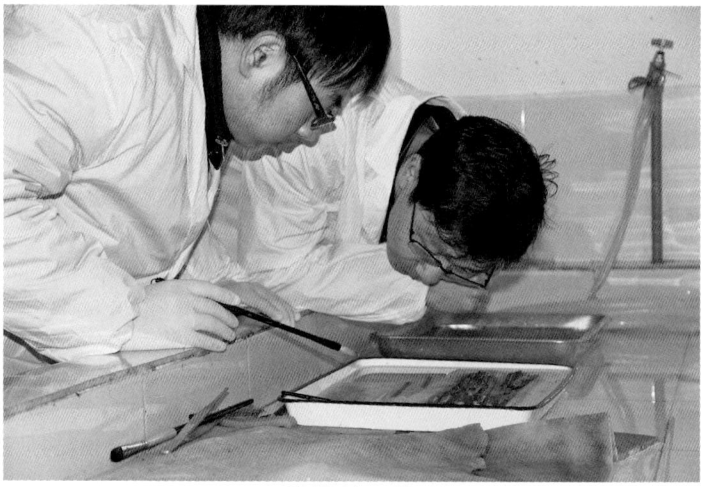

2. 竹简处理情况

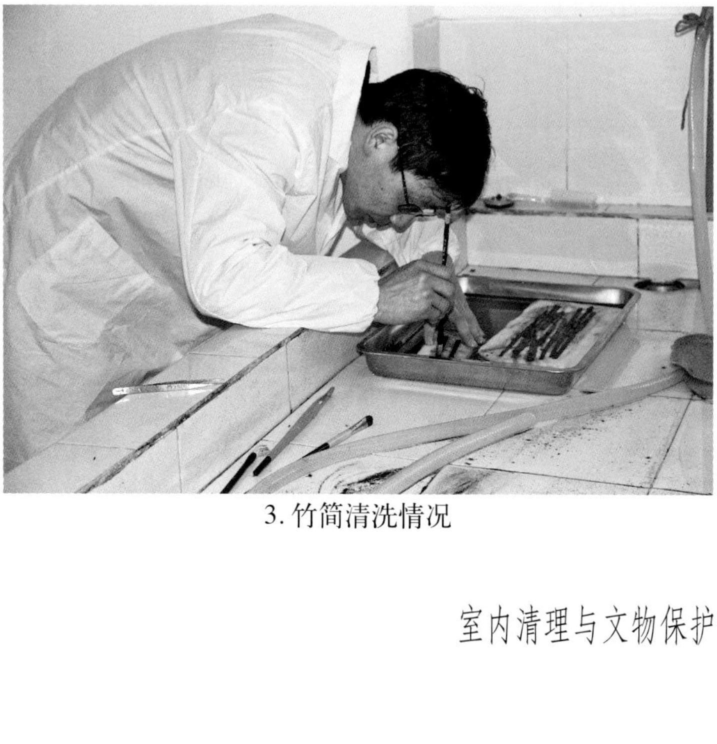

3. 竹简清洗情况

室内清理与文物保护

图版二一

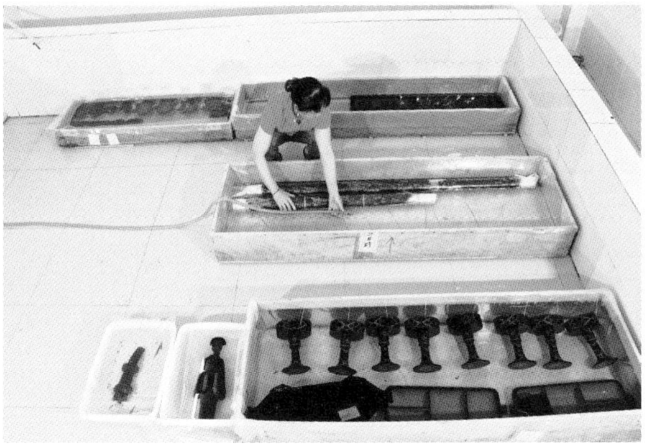

1. 漆木器保护

2. 卷筒式收藏竹席

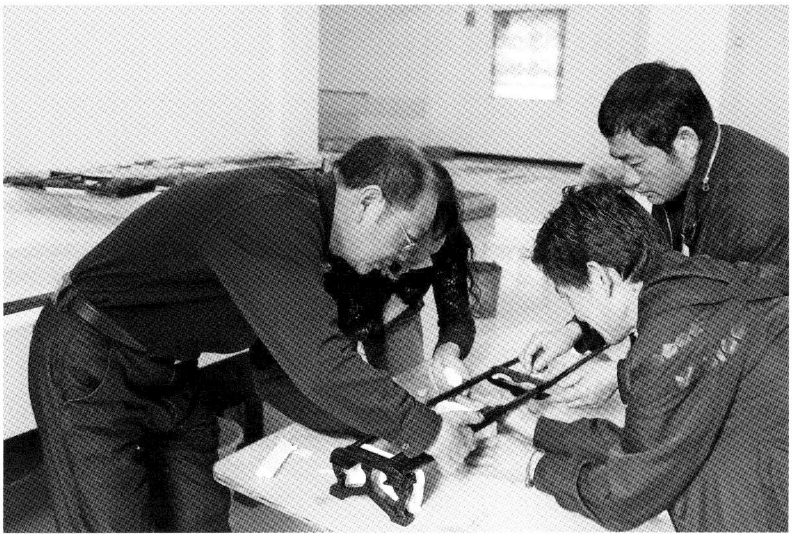

3. 架设漆枕

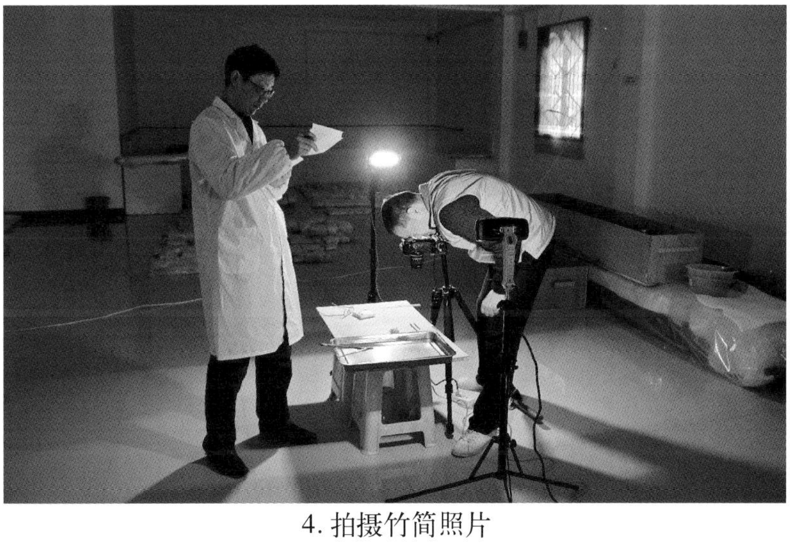

4. 拍摄竹简照片

室内清理与文物保护

图版二二

1. 西壁第二层台阶加工痕迹

2. 填土中绳兜痕迹

3. 北壁第三层台阶出土玉圭形器

一号墓墓坑工具痕迹、填土中出土器物

1. 一号墓墓坑北壁边木棍

2. 陶鼎（K：5）

3. 陶壶（K：4）

4. 玉圭形器（K：1）

5. 玉圭形器（K：2）

一号墓填土中出土器物

图版二四

1. 被盗砍缺的分板

2. 盗墓工具木棍（DD：1）

3. 铜攀钉（WG：1）

4. 锡攀钉（WG：8～WG：11）

一号墓盗洞遗物、外棺攀钉

图版二五

1. 椁盖板与盗洞

2. 椁室分布情况

3. 椁盖板上篾席一角

4. 椁盖板篾席局部

一号墓椁室保存情况

图版二六

1. 头箱淤泥与器物情况

2. 头箱漆木器

3. 漆角状器出土情况（T∶21）

4. 漆俑出土情况（T∶2）

一号墓头箱器物分布情况

1. 边箱淤泥与器物情况

2. 伞出土情况

3. 瑟弦纳与弦出土情况

4. 竹荐席出土情况（B：24）

一号墓边箱器物分布情况

图版二八

1. 外棺攀钉分布情况

2. 内棺出土情况

3. 内棺炭化丝织品

4. 内棺麻鞋出土情况

5. 内棺饰壁情况

一号墓棺室

1. 人骨架与玉佩饰出土情况

2. 颅骨上残留头发

3. 颅骨与玉璧关系

一号墓内棺骨架与玉器

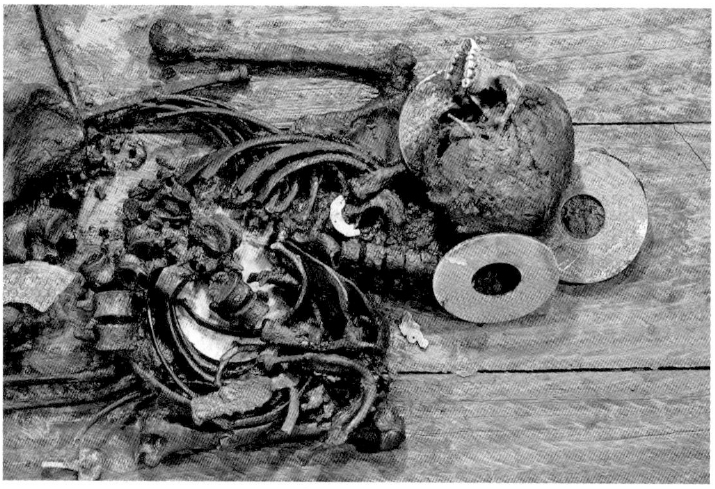

1. 胸部玉璜与玉璧

2. 下肢玉璜与错金铁带钩

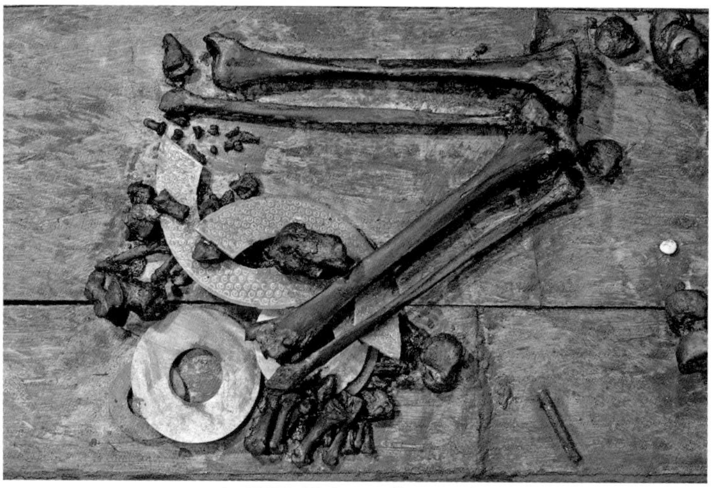

3. 脚趾骨与玉璜、玉环

一号墓内棺骨架与玉器

1. 盆（B : 40）

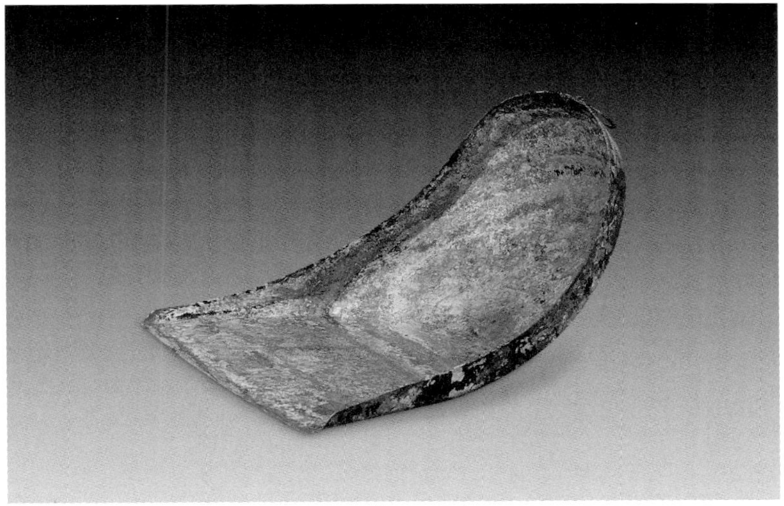
2. 箕（B : 41）

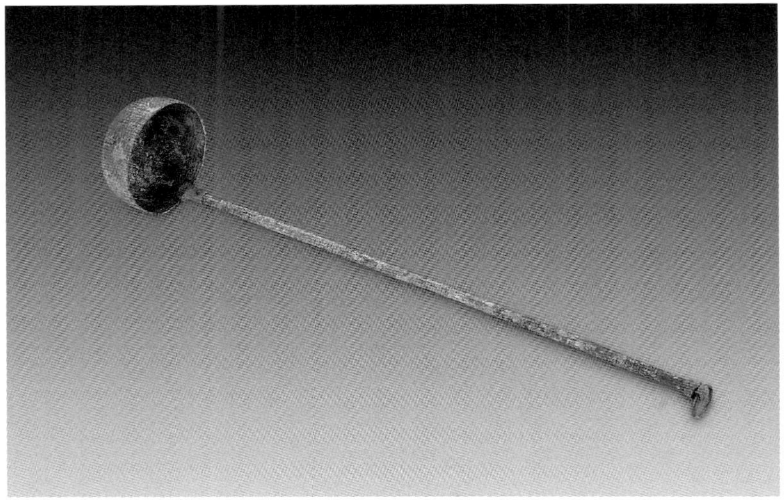
3. 勺（T : 39）

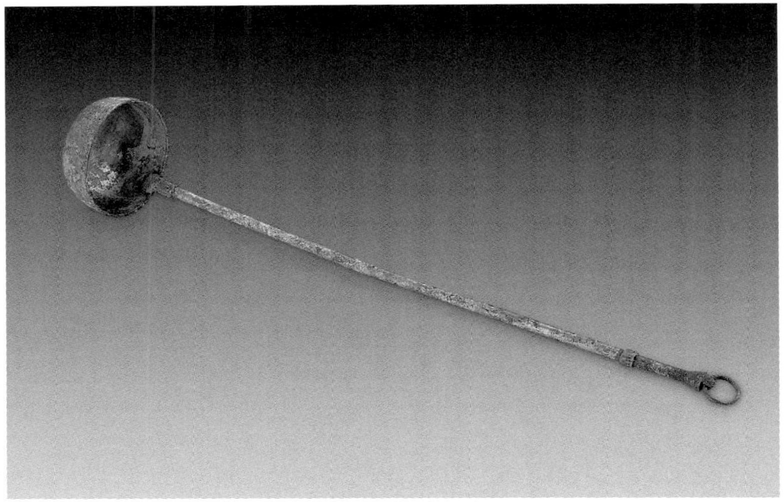
4. 勺（T : 40）

铜礼器——盆、箕、勺

图版三二

1. 铜鼎耳（T：31）

2. 铁鼎足（T：27）

3. 铁盉足（T：34）

4. 铜匕（T：42）

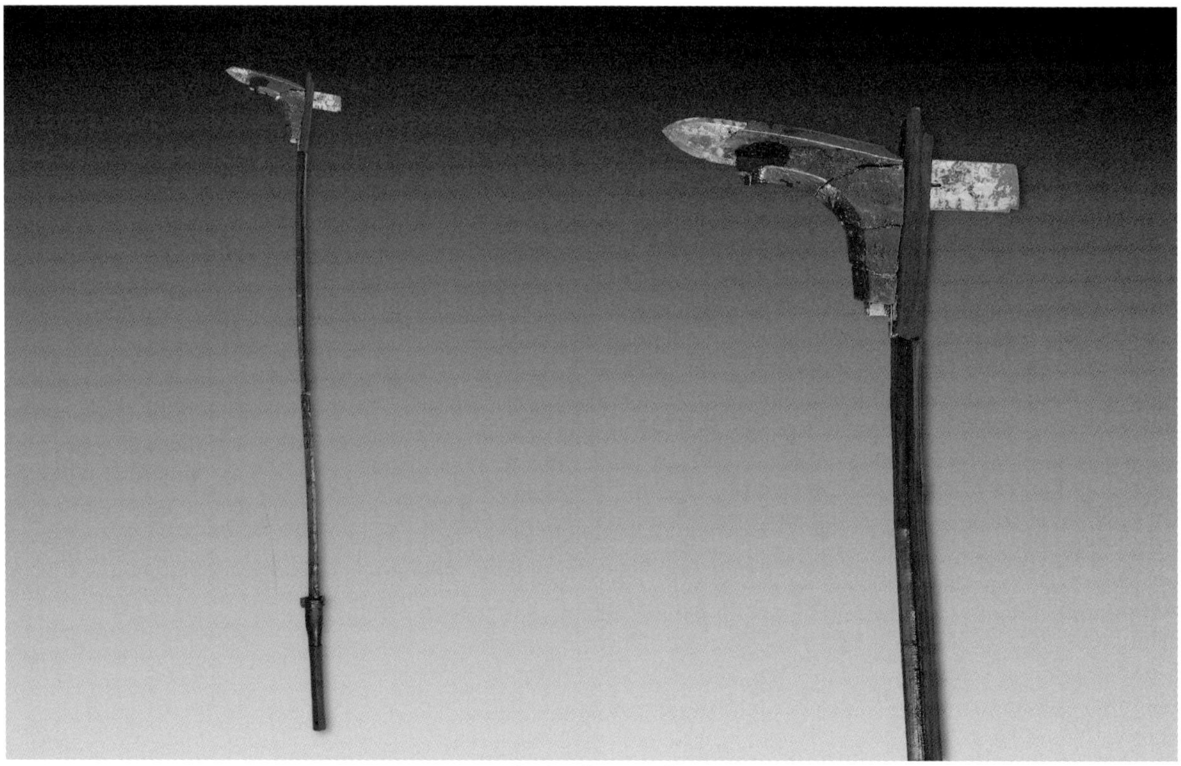

5. 铜戈（B：45）

铜礼器、兵器——鼎、盉、匕；戈

1. B：19

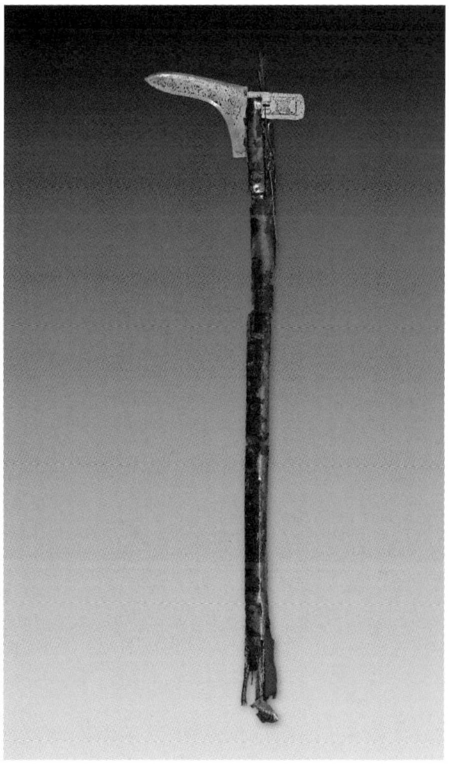

2. B：46

铜兵器——戈

图版三四

1. B：19

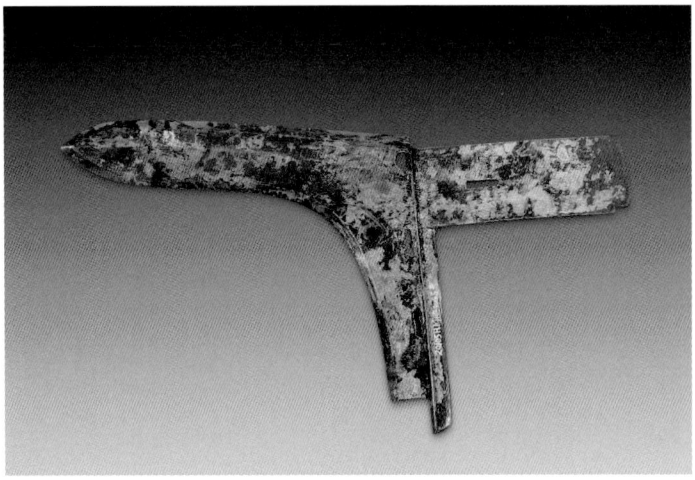

2. B：45

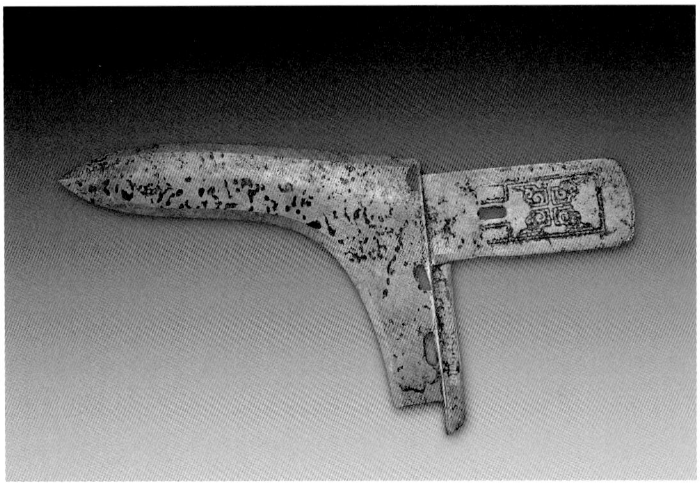

3. B：46

铜兵器——戈

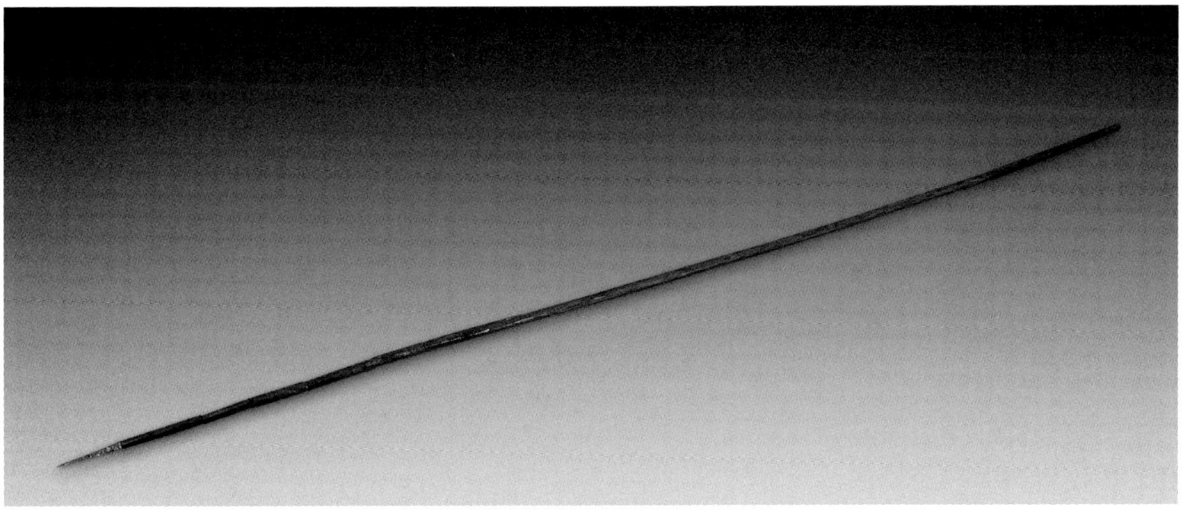

1. 矛（B：4）

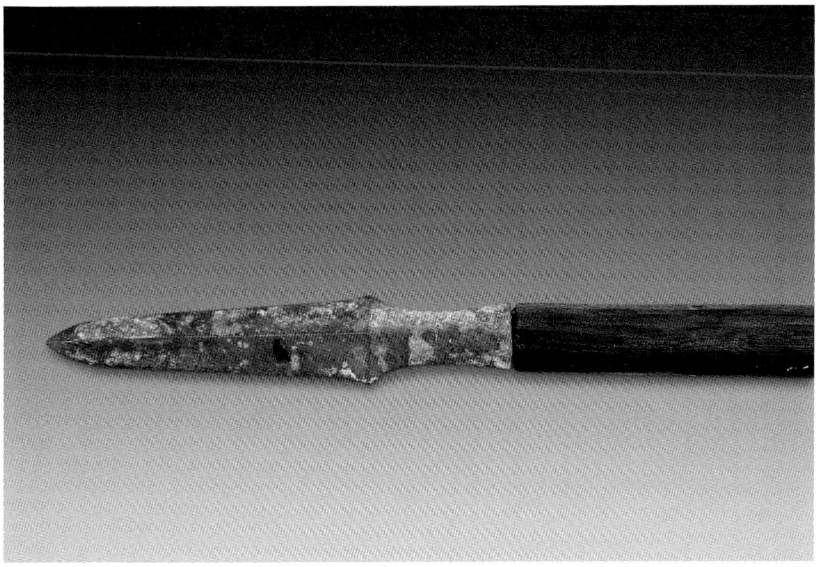

2. 矛（B：4）

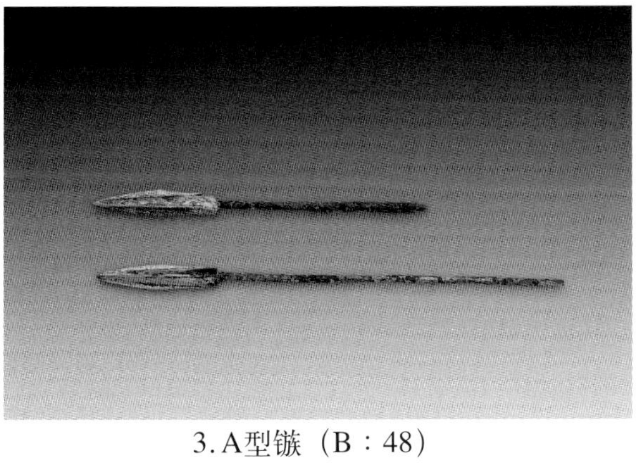

3. A型镞（B：48）

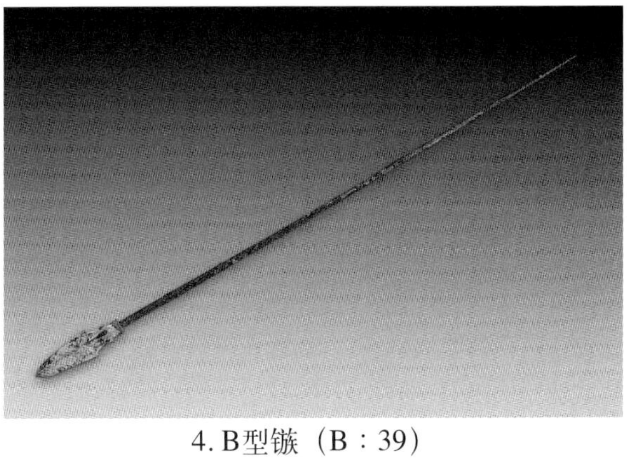

4. B型镞（B：39）

铜兵器——矛、镞

图版三六

1. Aa型车軎（B：38）

2. Ab型车軎（B：49-2）

3. Ac型车軎（B：49-1）

4. Ac型车軎（B：49-3）

5. 错银衡帽（B：49-4）

6. 错银轭帽（B：49-5）

铜车马器——车軎、衡帽、轭帽

1. A型柱帽（B：49-6）

2. B型柱帽（B：49-7）

3. 铜衔铜镳（B：33-14）

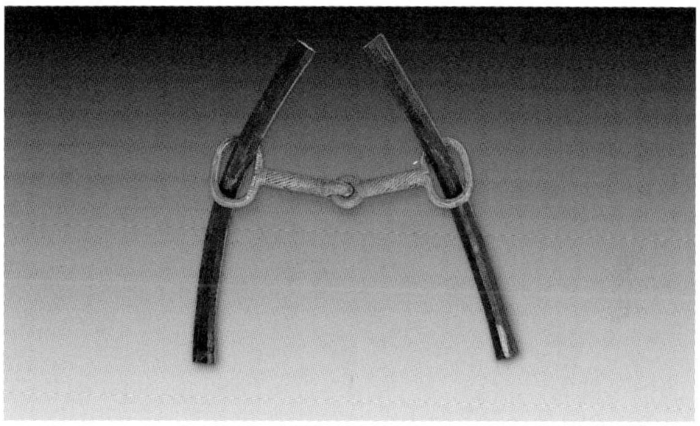
4. 铜衔骨镳（B：35）

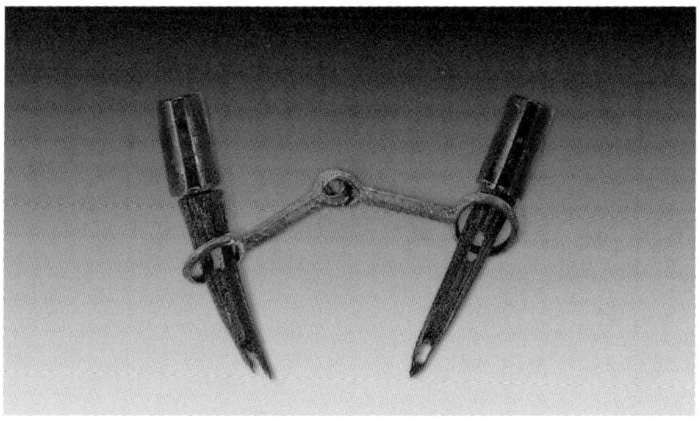
5. 铜衔角镳（B：33-10）

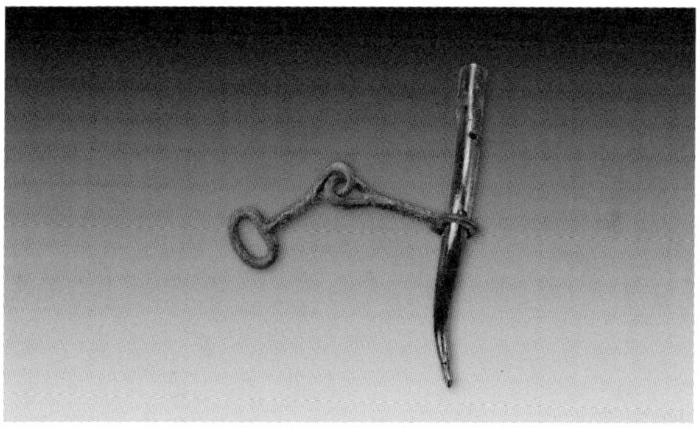
6. 铜衔木镳（B：33-8）

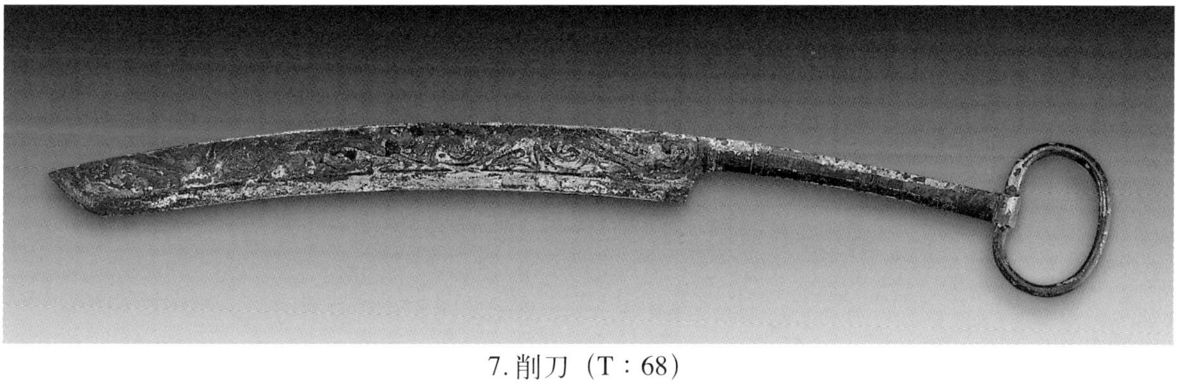
7. 削刀（T：68）

铜车马器、工具——柱帽、马衔马镳；削刀

图版三八

1. 三连环（B：49-14）

2. 三连环（B：36）

3. 三连环（B：49-13）

4. 三连环（B：42）

5. Aa型环（B：43）

6. Ab型环（B：66）

7. B型环（B：65）

8. C型环（B：49-10）

铜车马器——三连环、环

1. 泡形饰（T：45）

2. 方形节约（B：49-15）

3. 龙首带扣（B：49-25）

4. 凤首带扣（B：49-24）

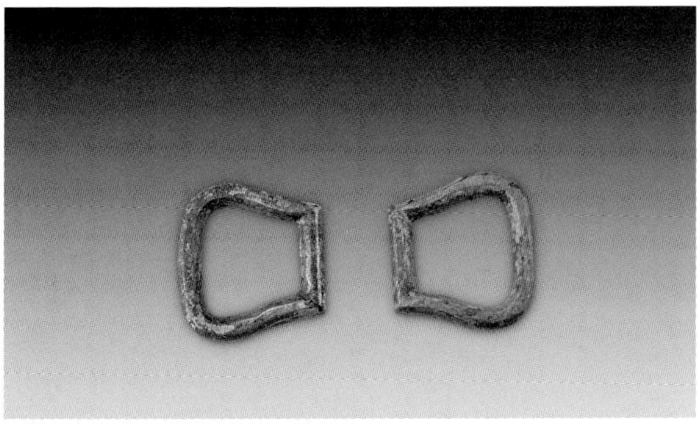
5. A型带扣（B：49-23）

6. B型带扣（B：33-11）

7. 镜（T：50）

8. 带钩（B：26）

铜车马器、生活用器——泡形饰、方形节约、带扣；镜、带钩

图版四〇

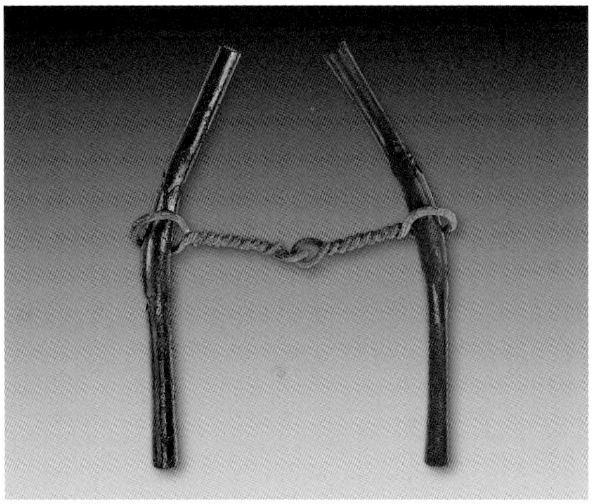

1. 铁衔木镳（B：49-27）

2. 铁衔木镳（B：49-8）

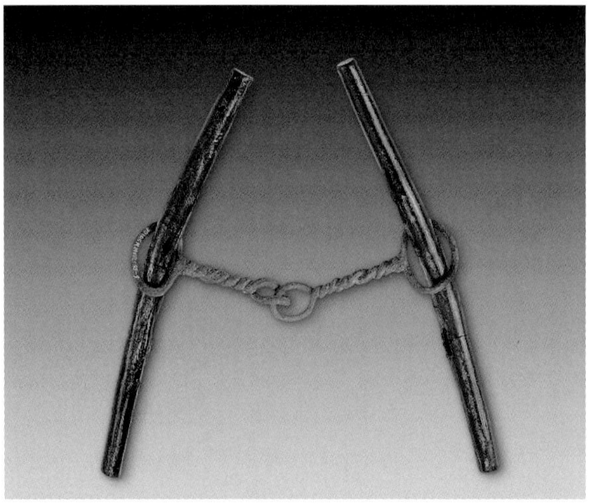

3. 铁衔木镳（B：49-9）

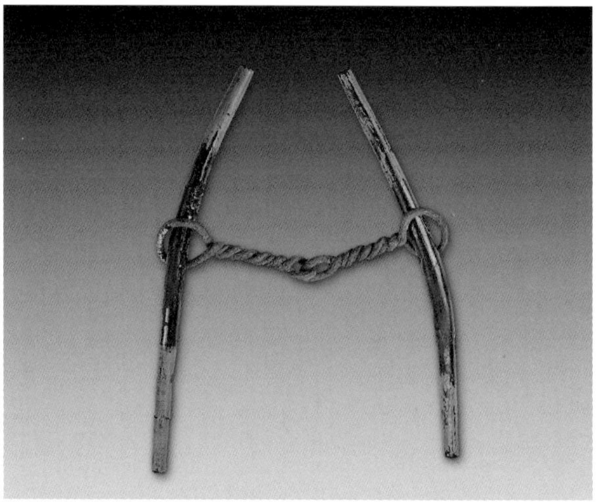

4. 铁衔木镳（B：49-21）

5. 错金铁带钩（NG：22）

6. 斧（B：44）

铁车马器、生活用器、工具——铁衔木镳；错金铁带钩；斧

图版四一

1. 椭圆形节约（B：49-16）

2. Aa型錞（B：49-17）

3. Bb型錞（B：58）

4. Bc型錞（B：57）

5. 圆片饰（B：68）

6. 错金银带钩背面（T：71）

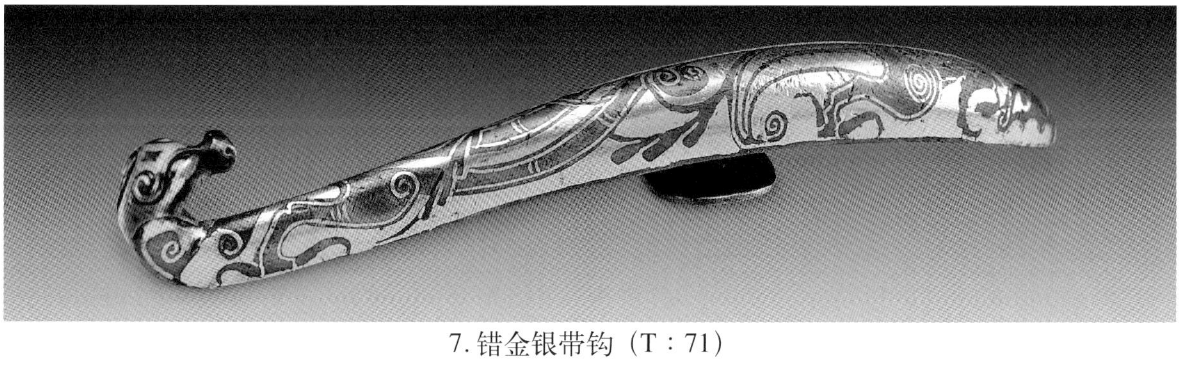

7. 错金银带钩（T：71）

银车马器、生活用器——椭圆形节约、錞 、圆片饰；错金银带钩

图版四二

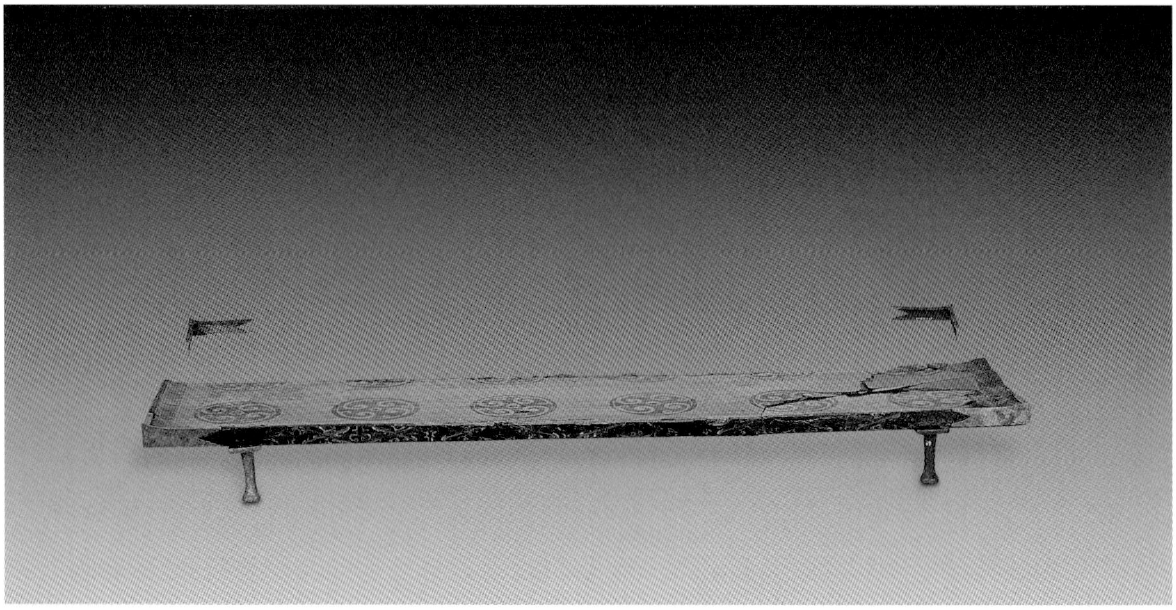

1. 案（T：3）

2. 案局部（T：3）

3. 盆（B：1）

4. 椸（T：12）

漆木礼器、生活用器——案、椸；盆

图版四三

漆木礼器——豆组合

图版四四

1. 豆（T：4）

2. 豆底部刻划符号（T：4）

3. 豆（T：43）

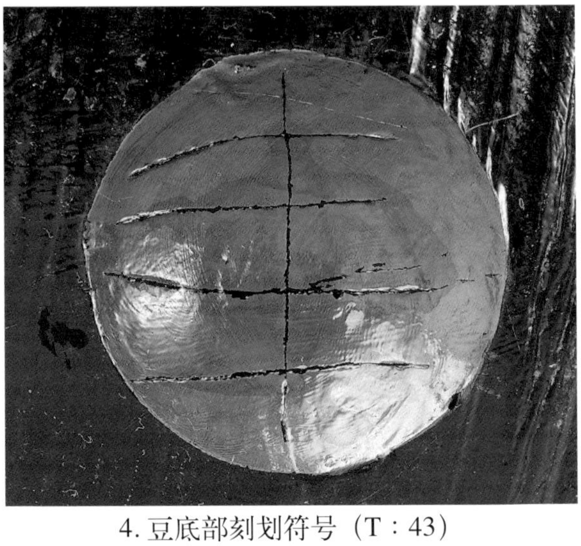

4. 豆底部刻划符号（T：43）

1.豆（T：52）

2.豆底部刻划符号（T：52）

3.豆（T：5）

4.豆（T：6）

漆木礼器——豆

图版四六

1. 瑟（B：31）

2. 瑟弦压痕（B：31）

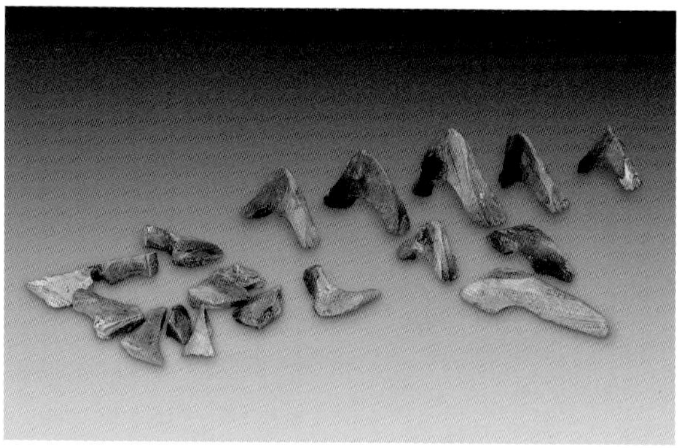

3. 瑟弦柱（B：31）

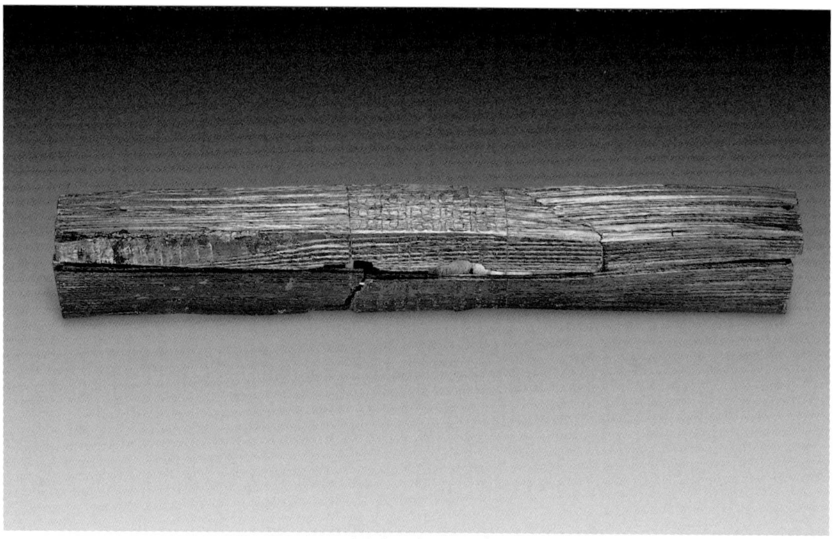

4. 剑盒（T：8）

漆木乐器、兵器——瑟；剑盒

1. 正面

2. 背面

漆木兵器——A型矢箙（B：17）

图版四八

1. 伞（B：73）

2. 伞（B：21）

3. Aa型纛（B：15）

4. Ab型纛（B：16）

漆木车马器——伞、纛

1. B型櫜（B：3）

2. B型櫜（B：8）

3. 车构件（B：88）

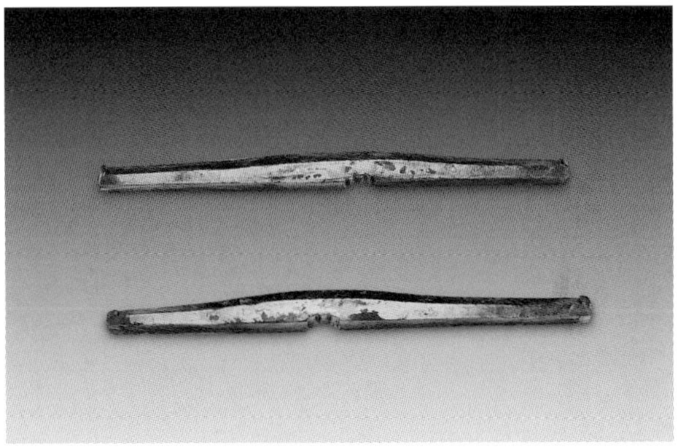

4. 车构件（B：32）

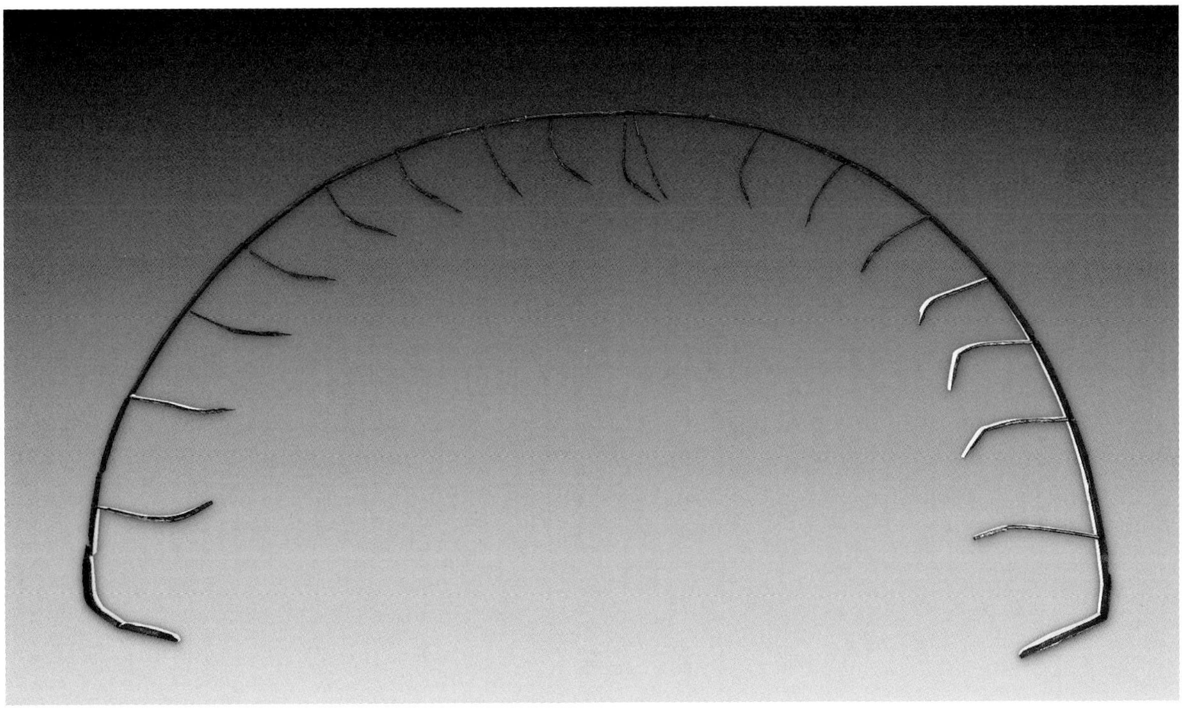

5. 车耳（B：23）

漆木车马器——櫜、车构件、车耳

图版五〇

1. 车耳（B：72）

2. A型酒具盒（T：41）

漆木车马器、生活用器——车耳；酒具盒

1. 酒具盒

2. 酒具盒内部布局

漆木生活用器——B型酒具盒（T：13）

图版五二

1. 漆耳杯

2. 底部漆书文字

漆木生活用器——A型耳杯（T：11）

1. 漆耳杯

2. 底部漆书文字

漆木生活用器——A型耳杯（T：57）

图版五四

1. 漆耳杯

2. 底部漆书文字

漆木生活用器——A型耳杯（T：58）

图版五五

1. 漆耳杯

2. 底部漆书文字

漆木生活用器——B型耳杯（T：49）

图版五六

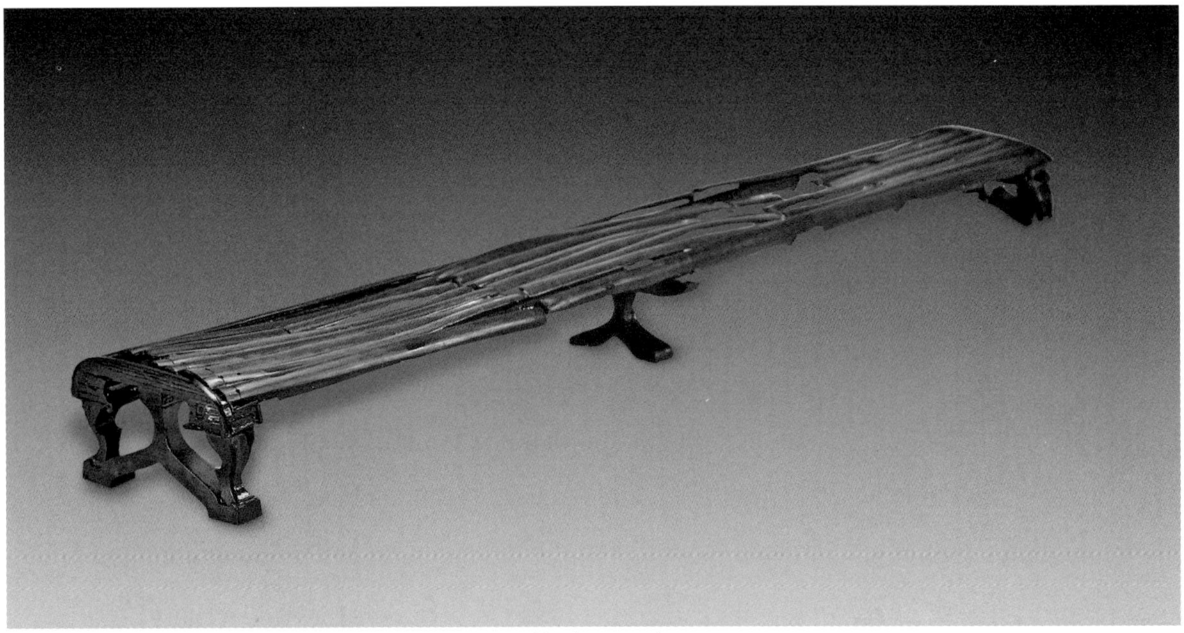

1. 枕（B：50）

2. 枕局部（B：50）

3. 几（T：56）

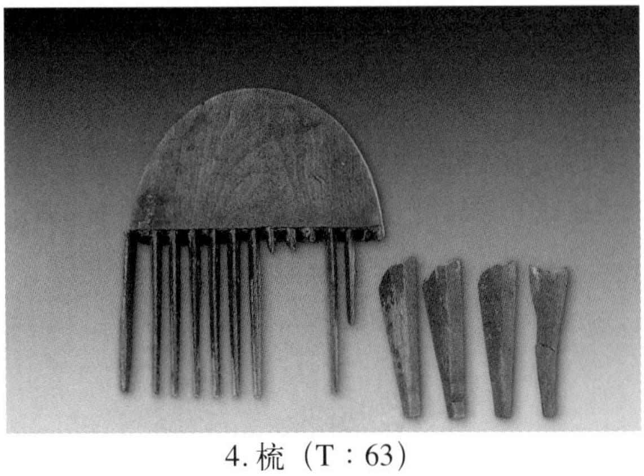

4. 梳（T：63）

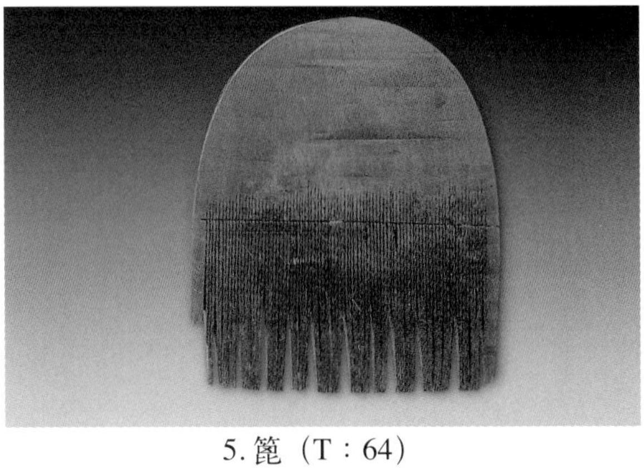

5. 篦（T：64）

漆木生活用器——几、枕、梳、篦

1. 角状器（T：21）

2. 俑（T：2）

漆木生活用器——角状器、俑

图版五八

1. 背面

2. 右侧视

3. 头部后视

漆木生活用器——俑（T：2）

1. A型木器（B：27）

2. B型木器（B：90）

3. B型木器（B：74）

4. C型木器（B：94）

5. 豆（T：62）

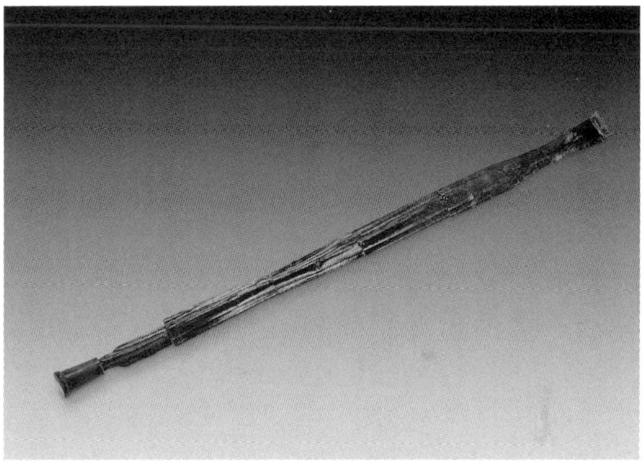

6. 剑（B：25-11）

7. 俑发髻（B：85）

漆木生活用器、丧葬用器——木器、俑发髻；豆、剑

图版六〇

1. B：12

2. B：13

漆木丧葬用器——俑

1. 竹编车器正反面（B：28）

2. Ac型笥（B：51）

3. B型笥出土情况（B：25）

竹车马器、生活用器——竹编车器；笥

图版六二

1. 荐席（B：24）

2. 盒（B：18）

3. 套筒形器（B：93）

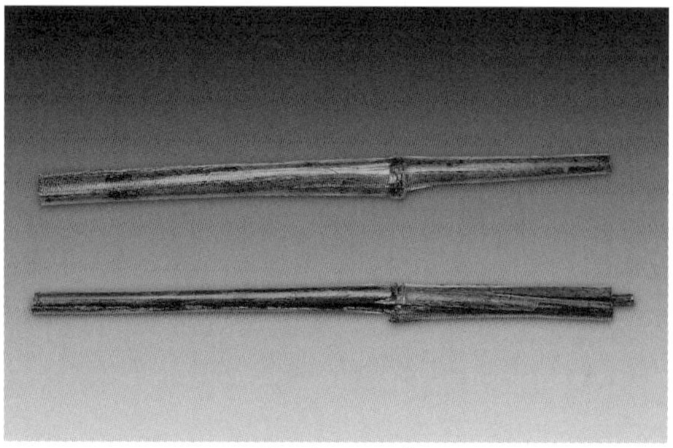

4. 筒（B：82）

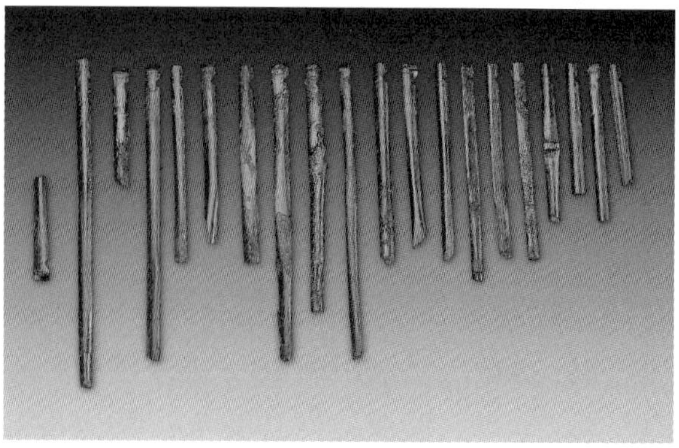

5. 签（B：84）

竹生活用器——荐席、盒、套筒形器、筒、签

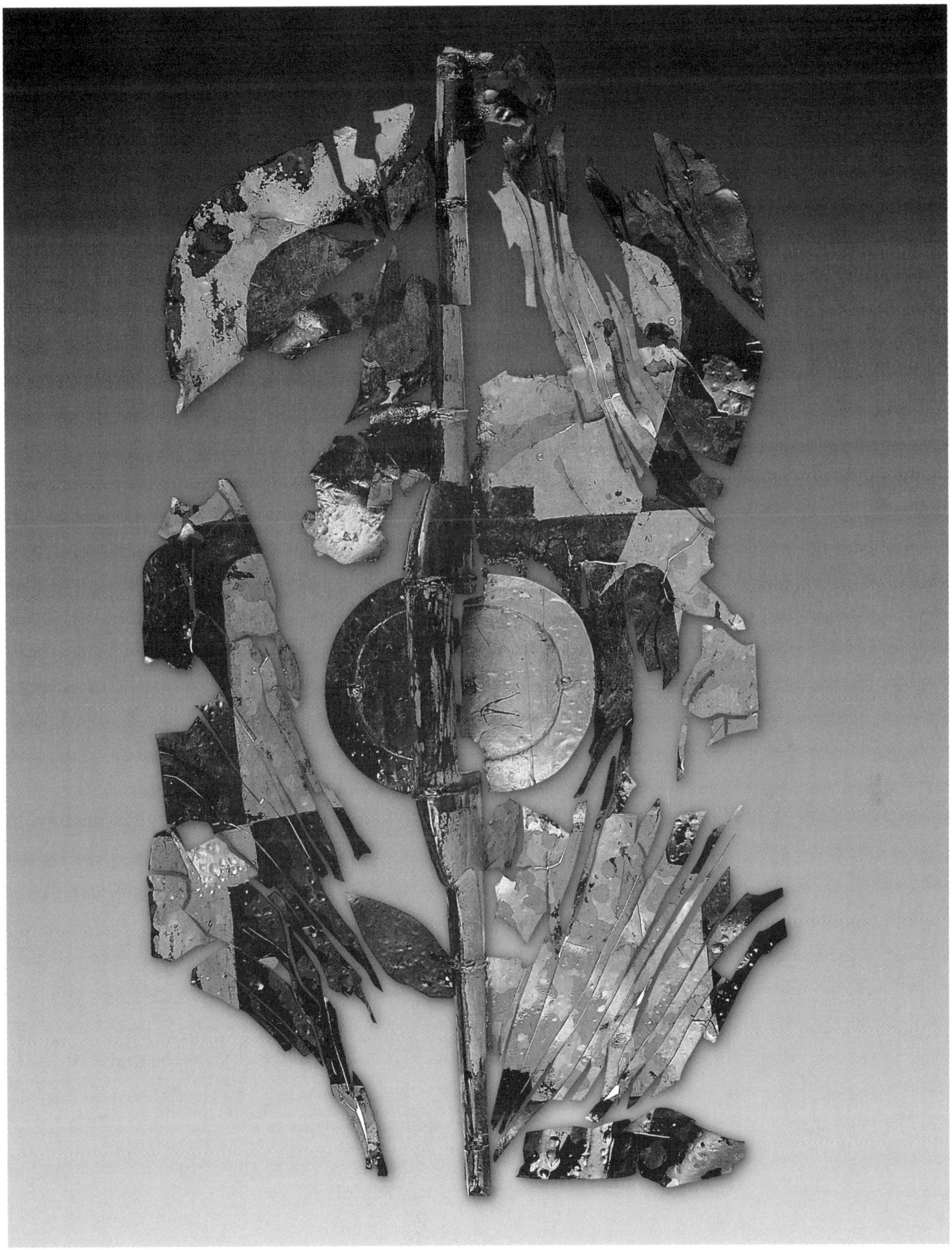

丝麻草皮兵器——盾（B：10）

1. 车壁袋（B：7）

2. 皮车饰（B：5）

丝麻草皮车马器——车壁袋、皮车饰

1. 草席（B：20）

2. 丝织品（NG：4）

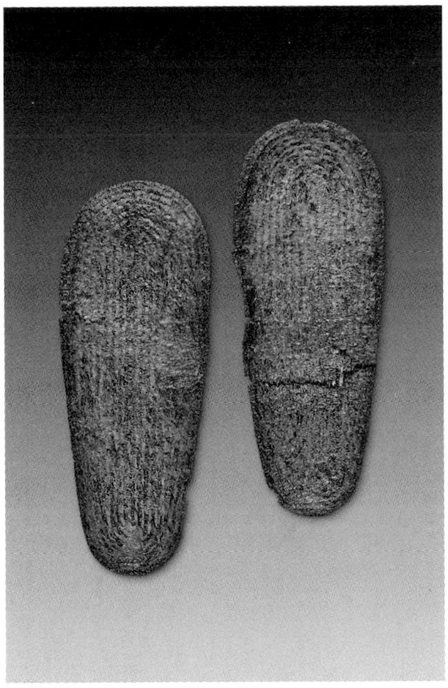

3. 麻鞋底内面（NG：1）

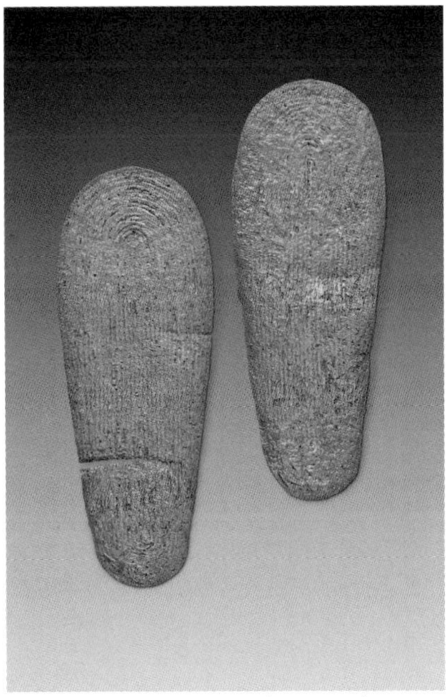

4. 麻鞋底内面（NG：2）

丝麻草皮生活用器——草席、丝织品、麻鞋底

图版六六

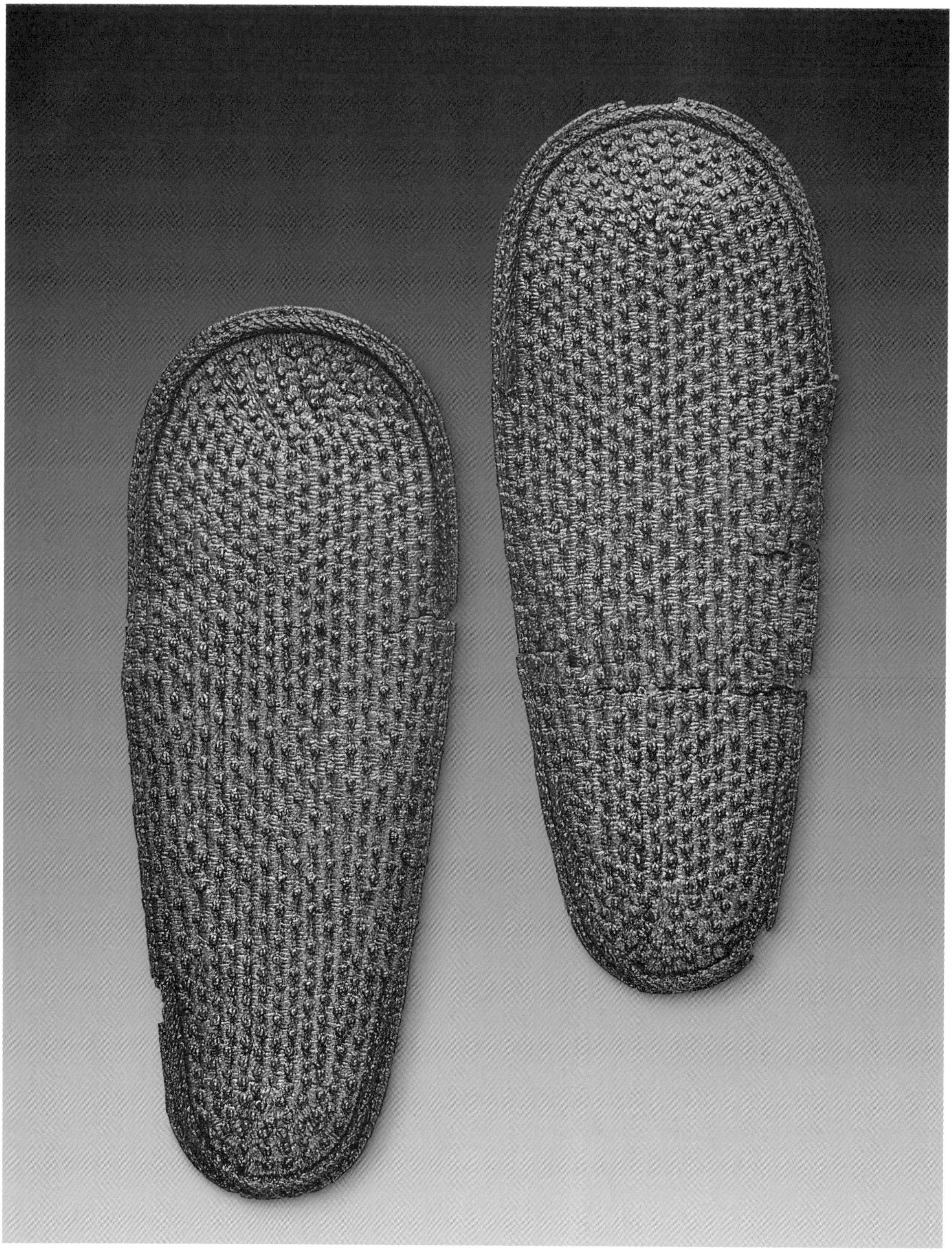

丝麻草皮生活用器——麻鞋底外面（NG：1）

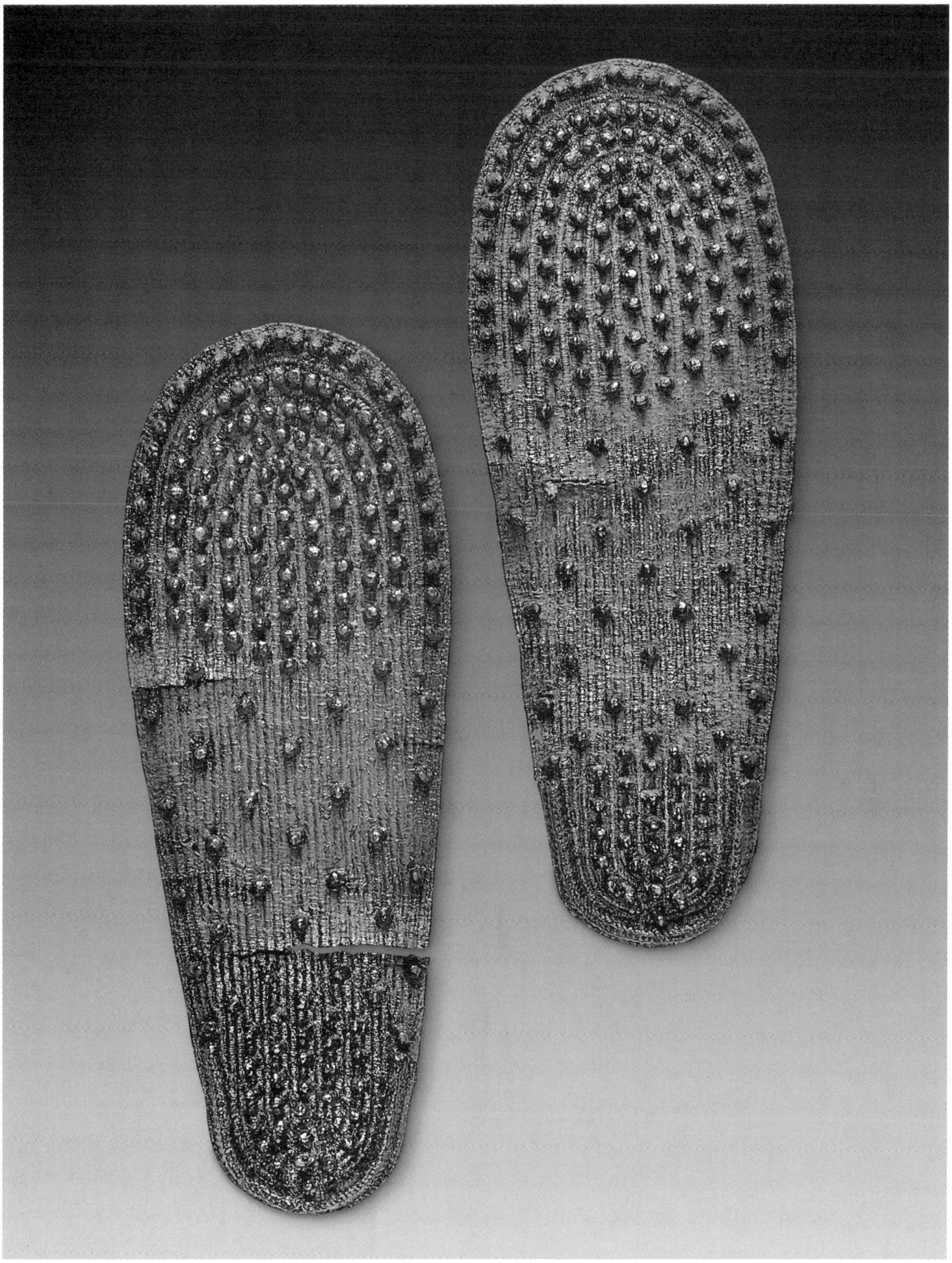

丝麻草皮生活用器——麻鞋底外面（NG：2）

1. 棺饰璧（GS：1）

2. A型璧（NG：5）

1. A型璧（NG：6）

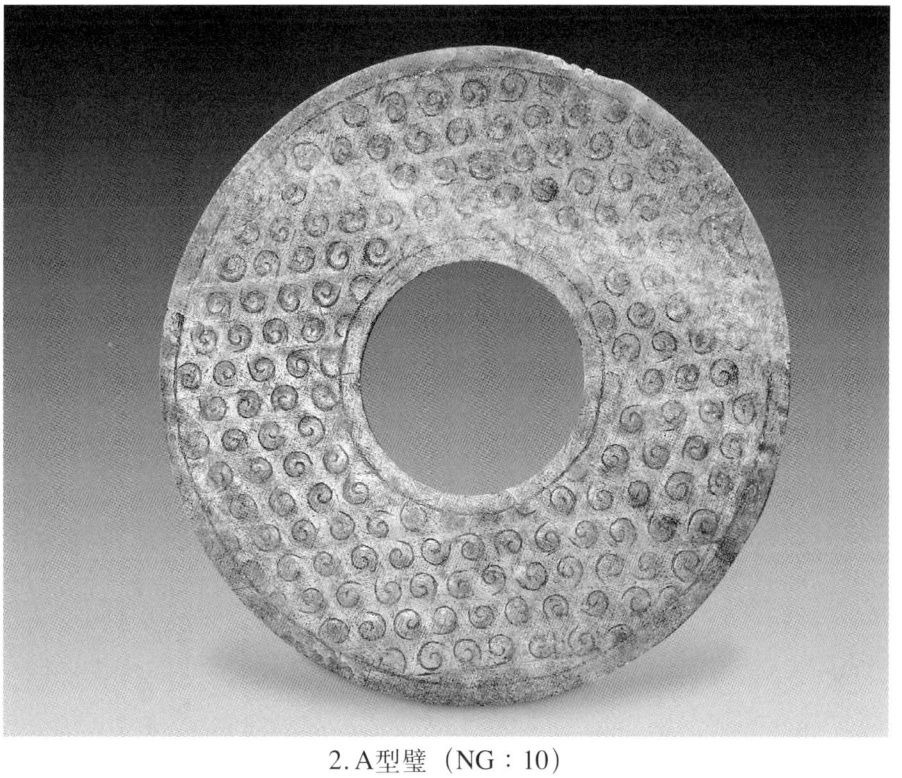

2. A型璧（NG：10）

玉石装饰用器——璧

1. A型璧（NG：7）

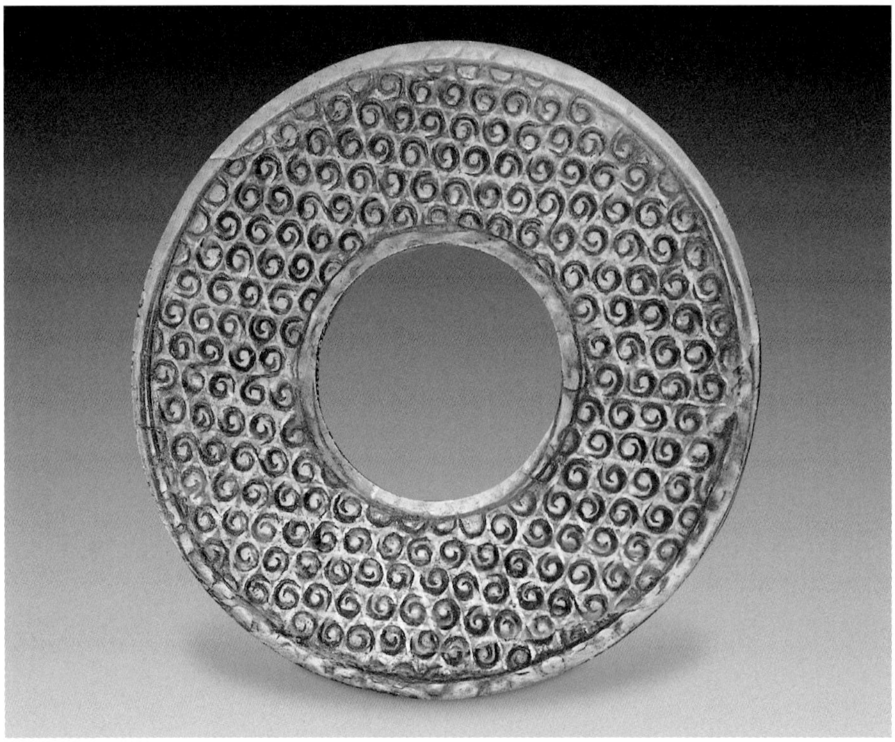

2. A型璧（NG：13）

1. B型璧（B：25-8）

2. B型璧（B：25-9）

3. A型环（NG：16）

4. A型环（NG：19）

玉石装饰用器——璧、环

图版七二

1. A型环（NG：17）

2. B型环（NG：18）

3. 龙形佩饰（B：25-1）

4. 龙形佩饰（B：25-2）

5. A型双龙璜（NG：9）

玉石装饰用器——环、龙形佩饰、双龙璜

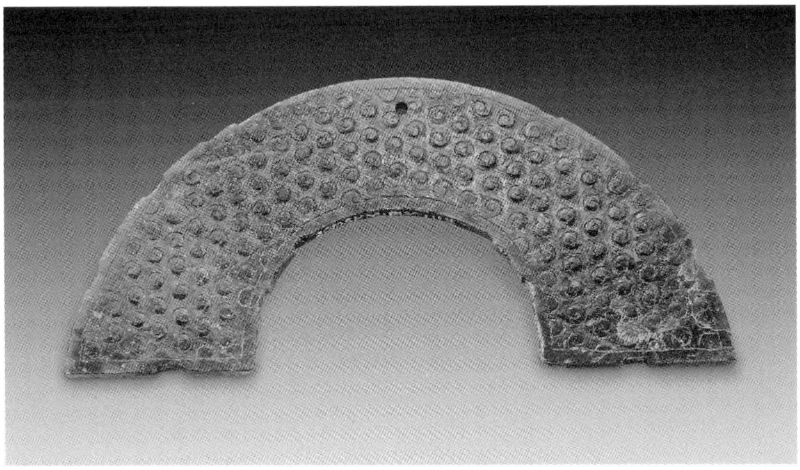

1. A型璜（NG：11）

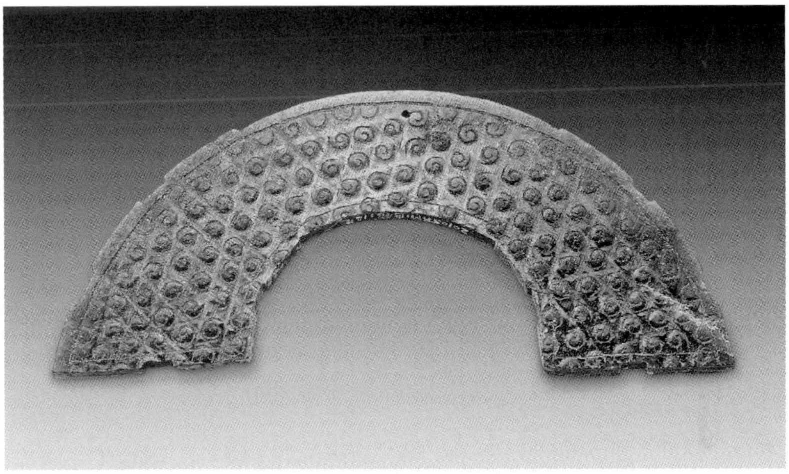

2. A型璜（NG：12）

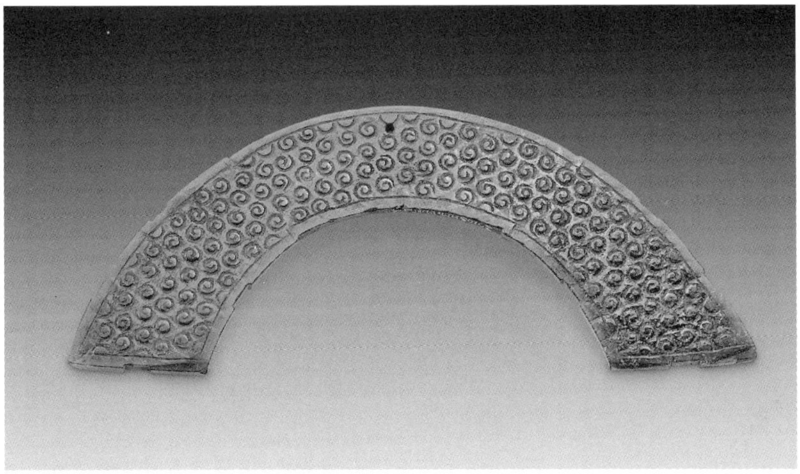

3. B型璜（NG：14）

玉石装饰用器——璜

图版七四

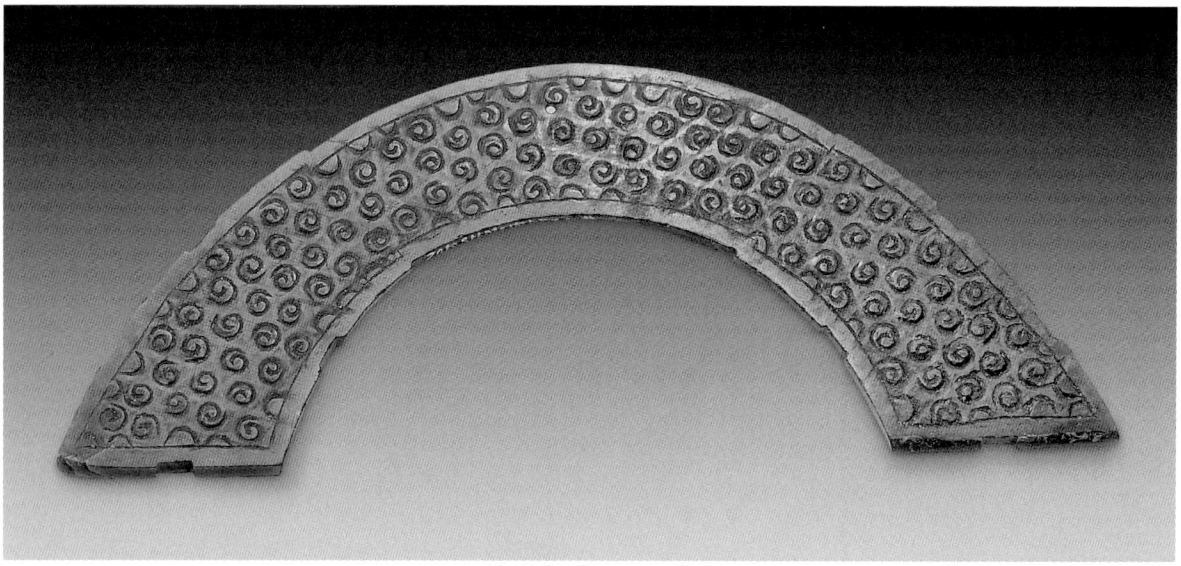

1. B型璜（NG：15）

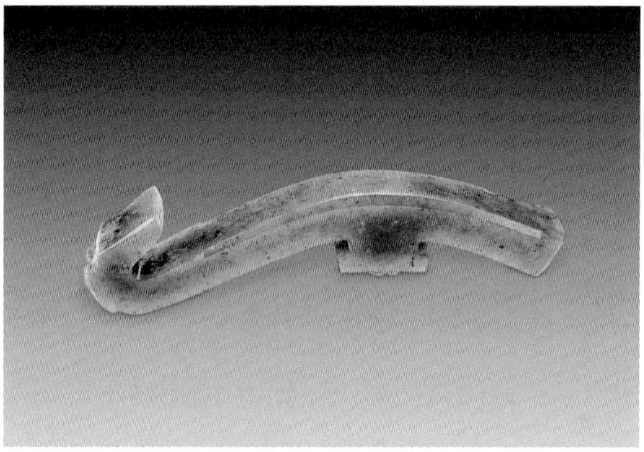

2. 带钩（B：47）

3. 骨贝（B：67）

4. 琀（NG：23）

5. 卵石（NG：20）

玉石器、其他——璜、带钩、琀、卵石；骨贝

1 25号简　2 24号简　3 2号简正反面　4 1号简　5 3号简　6 4号简

竹简

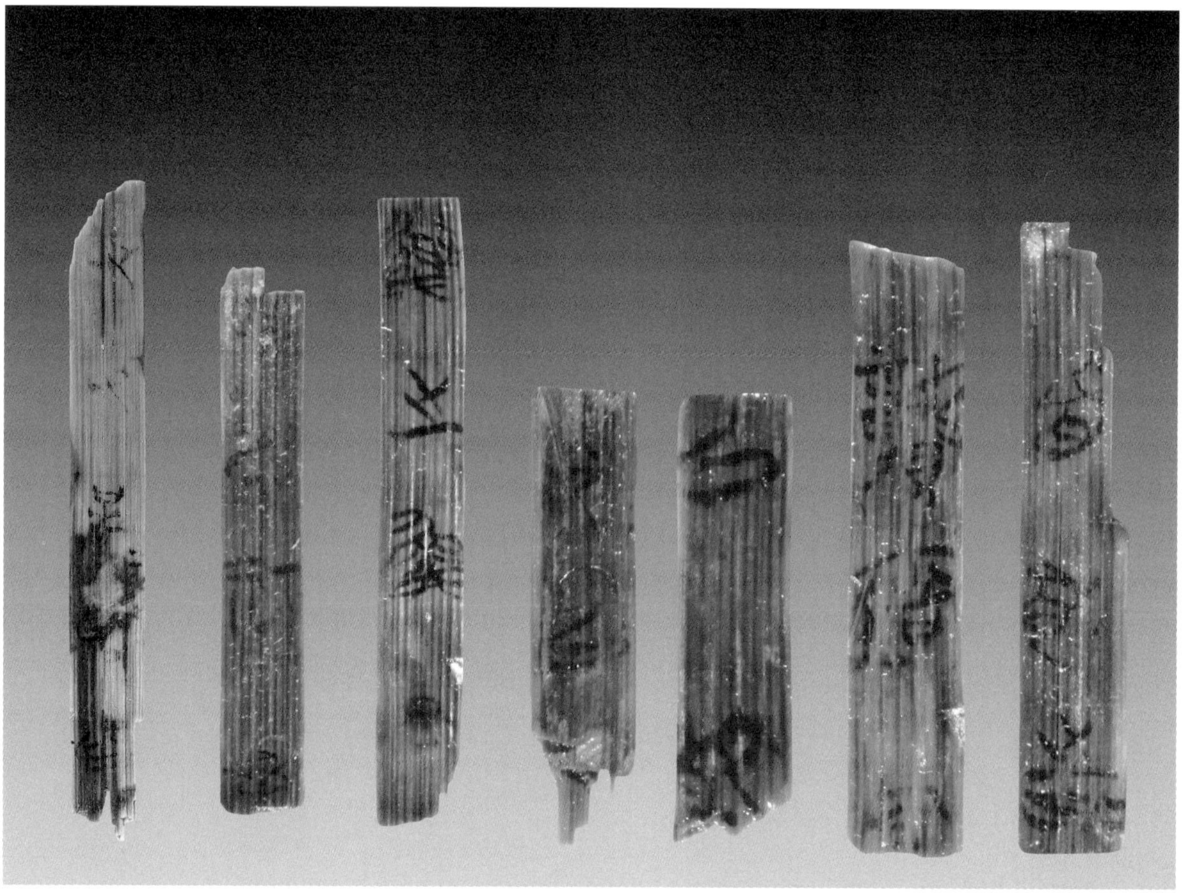

1 5号简　2 6号简　3 7号简　4 8号简　5 9号简　6 10号简　7 11号简

竹简

车马坑全景（西—东）

图版七八

1. 全景（东—西）

2. 左侧视

3. 车衡与马头

4. 左车毂

CHK1：1号车结构

1. 车舆结构

2. 车舆壁插情况

3. 壁插安装情况

CHK1：1号车车舆

图版八〇

1. 1号车车门与后角柱

2. 1号车车辕尾叉与茵结构

3. 2号车与坑道

CHK1：1号车车舆、2号车

1. 2号车左侧视

2. 2号车右车毂

3. 2号车车栏

4. 3号车全景（西—东）

CHK1：2号车结构、3号车

图版八二

1. 3号车左侧视

2. 4号车全景（东—西）

3. 4号车右侧视

CHK1：3号车、4号车

1. 全景（西—东）

2. 右侧视

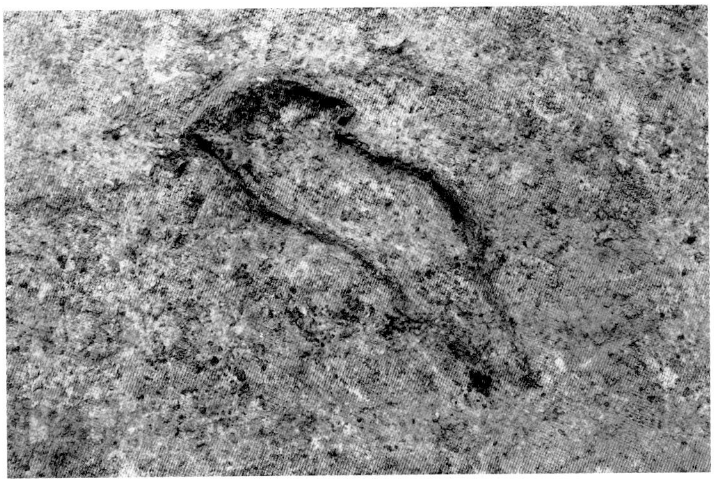

3. 靷绳

CHK1：5号车

图版八四

1. 金梶正面（CHK1：1-13）

2. 金梶背面（CHK1：1-13）

3. 金梶正面（CHK1：1-14）

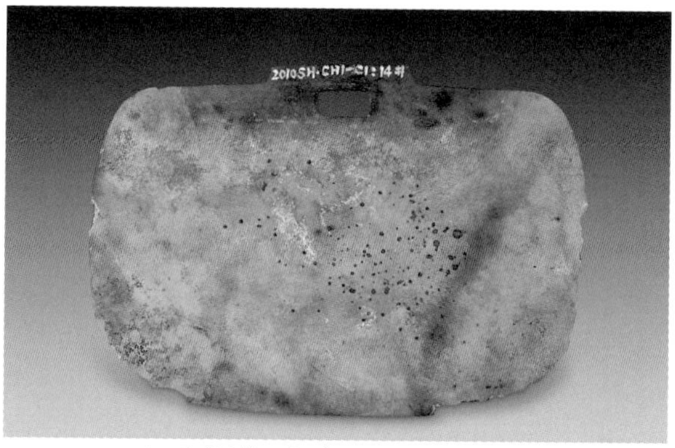

4. 金梶背面（CHK1：1-14）

5. 壁插（CH1：1-4）

6. 壁插（CH1：1-5）

7. 銴（CH1：5-1）

8. 銴（CH1：5-2）

车马坑出土铜车马器——金梶、壁插、銴